14 GEMISTE OPROEPEN VAN CRUIJFF

en andere voetbalverhalen

Michel van Egmond

14 gemiste oproepen van Cruijff

en andere voetbalverhalen

INSIDE

Inside © 2019
© Michel van Egmond
Omslagontwerp: Loudmouth, Utrecht
Typografie: Crius Group, Hulshout

Eerste druk, mei 2019
Tweede druk, juni 2019
Derde druk, juli 2019

ISBN 978 90 488 4926 0
ISBN 978 90 488 4927 7 (e-book)
NUR 489

www.overamstel.com

OVERAMSTEL
uitgevers

Inside is een imprint van Overamstel uitgevers bv

De verhalen in deze bundel verschenen eerder in deze – of iets gewijzigde vorm in Hard Gras, De Feyenoord Krant, Nieuwe Revu, Voetbal International, Torpedo, Algemeen Dagblad, Feyenoord Magazine, AD Sportwereld Pro, De Volkskrant, Esquire en Voetbal Magazine.

The best way to be a bum and earn a living is to write sports

Damon Runyon

Inhoud

Inleiding

Het zal meer dan twintig jaar geleden zijn dat Michel van Egmond naar Amsterdam kwam om mij te interviewen voor de *Feyenoord Krant.* De bescheiden jongen met zijn jaren zestig-bril deed in niets aan Feyenoord denken.

Een paar maanden later kwam hij weer, nu om een interview te doen voor *Feyenoord TV.* Ik had geen idee dat er zoiets bestond als *Feyenoord TV.* Weer bleek hij een rustige, niet onprettige aanwezigheid te zijn. Hoeveel journalisten zijn er niet die zich naar voren dringen, vervuld van zichzelf en de belangrijke taken die er op hen liggen te wachten.

Michel was er gewoon, hij deed zijn werk zonder opsmuk; professioneel en bescheiden. Je kon hem erbij hebben, zoals de uitdrukking zegt.

Later zou blijken dat het die persoonlijkheid was die hem in staat stelde aanwezig te zijn zonder veel zichtbaarheid, op plekken waar talloze verhalen zich aandienden voor iemand die er oog en oor voor had.

Jarenlang beoefende hij bij Feyenoord de kunst van het rondhangen. Hij hoorde en zag alles en ze hoorden noch zagen hem. Van Egmond heeft de ideale persoonlijkheid voor een fly on the wall. Hij was geen irritante vlieg die ze achterna kwamen met een mepper om verlost te zijn van dat hinderlijke gezoem en op een neer vliegen. Hij was er een die ze eten kwamen geven, een schoteltje limonadesiroop voor de vlieg. Voordat iemand het zich realiseerde hoorde de vlieg erbij, maakte hij deel uit van de omgeving.

Hij las de stukjes van Martin Bril, de boeken van Gay Talese en hij praatte met Marcel van Roosmalen over de journalistiek en de literatuur. Michel leerde elke dag omdat hij wilde leren schrijven. Het is een misverstand om te denken dat zijn latere verkoopsuccessen te danken zijn aan de onderwerpen. Waarschijnlijk is zijn stijl: laid back en, opnieuw, zonder opsmuk, met een nooit opdringerige ironie als wapen, belangrijker dan de roem van zijn personages.

Je moet wel naar ze kunnen luisteren en, later, vorm kunnen geven aan wat eerst onsamenhangend en chaotisch leek. En ze moeten aan je kwijt willen wat ze eigenlijk liever voor zich hielden.

De door Van Egmond bewonderde Gay Talese, een van de grootste non-fictie schrijvers van deze tijd, zei over zijn methode dat hij die van zijn moeder had afgekeken. Dat ze aandachtig kon luisteren zonder mensen in de rede te vallen als ze op het punt stonden met grote aarzeling en stiltes iets onthullends van zichzelf prijs te geven. Ze wekte nooit de indruk nieuwsgierig te zijn, maar mensen vertrouwden haar gewoon.

Die houding heeft Michel op zijn beurt dan weer van Talese afgekeken.

Schrijvend voor, bijvoorbeeld, *Hard gras* kon hij zonder de moordende deadlines van de *Feyenoord Krant* met zijn veeleisende frequentie - elke week weer die leegte die vol moest - zijn stijl verdiepen en vervolmaken, simpelweg door langer te werken, meer aandacht te schenken aan de verhalen die hij wilde vertellen over cultfiguren als Kiprich, Gyan en Mike Obiku.

Als iemand de uitgave van een bundel als deze verdient, is het Michel van Egmond, een schrijver die zo langzamerhand door niemand meer wordt onderschat.

Henk Spaan

Veertien gemiste oproepen van Johan Cruijff

(2011)

Op een warme middag, een paar zomers geleden, ging mijn nieuwe telefoon. Toen ik me eindelijk herinnerde op welk knopje je dan ook alweer moest drukken, klonk er eerst een tijdje een schrille pieptoon. Daarna zei een stem:

'Hallo? Spreek ik met Bert?'

Het kwam in die dagen wel vaker voor dat iemand me belde om te vragen of ik Bert was. Dan legde ik uit dat ik als nieuwe verslaggever van *Voetbal International* weliswaar zowel de werkplek als het telefoonnummer had overgenomen van de inmiddels gepensioneerde Bert, maar dat ik Bert dus niet was, en of ík misschien iets zou kunnen betekenen. Meestal was het gesprekje dan snel voorbij. Maar dit keer niet. Aan de andere kant van de lijn hoorde ik rustig ademhalen. Toen zei de stem:

'Ja euh... Met Johan Cruijff spreek je.'

Het was dinsdagmiddag. Ik stond met een kartonnen doos vol spullen onder mijn arm. Over twee dagen ging ik op een verre reis. Mijn hoofd was bij vliegtickets, visums en anti-malaria-injecties, niet bij Johan Cruijff. Misschien dat ik daarom automatisch dacht dat ik in de maling werd genomen.

'Ja, ja,' zei ik, zo schamper mogelijk, 'ik spreek met Johan Cruijff.'

Johan Cruijff maakt waarschijnlijk dagelijks mee dat mensen niet geloven dat hij Johan Cruijff is, want hij ging gewoon door met praten. Hij bleek wat informatie te zoeken die in *Voetbal International* had gestaan, dacht zijn ghostwriter Bert Nederlof even te bellen en kreeg toen mij aan de telefoon. Of ik dat nu misschien even voor hem kon opzoeken.

Ik vroeg om zijn nummer zodat ik kon terugbellen, maar dat leek Johan Cruijff niet zo'n goed idee. Hij zou mij straks wel terugbellen. Daarna hing hij op.

Het is een gekke gewaarwording om op een dinsdagmiddag opeens door Johan Cruijff te worden gebeld, ook al is het dan met een onbenullige vraag. Dat komt doordat hij in dit land is uitgegroeid tot een figuur die groter is dan het leven zelf. Als mensen uit andere landen tegenwoordig een foto van Johan Cruijff bekijken, zien ze gewoon een dunne, gepensioneerde man in een slecht zittend pak, maar wij zien nog altijd een schim van de wondervoetballer of, nog vreemder, een wijsgeer met een aureool boven zijn hoofd. Het is door een halve eeuw onafgebroken Cruijff-verafgoding in onze genen gaan zitten. Verder kun je veel van Johan Cruijff zeggen, maar niet dat hij erg geduldig is. Ik had de doos met spullen nog niet neergezet of mijn telefoon ging alweer.

'En?' zei Johan Cruijff, 'heb je al wat?'

Ik legde hem uit dat het nog niet zo ver was. 'Oké,' zei Cruijff, 'ik moet nu even weg. Als ik thuiskom, probeer ik het weer.' Daarna hing hij voor de tweede keer op.

Die middag zat ik in een dokterskamertje voor een anti-malariaprik. Net toen de zuster de naald in mijn arm schoof, ging mijn telefoon. Die zat in de binnenzak van mijn colbert, dat over de rand van een stoel hing, ver weg van de zuster en haar spuit. Even overwoog ik te zeggen: *Kunt u die naald even uit mijn arm halen? Ik moet Johan Cruijff opnemen.* Maar dat leek me net iets te opschepperig klinken. Helemaal wanneer het toch iemand anders zou blijken te zijn.

Maar toen ik met een watje op mijn arm het pand verliet, bleek inderdaad Johan Cruijff mijn voicemail te hebben ingesproken. Ik kon hem alleen niet terugbellen, want zijn nummer was afgeschermd.

Even later, op de A12, ging de telefoon wéér. Helaas zat die nog steeds in mijn colbert, dat inmiddels op de achterbank lag, precies op een plek waar ik nét niet bij kon. Zo ging het de hele dag. Wanneer Cruijff belde was ik óf net in gesprek, óf bevond ik me in een luidruchtig café waar ik mijn nieuwe telefoon niet hoorde. Ook stond ik een keer te tanken en zag ik het schermpje binnen, op de bijrijdersstoel, een paar keer nijdig opflikkeren, maar voordat ik de slang had losgekoppeld, bleek Johan Cruijff alweer te hebben opgehangen. 's Avonds ging ik naar een restaurant en vergat hem grotendeels, maar toen ik na het afrekenen mijn telefoon weer aanzette bleek hij me inmiddels in totaal veertien keer tevergeefs te hebben gebeld. De boodschappen die hij daarbij achterliet werden steeds korter. In de laatste vroeg hij zich af of ik 'dus ooit nog ging opnemen'.

Dat gebeurde uiteindelijk pas de volgende ochtend. Toen stond ik me weliswaar weer net te scheren, maar nam toch maar op. Op het einde zaten mijn toetsen onder het scheerschuim en glibberde het toestel bijna in het halflauwe water van de wasbak, maar verder was het een goed gesprek geweest.

Inmiddels zijn we drie zomers verder. Johan Cruijff belt me nooit meer. Wel lees ik in de krant dat hij tegenwoordig telefonisch vergadert met de RvC van Ajax. Graag wens ik alle betrokkenen daarbij heel veel succes.

Louis van Gaal zit zich in Peking helemaal niet op te winden!

(2013)

Peking is een wonderlijke stad in een wonderlijk land. Je kunt er op de gekste plekken soldaten iets onzichtbaars zien bewaken, stram in de houding en met een blik alsof het voortbestaan van het vaderland op het spel staat. Mensen praten er in toontaal met elkaar, soms vanachter mondkapjes, en eten alles wat vier poten heeft, behalve dan misschien een tafel en een stoel. En toch wordt het meest hallucinerende straatbeeld deze dinsdagochtend niet verzorgd door een Chinees, maar door een landgenoot.

Dat is wanneer bij het chique Peninsula Hotel plotseling een oranje gedaante door de draaideuren komt en even later geeuwend op de stoep staat. Zelfs de Pekinese taxichauffeurs, normaal gesproken altijd gehaast, trappen bij het passeren nu even op hun rem. Dat verwacht je niet, in de grootste stad van het meest bevolkte land ter wereld: een Nederlander van middelbare leeftijd, zo te zien net uit z'n bed, met oranje geverfde schoenen en verder alleen een feloranje ochtendjas aan, enigszins suf voor zich uit starend op de hoek van een Chinese straat, af en toe krabbend aan zijn rechterkuit.

Hoewel de interland van vanavond tegen China nergens om gaat en de interesse van de lokale bevolking ook in niets valt te vergelijken met de hysterie die het Nederlands Elftal eerder deze trip in Jakarta opriep, is er toch weer een contingent Oranje-supporters uitgevlogen.

Als een sprinkhanenplaag zullen ze vanavond neerstrijken in de schaduw van het Arbeiders Stadion, een kolos in het westen van de stad die in de verte nog aan de hoogtijdagen van het communisme doet denken. Het Workers Stadium is weids, met een sintelbaan en grote scoreborden. Naar goed Marxistisch gebruik heeft het de intimiteit van een parkeergarage.

Veel interessanter dan de wedstrijd, die uiteindelijk door Oranje met 0-2 wordt gewonnen, zijn de keren dat Louis van Gaal zich in het openbaar laat zien. Er zijn persconferenties waarin hij spreekt, en na enig aandringen bij spindoctor Kees Jansma is er zelfs een onderhoud met de meegereisde Nederlandse pers.

Het gehoopte bijkomende resultaat van dit soort bijeenkomsten is altijd dat de buitenwereld ook de andere, minder extreme kant van Louis van Gaal te zien krijgt, ver weg van het clichébeeld dat over hem bestaat: dat van de boze buurman. Maar op de een of andere manier maakt Louis van Gaal het er bij dat soort gelegenheden altijd alleen maar erger op.

Dit keer gaat het zo:

Er is een door de KNVB ter beschikking gestelde hotelsuite, met schalen vol fruit (sinaasappelen, meloen, kiwi, watermeloen) en een zilveren bonbonnière met vrolijk gekleurde koekjes. Er is een champagnekoeler vol ijsblokjes waar blikjes frisdrank in drijven (Coca-Cola, Diet Coke, Sprite, Mineraalwater) en er staan zilveren kannen met verse koffie en thee. Ook zijn er voor de gezelligheid chocolaatjes neergezet. Op gehoorafstand staat een volautomatisch buigende Chinese serveerster klaar voor aanvullende wensen.

De rest van de suite wordt gevuld door twee KNVB-medewerksters van de pr-afdeling die af en toe koffie en thee bijvullen en verder steeds meer in de achtergrond opgaan, alsmede hun meerdere Kees Jansma, die quasi-nonchalant achter in de suite op een soort poef heeft plaatsgenomen en de hele middag zal meeluisteren en Van Gaal van goedkeurende knikjes en bemoedigende lachjes zal voorzien. Verder zes journalisten van wie er één zo onverstandig is te laat te komen en uiteraard de hoofdpersoon zelf: bondscoach Louis van Gaal. Op de hoogste verdieping, met zijn rug naar de immense stad onder hem, zit hij op zijn stoel zoals Napoleon op zijn paard. Hij praat op zachte toon met Jansma.

Het is iets na het middaguur, wanneer het handjevol persmensen één voor één binnendruppelt. Er wordt gegroet. Van Gaal doet dat nooit als eerste. Sommigen krijgen na het handen schudden alleen een kort knikje terug. Tegen anderen zegt hij: 'Goedemiddag.' Als iedereen zit, weet even niemand iets te zeggen. Er hangt hier inmiddels een sfeer die je eerder verwacht in het Vaticaan. Van Gaal ontvangt geen bezoek, hij neemt audiënties af.

'Dit is het?' vraagt hij nog steeds op zachte toon aan Jansma, nadat hij zijn bezoek uitgebreid maar zwijgend heeft gemonsterd.

'Volgens mij wel.'

Van Gaal knikt. Hij trekt het gezicht van iemand die zich bekocht voelt.

'Oké,' zegt hij. 'Ga jullie gang.'

Beneden raast het verkeer van Peking voort. Af en toe bereikt het geluid van een claxon de hoogste etage van het hotel. Verder is het een tijdje stil. Uiteindelijk vraagt een journalist: 'Ben je tevreden over hoe het allemaal loopt?'

'Ja,' zegt Van Gaal.

Weer een pijnlijke stilte. De bondscoach is er een meester in zijn bezoek een ongemakkelijk gevoel te geven. Je ziet het ook bij persconferenties gebeuren. Hij hoeft de zaal maar binnen te komen, of er hangt spanning in de lucht. Dat verklaart ook het constante gelach om grapjes die helemaal niet leuk zijn, want Louis van Gaal is bepaald geen Youp van 't Hek. Grappig is hij eigenlijk alleen onbedoeld, zoals bij de uitspraak van het rudimentaire Engels waarin hij zich uitdrukt, maar desondanks wordt elke ludiek bedoelde opmerking beloond. Dat komt doordat iedereen in zijn omgeving automatisch de neiging krijgt het ijs te breken, de spanning weg te lachen.

Dan begint hij alsnog te praten. Over een proces dat nu in gang is gezet, over Wesley Sneijder en de aanvoerdersband die hij hem heeft afgenomen en over nog veel meer dingen. De toon is nogal honend, maar zolang het over voetbalzaken gaat zit er, in tegenstelling tot bij veel van zijn collega's, zelden onzin tussen de woorden van Van Gaal. Ook is hij openhartig waar hij kan. Dan, na een minuut of drie, probeert de te laat gekomen plaatselijke China-correspondent zo onopvallend mogelijk de suite te infiltreren. Dat mislukt.

'Nou, je bent te laat,' zegt Van Gaal midden in een antwoord, en gaat voor deze publiekelijke terechtwijzing graag even rechtop zitten. Hij praat ook harder dan daarnet.

'Ja,' zegt de correspondent.

Een dag eerder was Louis van Gaal zelf ook te laat. Elf minuten om precies te zijn. Hij moest een clinic leiden, maar het drukke verkeer in Peking zorgde er toen voor dat er een kleine honderd kinderen in de regen op hem moest wachten. Kan gebeuren in een stad met meer dan vijf miljoen auto's. Het heeft niet voor meer inlevingsvermogen gezorgd. Er kruipt al snel weer iets triomfantelijks in de stem van Louis van Gaal, die zich bij dit soort gelegenheden graag de intonatie aanmeet van een gymleraar uit de jaren vijftig.

'Te laat,' zegt hij tegen de correspondent. 'Bij mij mogen ze er dan niet meer in.'

'Excuus, excuus,' zegt de man.

Gelukkig doemt er alweer een volgende vraag op. Iemand informeert of Van Gaal het een risico acht zoveel jonge spelers in zijn selectie op te nemen, omdat die gezien hun leeftijd waarschijnlijk nog met een terugval te maken zullen krijgen. Het is niet eens zo'n gekke vraag, maar daar denkt de bondscoach kennelijk anders over.

'Daar geloof ik niet in. Wat jij zegt, wat jij probeert mij aan te praten, daar geloof ik niet in.'

'Ik probeer je niks aan te praten,' zegt de verslaggever, 'ik suggereer toch niets?'

'Jawel. Je suggereert iets. Dat jonge jongens dat niet kunnen volhouden. Althans, zo vat ik dat op. Volgens mij wil jij dat zeggen. Maar ik ben Europees Kampioen geworden met jongetjes van achttien, negentien jaar. Dus ik geloof daar niet in. Ik vind het bullshit.'

Het is een nogal agressief antwoord op een verder vrij normale vraag, Een andere journalist gaat er nog even op door. Het is toch zo dat jonge spelers zelden op een constant niveau spelen? 'Dat heeft Sneijder toch ook?' zegt Van Gaal, terwijl hij een schamper gezicht trekt. 'Ik weet het niet, maar Van Persie heeft toch ook een tijdje niet gescoord? Misschien herinner je je dat? Dat heeft toch niets met leeftijd te maken, jongen. Dit zijn allemaal gevonden voorwerpen van de media.'

De hele bijeenkomst begint door de toon van zijn antwoorden nogal lachwekkend te worden. Van Gaal lijkt wel op ruzie uit. Wie voorzichtig informeert of de blessures van Wesley Sneijder wellicht verband houden met een iets te uitbundige levensstijl en of hij daarover met de speler gesproken heeft, kan direct op zijn toorn rekenen. 'Dat mag ik toch wel vragen?' zegt een van de journalisten tegen Van Gaal. 'Nee. Nee, dat soort dingen mag jij mij niet vragen. Dat is onfatsoenlijk,' antwoordt hij dan. En even later 'Wie ben jij dan wel?'

Ook de simpele vraag of hij nu nog iets voor Wesley Sneijder kan betekenen in diens poging weer fit te worden, schiet hem om onbegrijpelijke redenen in het verkeerde keelgat. 'Nee, natuurlijk niet. Ik heb acht momenten in het jaar met deze spelers. En dan mag ik ze nog geeneens trainen. Hè? Want als ik een traininkje te pittig doe, krijg ik commentaar van jullie.'

Niet iedereen in de suite kan nu nog zijn lachen houden. Maar Van Gaal ziet er de humor niet van in. 'Is gebeurd. Is allemaal gebeurd,' zegt hij. 'Want dan denk jij dat jij de trainer bent.'

Daarna zwijgt hij weer triomfantelijk. Het wordt tijd om ook eens een vraag te stellen.

- Louis, je zou ook kunnen denken: waar maak je je eigenlijk druk om, als je de bondscoach bent? Wat kan het je eigenlijk schelen dat er in de krant staat dat je te pittig traint?

'Ik maak me ook niet druk.'

-Nou, die indruk wek je anders wel.

'Ik lees wel de kranten, maar ik maak me toch niet druk?'

-Nou, het lijkt je op de een of andere manier wel hoog te zitten.

'Nee hoor.'

-Nee?

'Nee. Maar ik mag toch mijn mening geven over wat er in de media staat?'

-Graag zelfs.

'Of mag dat niet?'

-Jawel. Alles mag.

'Jullie mogen wel op mij kritiek uitoefenen, maar ik niet op jou?'

-Nee, dat zeg ik helemaal niet. Graag zelfs.

'Oh, dat mag?'

-Ja hoor. Ik vermaak me kostelijk.

'Oh nou, dankjewel. Dank-je-wel dat het toegestaan is.'

Daarna wil iemand anders nog even weten wat Van Gaal precies bedoelde toen hij zojuist vertelde dat Wesley Sneijder na het eerste gesprek over de aanvoerdersband vertrok. Ging hij toen naar zijn kamer of verliet hij voor even het trainingskamp? Het is een detail, een kleinigheid, maar toch groot genoeg om Van Gaal behoorlijk te prikkelen. Zijn stemvolume neemt toe. We zijn precies twaalf minuten onderweg. 'Ongelooflijk, wat ben jij een vervelend mannetje!' zegt hij nu tegen de verbouwereerde verslaggever. 'On-ge-loof-lijk! Altijd maar uitgaan van het negatieve. Hij ging gewoon naar zijn kamer, naar zijn huisje. In Hoenderloo heb je huisjes.'

'Ik wil alleen de feiten even checken,' zegt de verslaggever.

'Ja, dan kun je ook vragen: ging-ie dan naar zijn huisje terug? Maar nee, jij zegt gewoon: ging-ie dan uit het kamp. Túúrlijk. Nee, jongen...'

Het is ronduit fascinerend om Van Gaal zo bezig te zien. De vraag is wat hem ertoe drijft zich zo te gedragen. Er komt maar geen antwoord op, zelfs niet als je er rechtstreeks naar informeert.

-Waar zit je je nou druk over te maken?

'Nee, helemaal niet.'

-Je zit je enorm druk te maken.

'Nee. Ik heb kritiek op de vraag.'

-Je zit je enorm op te winden over niks.

'Nee. Nee, ik zit me helemaal niet op te winden.'

Daarna zwijgt de bondscoach weer. Hij blijft een mysterie. 'Ik ben heel goed met vrouwen,' zegt hij altijd over zichzelf. Of dat automatisch betekent dat hij heel slecht is met mannen is niet helemaal duidelijk, maar het begint er deze middag in Peking wel een beetje op te lijken. Nog maar een poging.

-Louis, er spreekt een grote minachting uit je opmerkingen, uit je lichaamstaal, uit het gelach tussen de vragen door. Ligt dat aan ons? Of geldt dat in zijn algemeenheid voor de pers?

'Nee hoor. Er zijn ook mensen in de media die ik zeer waardeer.'

-Maar die zitten hier niet aan tafel?

'Nou, dat zeg jij weer. Je legt me weer woorden in de mond. Dat vind ik zo vreemd.'

-Nee hoor, ik vraag gewoon wat.

'Ja, jij vraagt maar wat, voor de vuist weg. Dat zeg je dus nu.'

-Nee, helemaal niet.

'Jawel. Dat is top. Een journalist die maar wat voor de vuist weg vraagt.'

-Ik vraag helemaal niet voor de vuist weg.

'Nou, dat suggereer je anders wel hoor. Je moet wel scherp blijven.'

-Ik zit gewoon te kijken hoe je reageert en daar spreekt een grote minachting uit. Dat mag, hoor. Misschien is het zelfs terecht. Ik vraag me alleen af of dat altijd zo is.

'Nee hoor, er zijn ook journalisten die ik zeer waardeer.'

Buiten glijden schapenwolken richting de Verboden Stad. Eerder die ochtend had een klein deel van de selectie een bezoek gebracht aan het voormalig paleiscomplex van de oude keizers. Zoals het echte sterren betaamt, waren ze per bus zo ongeveer voor de deur afgeleverd. Er was ook een speciaal uit Nederland overgekomen beveiliger mee, maar veel te beveiligen viel er niet. In de schaduw van de mooiste bouwwerken van het land, waren er nog maar weinig mensen geïnteresseerd in Jasper Cillessen of Erik Pieters. In China zijn de maatschappelijke verhoudingen nog niet aangetast door het moderne sterrendom van profvoetballers. Op het Tiananmen-plein, ter hoogte van het mausoleum van Mao, stonden de wachtenden als vanouds rijen dik in de volle zon, maar in tegenstelling tot de dode dictator wekte de springlevende Jens Toornstra bij de Chinezen geen enkele vorm van belangstelling. Niemand kende hem. Alleen zijn o-benen en de opzichtige leeuw op zijn borst verraadden dat hier een international liep.

Hoewel de Verboden Stad op precies acht minuten rijden van het spelershotel lag, was Louis van Gaal niet meegegaan. Misschien was hij niet geïnteresseerd in grote paleizen, of er al bekend mee, misschien had hij het druk. Het kon ook zo zijn dat hij moe was, want hij had tot nu toe 's nachts alle wedstrijden van Jong Oranje op het EK in Israel bestudeerd. Dat de ploeg door was naar de halve finale, daar keek hij niet van op. 'Het was voor mij geen verrassing,' zei Van Gaal. 'Ik had dat al verwacht.'

Niets in de dictie van Louis van Gaal verraadt ooit enige vorm van twijfel. Misschien dat hij daarom zulke heftige reacties oproept. Iemand die zó overtuigd is van zijn eigen gelijk, dat zie je bijna nergens meer. Het maakt hem ook tot de meest boeiende trainer om te volgen. In zijn buurt is het zelden saai. Ook daarin verschilt hij fundamenteel van veel van zijn collega's. Zelfs persconferenties, doorgaans totaal oninteressante toneelstukjes rond voetbalwedstrijden, zijn dankzij zijn aanwezigheid altijd boeiend. In China geeft hij er twee.

Het enige dat leuker is dan een persconferentie van Louis van Gaal, is een persconferentie van Louis van Gaal in een buitenlandse taal. Al was het maar omdat zijn karakter dan extra goed aan de oppervlakte komt. Ook dan lijkt Van Gaal de stelling te huldigen dat de toehoorders zich maar moeten aanpassen aan hem, in plaats van andersom.

Aan de andere kant kun je veel van Louis van Gaal zeggen, maar niet dat hij niet authentiek is of zich nooit bij alles wat hij doet voor honderd procent inzet. Ook de meest stompzinnige vragen van de buitenlandse pers worden door hem op zo serieus mogelijke toon beantwoord. Wie even vergeet dat het hier over zoiets onbelangrijks als een vriendschappelijk potje voetbal gaat en een ogenblik zijn ogen sluit, zou zich op de jaarvergadering van de VN Veiligheidsraad kunnen wanen.

'Meneer Van Gaal,' zegt een Chinese journalist, halfkaal en met een haarlok van het formaat waar zelfs Eddy Treijtel in zijn beste dagen niet aan kon tippen, 'wat ik als eerste wilde vragen: klopt het dat u bent afgevallen?'

De wenkbrauwen van Kees Jansma schieten nu als kleine luxaflexen omhoog.

Louis van Gaal verroert geen vin.

'U lijkt dunner dan voorheen,' zegt de Chinees.

'Dat klopt,' zegt Van Gaal, nog steeds met een uitgestreken gezicht. 'Ik heb een heupoperatie ondergaan. Daardoor ben ik een paar kilo lichter geworden. Dat is belangrijk om te weten voor u.' De bondscoach moet er zelf om lachen.

Straks, wanneer hij het spreekgestoelte heeft verlaten, zal het nog even duren voordat hij de perskamer uit is en de spelersbus kan opzoeken. In Jakarta, aan het begin van deze tiendaagse trip, werd elk antwoord van Van Gaal door meer dan honderd journalisten beloond met een applaus alsof ze zojuist getuige waren geweest van een hoorcollege over de kwantummechanica, in plaats van een nietszeggende voorbeschouwing op een nietszeggende wedstrijd. Hier in Peking blijft geklap achterwege. Maar de meeste journalisten willen wel met hem op de foto. Sommigen vragen er ook gelijk een handtekening bij. Van Gaal vertoont niet de neiging één van hen te weigeren. 'Meneer

Van Gaal,' fluistert een van de organisatoren in zijn oor, 'bedankt voor uw geduld. Alle journalisten zijn grote fans.'

De persconferentie loopt ten einde, ook de laatste belachelijke vraag is uitvoerig beantwoord. Buiten trekken de Oranje-supporters in zwijgende colonnes richting uitgang. Er is plotseling een noodweer losgebarsten boven Peking. Iedereen is binnen een mum van tijd drijfnat. De man met de oranje duster moet er ook ergens tussen lopen. Binnen, in de perskamer, vraagt een Engelse journalist tot slot naar Van Gaals ambitie om in de Premier League te werken.

'Waarom wilt u dat? Er is veel druk in de Premier League.'

'Jij weet niet hoeveel druk er in Nederland is,' zegt Van Gaal lachend. 'Dat moet je maar eens aan je collega's vragen.' Dan staat hij op. Louis van Gaal gaat het Chinese volk bedanken. Hij spreidt zijn armen. 'Thank you,' zegt hij. Er volgt een theatrale buiging. Naast hem lacht Kees Jansma zijn breedste lach. Dat is dit keer volledig terecht, want het was weer een uiterst vermakelijke show.

Het evangelie van József

(2004)

In Feyenoords donkerste naoorlogse periode arriveerde er in De Kuip een voetballer met de uitstraling van een omgewaaid tuinhekje. Zes jaar later huilden volwassen Rotterdamse mannen om zijn vertrek.

Hoe kan dat?

*

De eerste Nederlandse woorden die József Kiprich spreekt zijn 'Dikke tieten', 'Hiele grote bek' en 'Lokhoff dikke drol'. Zijn kamergenoot Piet Keur heeft hem die geleerd tijdens Feyenoords trainingskamp in Saoedi-Arabië.

Het is de zomer van 1989. József Kiprich heeft het Hongaarse platteland verlaten voor Rotterdam. Hij was duur, maar zijn staat van dienst rechtvaardigt volgens het bestuur van Feyenoord zijn komst. De Hongaar zal de ongehoorde transfersom van 1,3 miljoen gulden in doelpunten gaan terugbetalen.

Kiprich is dan al veelvoudig international. Hij speelde met Hongarije op het WK in Mexico en had twee jaar daarvoor in De Kuip al een aandeel gehad in de imponerende 2-1-overwinning op Oranje. In de Nederlandse kranten wordt de komst van een van de beste spitsen van Hongarije aangekondigd.

Eenmaal gearriveerd in Rotterdam is het allemaal maar moeilijk te geloven. József Kiprich lijkt niet eens op een voetballer. Zijn figuur vertoont althans geen enkel spoor van regelmatige inspanning. Met zijn vlassnorretje en lange slierthaar ziet hij eruit als een Haagse glazenwasser.

De voetballer Kiprich blijkt in eerste instantie een speler die uit voorzorg graag uitrust vóórdat de vermoeidheid intreedt. In zijn allereerste wedstrijd, thuis tegen Fortuna Sittard, zien de Feyenoord-fans hem één keer voluit sprinten. Dat is als op Vak S een gefrustreerde menigte door de hekken breekt en woedend het veld bestormt.

Het incident is typerend voor de staat waarin het instituut-Feyenoord op dat moment verkeert. Het is de tijd waarin niemand binnen de club op zaterdag met zekerheid durft te zeggen of de spelersbus op zondag nog zal kunnen rijden. Er is in Rotterdam-Zuid geen gulden in kas. Op sportief gebied moet er zelfs serieus rekening worden gehouden met degradatie, nu Feyenoord voor het eerst sinds zijn oprichting in 1908 de laatste plaats van de Eredivisie heeft bereikt.

Opgesloten in de spelerstunnel leert József Kiprich er die middag wel een nieuw Nederlands woordje bij: 'Kankerbestuur'.

*

Fred Blankemeijer is van 1926. Hij is de emeritus van de club, al luidt zijn officiële titel senior manager. Heel vroeger was hij de stopperspil van Feyenoord. Fred Blankemeijer kwam tot achtentwintig wedstrijden in het eerste. 'Ik was geen bijzondere speler, hoor. Ik had een aardig overzicht, maar mijn figuur zat niet mee. Ik was zo mager als een lat, een echte panharing.' Later groeide hij in ontelbare bestuursfuncties alsnog uit tot een van de markantste figuren binnen de club.

Achter zijn bureau in De Kuip strekt hij zijn lange lijf om iets te pakken. Fred Blankemeijer gaat me zijn favoriete voetbalfoto tonen.

'Jochie, dit heb jij nog nooit gezien.'

Het is mooi te merken dat hij zich ook na 78 jaar nog oprecht kan verheugen op een verbaasd gezicht.

De afbeelding die hij me in slow motion overhandigt, werd dik tachtig jaar geleden gemaakt tijdens een wedstrijd van Feyenoord. Het decor is het verdwenen stadion aan de Kromme Zandweg. De tegenpartij is kennelijk al een tijdje in de aanval, want Feyenoord-spits Jan Petterson is er maar even bij gaan zitten. Ten overstaan van volle tribunes wacht hij in kleermakerszit op de komst van de bal.

'Hoe vind je die! Is dat niet om te gieren?'

Het is inderdaad een komisch gezicht.

De foto is een mensenleven oud, maar Blankemeijer raakt er maar niet op uitgekeken.

'Kijk 'm nou zitten! Als dit geen humor is...'

Komische voetballers zijn altijd populair geweest in De Kuip.

Te beginnen met de grootste van allemaal natuurlijk, Coen Moulijn. Sportjournalisten vergeleken zijn sketches op de linkerflank graag met het werk van Charlie Chaplin.

Nog liever heeft men in Rotterdam-Zuid tragikomische voetballers. Nergens heeft men er een scherpere neus voor dan in De Kuip. Mike Obiku die zijn doelpunt viert met een sprong in de hekken, zijn hand openhaalt aan het prikkeldraad en vervolgens gewond naar de kant moest – Het Legioen herkent het direct als de klassieke sketch van dc man dic uitglijdt over zijn eigen bananenschil. Over dat soort incidenten wordt in De Kuip nog jaren vol vertedering nagepraat.

Als Moulijn Chaplin was en Obiku de man van de bananenschil, dan is József Kiprich Tommy Cooper. Onhandig, aandoenlijk en briljant tegelijk, en in zijn hele klunzige verschijning de klassieke antiheld.

Zou Fred Blankemeijer dat eigenlijk ook vinden?

De ijle stem van de senior manager galmt door Feyenoords Maasgebouw. 'József? God in de hemel, wat een figuur! Die had het liefst een voetbalbroekje met zakken gehad, om zijn poten in te douwen.'

*

Niemand wordt als antiheld geboren. Zoiets moet je overkomen. József Kiprich overkomt het op de avond van 23 augustus 1992, ergens tussen zeven en acht uur 's avonds.

Studio Sport-verslaggever Frank Snoeks is eerder die zondag zo moedig geweest de confrontatie aan te gaan met het steenkolen-Nederlands van Kiprich. In een lege Kuip ontspint zich zo een heerlijk gesprek vol misverstanden.

Eén fragment heeft in kringen van Feyenoord-fans inmiddels een aparte status.

Snoeks: 'Je speelt een halfuur mee en dan loop je een paar keer te puffen. Was je moe?'

Kiprich: 'Wa..Wat iez de poefe?'

Snoeks: 'Zo van: pff, pff.'

Kiprich: 'Ja... Poefe'

Korte stilte.

Kiprich: 'Hoe?'

Snoeks: 'Zo van: pff, pff... Puffen! Dat je moe was!'

Kiprich: 'Ja.'

Toen Feyenoord vier jaar geleden via de eigen website zijn supporters de kans bood een top 40 van gedenkwaardige tv-momenten samen te stellen, werd het Kiprich-interview direct in de lijst opgenomen. Het winnen van de Europa Cup 1 en de Wereldbeker werden ook gekozen.

Het verraadt een verfijnd gevoel voor humor, want het is feitelijk een soundbite van niks. Onder liefhebbers is het desondanks een klassieker, te vergelijken met het interview van Jean-Marie Pfaff in het Duits.

Waarom?

Ja, waarom?

Iedere Feyenoord-supporter voelt aan waarom, maar niemand kan het precies onder woorden brengen.

Het is cult.

*

Daar gaat József Kiprich in een hoekig drafje richting doelmond. Feyenoord-PSV is 50 minuten oud. Stan Valckx is net met een rode kaart van het veld gestuurd. Feyenoord mag bij de stand 1-2 een strafschop nemen. Coach Willem van Hanegem heeft snel Gláucio naar de kant gehaald en specialist Kiprich ingezet.

'Jóóózsef, Jóóózsef,' klinkt het op de tribunes achter het doel.

De rest van het publiek gaat er eens goed voor zitten.

'De eerste actie van Kiprich is direct een penalty,' zegt Evert ten Napel. Van verbazing stijgt zijn stem een octaaf. 'En de vraag is of dat wel zo verstandig is.'

Even later rolt de bal langs Menzo.

Kiprich heeft met zijn eerste balcontact gescoord.

De Kuip lacht zich gek.

'Ja, het is dus verstandig,' zegt Evert.

Fred Blankemeijer ziet het tien jaar later nog allemaal haarscherp voor zich. 'Menzo naar links, bal naar rechts. Niet hard, maar wel onhoudbaar. Dat zijn de mooiste,' fluistert hij.

Blankemeijer zag in zijn leven ontelbare voetballers. Er zaten er weinig tussen die een betere penalty konden nemen dan Kiprich.

'Hij had het vermogen tot op het allerlaatste moment te wachten met beslissen,' zegt de senior manager. 'Heel knap, want daarmee zit het grootste deel van het werk erop. Als de keeper eenmaal onderweg is naar een hoek, is hij kansloos. Dan hoef je die bal er alleen nog maar in te tikken. Kan niet meer fout, jochie.'

Hij houdt even in en snuit zijn neus. Je weet: bij een causeur van zijn kaliber is dit een signaal. Er gaat nog een punchline volgen.

'Maar je moet het wel durven natuurlijk.'

József Kiprich durft, omdat hij ongemerkt een goede voetballer is. Zijn gesjok en hoge rug hebben de neiging zijn klasse aan het oog te onttrekken, maar in werkelijkheid is hij een van Feyenoords beste naoorlogse spitsen. Kiprich weet dat zelf ook. Daarom durft hij te vertrouwen op zijn instinct. Daarom is hij nooit zenuwachtig.

József is altijd zo koel als ijs.

Behalve nu dan even, nu hij door Orlando Trustfull op de schouders wordt genomen. Het is 25 mei 1995, de dag van zijn afscheid van Feyenoord. Bij József rollen de tranen over de wangen. Ook in het publiek wordt hier en daar gehuild. De hele entourage doet nogal ongemakkelijk aan. Het is mooi en lachwekkend tegelijk.

Als Kiprich aan het einde van de dag afscheid neemt van zijn teamgenoten, wordt hij gedold. Zijn onverwacht emotionele uitbarsting van even daarvoor is het onderwerp van grappen. In de machowereld van het profvoetbal is het empathisch vermogen nu eenmaal beperkt. In groepsverband uit het zich vooral in galgenhumor.

(Jaren later werden Bonaventure Kalou en zijn teamgenoten van Ivoorkust na een verloren interland door soldaten in een vrachtwagen geduwd. Ze mochten er pas weer uit toen ze zich achter het prikkeldraad van een militair strafkamp bevonden. Daar opgesloten maakten ze angstige dagen door. Kalou was dan ook oprecht opgelucht toen hij later die week weer ongedeerd Feyenoords spelershome binnenstapte. Daar stond de selectie vervolgens als één man op. Niet om hem in de armen te sluiten, maar om te salueren.)

Zo vergaat het Kiprich ook ongeveer, op zijn laatste dag in De Kuip. In Feyenoords Maasgebouw geeft Regi Blinker hem bij het afscheid een hand en doet hij net of hij in huilen uitbarst.

De fans nemen zijn tranen een stuk serieuzer. Zij zien er de ultieme bevestiging in dat Kiprich net zoveel van de club houdt als zij.

*

Na zijn gedwongen vertrek uit De Kuip leidt József Kiprich het leven van een idool in ballingschap. Hij is uitgeweken naar het Cypriotische Nicosia. In de eerste maanden van zijn verblijf fungeert die stad bijna wekelijks als bedevaartsoord voor Het Legioen.

In De Kuip galmt zijn naam nog regelmatig over de tribunes. Beoogd opvolger Aurelio Vidmar wordt er gek van. De Australiër weet na een paar weken al wat hem te wachten staat als hij te veel kansen verprutst. Dan begint Het Legioen weer om József te smeken. De geest van Kiprich waart nog vele zondagmiddagen rond in De Kuip. Zonder het zelf te weten is Aurelio Vidmar zo bij voorbaat tot mislukken gedoemd.

*

De lobby van een chic hotel in Nicosia. Daar komt de kromme gestalte van József Kiprich de lift uit. Hij kijkt nog zorgelijker dan normaal.

'József pijn,' zegt hij, als hij sloffend naderbij is gekomen en een week handje heeft gegeven. Hij wijst op zijn rechterenkel.

'József niet spelen.'

Even denk ik dat ik het niet goed versta. Ik heb een halve dag in het vliegtuig gezeten om József Kiprich met zijn nieuwe club Apoel Nicosia tegen AEK Larnaca te zien voetballen. Hij behoort tot de populairste buitenlanders die Rotterdam ooit heeft gekend, waarschijnlijk alleen overtroffen door Ove Kindvall en de geallieerde bevrijders. Iedereen wil weten hoe het József op dat verre eiland vergaat. De aftrap is over een uur of vijf. Morgen vlieg ik alweer terug naar Nederland. József niet spelen? József wél spelen.

-Wat is er dan met je enkel?

'Pijn.'

-Kun je er geen injectie in laten zetten of zo?

'Nee.'

-Waarom niet?

'Dokter kwijt.'

Een paar maanden is József Kiprich in dienst van Apoel Nicosia. Tot nu toe blinkt de club nog niet uit in organisatietalent. Zijn salaris wordt op de gekste momenten gestort, meestal onvolledig, de huur wordt doorgaans helemaal niet betaald en thuis wacht zijn vrouw Tunde al maanden op de gordijnen die de club heeft beloofd.

De logistiek rond het elftal is niet veel beter. Nu is dus de dokter weer zoek. Kiprich schudt zijn hoofd. Hij kijkt op zijn horloge. Als hij vandaag nog wil spelen, moet hij binnen nu en een halfuur zijn injectie hebben. Anders is het te laat. Er worden ploeggenoten ingeschakeld.

Mannen en jongens in blauw-gele trainingspakken gaan in het hotel op zoek naar hun arts, bonzen op zijn kamerdeur en doorzoeken de bar. Het helpt niets. De arts blijft spoorloos.

'Kom,' zegt József Kiprich, 'auto.'

Even later gaat het richting ziekenhuis van Nicosia. Kiprich stuurt. Hij draagt een blauw-geel trainingspak en sportschoenen. 'Beltona' staat er op zijn borst. Kiprich kent de weg goed. Hij komt vaak in het ziekenhuis, met zijn zoon Daniël. Die heeft niet alleen last van een alles verterend heimwee naar Rotterdam, maar ook van zwaar astma. Eenmaal binnen passeert József Kiprich de rij wachtenden alsof die er niet staat, gaat de behandelkamer binnen, begroet een kale dokter met zware wenkbrauwen, wijst op zijn enkel en maakt met vingers en duim injectiegebaren.

Kort daarna ligt een van de populairste spitsen uit de geschiedenis van Feyenoord met een opgerolde broekspijp op de behandeltafel. Ik vraag of ik een foto mag maken. De dokter haalt zijn schouders op, József Kiprich ook. Het is nog maar een paar uur voor de aftrap. Gek genoeg ben ik de enige die het wonderlijke van deze situatie inziet. Dan zet de dokter de spuit in de enkel van de voetballer. In de hoek van de kamer kijkt een geraamte toe.

De supporters van Apoel hebben zich weer eens als een stel terroristen gedragen; daarom moeten de komende vier wedstrijden aan de andere kant van het eiland worden gespeeld. Kiprich verheugt zich er niet op. 'Spits zijn is hier een straf,' zegt hij in de auto. Een paar minuten later stapt hij zuchtend de spelersbus van Apoel Nicosia in.

Hij heeft me zijn autosleutels overhandigd. 'Rij maar achter de boes aan. Alleen opletten: hier links rijden.' Aan de andere kant van het eiland zie ik hem weer terug. Met de handen in de zakken sloft hij het veld van de tegenstander op. Er is een voorwedstrijd aan de gang. Samen staan we langs de lijn. Als er wordt afgefloten, rennen de scheidsrechter en zijn assistenten snel naar de middenstip. Vanuit alle vier de hoeken van het stadionnetje komen gelijktijdig politieagenten met schilden boven hun hoofd aanrennen. Bij de aftocht van het veld worden ze bekogeld met een lawine aan aanstekers.

'De mensen zijn hier gek,' zegt Kiprich en verdwijnt in de kleedkamer. Ik ga op een plek achter het doel staan. Tijdens de wedstrijd hangen achter mij hysterische Cyprioten in de hekken te schreeuwen. József Kiprich staat tachtig van de negentig minuten met zijn handen in zijn zij te wachten op een voorzet die nooit komt. Weer werkt hij op de lachspieren. József lijkt wel een standbeeld.

Ik denk aan de favoriete voetbalfoto van Fred Blankemeijer. Zal Kiprich er straks ook bij gaan zitten? Het scheelt in elk geval weinig. Het enige wat af en toe beweegt, is zijn schuddende hoofd. De enige keer dat hij in de buurt komt van het doel waar ik sta, is bij een hoekschop. Die waait achter.

'Godverdomme,' zegt József Kiprich.

Het wordt de eerste keer dat ik met een voetballer spreek terwijl de wedstrijd nog bezig is. 'Ik zei het toch?' schreeuwt Kiprich vanuit het zestienmetergebied. 'Een straf!'

Apoel Nicosia wint met 1-0. Na de wedstrijd worden er weer aanstekers op het veld gegooid. Kiprich staat een tijdje hoofdschuddend te wachten tot het voorbij is en wandelt dan de kleedkamergang in.

Na afloop komt hij als laatste van alle spelers uit de kleedkamer.

'Heb je het gezien? Heb je nou gezien hoe slecht het was?'

Vloekend gaat het richting spelersbus. De uiterste houdbaarheidsdatum van de voetballer Kiprich is eigenlijk allang overschreden. Niemand durft het toe te geven, behalve zijn gewrichten. Hij loopt niet, hij strompelt. 'Alles doet József pijn,' zegt hij. 'Alles.'

In de bus is het feest. Apoel heeft de enige kans van de wedstrijd verzilverd. De 1-0-overwinning zal in de stad worden gevierd.

'Vijf jaar geleden was ik met die jongens meegegaan. Nu niet meer,' zegt Kiprich. 'Het enige wat ik nu wil is een zak ijs voor op mijn enkel. Alstoeblieft... IJs en een sigaret.'

's Avonds, na het diner in huize Kiprich, laat József zijn vrouw Tunde de ene na de andere fles Hongaarse wijn ontkurken. Hij houdt ervan verslaggevers dronken te voeren. We praten over Feyenoord, over Rotterdam en over hoezeer hij die stad mist. Hij had nooit weg gewild, het is allemaal een stom misverstand geweest, zegt hij.

Straks, als het al bijna weer licht begint te worden, zal József Kiprich mij in zijn auto hijsen en bij een nachtwinkel in de stad een laatste blikje bier en wat krasloten in de handen duwen. 'Hier,' zal hij dan zeggen, 'drinken en krassen. Gezellig.'

Maar nu, in zijn nachtelijke bungalow zonder gordijnen, doet hij eerst een VHS-cassette in de recorder. Het zijn de hoogtepunten uit het seizoen 1992-1993 van de Nederlandse PTT Telecompetitie. Op Cyprus is het inmiddels doodstil. We zitten in een donkere huiskamer. Tunde en de kinderen zijn allang gaan slapen. Als je goed luistert, kun je de kleine Daniël in zijn bedje horen piepen. De laaghangende smog van Nicosia is slecht voor zijn astma. Binnen kijkt de wonderlijke József Kiprich naar de tv. Hij ziet zichzelf scoren tegen FC Groningen. Mei, 1993. Op het scherm springt Regi Blinker op zijn nek. Feyenoord is plotseling kampioen. Supporters hangen huilend in de hekken. Iedereen wordt gek.

Vanuit zijn luie stoel draait József Kiprich zich om en kijkt me aan. 'Goedverdoeme...'

In Rotterdam sijpelen intussen hartverscheurende berichten door over Kiprich. De huilverhalen over de verbannen lieveling die met zijn gezin aan het verpieteren is op een ver eiland, raakt een gevoelige snaar bij Het Legioen. Wanneer een weekblad bericht dat József tegenwoordig al volschiet bij de aanblik van een Nederlands kenteken, is dat meer dan de fans aankunnen. Het brengt een aantal van hen ertoe een collecte te beginnen.

'Haal József terug uit Cyprus,' staat er in bloedserieuze letters op de geldbussen waarmee ze langs Feyenoords trainingsveld gaan.

Vanuit het Maasgebouw ziet Fred Blankemeijer het allemaal hoofdschuddend aan. Hij dacht dat hij alles wel had gezien in het voetbal. 'Maar een collecte voor een miljonair, dat is nieuw voor mij.'

*

Eind jaren negentig is József, zonder hulp van een collecte, eindelijk weg uit Cyprus en terug in Nederland. Maar niet bij Feyenoord. Wel bij FC Den Bosch. Bij zijn eerste wedstrijd, tegen Dordrecht '90, zitten er honderden Feyenoord-supporters op de tribune. Speciaal voor hem. Er zijn T-shirts gemaakt met de opdruk 'De Tovenaar van de Vliert'. Sommigen hebben ook een tovenaarshoed van huis meegenomen.

De Kiprich-mania laat de hoofdpersoon niet meer onberoerd. Voor het eerst sinds zijn verblijf in Nederland voelt József Kiprich iets kriebelen in zijn buik. Hij geeft het na afloop van zijn teleurstellende debuutwedstrijd zelf toe. 'Ik was nerveus. Goedverdoeme! József 34 jaar. En toch nerveus.'

Een succes wordt het verblijf van Kiprich in Brabant niet. Hij speelt er maar negen wedstrijden.

In die korte tijd weet de illustere Tocado Partij hem bij de gemeenteraadsverkiezingen van Rotterdam nog wel voor zijn karretje te spannen. Kiprich is plotseling lijstduwer van een partij die zich sterk maakt voor vrije horecasluitingstijden, fiscaal aftrekbare seizoenkaarten en de mogelijkheid tot bungeejumpen vanaf de Erasmusbrug. Maar ja, weet József veel. Het waren Feyenoord-supporters, die mensen van de Tocado Partij. En daar kan hij kan nu eenmaal moeilijk 'nee' tegen zeggen.

*

Een halfuur te laat stopt József Kiprich bij de afgesproken plek. Een benzinestation langs de weg van Tatabánya naar Dunaújváros.

'Hé hallo. Stap in.'

-Hoe is het József?

'Gaat wel.

-Met Tunde?

'Gaat wel.'

-En met de jongens?

'Ja, gaat wel.'

József Kiprich is nog steeds een man van weinig woorden.

Toch wil ik nu weleens van hemzelf weten hoe hij zijn populariteit in Rotterdam-Zuid verklaart.

József puft zoals alleen hij dat kan. Ik heb hem deze vraag al zo vaak gesteld. Een echt goed antwoord kwam er nooit. József probeert het wel steeds. Ook nu komt zijn antwoord met horten en stoten. 'Pfff, moeilijk... In Nederland, in Rotterdam... Ik heb altijd het gevoel gehad de mensen zijn hetzelfde als ik... Nederland past bij József, József past bij Nederland... Ja, zoiets is het.'

József trapt het gaspedaal lekker diep in. Op de weg is hij een stuk sneller dan op het veld.

'Als ik hier in Hongarije drie wedstrijden slecht speel, gaan de mensen schelden. In Rotterdam heeft nog nooit iemand op József gescholden... En waarom? Ik weet het niet... Ik ben nooit arrogant geweest, misschien is dat het... Maar ik heb ook nooit het gevoel gehad dat ik iets speciaals heb gedaan.'

József puft. Hij is het zat.

'Sorry, ik weet het echt niet.'

*

In zijn Rotterdamse jaren is het eenvoudig om met József Kiprich in contact te komen. Hij staat gewoon in het telefoonboek van Dordrecht. Daarmee scoort hij bonuspunten bij de supporters. De bereikbaarheid van het idool is voor hen een halszaak.

Misschien ligt daarin ook de verklaring voor de groeiende populariteit van Chris Gyan.

Hij wordt zo de nieuwe József Kiprich.

*

Met de bereikbaarheid van Gyan zat het altijd al goed. Hij kwam in zijn eerste seizoen bij Feyenoord gewoon met de tram naar De Kuip. Wie wilde kon op zondagmiddag rustig de wedstrijd met hem nabespreken bij de halte. Tegen zoveel nederigheid zijn natuurlijk maar weinig Rotterdammers bestand.

In De Kuip geldt grofweg de volgende stelregel: je hoeft als Feyenoord-speler niet normaal te zijn, als je maar normaal doet.

Gyan doet normaal. Als de trainer zegt dat hij moet spelen, dan speelt hij. Zegt de trainer dat hij weer op de bank moet gaan zitten, dan gaat hij weer zitten.

Zo gaat het al jaren. Een jankverhaal ophangen bij een bevriende journalist is in al die tijd nooit bij hem opgekomen. Op de eerste plaats heeft Chris Gyan geen bevriende journalisten. En op de tweede plaats maakt volgens hem niet de trainer de opstelling, maar God. En over God hang je nu eenmaal geen jankverhalen op in de pers.

Chris Gyan voetbalt met de instelling van de gemiddelde supporter. Die zou ook niet zeuren als hij van de tribune werd geplukt om een wedstrijd op de bank te moeten zitten. Wel zou hij er zijn rechterarm voor geven, mocht dat nodig zijn. Gyan wekt de indruk dat hij dat offer desgevraagd ook zou brengen. Daardoor kan hij weinig fout doen in De Kuip.

'Als Feyenoord verloren heeft, hoef ik geen eten,' laat hij in de *Feyenoord Krant* optekenen,

'dan krijg ik toch geen hap meer door mijn keel.'

Bingo!

De fans weten het nu zeker: Chris Gyan is net als zij.

Feyenoord-supporters hebben altijd de neiging gehad de onderlinge gelijkenissen met hun idolen te zoeken, veel meer dan de verschillen.

Sterren in de klassieke zin van het woord krijgen daardoor maar met moeite voet aan de grond in De Kuip. Pierre van Hooijdonk had er heel wat belangrijke doelpunten voor nodig om de sympathie van iedereen te winnen. Zelfs Robin van Persie – toch een kind van Varkenoord – werd nooit onvoorwaardelijk geaccepteerd. Te veel glamour keert zich tegen je in De Kuip, hoe onterecht dat soms ook is. En andersom is het precies zo.

Het beste voorbeeld: Ed de Goeij. Hij was populair bij de fans. Maar onder zijn te korte spijkerbroeken droeg hij dan ook dezelfde witte tennissokken als zij. Tussen de middag ging hij vaak naar huis om samen met zijn vrouw een boterhammetje te eten. In zijn vrije tijd legde hij graag een puzzel. Er is een periode geweest dat hij zelfs het lichaam van een supporter had. Tussendoor keepte hij dan een wereldpartij op zondagmiddag. Het bleek een onweerstaanbare combinatie voor de Feyenoord-fan.

Het verklaart ook waarom er in Rotterdam zo hard is gelachen toen de Ajax-supporters hun spelers godenzonen gingen noemen. Feyenoord-supporters moeten er niet aan denken om elf godenzonen te moeten aanmoedigen. Ze zouden er van over hun nek gaan.

*

Chris Gyan komt in 1996 van Ghana naar Nederland. Zijn eerste cultuurshock krijgt hij op Schiphol. Het gegorgel en geschraap dat hij om zich heen hoort, blijkt in werkelijkheid een taal. Het Nederlands. Gyan heeft er nog nooit van gehoord. Tot die tijd heeft hij altijd in de veronderstelling geleefd dat men in Holland gewoon Engels sprak.

Gyan komt in zijn eerste seizoen niet aan spelen toe. Wel mag hij al snel met de selectie mee naar Florida en Curaçao. De sociale verdediger Bernard Schuiteman ontfermt zich tijdens die trip over de introverte Chris Gyan.

In het bloedhete Tampa doen we met z'n drieën inkopen. Halverwege de shopping mall trekt Gyan plotseling de plastic tas met scheerspullen uit mijn handen.

Zonder naar de inhoud te kijken, wandelt hij zwijgend verder. Ik kijk Schuiteman niet-begrijpend aan.

'Laat maar gaan,' zegt hij, 'dat deed hij bij mij ook. Chris wil graag dat tasje voor je dragen. Het is een vorm van respect. Respect voor het feit dat jij ouder bent dan hij.'

Er zijn vast mensen die dromen van een Afrikaan die hun tasje draagt in een shopping mall. Ik behoor niet tot die groep en vraag mijn scheerspullen terug.

Nog diezelfde middag zie ik Gyan bij Ronald Koeman soebatten. Aangekomen bij het stadion van Tampa Bay Mutiny, wekt Koeman de indruk dat hij zijn tas met voetbalspullen zelf naar binnen wil dragen.

Even denkt Chris Gyan dat hij waanbeelden ziet.

Dan stormt hij de spelersbus uit om de last van een verbouwereerde Koeman over te nemen. Deze protesteert hevig, maar dat heeft geen zin. Pakezel Gyan is al op weg.

Later die avond, in de lobby van het Holiday Inn, is hij pas van de schrik bekomen.

'Ik wist niet wat ik zag toen ik Ronald Koeman en Henk Fräser met al die spullen zag sjouwen. Dat zou in Ghana niet voorkomen. Je denkt toch niet dat Yeboah bij ons zijn eigen spullen draagt? *No, impossible.* Dat doen wij, de jongere spelers. Uit respect. En omdat het in de Bijbel staat. God zegt: "*Respect your leaders*."'

Maar respect of niet, Koeman wordt bloednerveus van Chris Gyan. Telkens als hij de spelersbus binnenkomt, staat de Ghanees op om zijn zitplaats aan hem af te staan.

Het aanbod wordt door de aanvoerder voortdurend vriendelijk afgewimpeld. Gyan begrijpt er niets meer van. 'Hij zegt dat ik dat niet moet doen, dat het niet hoeft. Vreemd. In de Bijbel staat: "*If you humble yourself, I will raise you up*."'

De hele trip van tien dagen zegt Gyan geen woord tegen Koeman. Pas bij terugkeer op Schiphol durft hij Feyenoords aanvoerder voor het eerst aan te spreken.

Of hij met hem op de foto wil.

*

'Het zijn geen praters, hè?'

Vriend en collega Leo Verheul zit achter het stuur van zijn oude Mercedes en zucht.

We hebben net Den Haag achter ons gelaten. Op de achterbank staren Chris Gyan en zijn Ghanese medespeler Patrick Allotey zwijgend naar buiten. Ze hebben ieder twee truien aan. Daaroverheen dragen ze nog een winterjas.

Het afgelopen uur waren we op De Uithof. Deze dag hebben Leo en ik de twee Ghanezen meegenomen om kennis te laten maken met het ijs. We kunnen zó in een roman.

Chris had het schaatsen als eerste van de twee onder de knie. Hij had na tien minuten al geen stoel meer nodig. Als Leo voorstelt het Open Ghanese Schaatskampioenschap ter plekke te beslechten, komt Gyan veel eerder over de denkbeeldige streep dan zijn maatje. Allotey feliciteert zijn vriend er plechtig mee.

Nu, in de auto op de terugweg, wordt Leo geacht een interview met het tweetal te houden. Maar er wordt al de hele weg geen zin gesproken op de achterbank.

Gyan en Allotey beantwoorden bijna elke vraag keurig met ja of nee, dat wel. Maar daar houden ze het ook liever bij.

Ter hoogte van Overschie wordt Leo nerveus.

'Waarom zijn jullie zo stil?'

Geen reactie.

'Waar denken jullie aan?

'Aan God,' zegt Chris.

*

Chris Gyan is nogal gelovig.

Ik ben nu een dik halfuur aan het interviewen en nog ben ik er niet in geslaagd om hem één zin te laten uitspreken waarin het woord Jezus niet voorkomt.

Ik word er gek van.

Het enige wat ik wil, is even napraten over de wedstrijd tegen Bayern München.

-Heb je nog iets speciaals gedaan voor de wedstrijd?

'Nee, niets speciaals. Na het omkleden heb ik me teruggetrokken in de doucheruimte, zoals altijd. Daar heb ik Jezus om kracht voor het hele team gevraagd.'

-Baalde je niet dat je weer op de bank moest beginnen?

'Nee. Als je op de bank zit, moet je niet boos zijn. Je moet bidden voor het team en Jezus om kracht vragen voor Feyenoord. In de bijbel staat: 'Everything has its time."

-Maar voel jij nooit de aanvechting om eens met de trainer te gaan praten?

'Nee, waarom? Hij bepaalt toch niet of ik speel? Dat doet alleen Jezus.'

-Maar Van Marwijk maakt toch de opstelling?

'Ja, maar Jezus bepaalt of ik speel. Hij is alles voor me. Jezus is eerlijk. Hij is de man.'

-Was het niet moeilijk om na zo'n lange tijd op de bank plotseling weer te moeten spelen?

'Ja. Daarom heb ik tijdens de warming-up gezegd: "Jezus, jij moet vanavond spelen voor Feyenoord." En dat heeft hij gedaan. Dus ik bedank Jezus.'

Nu raak ik geïrriteerd.

-Dus Jezus heeft gisteravond ook meegedaan tegen Bayern München? Hij stond anders niet op het wedstrijdformulier, hoor.

'Ja, hij heeft meegedaan. Jezus doet alles.'

Tevreden kijkt hij me aan.

'Ik ga naar huis,' zeg ik.

'*God bless you*,' zegt Chris.

*

Chris Gyan heeft bijna ongemerkt een indrukwekkende reeks grote wedstrijden gespeeld. In de Champions League bijvoorbeeld, tegen Olympique Marseille, Lazio Roma, Bayern München, Spartak Moskou, Juventus en Newcastle United. In de voorronde tegen Fenerbahçe. In de UEFA Cup tegen VfB Stuttgart, Sturm Graz, Dunaferr, FC Basel, SC Freiburg, Internazionale en Borussia Dortmund. Gyan won als basisspeler de Johan Cruijff Schaal van Ajax in de ArenA. Hij stond in het veld tegen Real Madrid, om de Europese Supercup. Hij werd, hoewel grotendeels als invaller, in 1999 kampioen van Nederland. En hij won in 2002 de UEFA Cup – als basisspeler.

En toch: vraag honderd voetballiefhebbers naar het laatste elftal dat de UEFA Cup won en meer dan de helft vergeet Gyan. Aan de andere kant: vraag het honderd Feyenoord–supporters en het aantal zal te verwaarlozen zijn.

Dat verschil is vooral te danken aan één moment, ergens in de tweede helft. Het moment dat Gyan een kopduel wint van Jan Koller.

Het beeld van de dwerg die de reus aftroeft, is voor altijd opgenomen in het collectieve geheugen van Het Legioen.

Net als de Tardelliaanse vreugdesprint van Kees van Wonderen direct na afloop, of het beeld van Patrick Paauwe die, gekleed in onderbroek, ver na afloop nog één keer de Feyenoord-vlag op het al pikdonkere veld laat wapperen, is het een onvervalst kippenvelmoment.

Na afloop van die finale, tussen de hossende massa in het Maasgebouw, zie ik Gyan staan.

Hij draagt zijn medaille over zijn clubkostuum. Bij de roltrap lopen we elkaar tegen het lijf. Opeens merk ik dat ik geen speler die Cup meer gun dan hem.

'Gefeliciteerd jongen. Ik heb van je genoten.'

Zijn gezicht verdwijnt onbedoeld in mijn oksel. Ik ben geen ervaren omhelzer.

'*Thank you*,' zegt Gyan. '*Thank you*.'

Ik val stil. Wat zeg je eigenlijk tegen iemand die net de UEFA Cup heeft gewonnen?

Gyan redt me.

'Hoe vond je mijn shirt?'

'Geweldig,' zeg ik.

Er blijven maar mensen het Maasgebouw binnenstromen. Iedereen is door het dolle. Ik vraag Gyan of hij nerveus was.

'Nerveus?' herhaalt hij. 'Nou, nee. Waarom?'

'De grootste wedstrijd uit je loopbaan!'

'Ik vertrouw op God. Wie dat doet hoeft geen zenuwen te hebben.'

Gyan had weer een tekst op zijn ondershirt geschreven. Direct na het laatste fluitsignaal had hij zijn gewone shirt omhooggetild en de wereld zijn boodschap getoond.

Pas wanneer de ochtendkrant is bezorgd, kan ik lezen wat er nu eigenlijk precies staat.

'*The Lord is good all the time.*'

Tja.

Dan vond ik de vorige toch beter. Na de halve finale tegen Internazionale luidde de boodschap in rode viltstiftletters: '*You can get horses ready for battle, but it's the Lord who gives victory.*'

*

-Wat doe je nou als je thuis bent?

'Dan zit ik binnen. Met mijn gezin. Soms komt Kalou bij ons.'

-En wat doen jullie dan?

'We praten. Over het leven, over voetbal. Soms lezen we samen in de Bijbel.'

-Gaan jullie nooit uit?

'Ik hou niet van de disco. Als ik word uitgenodigd, ga ik wel. Mijn ouders hebben het ook nooit gedaan. Ze zouden kwaad worden als ze zouden weten dat ik in de disco ben.'

-Hoe is het eigenlijk met je Nederlands?

'*Oh, a little bit goed. I can go out winkling in Rotterdam.*'

*

Gyan spot met veel voetbalwetten. Niet alleen wint hij kopduels van mannen die bijna twee keer zo lang zijn, hij rendeert ook beter als hij maar sporadisch wordt opgesteld. Wedstrijdritme zegt hem niks.

Een langere serie wedstrijden sluit hij juist vaak onbedoeld af met een off-day. Maar als oproepkracht stelt hij zelden teleur. En – nog zoiets – hij is op zijn best tegen grote ploegen.

Gyan heeft ook geen heimwee naar zijn eigen land. Soms blijft hij in vakantietijd zelfs in Rotterdam. Hij heeft de Nederlandse nationaliteit. Dit is het land waar hij oud wil worden. 'Ik eet nu zelfs jullie eten,' lacht hij. 'Brood en patat.'

In zijn eerste seizoen, toen hij nog in het Feyenoord-internaat woonde, was het wel af en toe moeilijk. Gelukkig stuurden zijn vader en broer hem cassettebandjes. Dan lazen ze voor uit de Bijbel, zongen wat voor hem en gaven hem adviezen. '*Don't go to the disco! Keep focused! Stay indoors*!'

*

Toen Chris Gyan zijn dochtertje Shantel voor het eerst zag, was ze al zes maanden oud.

'Het duurde even voordat ze wist dat ik haar papa was.'

Gyan lacht als hij terugdenkt aan die tijd. Zijn vrouw was in Ghana bevallen. Zelf zat hij op zijn flat in Rotterdam-Zuid en belde zich een ongeluk.

'Dan hoorde ik haar huilen door de telefoon, mijn kleine baby. Dan was ik zó happy... Toen ze na zes maanden eindelijk in Rotterdam was, kon ik niet meer slapen van geluk. Ik heb die eerste nacht alleen maar voor haar gezongen en gebeden.'

Chris Gyan ontmoette zijn vrouw Anita in Kumasi, een stad in het binnenland van Ghana. Zij was daar telefoniste, hij kwam er als international op trainingskamp.

'Ik kwam elke dag bij haar om te telefoneren. Dan spraken we elkaar. Na afloop van het trainingskamp ben ik nog een keer teruggeweest om verder met haar te praten. Ze gaf me haar telefoonnummer, maar dat raakte ik kwijt. Toen ik thuis kwam was het weg. Nergens meer te vinden.'

-En toen?

'Toen heb ik God om hulp gevraagd. Ik heb gebeden en gezegd:

"God, als zij mijn vrouw is, laat haar mij dan bellen."'

-En?

'Drie maanden wachtte ik op een antwoord van God. Het kwam niet. Er werd niet gebeld. Toen besloot ik te gaan vasten. Hoelang ik dat heb volgehouden, weet ik niet meer. Wat ik wel weet: ik stopte op een vrijdagavond om zes uur en de volgende ochtend belde ze. "Chris, moet ik op je wachten?" vroeg ze. "Ja," zei ik toen.'

-Dus?

'Een cadeau van God.'

In de voorbereiding op het seizoen 2001 wordt Chris Gyan voor de tweede keer vader. Hij krijgt een zoon. Al snel na de bevalling blijkt er iets niet goed met het jongetje. Hij heeft een vernauwde luchtpijp en krijgt nauwelijks adem. Het is kantje boord.

Op zijn derde leeft de kleine Montell Gyan nog steeds met een slangetje in zijn buik. Daarmee wordt hij gevoed. Omdat hij niet kan slikken, is er ook een gaatje in zijn luchtpijp gemaakt. Hij heeft nog nooit een woord gesproken.

'We moeten nog een paar jaar wachten voordat Montell kan worden geopereerd. Pas als hij vier of vijf is, zal hij sterk genoeg zijn. Tot die tijd bid ik veel voor hem. En elke dag dank ik Jezus voor die jongen.'

*

-Wat ga je eigenlijk doen na je voetballoopbaan?

'Naar de kerk.'

*

Het is hoogzomer in Rotterdam. Chris Gyan meldt zich voor de ochtendtraining in De Kuip. Vandaag is het gangetje richting de kleedkamer weer een catwalk voor hem. Christian Gyan is zonder twijfel de best geklede voetballer van de Eredivisie.

De retro-stijl is aan hem bepaald niet voorbij gegaan. We zijn terug in de seventies. Heeft Gyan straks soms nog een schnabbel bij Boney M?

Vanaf de andere kant van de gang staart Patrick Paauwe hem aan.

'Nee, dit meent hij niet.'

Maar Gyan meent het vandaag juist heel erg wel. Inclusief afrokapsel onder leren pet en jumbo-soulpijpen. Aan zijn halsketting glinstert een kruis zo groot als een hoefijzer.

Gyan zegt niks. Hij lacht alleen maar en komt langzaam dichterbij.

'Laatst zag hij eruit...' zegt Paauwe. 'Had hij zo'n Afrikaans laken aan. Sindsdien noemen we hem King of Ghana.'

Gyan loopt voorbij.

'*Yeah,*' grijnst hij, '*I like that.*'

Aan de overkant van de kleedkamer zit Bert van Marwijk achter zijn bureau. 'Vergis je niet, hoor,' zegt hij, wijzend naar de deur. 'Iedereen in die kleedkamer daar heeft respect voor Chris. Als mens. En ook als voetballer. Geloof me nou, hij is zo sterk als een paard. Op de training staan de aanvallers echt niet te dringen om tegen hem te spelen.'

*

Rotterdam-Zuid, zondagmorgen. De man met de sleutel lijkt op Wim de Bie, in zijn rol van leraar Duits. Met frisse tegenzin doet hij de grote deur van het kerkgebouw open, zodat ook het drumstel naar binnen kan worden getild. Vandaag maken de zwaar gereformeerden plaats voor een Ghanese dienst. Dat is andere koek.

Een halfuur later staat Chris Gyan in een paars gewaad voor een groepje Afrikaanse gelovigen. Hij gaat hen vandaag voor in gebed. De microfoon piept, maar eenmaal begonnen is Gyan niet meer te houden. De woordenstroom die op gang komt lijkt oneindig. Hoewel ik niets van zijn monoloog versta, zie ik dat hij bidt zoals hij voetbalt: op inzet en met volle overtuiging.

Al die tijd heeft Gyan zijn ogen gesloten. Hij lijkt los van de aarde. De drummer zet in, de rest van de band volgt. Het bidden wordt zingen. De mannen klappen steeds harder in hun handen. Vrouwen staan op en beginnen te dansen. De intensiteit groeit. De halleluja's vliegen me om de oren. En Gyan straalt, het is niet anders uit te drukken. Hij gaat helemaal op in het moment.

Ik voel me een voyeur en vertrek halverwege de dienst.

Chris Gyan heeft het niet in de gaten.

*

Voetbal International vraagt Ton Strooband, woordvoerder van supportersvereniging Legioen, naar de aantrekkingskracht van Chris Gyan.

'Als we zijn naam een uur scanderen,' zegt hij, 'zwaait hij een uur terug.'

*

De Kuip vermaakt zich de laatste tijd prima met Gyan. Als hij alleen al zijn hoofd buiten de dug-out steekt, begint de noordzijde al te juichen. Tijdens het warmlopen wordt elke beweging vocaal begeleid.

Als Chris Gyan daadwerkelijk mag spelen, wordt het nog gekker. Thuis tegen NAC worden nu ook de mislukte acties met gejuich begroet.

Gyan geniet van al die speciale aandacht en schaamt zich daar niet voor. Hij zwaait veel naar het publiek. De liefde komt tenslotte van twee kanten. Ook zijn zelfvertrouwen wordt erdoor aangewakkerd. Halverwege zijn eigen helft maakt hij zelfs een omhaal. Het Legioen weet niet wat het ziet.

Feyenoord wint vanmiddag met 4-0. Vlak voordat Gyan in de spelerstunnel verdwijnt, kust hij het clubembleem op zijn shirt. Het is in het betaald voetbal het meest hypocriete gebaar dat je kunt maken,

maar van Chris Gyan kan ik het om de een of andere reden hebben.
Ik geloof dat hij echt van Feyenoord houdt.

*

Een dag later heeft ook *de Volkskrant* door dat er iets met Gyan en de supporters aan de hand is. In de laatste alinea van het wedstrijdverslag staat:

'Vooral de aanwezigheid van de Ghanese routinier Gyan in de basis werd op prijs gesteld door Het Legioen. Elk balcontact werd met gejuich begroet, elke geslaagde actie met een open doekje. Gyan als cultheld, zo'n middag dus.'

Uit die laatste zin spreekt de veronderstelling dat Het Legioen Gyan uit verveling toejuicht. Het applaus voor Gyan als graadmeter voor het niveau van de wedstrijd, zoiets.

Godzijdank, denk ik bij het ontbijt. Want als iedereen het zou snappen, blijft er natuurlijk weinig cult meer over.

*

De naam van Chris Gyan is weer nergens op het wedstrijdformulier te vinden. Voor de partij tegen Ferencváros heeft Ruud Gullit hem vanavond niet nodig. In Hongarije zit Chris Gyan op de tribune. De meegereisde Feyenoord-supporters scanderen desondanks een paar keer zijn naam.

In hetzelfde vak als Gyan, een paar rijen verderop, zitten twee jongens in Feyenoord-shirt. De een is tien, de ander vijftien jaar. In het midden zit hun vader. Het is József Kiprich. Hij is speciaal voor deze wedstrijd naar Boedapest gekomen. Om zijn pols zit een geel bandje. 'Kipú', zoals ze hem hier liefkozend noemen, laat het lachend zien. VIP, staat er met dikke letters opgedrukt.

-Hé József, hoe is het?

'Gaat wel'

-Met Tunde?

'Gaat wel'

-En de kinderen?

'Ja, gaat wel.'

Direct na afloop verdwijnt hij in de exclusieve lounge van het Ferenc Puskásstadion. Pas nadat de lichtmasten zijn gedoofd, keert hij even terug op de eretribune. Het stadion is dan allang leeg, op één vak na. Schuin achter het doel moeten de Feyenoord-supporters uit veiligheidsoverwegingen nablijven.

Zelfs in de donkere Hongaarse nacht wordt Kiprich direct herkend. Het silhouet van zijn kromme rug is voldoende.

Het is een prachtig gezicht, die zonderlinge Hongaar op de verlaten eretribune en de 500 supporters achter de hekken. Wat volgt is een collectieve flashback.

'Jóóózsef! Jóóózsef!'

Kiprich zwaait bijna zijn arm uit de kom.

'Jóóózsef! Jóóózsef!'

Het Legioen is helemaal door het dolle.

Het is opeens weer 1993. József op dreef in Maastricht, tegen MVV. Zijn openingsgoal in de tweede helft. Pure extase onder de Feyenoord-fans. József geeft ze een ongelooflijk gevoel: de weg naar de titel ligt open! Sommige oudere supporters moeten even gaan zitten. Ze worden door EHBO'ers op afstand in de gaten gehouden. Dan de ontknoping in Groningen. Weer József met het eerste doelpunt. Een lobje als ontstekingsmechanisme. Zevenduizend Feyenoord-supporters in het Oosterpark weten niet meer hoe ze het hebben. Een volle Kuip ziet het op twee megaschermen gebeuren maar gelooft toch z'n ogen niet. Op de radio maakt verslaggever Hans van Vliet heel Rotterdam gek. 'József Kiprich! Kan uithalen! József! Jahahaaaa! József Kiprich! De Hongaarse antiheld!... Hahahaaa!'

‘Johnny is altijd als voetbalster blijven leven, ook toen hij het allang niet meer was’

(2010)

‘De Rondweg,’ zegt Bert Hulleman, organisator van de jaarlijkse wieler- en voetbalbeurs in Houten door zijn mobiele telefoon, ‘altijd zorgen dat je op de Rondweg terechtkomt.’ Het is een druilerige zaterdagochtend, iets na elven. Aan de andere kant van de lijn schijnt zich de hoofdpersoon van deze dag te bevinden.

Helaas is hij onderweg naar scholengemeenschap De Heemlanden de weg kwijtgeraakt. Vandaar dat Hulleman nu vanuit de aula aanwijzingen doorbelt. Wanneer het gesprek is beëindigd pakt hij de microfoon, blaast er even professioneel in en laat dan een dienstregeling door de speakers klinken.

‘Dames en heren, Johnny Rep komt iets later.’

Uit de aula komt nauwelijks reactie. Mannen met linnen tasjes trekken er onverstoorbaar voort in een zwijgende processie langs tafels met uitgestalde voetbalrelikwieën, of drijven op gedempte toon ruilhandel met de standhouders. Het zijn nogal ingewikkelde transacties die hier worden afgewikkeld. Drie incomplete jaargangen van *De Sportgids* tegen een vergeeld entreekaartje van PSV-Benfica en een legpuzzel van Arnold Mühren. Dat werk.

Zelfs wanneer om achttien minuten over elf de klapdeuren van de aula alsnog openzwaaien en tweevoudig vice-wereldkampioen Nicolaas Johnny Rep komt binnenlopen, is er van opwinding onder de bezoekers van de voetbalruilbeurs nauwelijks sprake. Rep mag dan twee Europa Cups hebben gewonnen, de hebzucht die de ware verzamelaar voortdrijft wint het van de nieuwsgierigheid naar de oude vedette. Rep – donkere schoenen, jeans, overhemd, onopvallend jack – kan ik alle rust de hand van Bert Hulleman en van zijn biograaf Mik Schots schudden. Verzamelaars blijven nu eenmaal verzamelaars: ze worden warmer van een paar vergeelde foto's van een ster dan van de ster zelf.

Een paar weken eerder had Bert Hulleman een persbericht de deur uit gedaan. Alle media waren welkom om de officiële presentatie van de biografie van Johnny Rep bij te wonen. De respons is niet overweldigend geweest. Er zijn vandaag maar twee andere journalisten, van wie er één later ook nog zal onthullen dat hij hier eigenlijk per toeval verzeild is geraakt.

'Doe je jas even uit Johnny,' zegt Mik Schots op weg naar de plek waar hij de oud-voetballer het eerste exemplaar zal overhandigen. 'Dat staat wat chiquer.'

'Oh ja,' zegt Johnny Rep.

Even later staat de 42-voudig international in zijn overhemd op een verhoging in de aula. Een handjevol verbaasde verzamelaars staart hem zwijgend aan. Ze kijken naar hem alsof hij een Panini-plaatje is dat voor hun ogen tot leven is gekomen. Rep krijgt de microfoon in zijn handen. Hij zegt dat hij het eerst niet zag zitten, zo'n biografie, maar dat hij er gaandeweg toch lol in begon te krijgen. Dan gaat er een kartonnen doos open en komt het eerste exemplaar van *Rep, een roerig (voetbal)leven* officieel ter wereld. Als de hoofdpersoon naar een eerste indruk wordt gevraagd zegt hij: 'Sorry, ik heb mijn bril niet op.'

Auteur Mik Schots houdt een kort dankwoord, handen worden geschud. Er arriveren bloemen en twee glazen champagne, Johnny Rep neemt als eerste een slok en dan is het officiële gedeelte alweer voorbij. De verzamelaars klappen nog één keer voor 'Goudhaantje' en keren dan snel weer terug naar hun bananendozen vol oude voetbaltijdschriften, hun speldjes en clubs die allang niet meer bestaan en hun programmaboekjes van wedstrijden die al jaren geleden zijn afgefloten.

Maar er zijn er ook genoeg die de biografie van Johnny Rep direct aanschaffen en in de rij gaan staan voor een handtekening. Al was het alleen maar omdat gesigneerde biografieën later, op een volgende ruilbeurs, veel meer waard zijn dan niet-gesigneerde.

En zo komt het dat Johnny Rep deze zaterdagochtend een hele tijd achter een schooltafeltje met drie pennen en een viltstift zit. Bij het signeren staat een lichtbruine leesbril scheef op zijn neus. 'Die is naar de klote,' zegt hij. Hij wijst op de tafel. Daar ligt het linkerpootje. Afgebroken.

De vriendelijke vedette geeft de meeste boeken een boodschap mee. 'Voor Ep, veel leesplezier', bijvoorbeeld, of 'Aan Geurt, van Johnny'. Al snel blijken de verzamelaars veel meer te hebben meegenomen dan alleen de zojuist aangeschafte biografie. Gaandeweg de middag ondertekent Rep dan ook reclamefoto's, oude toegangskaartjes, cartoons, buttons, speciale herdenkingsvaantjes, kranten- en tijdschriftartikelen, muzieksingles, posters, boeken en vooral veel voetbalplaatjes.

Een mevrouw uit België heeft een stapel van 25 voetbalplaatjes meegenomen. Ze geven een mooi overzicht van zijn carrière. Johnny als jonge Ajacied, met bakkebaarden en een kralenketting. Johnny de international van Oranje. Johnny in het buitenland, als ster van Saint-Etienne of stijlvol in actie voor SC Bastia. Er zit zelfs een bij uit zijn nadagen bij PEC Zwolle. Op de plek waar hij voorheen trots het klassieke embleem van Ajax droeg, staat nu in lelijke witte letters: DR. Schupp. Maar het maakt Rep nu allemaal niet meer uit. Hij zet 25 keer met plezier zijn handtekening. 'Weet je dat ik die dingen tot op de dag van vandaag nog vanuit de hele wereld krijg opgestuurd?' zegt Rep en hij houdt een plaatje van het WK '74 omhoog. 'Niet eens zo lang geleden nog, van iemand uit Hongkong. Of ik mijn handtekening erop wilde zetten en terugsturen. Doe ik altijd wel. Kleine moeite.'

Het is inmiddels decennia geleden dat Johnny Rep in West-Duitsland meehielp voetbalgeschiedenis te schrijven. De blonde lokken zijn inmiddels grijs geworden en de bakkebaarden van toen zijn allang afgeschoren, maar de magie van dat toernooi in 1974 is nog steeds niet helemaal uitgewerkt. De Nederlandse voetballiefhebber mag Johnny Rep dan langzaam maar zeker uit het oog zijn verloren, de rest van de wereld beschouwt hem nog steeds als een glamourvolle vedette. Het is te merken wanneer Rep halverwege de signeersessie wordt aangesproken door een Brits echtpaar. De man en de vrouw benaderen hem dan met een eerbied en onderdanigheid die je eerder in Buckingham Palace zou verwachten dan hier, in een zuur ruikende aula langs de snelweg in Houten.

'Ik heb weleens het idee dat Johnny als voetballer in Nederland is onderschat,' zegt Mik Schots even later, 'zeker als ik zie hoe populair hij buiten ons land nog is. Op Corsica, waar hij voor Bastia speelde, kan hij nog steeds geen twee stappen op straat zetten of hij wordt op de schouders gehesen. Wat dat betreft zou Nederland zijn sportsterren wel wat beter kunnen eren.'

Mik Schots is eigenlijk leraar Engels. In zijn vrije tijd schrijft hij over voetbal. Voor het boek over Rep voerde hij een stuk of vijftien uitvoerige gesprekken met de voormalige voetbalster. Hij interviewde familieleden, jeugdvrienden en insiders. Jan Mulder, Frans Derks, Wim Rijsbergen, dichter Theun de Winter en *Telegraaf*-journalist Jaap de Groot komen uitgebreid aan het woord. Het beeld dat daaruit ontstaat is dat van een talentvolle flierefluiter, een levensgenieter die in het veld de gave had om altijd op de beslissende momenten op de juiste plek te staan, maar wiens geluk na zijn actieve loopbaan even plotseling leek opgebruikt. Zo werd de biografie van Johnny Rep een bitterzoet boek, dat niet alleen handelt over de hoge pieken, maar ook de diepe dalen. Ook al laat de hoofdpersoon zelden echt het achterste van zijn tong zien. 'Nadat zijn trainersloopbaan bij de amateurs plotseling was opgehouden, kwam Johnny in een zwart gat terecht,' zegt Schots. 'Hij had inmiddels twee scheidingen achter de rug en kon daar niet goed mee overweg. Hij heeft het moeilijk gehad. Het punt is: Johnny is altijd als een voetbalster blijven leven. Ook toen hij het allang niet meer was.'

'Ken je me nog?' vraagt intussen een man in regenjack, leunend op het schooltafeltje, aan Johnny Rep. De oud-voetballer glimlacht vriendelijk terug, maar zegt niks. Nu buigt de man zich voorover. 'Van Texel!' roept hij, 'we hebben elkaar een paar weken geleden gezien! In de snackbar, weet je wel?' Je ziet aan de ogen van Johnny Rep dat hij het helemaal niet weet, maar hij knikt vriendelijk en voorziet de man met een zwierig gebaar van een handtekening. Tussendoor geeft hij antwoord op vragen over zijn boek.

-De meeste biografieën van voetballers zijn dodelijk saai, maar u bent best openhartig geweest.

'Ach, ja. Anders zou het zo'n zouteloos verhaal worden. Dat wilde ik niet, een suf boek.'

-U geeft toe als speler amfetaminen te hebben geslikt en zegt dat de spelers van Bastia en Saint-Etienne 'helemaal vol' zaten.

'Ja. Klopt. Dat was ook zo. Ik had geen zin om daar geheimzinnig over te doen. Er werd nu eenmaal weleens wat gebruikt in die jaren. Maar we waren echt niet de enigen met doping, hoor. Hoe dacht je dat die Argentijnen en Independiente er destijds aan toe waren, toen wij met Ajax de Wereldcup wonnen?'

-Nou?

'Ja, die zaten ook helemaal onder. Het gebeurde in alle landen.'

-Ook in Nederland?

'Wat dacht je? Natuurlijk.'

-Ga je beter voetballen van amfetaminen?

'Nee, dat niet. Je krijgt er geen betere voorzet van of zo. Je gaat er ook niet harder van lopen. Het enige is dat je je beter kunt concentreren. Je bent na dat spul nog meer gefocust dan normaal. Dat is eigenlijk alles.'

Hij haalt zijn schouders op. Meer heeft hij er eigenlijk niet over te zeggen. Een jongetje in een Barcelona-shirt houdt hem zijn cap en een viltstift onder de neus. Rep tekent en aait het jongetje over zijn haar. De stroom voetbalmemorabilia lijkt oneindig.

Zelf heeft Johnny Rep niets meer dat herinnert aan zijn imposante loopbaan. Hij speelde met Johan Cruijff bij Ajax, met Mario Kempes bij Valencia, met Michel Platini bij Saint-Etienne en met Ruud Gullit bij Feyenoord, kwam tot 42 interlands waaronder twee WK-finales, werd landskampioen in Nederland en Frankrijk, won met Ajax twee Europa Cups, een Wereldbeker, de Europese Super Cup en de KNVB-beker. Na zijn loopbaan speelde hij in demonstratiewedstrijden over de hele wereld met en tegen alle levende legenden uit de voetbalgeschiedenis, van George Best en Zico tot Lev Yashin en Kevin Keegan. Maar alles wat daaraan herinnert is verdwenen, cadeau gedaan of kwijtgeraakt.

Op veilingen zou het inmiddels tonnen hebben opgeleverd. Johnny Rep speelde bijvoorbeeld mee in de afscheidswedstrijd van George Best. Hij kreeg diens laatste shirt. Met de achteloosheid waarmee anderen een sigaret uitdelen, gaf hij het weg. Nog zoiets: het shirt van een piepjonge Maradona, souvenir uit de vriendschappelijke interland Nederland-Argentinië in Bern, gebruikte hij ooit om indruk mee te maken op een meisje. Rep bracht het mee als geschenk. Het shirt van Maradona moet nu ergens op Corsica in de kledingkast van een vrouw van middelbare leeftijd hangen. Het is maar goed dat de verzamelaars in Houten het niet horen. Ze zouden krankzinnig worden.

'Zonde eigenlijk, hè?' zegt Rep. 'Dat zijn dingen waar ik nu wel spijt van heb. Maar in die tijd leefde ik bij de dag. Het shirt van George Best, dat soort dingen deed me niets. Van Maradona trouwens ook niet hoor.' Hij lacht. 'Dat was in 1979. Ik was toen bekender dan hij.'

Maar inmiddels is het 2010 en lijkt de voetbalwereld Johnny Rep enigszins te hebben vergeten. Hij hunkert naar een baantje. Scout of jeugdtrainer bij Ajax, dat lijkt hem ideaal. 'Jan Mulder zegt dat hij weinig mensen kende die zo'n goede kijk op het voetbal hebben als

Johnny,' had Mik Schots al eerder gezegd. En eerlijk gezegd denkt Rep zelf ook wel dat hij iets zou kunnen toevoegen. Maar 'Goudhaantje' is zijn hele leven een avonturier geweest, fladderend door Europa en zelden denkend aan de dag van morgen. Daardoor heeft hij nu in Amsterdam de kruiwagens niet, zegt hij. Zijn hoofd gaat vanzelf schudden wanneer sommige hulptrainers van Ajax ter sprake komen. Johnny Rep zou daar graag eens met Ajax-trainer Martin Jol over praten, maar daar is het tot nu toe nog nooit van gekomen. 'Jol is moeilijk te bereiken,' zegt het clubicoon, 'ik krijg hem nooit te pakken.' En dan, schouderophalend: 'Ach, die man zal het ook wel druk hebben.'

Johnny Rep in nu 59 jaar. In Portugal, bij een wedstrijdje ter gelegenheid van Eusebio's vijftigste verjaardag, werd hij met gillende sirenes afgevoerd. Hartritmestoornissen. Sindsdien slikt hij bloedverdunners en moet hij om de drie weken langs bij de trombosedienst. Zijn huis heeft hij al lang geleden moeten verkopen. Hij woonde een tijdje in een kamer boven een café-restaurant van een vriend, maar leeft tegenwoordig met zijn vriendin op een flat in Wormerveer. Ook is hij geregeld te vinden in stamcafé De Krokodil in Krommenie. Op advies van zijn ex-vrouw Trudy bezocht hij vorig jaar een psychiater. Daarna werd Johnny Rep enige tijd opgenomen in een afkickkliniek voor alcoholverslaafden op de Veluwe. Of in 'de gevangenis', zoals hij dat zelf noemt. Sindsdien gaat het een stuk beter met hem, zegt hij wel.

'Ik las laatst in *VI* dat ik verbitterd was,' zegt hij, 'nou, daar klopt echt niets van, hoor.'

-Nee?

'Welnee. Dat ben ik helemaal niet, verbitterd. Nooit geweest ook.'

-Hoe vult u tegenwoordig de dagen?

'Oh, met van alles. Ik verveel me niet hoor. Fietsen, dat doe ik vaak. Ik loop ook nog weleens hard. En ik zie veel voetbal. Voor *De Telegraaf* geef ik cijfers. Ik bezoek graag jeugdwedstrijden. Vooral van Ajax. Verder ben ik vooral euh... huisman, zal ik maar zeggen.'

-Johnny Rep, de ladykiller? Huisman?

'Ja.'

-Goh.

'Thuis ben ik van de afdeling eten, zal ik maar zeggen. Ik kook graag.'

Mik Shots meldt zich bij het tafeltje. Johnny Rep gaat snel verder met signeren. 'Iedereen die ooit met Johnny te maken heeft gehad, draagt hem een warm hart toe,' had de biograaf eerder die dag al uit eigen ervaring gezegd. 'Hij heeft niets kwaads in de zin.' Vandaar dat Schots zijn woorden zo zorgvuldig weegt, nu hém wordt gevraagd zijn beeld van de oude rechtsbuiten eens te omschrijven. Schots: 'Ik zie Johnny euh... als iemand die door zijn voetbalkwaliteiten is meegesleurd in euh... in een bepaald leven. Dat heeft hem veel euh... avontuur opgeleverd, maar ook in omstandigheden gebracht die hem euh... uiteindelijk boven het hoofd zijn gegroeid.'

Een ogenblik is het stil aan het tafeltje.

'Zal ik maar even weggaan?' zegt Johnny Rep. 'Dan kunnen jullie rustig verder praten.' De oude vedette staat al op. Even later kun je hem langs de stoffige voetbalboeken zien kuieren. In zijn hand heeft hij een glaasje champagne.

'Weet je wat het is?' zegt Schots, buiten gehoorafstand van de oud-voetballer, 'Johnny zegt nooit nee. Daardoor heeft hij geweldige dingen meegemaakt, maar ook weleens in situaties verkeerd die hij moest ontvluchten. Laat ik het zo maar zeggen.' Hij vertelt over die keer op Corsica, toen Rep zo onverstandig was geweest het aan te leggen met de vriendin van de plaatselijke maffiabaas. 'De gangsters stonden met getrokken pistolen op zijn stoep. Johnny heeft voor zijn veiligheid toen echt een paar weken van het eiland moeten verdwijnen. Dat soort dingen maakte hij mee. Hij heeft altijd meer als een Fransman of een Spanjaard geleefd dan als een Nederlander. Niet iedereen realiseert zich dat meer, maar hij was een tijdje een internationale ster. Qua looks had hij iets dat Beckham later ook had. Maar zijn gedrag leek meer op dat van George Best.'

Dan is de ochtend voorbij. De verzamelaars sjouwen hun bananendozen weer naar buiten, een enkeling komt Johnny Rep nog een hand geven en vervolgens wandelt de oud-voetballer naar de uitgang, op weg naar zijn auto. Op het fietspad vraagt een fotograaf hem nog even te poseren. Of hij het boek wil gebruiken als bal, dat lijkt hem wel leuk. Rep knikt. En daar staat hij dan, de vriendelijke vice-wereldkampioen tussen een paar struiken aan de rand van een winkelcentrum in Houten, zijn biografie balancerend op zijn rechtervoet en intussen vriendelijk lachend in de lens. Hij poseert geduldig, geeft daarna de fotograaf een hand, zwaait hem nog even na met het boeketje bloemen dat hij van Bert Hulleman heeft gekregen en dan is Johnny Rep weer verdwenen, op weg naar nieuwe avonturen.

De moord op kleine Koossie

(2012)

In de Olympiazaal van De Kuip valt de zon deze dinsdagmiddag mooi door het glas in lood. Het zet de zilveren gedenksteen die herinnert aan de Razzia van Rotterdam in een lichtrode gloed.

Op deze plek komt een einde aan een wandeling langs *Stadion Feijenoord 75 jaar*, een tentoonstelling die vanaf vandaag officieel is te bezoeken. De tocht begon in de Maaszaal, bij het standbeeld van de kunstenaar Henk Chabot, een grijze kolos uit 1937 die de statige titel *De Voetballer* draagt, maar waarvan de sokkel op wedstrijddagen al jarenlang wordt bedolven onder een oneerbiedig hoge berg lege patatbakjes.

Daarna is de tocht onder de beroemde tribunes doorgegaan, stapvoets langs grote panelen die herinnerden aan de hoogte- en dieptepunten uit de historie van dit imposante stadion. Het gaat over de kampioenen die er hadden gevoetbald, de bekers die er waren gewonnen, de boksers die er hadden gebloed. Je zag er foto's van concerten, speedway-wedstrijden en interlands, maar ook van de Surinaamse schaafijsverkopers op het voorplein, van twee anonieme agenten en wat ouderwetse suppoosten. Er vallen afbeeldingen van originele bouwtekeningen te bestuderen, affiches die partijen tussen al lang overleden boksers aankondigen, en nu eindigt de tentoonstelling dus hier, oog in oog met een zilveren plaquette aan de muur. Daarop de tekst:

TER HERDENKING
van de ruim 50.000 mannen
die op 10 en 11 november 1944
tijdens de Razzia van Rotterdam
door de bezetter als dwangarbeider
zijn afgevoerd uit Rotterdam.

Het is in dit stadion niet de enige gedenksteen die refereert aan de bezettingstijd. Even verderop hangt er nóg een:

1940-1945: moge U hen die als trouwe sportmakkers de club
ontvielen, een ogenblik gedenken.

Wie in De Kuip op zoek gaat naar sporen uit de oorlog, hoeft niet veel moeite te doen. Op het voorplein reden ooit de Duitse jeeps om het stadion te vorderen. Tijdens de hongerwinter wachtte op de grasmat Feyenoords administrateur en geschiedschrijver Phida Wolff tussen duizenden stadgenoten op gedwongen transport naar Duitsland. En op een van deze tribunes verdween de Joodse onderduiker Herman Menco een tijdlang bij elke thuiswedstrijd van Feyenoord ongezien in het publiek, de anonimiteit van de massa gebruikend om tenminste één keer in de twee weken wat buitenlucht te kunnen opsnuiven.

Een van de foto's die bij de tentoonstelling hoort, laat zien dat hier, in de Olympiazaal, in de oorlog etensbonnen werden gedistribueerd. Ook is er aandacht voor het standbeeld dat kort na de bevrijding werd gemaakt ter herdenking van de gevallen clubleden en supporters. Het heet *De Zaaier*, een gigantisch beeld dat enige tijd onder de oude eretribune heeft gestaan, totdat het op een dag op mysterieuze wijze verdween. Wegens vergunningsproblemen werd het op een ochtend door medewerkers van het toenmalige ministerie voor Onderwijs, Kunsten en Wetenschappen opgehaald en naar een depot gebracht. Daar raakte het kwijt. Het beeld was ook maar 2,80 meter hoog.

Waar het nu is, weet niemand meer. De meeste kenners gaan ervan uit dat het is vernietigd. Zo werd *De Zaaier* wat het nu is: een van de onopgeloste mysteries uit de 75-jarige historie van De Kuip.

In plaats van die verdwenen reus van beton wordt in dit stadion het drama van de Tweede Wereldoorlog nu het krachtigst verbeeld door een juist opvallend klein relikwie: een ouderwets Feyenoord-shirtje, breekbaar van ouderdom en gevangen achter glas. Het heeft in een van de moderne businessunits een plechtig plekje aan de muur gekregen. Ooit hing het om de schouders van Koos van den Bosch.

Koos van den Bosch was de zoon van een ex-caféhouder en havenarbeider uit Rotterdam-Zuid. Hij woonde aan de Beijerlandselaan, in de schaduw van De Kuip. Veertien jaar was hij toen de oorlog uitbrak, een goede leerling op school die ook nog eens uitblonk in voetballen. Toen hij zich in 1940 als jeugdspelertje op Varkenoord aanmeldde, nam Feyenoord hem direct aan. Van den Bosch was wat in die jaren 'een pootige speler' werd genoemd. Net als zijn vader, die in zijn vrije tijd vaak trainde bij boksclub Charlois, moest hij het op het veld vooral van zijn mentaliteit en fysieke kracht hebben.

Het shirt dat nu in een vrij anoniem hoekje van De Kuip hangt, heeft nog een ouderwetse rood-witte kraag. Halverwege de V-hals mist het een knoopje. Een moddervlek op de witte flank herinnert aan de laatste wedstrijd waarin het ooit werd gedragen, nu meer dan 67 jaar geleden.

Op het bijbehorende zwart-witfotootje zie je dat Koos het shirt draagt als hij en zijn vriendjes vrolijk met tegenstander DWS poseren. Een van zijn teamgenoten, Gerrit Snoek, zou later als linksbuiten nog het eerste van Feyenoord halen, maar voor Koos van den Bosch moet dit een van de laatste grote wedstrijden zijn geweest die hij heeft gespeeld. Zeventien jaar oud was hij, een talentvol voetballertje van Feyenoord A1, toen hij tijdens de Razzia van Rotterdam naar De Kuip werd getransporteerd en nog diezelfde maand, samen met zijn vader, op doorreis naar Duitsland werd vermoord.

'Dat shirt van Koossie is nooit meer gewassen,' zegt mevrouw Bok-van den Bosch de volgende morgen in haar flat in Rotterdam-Oost. 'We hebben het altijd precies zo gelaten als hoe het was, vlak voordat Koossie door die moffen werd opgepakt.' Koossie, zo zal ze haar vermoorde broertje de hele middag blijven noemen. In haar gedachten is hij altijd een jongen van zeventien gebleven.

Zijzelf is twaalf jaar wanneer er op de vroege ochtend van 10 november 1944 aan de Beijerlandselaan hard op alle deuren wordt gebonsd. 'De Duitsers hadden de hele wijk afgezet. Overal in de straat stonden soldaten. Iedereen moest naar buiten komen. Er werden briefjes uitgedeeld. Daarop stond dat alle mannen tussen zeventien en veertig jaar op straat moesten gaat staan. Ze dienden warme kleren mee te nemen, bestek, een deken en boterhammen voor één dag, want ze zouden te werk worden gesteld in Duitsland. Wie weigerde of probeerde te vluchten, zou worden neergeschoten. Mijn vader zei dat Koossie zich op het platte dak moest verstoppen, maar dat durfde Koossie niet. Hijzelf bleef boven in zijn stoel zitten. Toen de Duitsers ons huis kwamen doorzoeken, deed mijn vader net of hij geestelijk gestoord was. Hij reageerde nergens op. Andersom was dat ook zo. Die moffen keken in de gootsteenkastjes of er niet nog meer jonge mannen in huis waren, maar in mijn vader waren ze niet geïnteresseerd. Hij was toen 52 jaar. Dat vonden ze te oud.'

Tijdens de Razzia van Rotterdam, een in het diepste geheim voorbereide operatie die twee dagen duurt, worden in die winter van 1944 in totaal vijftigduizend mannen opgepakt. Een deel van hen wordt naar Stadion Feijenoord gebracht, waar ze uren achtereen in de regen moeten wachten totdat ze per boot naar het oosten van het land worden vervoerd. Onder hen is Koos van den Bosch. Hij is een angstige scholier die zijn halve leven heeft gefantaseerd over hoe mooi het moet zijn om op het gras van De Kuip te mogen staan, maar het er nu steenkoud heeft en vanaf de tribunes onder schot wordt gehouden door Duitse machinegeweren.

'Mijn moeder vond dat mijn vader Koossie moest gaan zoeken.

Ze geloofde niet dat hij het alléén zou redden. Ik ben toen met hem meegegaan. Maar toen we bij De Kuip aankwamen, was iedereen al per boot weggevoerd. We hebben nog langs de Maas gelopen om ze te zoeken. Zonder resultaat natuurlijk. Met lood in onze schoenen zijn we vervolgens naar huis gegaan. Ik hoor mijn moeder nóg gillen, toen we haar moesten vertellen dat we Koossie niet hadden gevonden.'

De groep Rotterdammers wordt overgebracht naar Kampen en moet van daaruit te voet naar Wezep, waar ze worden opgesloten in een tijdelijk kamp. 'Bij aankomst zijn daar gelijk drie jongens neergeschoten,' zegt mevrouw Bok-van den Bosch. 'Waarschijnlijk wilden die moffen een voorbeeld stellen. Koossie moet dat ook hebben gezien. Mijn vader had intussen uitgevonden waar de groep uit De Kuip was gebleven en had geregeld dat hij met de vrachtwagen van de groenteboer uit de Beijerlandselaan naar het oosten kon. Pas veel later, toen we thuis de vensters wilden repareren, bleek dat mijn vader contacten bij de ondergrondse had. Er dwarrelden toen bij het wegbreken van de kozijnen allemaal illegale krantjes en stencils op de grond. Maar dat hebben we tijdens de oorlog nooit geweten. Het verklaarde wel waarom mijn moeder af en toe extra bonnen in de brievenbus vond.'

Van den Bosch senior vindt zijn zoon in Wezep terug. Hij wisselt een paar woorden met hem bij het hek met prikkeldraad en belooft dat hij zich bij de groep zal aansluiten zodra die richting de treinen wordt gedirigeerd. Pa Van den Bosch gaat liever mee naar Duitsland dan dat hij Koossie alleen laat. 'Maar toen is alles fout gegaan,' zegt mevrouw Bok-van den Bosch nu. 'Echt alles. Op weg naar de wagons is mijn vader naast Koossie gaan lopen. Pa heeft toen gezegd dat Koossie aan een bepaalde kant van de trein moest wegvluchten en dan heel hard het bos in moest rennen. Het was zijn enige kans. Maar Koossie was bang, zoals iedereen. Hij had net gezien hoe drie jongens waren neergeschoten, om niets. Koossie vergiste zich, rende in zijn angst de verkeerde kant op, niet richting het bos, maar recht in de loop van een mitrailleursnest. "Vader!" riep hij nog. Maar ze schoten hem ter plekke dood. Hij had geen kans.'

Meer dan een halve eeuw later ligt de portefeuille van Koossie op de salontafel in de Rotterdamse flat van zijn inmiddels bejaarde zus. Er zit een kogelgat in de linker bovenhoek, een stille getuige van zijn dramatische dood. Daarnaast een stapeltje documenten die hij die fatale dag bij zich had. Zijn lidmaatschapskaart van Supportersvereniging Feyenoord, zijn bewijs van inschrijving bij de Rotterdamse voetbalbond en nog wat andere zaken. Op de foto's die uit de kapotgeschoten portefeuille tevoorschijn komen, zie je een vrolijke, knappe jongen, het haar achterovergekamd. Hij poseert op een voetbalveld, langs de straat met zijn vriendjes in zelfgemaakte regenjassen van oude lakens, of stoer kijkend op een motor. Op een van de foto's staat hij met zijn moeder en zusje afgebeeld. Bloedsporen van toen trekken een donkerrode streep over het beeld. Het is om kippenvel van te krijgen.

'Mijn vader zag het allemaal gebeuren, hoe zijn zoon voor zijn ogen werd neergemaaid. Toen is hij door het lint gegaan. Hij is die moffen aangevallen. Met zijn blote handen. Hij was een bokser, een stevige, sterke kerel, maar hij was natuurlijk kansloos. Ze hebben hem ter plekke vermoord. Doodgeslagen.'

Even is het stil in de kamer. Alleen de wandklok maakt nu nog geluid. Het is allemaal lang geleden, maar soms ligt mevrouw Bok-van den Bosch 's nachts nog wakker. 'Dan vraag ik me af hoe je zoiets kunt doen. Iemand doodslaan? Gewoon, alsof het niks is. Hoe kan het? Maar daar krijg ik natuurlijk nooit antwoord op.'

Haar dochter Joke verlaat zwijgend de kamer. Even later keert ze terug met nog meer herinneringen aan Koossie, de oom over wie ze haar hele leven heeft gehoord, maar die ze nooit heeft gekend. Uit een linnen tasje van een boetiek komen dan zijn voetbalschoenen tevoorschijn. Het touw dat als veters diende, is aan het verweren en de stalen neuzen zijn dof geworden, maar verder zien de schoenen er nog net zo uit als toen Koossie ze voor het laatst droeg. De modderrestjes zitten nog onder de noppen.

'Het Rode Kruis kwam bij ons aan de deur. Ze vertelden dat Koossie en zijn vader bij een vluchtpoging waren vermoord. Maar mijn moeder wilde het niet geloven. Zolang de lichamen niet gevonden waren, hield ze hoop. "Het Rode Kruis is gek," zei ze, "Je vader is er toch bij? Ze zitten in Duitsland. Binnenkort komen ze terug." Ze had zelfs eten opgespaard voor de dag dat het zo ver zou zijn. Konijn en appelmoes. Waar ze het midden in de Hongerwinter vandaan haalde, weet ik niet, maar ik zal het nooit meer vergeten.'

De moeder van Koossie stuurde ook pakketjes en brieven, die waarschijnlijk nooit zijn aangekomen. Een paar zijn bewaard gebleven. Dramatische documenten zijn het, enigszins vergeeld en opgesteld in een mix van oud-Nederlands en fonetisch Rotterdams, nauwelijks voorzien van leestekens en vol spelfouten, maar recht uit het hart op papier gezet.

Lieve Koos,

Ik heb zoo nu en dan van mijnheer Musch gehoort dat je bij hem leg en Jacob Vols zijn moeder is ook bij ons geweest
Koos hoe gaat het is Janus nog bij jullie wat is het toch erg.
Ik loop dag en nacht aan je te denken als ik naar jullie toe kon lopen zou ik het doen.
Zal je oppassen Koos dat je niets over kom als je kan schrijf dan gouw als je dat pakje ontvang zal ik blij zijn. Ome Toon is gevlucht fijn he. Maar oppassen hoor. Het leven gaat hier weer zijn gang wijnig eten en bij jullie. Ik hoop maar van goet. Ik hoor net van Janus. Wij zijn bij zijn zus geweest leuk mensch hoor. Ik zal voor Janus ook een pakje doen. Nu Koos ik kan van zenuwe haast niet schrijven. Je weet wie je Moe is.
Ik zal een hoop eten voor je bewaren, hoor schat. Dag hoor en tot spoedig weer ziens. Daag,

je Moeder

Even later laat kleindochter Joke nog een andere brief zien, afkomstig van Paleis Noordeinde, getypt en statiger van toon. Wilhelmina, staat er in zwierige letters onder.

'Uw man Jacobus Gerrit en uw zoon Johannes Aart Jacobus werden d.d. 20 november 1944 te Wezep, tijdens hun vlucht, op laaghartige wijze van het leven beroofd. Zij hebben dit offer gebracht voor de vrijheid van ons dierbaar Vaderland. Ik kom U mijn hartelijke deelneming betuigen bij dit voor U zo zware verlies. Moge hun nagedachtenis U een steun in het verdere leven blijven.'

Maar zelfs van de koningin der Nederlanden nam de moeder van Koossie niets aan.

'Soms kwamen we terug van de stad. Als we dan de straat in liepen, kon mijn moeder opeens beginnen te hollen. "Ze zijn er!" riep ze dan, "ze zitten achter het raam!" Dan was ze echt niet meer bij te houden. Maar er zat natuurlijk niemand. De dokter is na de oorlog aan de deur geweest om te vertellen dat mensen hadden gezien hoe Koossie en zijn vader waren vermoord. De politie ook. Ik herinner me een huilende brigadier bij ons op de bank. Maar zolang de lichamen niet waren gevonden, wilde mijn moeder het niet geloven. "Ze zitten in Rusland, alles is goed," zei ze. Ze bleef volhouden. Het was natuurlijk haar schild.'

Jarenlang bleef de moeder van Koossie hopen op een terugkeer van haar mannen. Tussendoor bezocht ze waarzeggers. Concrete informatie leverde dat niet op. Soms liep ze halverwege de sessie al weg. Totdat ze in contact kwam met de bekende paragnost Gerard Croiset. Het was toen elf jaar na de oorlog. 'Er waren allemaal mensen met foto's van vermiste familieleden. Een gigantische stapel, waaruit Croiset op een gegeven moment de foto van Koossie trok. "Hier hoort nog iemand bij," zei hij. Even later pikte hij de foto van mijn vader eruit. Zomaar, uit die enorme berg. Croiset werd lijkbleek. Zijn gezicht verwrong helemaal. Hij heeft mijn moeder toen apart genomen. "Stop maar met zoeken," zei Croiset. "Ze zijn er niet meer. Hun lichamen zullen binnenkort worden gevonden. Nog een maand of drie, vier. Dan legt het leger een schietbaan aan op de hei. Daar liggen ze. Naast elkaar." Het klonk allemaal belachelijk, maar zo is het precies gegaan. Bij het graven van een schietbaan werden inderdaad vijf lichamen gevonden. De drie mannen die al eerder werden doodgeschoten en dus ook mijn broertje en mijn vader. Koossie werd al snel herkend. Hij had zijn rood-witte Feyenoord-sjaal nog om. Daar is hij uiteindelijk ook mee begraven.'

'Mijn moeder heeft Koossie en haar man moeten identificeren. Ze is uiteindelijk 84 jaar geworden. Ze heeft veel meegemaakt in de oorlog. Drie onderduikers in huis gehad, een man die stiekem bij het verzet zat, er is op haar geschoten terwijl ze in een bootje naar het bevrijde deel van Nederland voer om daar eten te zoeken... Ze kon er smakelijk over vertellen. Maar over de geschiedenis van Koossie en mijn vader werd niet meer in het openbaar gesproken. Ze is sindsdien ook nooit meer naar een begrafenis geweest. Zelfs niet van haar eigen vader en moeder. Dat kon ze niet meer opbrengen.'

'Koossie en mijn vader zijn met militaire eer te ruste gelegd in Loenen. Ik kom er nog weleens. Niet vaak, want ik ben al oud en afhankelijk van anderen voor vervoer. Het is er heel vredig. Het voelt niet als een begraafplaats. Soms krijg ik een brief van de Stichting Oorlogsgraven. Dan kan ik bloemen bestellen. Padvinders uit de buurt leggen die voor je op het graf. Dat doe ik dan. Ik bestel altijd rood-witte bloemen voor Koossie, de kleuren van Feyenoord, altijd alleen maar rood-witte bloemen. Hij was een lieve jongen, best knap ook en serieus in de dingen die hij deed. Hij kon goed leren, veel beter dan ik. Koossie droomde van een toekomst in De Kuip, zoals alle jongetjes op Varkenoord. Het is er nooit van gekomen. Maar dat in elk geval zijn shirtje er nu hangt, zoveel jaar na de oorlog, dat doet me veel. Ik heb het in bruikleen gegeven. Ik hoop dat het na mijn dood in het Feyenoord-museum terechtkomt. Niet voor mij, maar voor Koossie. Die zou dat prachtig hebben gevonden. Hij was zo'n lieve jongen.'

Helen de handen van Henk de Gier?

(2005)

Dit is het merkwaardige verhaal van Henk de Gier. Henk was vroeger vertegenwoordiger in zonweringen, cosmetica en kantoorartikelen. Daarna werd hij advertentieverkoper en weer later begon hij een praktijk als paragnost annex magnetiseur. Sindsdien lopen profvoetballers uit Nederland de deur bij hem plat. Zij geloven onvoorwaardelijk in de paranormale gaven van Henk uit Leidschendam.

Najaar 1997. Het is de slotfase van Feyenoord-NAC. Scheidsrechter Reygwart heeft gefloten voor een overtreding. Snel maakt Jean-Paul van Gastel zich klaar voor de vrije trap. De aanvoerder van Feyenoord heeft haast. Er zijn nog maar vier minuten om iets aan de 1-1 te doen.

Terwijl Van Gastel op het veld de afstand tot het doel inschat, steekt op de Maastribune iemand alvast zijn armen in de lucht. Het is Henk de Gier. Als enige in het hele stadion begint hij te juichen om een doelpunt dat nog moet worden gemaakt.

Natuurlijk klinkt er hoongelach op de tribune. Van Gastel heeft in de voorgaande twee wedstijden alleen de lat weten te raken. Iedereen weet dat Feyenoords kanon van slag is. Maar even later staat het toch 2-1, dankzij een vrijwel perfecte vrije trap van Jean-Paul van Gastel. Precies zoals Henk de Hier hem een dag eerder had voorspeld.

Hoe kan dat?

'Henk heeft gistermiddag mijn vizier een paar centimeter lager afgesteld,' zegt Van Gastel na afloop. Hij kijkt er bloedserieus bij. De aanvoerder heeft doorgaans een goed gevoel voor humor, maar nu lijkt het er toch op dat hij het meent. Hij vertelt dat hij zich een dag eerder heeft laten behandelen door De Gier. De paragnost had zijn gebruikelijke routine uitgevoerd. Eerst een beetje praten en daarna een paar minuten met zijn handen over hoofd en nek strijken. Daarna had hij Van Gastel op het hard gedrukt zich vooral geen zorgen te maken. Het vizier stond weer op scherp.

'Henk zegt dat hij met zijn handen de magnetisch velden rond het lichaam beïnvloedt.'

Als het net even te lang duurt voordat er een reactie komt, voelt Van Gastel de scepsis in die stilte.

'Ja, ik weet het ook niet precies, hoor. Het enige wat ik weet, is dat ik gisteren al van Henk hoorde dat ik vandaag uit een vrije trap zou scoren.'

Na de wedstrijd staat de paragnost aan de bar van het spelershome. Hij is het middelpunt van een mooi groepje Feyenoorders: Henk Vos, Jerzy Dudek, Clemens Zwijnenberg en Geoffrey Claeys staan om hem heen. In de ene hand heeft hij een glas Bacardi-cola, in de andere een spel kaarten. Er wordt veel gelachen in het groepje. Even later duw ik mijn hand in de kolenschop van Henk de Gier.

'Noem een kaart,' zegt hij al snel.

'Oké,' zeg ik, 'ruiten zes.'

Die Gier pakt mijn hand. Tussen de duim en wijsvinger van zijn andere hand klemt hij een spel kaarten. Hij houdt me de stapel voor. Ik moet er blind één kaart uit trekken.

'Goed zo,' zegt hij. 'Draai nu je kaart maar om.'

Ik draai mijn kaart om en kijk. Verdomd. Ruiten zes. Jean-Paul van Gastel lacht zich gek.

'Goede truc,' zeg ik.

'Ja,' zegt De Gier, 'alleen is het geen truc.'

'Wat is het dan?'

'Een talent. Net als zingen. Je kan het of je kan het niet.'

Henk blijkt een gezellige man. Voordat hij een spelershome verlaat doet hij voor de lol nog een paar trucs die geen truc zijn. Ook voorspelt hij dat Feyenoord dit jaar geen kampioen wordt. Maar daar hoef je natuurlijk geen paragnost voor te zijn.

Henk de Gier was al jaren Feyenoord-supporter toen hij halverwege de jaren tachtig plotseling achter de schermen van zijn favoriete club belandde. Het waren de traditioneel hectische dagen voor de wedstrijd tegen Ajax. In de boezem van de club heerste onrust. Ivan Nielsen had in een wedstrijd met het Deense elftal zijn ribben gekneusd. Hij was als een dood vogeltje De Kuip binnengebracht.

Uitgerekend Nielsen. Uitgerekend in de week voor Ajax. Niet dat de Scandinaviër nu de beste voetballer van het stel was, maar als er in Rotterdam één speler in staat werd geacht om zondag dat rotjong van Van Basten aan te pakken, dan was hij het.

In die sfeer van naderende paniek, besloot verzorger Gerard Meijer als laatste redmiddel Henk de Gier in te schakelen. Natuurlijk werden de wenkbrauwen gefronst. Helemaal toen men zag wat de vermeende wondermethode van deze onbekende man precies inhield. De Gier kwam de kleedkamer binnen, hing zijn jas aan een knaapje en verzocht Nielsen plaats te nemen op de behandeltafel. Vervolgens rolde hij zijn mouwen op en begon de voetballer een tijdje over zijn ribben te strijken. Een paar minuten lang deed De Gier alsof Ivan Nielsen een poesje in de vensterbank was. Toen stopte hij met aaien en trok zijn jas weer aan. 'Morgen weer,' zei De Gier tegen Nielsen, die zich bij het opstaan om de een of andere reden aan de behandeltafel moest vasthouden.

Nog datzelfde weekeinde zag heel Rotterdam handenwrijvend toe hoe Ivan Nielsen negentig minuten lang achter Van Basten aan zat. Hij leek zo fit als wat.

Dat was twintig jaar geleden. Nu vult de gestalte van Henk de Gier de deuropening van zijn drive-inwoning. Zoals het een goed paragnost betaamt, heeft hij al opengedaan voordat zijn bezoek de kans heeft gekregen aan te bellen. Het eerste bewijs van zijn vooruitziende blik?

'Welnee,' zegt De Gier, 'ik hoorde je toevallig aankomen.'

Eenmaal binnen komen we eerst langs de wachtkamer. Vanuit hun lijstjes glunderen de bekende landgenoten ons hier toe. Beenhakker. Borsato. Koeman. Vanessa natuurlijk. Van Bronckhorst. Ze zijn er allemaal. Sommigen hebben een boodschap aan Henk op de foto geschreven. 'Lieve vriend,' heeft René Froger er boven gezet. Als je goed kijkt, zie je dat de foto's van de Feyenoord-spelers een ereplaatsje hebben gekregen.

'Hier,' tikt Henk de Gier tegen een fotolijstje aan de muur, 'ken je die nog?'

Ik kijk plotseling in het bidprentjesgezicht van Julio Ricardo Cruz. Natuurlijk, El Jardinero. Wie zou Feyenoords tuinman kunnen vergeten? Ik zie twee heerlijke goals tegen Juventus voor me en een afstandsschot tegen Cambuur. Dát en ontelbare overbodige hakballetjes.

'Nou,' zegt Henk, 'die stond dus ook op een dag plotseling voor mijn neus. Julio kreeg de ballen er even niet meer in. Of ik soms kon helpen. Toen heb ik hem een tijdje behandeld. Hij scoorde in de eerstvolgende wedstrijd gelijk twee keer. En dat heeft hij daarna nog vijf keer gedaan.'

De Gier zal proberen uit te leggen wat hij doet tijdens een behandeling, al zegt hij er direct bij dat hij het zelf ook niet helemaal snapt. 'Oké,' zegt de paragnost, 'ik blijk dus een afwijkende kracht te bezitten die blokkades in het systeem van mensen kan opheffen. Ook kan ik ervoor zorgen dat er bepaalde zaken aan het systeem worden toegevoegd. Concentratie bijvoorbeeld. Kijk, het lichaam bestaat uit allerlei magnetische velden. Vaak zitten er storingen in die velden. Ik kan er met mijn handen soms voor zorgen dat ze weer in balans komen.'

'Mag ik je handen eens zien?' vraag ik.

De paragnost steekt ze uit. Flinke jongens, dat wel, maar verder niets bijzonders.

'Valt je niks op?' vraagt Henk.

'Nee. Wat dan?'

'Babyhandjes,' zegt hij. 'Kijk maar, ik heb helemaal nergens eelt. En ook zo gek: er blijven nooit haren of vet op mijn handen plakken.'

De methode van Henk de Gier wordt in de volksmond ook wel strijken genoemd. Zelf heeft hij het liever over bibberen. Aan het eind van een behandeling gaan zijn handen vaak trillen, vandaar.

Henk bibbert wat af. Er komen namelijk niet alleen voetballers en artiesten bij Henk. Gewone stervelingen zijn ook meer dan welkom. En dat is maar goed ook, want sommigen van hen zijn van mening niet meer zonder Henk te kunnen leven. In een reportage van *het Algemeen Dagblad* komt een 73-jarige krantenbezorger uit het Westland aan het woord. De man legt uit dat niemand de pijn in zijn botten kan verlichten, behalve De Gier. 'Er is maar één God voor mij,' zegt de krantenbezorger, 'en dat is Henk.'

Hoewel Henk er zelf geen enkele aanleiding toe geeft, zijn er nog veel meer mensen die denken dat hij God is. Dat zorgt ervoor dat Henk af en toe een wat vermoeide indruk maakt. Hij bibbert gemiddeld tachtig klanten per dag. Dat zijn er eigenlijk veertig meer dan hij zou willen. 'Vanaf 1 januari ga ik minderen. Dat zeg ik al zes jaar, maar nu doe ik het echt. Ik merk dat het te veel is. Ik ben 55 jaar. Het gaat ten koste van mijn gezondheid.'

Zolang Henk behandelt, is er niets aan de hand. Maar zodra hij stopt, krijgt hij een wegtrekker. 'Dan heb ik een halfuur het gevoel dat er een vrachtwagen over me heen is gereden,' zegt Henk. 'Daar wil ik vanaf.'

Henk werkt te hard. Laatst heeft hij zelfs het paard van Vanessa gebibberd. Het beest kon niet plassen. Henk loste het op, want dat is natuurlijk het handige van zijn behandelmethode: het is one size fits all, of je een voetballer bent of een paard. Maar het was Henk de afgelopen tijd soms wel even te veel. 'Ik merkte het aan mezelf,' zegt hij. 'Het behandelen ging niet meer zo lekker. Ik was heel intensief met Dirk bezig, maar ik boekte weinig resultaat.'

Dirk is Dirk Kuijt, Feyenoords kroonjuweel. Ook hij is een trouw bezoeker van De Gier. Elke week meldt de topscorer zich na de training in het materiaalhok in De Kuip. Daar, tussen de dozen sportdrank en voetbaltassen van allang vergeten Feyenoorders, houdt Henk de Gier eens per week praktijk. Zijn deur staat er elke zaterdag open voor iedere speler die naar binnen wil.

'Ik ben nu een week of vijf, zes bezig met Patrick Paauwe,' zegt Henk. 'Ik vind het 'm best goed doen de laatste weken. Jij?'

De gave van Henk de Gier werd ooit afgeleverd zonder aan/uitknopje. Dat zorgt ervoor dat ze bij Henk thuis soms een beetje moe van hem worden. Hij wil halverwege Baantjer nog weleens voorspellen wie de moordenaar is. Ook een actiefilm is door Henk snel verpest. Hij zegt dan dingen als 'Let op jongens, straks komt er van links een brandweerwagen die eerst een stoplicht ramt en dan dwars door dat ijscokarretje rijdt.' Op die manier is de lol van een achtervolgingsscène er natuurlijk snel af.

Verder is het heel gezellig bij Henk thuis. Vooral op vrijdag. Dan komt Henks vrouw Eva vaak naar beneden om de bar te runnen en druppelt een select gezelschap vaste klanten binnen. Patrick van Diemen van RKC komt de laatste tijd veel. Lex Schoenmaker meldt zich regelmatig. Gaston Taument ook. En Harald Wapenaar is er zelfs vrijwel altijd. Hij komt al sinds zijn vijftiende bij Henk.

'Ik heb iets met keepers,' zegt De Gier. 'Oscar Moens komt hier ook al jaren.'

Oscar Moens en hij zijn dikke maatjes. Toch had Henk het laatst even gehad met hem. Moens was niet komen opdagen voor een behandeling. Hij had niets van zich laten horen en was gewoon weggebleven. Dat vond Henk niet leuk. Hij belde de keeper pissig op.

'Gefeliciteerd Henk,' zei Moens toen. 'Jij bent de eerste paragnost bij wie je af moet bellen.'

Gelukkig dolt Henk de keeper ook weleens. Toen Moens bij AZ na een ruzie door Dirk Scheringa was kaltgestellt, droomde hij stiekem van een club in een of ander warm land.

'Zeg Henk,' vroeg Moens toen aan zijn vriend de paragnost. 'Wat voel je? Zit het er voor mij ooit nog een keer in, een mooie club in het Zuiden?'

'Zeker weten,' zei De Gier.

Nog datzelfde seizoen werd Oscar Moens getransfereerd naar RBC Roosendaal.

Er gebeuren vreemde dingen in huize De Gier. Een keer belde Gaston Taument op. Hij was zijn bankpasje kwijt. Of Henk soms een idee had. De paragnost adviseerde in een glazen kast te zoeken. Daarna hing hij op. Nog binnen een minuut rinkelde de telefoon alweer.

'Hebbes Henk,' zei Taument, 'en nog bedankt.'

Gaston Taument is een van De Giers trouwste bezoekers. Hij komt al meer dan tien jaar bij hem over de vloer. De eerste keer was in 1994. De rechtsbuiten zat in de put. Het voorgaande seizoen was hij nog een van de kopstukken geweest in het heerlijke Appie Happie-elftal dat onder Van Hanegem kampioen van Nederland was geworden. Maar het seizoen daarop was plotseling alles anders. Taument kwam in De Kuip zelfs af en toe op de bank terecht.

'Maak je nou maar geen zorgen, Gassie,' zei De Gier tegen het dode vogeltje tegenover hem. 'Jij gaat dit jaar gewoon mee naar het WK in Amerika. En je scoort de eerste de beste wedstrijd die je speelt.'

Wie Taument toen op de witlederen bank van De Gier had zien zitten, zou het niet erg waarschijnlijk hebben geacht dat deze trieste jongeman in een paar maanden tijd van tobbende bankzitter tot WK-ganger zou transformeren. En toch stond hij enkele maanden later aan de overkant van de oceaan klaar om in te vallen tegen Saoedi-Arabië. Even later maakte hij voor Oranje de winnende goal.

Hoewel hij later toegaf met zijn ogen dicht te hebben gekopt, is het een van de doelpunten waar Taument het meest trots op is. Dat had natuurlijk veel met de hele voorgeschiedenis te maken, maar ook een beetje met het feit dat hij vrijwel nooit met een kopbal scoorde. Toen hij in Washington zijn hoofd tegen de bal zette, deed hij iets dat zo tegen zijn gewoonte was, dat zelfs Henk de Gier het niet had kunnen voorspellen.

'Voordat hij naar Amerika ging,' vertelt Henk nu in zijn behandelkamer, 'vroeg Gaston een talisman aan mij. Ik vond dat eigenlijk niet zo'n goed idee, maar hij stond er echt op. Ik heb hem toen een dasspeld gegeven. En die heeft hij in de wedstrijd tegen de Arabieren ook gedragen.'

Ik zet mijn glas neer. Ik geloof dat ik me ga verslikken.

'Echt,' zegt Henk, 'hij zat in zijn sok.'

Diezelfde avond is Gaston Taument in gedachten weer even in Washington.

'Het klopt,' zegt hij aan de telefoon. 'Ik heb het hele WK '94 met de dasspeld van Henk de Gier in mijn sok gespeeld. Hij zat verstopt tussen de scheenbeschermer en de kous van mijn rechterbeen.'

Waarom speelt iemand een WK-wedstrijd met een dasspeld in zijn kous? En waarom denkt hij elk jaar na dato nog steeds dat dat heeft geholpen? Zou de kracht van Henk de Gier dan toch vooral in de perceptie van zijn bezoekers liggen?

Feit is dat de wonderlijke Henk de Gier is geaccepteerd in een wereld die bekend staat als ultraconservatief. Dat is knap. Ontelbaar zijn de haptonomen, sportpsychologen, mental coaches en andere goeroes die door de Nederlandse voetbalprofs in recordtijd zijn weggepest. Maar met Henk lopen ze op de een of andere manier allemaal weg.

Zijn persoonlijkheid speelt daarin een belangrijke rol. Je kunt lachen met Henk. In de schrijnend humorloze beroepsgroep der paranormalen, is dat een zeldzaamheid. En verder werkt zijn aangeboren aversie tegen onnodig interessant doen natuurlijk ook zeer drempelverlagend. Hij stopt geen pijp en legt de voetballer vervolgens niet op de divan, maar schenkt een baco in en vertelt een schuine mop. Daarna vindt hij al snel bij iedereen de juiste toon, want Henk heeft een aangeboren mensenkennis. Zijn kaarttrucs of andere stunts zijn de volgende stap bij het wegnemen van scepsis.

'Noem een getal onder de duizend,' zegt Henk, terwijl hij een bedrijvengids pakt.

'550,' zeg ik.

Henk doet even zijn ogen dicht. 'Broekman,' zegt hij en geeft me de gids.

Ik sla de gids open en zoek naar pagina 550.

Daar staat:

Broekman Sloten specialist
De sleutel tot uw beveiliging
Da Costastraat 2a
2513 RT Den Haag

Ben ik gek?

Kent Henk de Gier de bedrijvengids van Den Haag en omstreken uit zijn hoofd?

Wat is hier eigenlijk aan de hand?

Bij Feyenoord wordt Henk de Gier door de medische staf gedoogd. Om ooit ook te worden geaccepteerd door de geschoolde medici, zou Henk zijn voorspellingen en behandelingen oneindig vaak moeten kunnen herhalen met telkens hetzelfde resultaat. Maar dat kan Henk niet. Zelfs bij zijn kaarttruc die eigenlijk geen kaarttruc is, gaat het na een paar keer fout. Toch gaat het ook weer te vaak wél goed, om helemaal uit te sluiten dat Henk de Gier over speciale gaven beschikt. Dat maakt het lastig om hem te plaatsen. Dat nooit helemaal duidelijk wordt hoe serieus Henk de Gier zichzelf nu eigenlijk neemt, maakt het er trouwens ook niet makkelijker op.

'Als je last hebt van je rug,' vroeg Feyenoord voorzitter Jorien van den Herik eens aan Henk de Gier, die kromgebogen van de pijn in het Maasgebouw stond, 'dan behandel je toch gewoon jezelf?'

'Welnee,' zei Henk toen, 'ik geloof er zelf helemaal niet in.'

'Dat is slim,' zegt een bevriende psychologe. 'Door te zeggen dat hij er zelf ook niet in gelooft, is het ook onmogelijk om hem ergens op af te rekenen.' Ze is specialist op het gebeid van de cognitieve gedragstherapie. Dat komt niet slecht uit. 'Hij vraagt weinig geld voor een consult, garandeert zo min mogelijk. Het is duidelijk dat hij graag vanuit de underdogpositie opereert,' concludeert ze.

Ik denk aan het donkere materiaalhok waarin Henk bij Feyenoord vrijwillig bivakkeert. Een nederiger plek is er in heel De Kuip niet te vinden. Misschien heeft ze gelijk. Wie weinig verwachtingen schept, kan nooit diep vallen.

Ik vertel haar verder over Henk de Gier. Dat hij gastvrij is en je al snel het gevoel geeft dat je elkaar al jaren kent. En dat hij wars is van hocus pocus-verhalen. 'Onderzoek heeft uitgewezen dat het wel of niet slagen van een therapie afhangt van non-specifieke facetten,' zegt ze. 'Met andere woorden: de aard van de behandeling en het opleidingsniveau van de behandelaar zijn daarbij van minder belang dan het feit of jij bij binnenkomst prettig bent behandeld aan de balie, of dat het een beetje klikt met de therapeut en of je af en toe een kopje koffie krijgt.'

Ik vertel haar over de kaarttrucs die geen truc zijn. Soms gaat het inderdaad fout, maar heel vaak gaat het ook goed. Of staan we onbewust toe dat in onze beleving het falen wordt overschaduwd door de successen?

'Precies,' zegt ze, 'selectieve waarneming. Als mensen eenmaal iets geloven, zien ze alleen maar dingen die hun geloof bevestigen. Als jij heel erg in Sinterklaas gelooft, selecteer je al snel alleen nog de informatie die bewijst dat hij bestaat. Kinderen hebben dat heel sterk. Zodra hun vader een mijter op zet en een baard voor doet, herkennen ze hem niet meer. Mocht je daarna opeens drie Sinterklazen tegelijk tegenkomen, dan treedt een proces op dat wij cognitieve dissonantie noemen. Je gaat je eigen gedachten kloppend maken, zodat het past binnen jouw opvatting. Die andere twee Sinterklazen worden al snel hulpsinterklazen. Dan is er niets meer aan de hand.'

Ook in de dasspeld van Taument ziet ze een kinderlijke belevingswereld terug. 'Het is magisch denken, zoals kinderen doen. Niet op de witte strepen van het zebrapad lopen. Op weg naar school alle lantaarnpalen aanraken, anders gaat het straks fout bij het proefwerk. Het is een ritueel dat jou het idee moet geven iets te kunnen controleren wat eigenlijk niet te controleren valt. Zoals bijvoorbeeld een voetbalwedstrijd. Zolang het tegendeel niet bewezen is, kun je dat blijven doen.'

En als het wel het geval is? Als Taument tegen Saoedi-Arabië niet had gescoord? Zou hij dan de dasspeld in de tweede wedstrijd tegen België nog hebben gedragen?

'Misschien niet. Het magisch denken heeft natuurlijk een beperkte houdbaarheidsdatum. Zodra er veel corrigerende ervaringen worden opgedaan, verdwijnt het vertrouwen. Als telkens uitkomt dat Sinterklaas eigenlijk je vader met een opplakbaard is, verlies je vroeg of laat toch het geloof in Sinterklaas.'

En Broekman Sloten Specialist dan, de sleutel tot uw beveiliging? En Ivan Nielsen met zijn gekneusde ribben? En die goal van Taument in Washington? Dat was een kopbal, nota bene!

Het is even stil aan de andere kant van de lijn.

'Ik zeg toch ook niet dat het allemaal niet waar is wat De Gier zegt en doet? Ik leg alleen uit hoe het door sommige mensen kan worden beleefd.'

Het is een mooie voorjaarsdag in 1999 en Fritz Korbach verveelt zicht te pletter. Sinds ze hem er bij De Graafschap 'uitgepleurd' hebben, weet hij bij god niet meer wat hij met zijn tijd moet doen. Hobby's heeft hij niet. 'Wat moet ik doen dan? Tuinieren? Schei eens lekker uit. Soms kijk ik uit mijn raam. Christus, denk ik dan, wat een bende in die tuin. Daarna trek ik gauw de gordijnen dicht. Nee, niks voor mij. Ik heb maar één hobby en dat is voetbal. Pleur jij lekker op, zeg. Met je tuinieren.'

Gelukkig, het humeur van Fritz lijdt niet onder zijn ontslag. En daar is ook geen enkele reden toe. Vrijwel alle meisjes die deze ochtend de Doetinchemse brasserie binnenfladderen, zoenen hem vol overgave goedemorgen. De trainer wekt niet de indruk dit heel erg te vinden.

'Terwijl ik zelf thuis toch ook geen lelijkerd heb zitten,' zegt Fritz. 'Daar kun je ook gewoon bij daglicht mee over straat.' Het is niet de eerste keer dat ze Fritz eruit hebben gegooid. Integendeel zelfs. Hij vertelt dat hij er zelfs een speciaal kostuum voor in de kast heeft hangen. Pak vier. Alleen te dragen bij ontslag op staande voet.

Toen Fritz op een morgen halverwege het seizoen wakker werd en vaststelde dat een teleurgestelde De Graafschap-supporter alvast een bordje Te Koop in zijn voortuin had geplant, kon hij daar nog wel om lachen. Fritz reageerde er op geheel eigen wijze op. Hij rukte het bord niet woedend uit de grond, maar belde een bevriende persfotograaf. De volgende dag stond hij met bord en al op de voorpagina van de plaatselijke krant. Maar de lol ging er snel af toen op De Vijverberg de eerste witte zakdoekjes verschenen. Hij begreep ook wel dat dit het begin van het einde inluidde.

'Ging het niet meer?'

'Nee man,' zegt Fritz. 'Die Superboeren zaten op de tribune met hele keukenrollen te zwaaien.'

Als we later die middag in de auto zitten, heeft Fritz allang verteld over zijn mysterieuze aandoening. Dat hij af en toe in elkaar zakt. En dat hij dan weer wakker wordt in een ziekenhuis, waar doktoren hem helemaal binnenstebuiten keren en toch niets ongewoons kunnen vinden. En hij heeft ook al uitgelegd dat hij na zo'n toeval eigenlijk nergens last van heeft, behalve dan dat hij zich een paar nachten lang een ongeluk transpireert.

Maar nu gaat Fritz proberen uit te leggen hoe het precies voelt, de seconde voordat hij neergaat.

'Nou,' zegt hij, 'het is dan dus net of ik een klap met een meelzak krijg.'

'Hoe bedoel je?'

'Het lampie gaat uit.'

'Kun je iets specifieker zijn?'

'Het is alsof iemand een brievenbus in mijn nek gooit.'

Het duurt niet lang voordat de naam Henk de Gier valt. Fritz heeft nog nooit van hem gehoord, maar stáát erop de paragnost ter plekke te bellen. Als de twee met elkaar zijn verbonden, besluit de trainer maar gelijk met de deur in huis te vallen.

'Ik hoor hier dat jij een soort ti-ta-tovenaar bent,' zegt Fritz.

Er ontspint zich al snel een vermakelijk gesprek. Daarna maken de twee mannen een afspraak.

'Godverdomme,' zegt Fritz als hij heeft opgehangen, 'weet je wat die De Gier vroeg?'

'Nou?'

'Of ik 's nachts veel transpireerde.'

Een week later staat Korbach bij De Gier op de stoep. Het is het begin van een ritueel. De trainer rijdt voortaan elke vrijdag als een raket van Doetinchem naar Leidschendam, waar de paragnost praktijk aan huis houdt. Het zijn uitermate gezellige sessies. Henk de Gier is namelijk een van de weinige geneesheren met een professionele bar in zijn behandelkamer. Het duurt dus niet lang voordat Fritz steeds vroeger komt en steeds later gaat. Tegelijkertijd is hij toch ook vaak sneller thuis, want de energie die De Gier op hem weet over te brengen, ontlaadt Fritz weer door zijn gaspedaal op de terugweg ongeveer door de carrosserie heen te drukken. Zo ging het een tijdje goed. Maar de laatste jaren komt Korbach niet meer bij Henk. Er waren wat probleempjes rond zijn rijbewijs. Ook heeft hij een paar maanden in Indonesië gezeten. Maar nu schijnt hij terug te zijn in Nederland.

'Ik zit in Friesland!' roept hij door de telefoon. 'Weet je hoe ver dat is? Als ik op mijn balkon ga staan kan ik Denemarken zien!'

Sinds die mooie voorjaarsdag in 1999 is er veel veranderd in het leven van Fritz. Niet alles was even leuk. Clubs zijn er niet meer voor hem. De vrouw met wie je ook bij daglicht over straat kunt, is nergens meer te bekennen. Maar een klap met een meelzak heeft hij al lang niet meer gehad.

'Doe die Gier de groeten,' zegt Fritz. 'Ik vind het een wereldgozert.'

'Ach Fritz,' zegt Henk aan zijn bar. 'Een schat van een man. Ik ben blij dat hij alweer een tijdje niet is omgevallen.'

Henk heeft net verteld dat hij vroeger in het pak van André van Duins Ome Joop zat. Dat was tijdens de uitzendingen van NCRV's *Los Vast* op zaterdagmiddag.

Eigenlijk zou hij één keer bij wijze van uitzondering invallen, maar Henk kan nu eenmaal moeilijk nee zeggen.

'Drieënhalf jaar heb ik in dat stinkpak gezeten,' zegt Henk. 'Maar wel gelachen.'

'Ik ga naar huis,' zeg ik.

'Noem nog één keer drie kaarten,' zegt Henk.

'Oké dan. Schoppen acht, hartenboer, ruiten zeven.'

Ik trek op goed geluk drie kaarten uit de stapel.

Eén voor één draai ik ze om. Henk kijkt naar de kaarten. Hartenboer, ruiten zeven. Joker.

'Twee uit drie,' zegt Henk. 'Niet slecht.'

Beter dan Cruijff

(1999)

Willy Dullens heeft net verteld over de wedstrijd tegen Alkmaar. Het moet ergens in 1966 zijn geweest. De precieze datum weet hij niet meer, maar zodra hij zijn ogen dichtdoet, ziet hij zichzelf weer dribbelen. Hij hoort het applaus van het publiek. Hij ziet de ene na de andere tegenstander onderuitgaan. Hij voelt de handen van Barry Hughes, de trainer van de verpletterde tegenpartij, na afloop op zijn schouders en hoort hem weer zeggen: 'Willy, Willy, wat heb je ons aangedaan...?'

Hij glimlacht. 'Ach jongen, ik speelde zo goed die dag...'

Nu schuift hij zijn stoel naar achteren. Hij gaat laten zien wat er, meer dan dertig jaar later, gebeurt als hij zijn rechterbeen wil buigen. 'Goed opletten,' zegt hij, terwijl zijn vinger zijn onderbeen aanwijst. Al snel maakt de knie een knik. Na drie zware operaties heeft het gewricht het karakter van een uitgesleten slot: er zit een dood punt in. Daarna blijft zijn been in één stand staan. Het kan niet meer verder buigen. Willy Dullens doet het nog eens voor en zucht dan: 'Met zo'n handicap kun je natuurlijk niet voetballen.'

Inmiddels kan hij weer zonder problemen over zijn geknakte loopbaan praten. Journalisten zijn welkom en mogen vragen wat ze willen. De tijd dat hij het niet over zijn noodlot kon hebben zonder in tranen uit te barsten is voorbij. 'Ik heb het nu allemaal verwerkt,' zegt hij. Sterker nog, hij vindt het nu fijn dat er in zijn kapsalon, waar hij vijf dagen van de week aan het werk is, eigenlijk over niets anders dan voetbal wordt gesproken.

Willy Dullens heeft maar van zijn achttiende tot zijn eenentwintigste op het hoogste niveau gespeeld, maar de indruk die hij in die korte periode heeft gemaakt is enorm. Nog steeds spreken mensen hem aan op de prestaties die hij lang geleden op het veld heeft geleverd. 'Ik heb klanten uit Roermond die speciaal naar Sittard komen om zich door mij te laten knippen. Die mensen zeggen dat ze zo van mij hebben genoten als voetballer, dat ze nu op deze manier iets willen terugdoen. Terwijl het toch ruim dertig jaar geleden is dat ik voor het laatst op een voetbalveld stond.'

Maar Willy Dullens was dan ook iets speciaals. De kleine linksbinnen uit Limburg combineerde zijn aangeboren gave om te dribbelen met een ijzeren wilskracht en discipline, een zeldzame combinatie bij natuurtalenten. Bovendien werd hij steeds beter. Het noodlot heeft ervoor gezorgd dat niemand, ook de voetballer zelf niet, exact kan weten hoe goed Willy Dullens zou zijn geworden als een zware knieblessure zijn loopbaan niet voortijdig had afgebroken, maar de hoofdpersoon heeft zelf wel een vermoeden. 'Het ging zo goed in de voorbereiding op het nieuwe seizoen, zo gemakkelijk, dat ik echt het idee had dat ik dingen kon gaan laten zien die nog nooit iemand op het veld had vertoond. Mijn gevoel zegt me dat ik dat jaar hard op weg was Nederlands beste voetballer te worden.'

Willy Dullens heeft altijd al de overtuiging gehad dat hij een van de beste spelers van het land was. Nu nog, op 54-jarige leeftijd, kan hij zich ergeren wanneer bepaalde spelers te veel worden bewierookt. 'Dan denk ik bij mezelf: vinden ze dat goed? De mensen weten helemaal niet wat goed is.'

Willy Dullens was goed. Op z'n veertiende debuteerde hij in het eerste elftal van derdeklasser Almania, dankzij de spelerspas van zijn broer. Daarna ging het snel met zijn carrière. Hij speelde op achttienjarige leeftijd in het eerste elftal van Sittardia en stond binnen een mum van tijd in Jong Oranje. Eén wedstrijd was genoeg om te laten zien dat hij dat niveau was ontgroeid. Op 17 april 1966 maakte hij zijn debuut in de nationale ploeg, in de thuiswedstrijd tegen België. De ster van de avond kan zich nog elk detail van de interland herinneren. 'We wonnen met 3-1, na tien keer achtereen te hebben verloren van de Belgen, en ik speelde een vrijwel foutloze partij. Mijn eerste interland was een van die wedstrijden waarin alles goed ging. Ik denk dat ik die avond nog geen twee ballen verkeerd heb gespeeld. Het was ongelooflijk wat ik die dag liet zien.'

Willy Dullens had in negentig minuten naam gemaakt. Toen hij na de wedstrijd, tijdens het buffet, naar voren werd geroepen om de traditionele onderscheiding die hoort bij het spelen van de eerste interland in ontvangst te nemen, stonden de Belgische spelers spontaan op om hem een ovationeel applaus te geven.

'Ze zijn blijven staan totdat ik weer op mijn stoel ging zitten. Het was grandioos, een van de mooiste dingen die ik tot dan had meegemaakt.'

Het Nederlandse voetbal stond, met de komst van Cruijff, Keizer en Moulijn, aan de vooravond van een bloeiperiode, en Willy Dullens leek hard op weg een van de gezichtsbepalende spelers van die lichting te worden. 'Het voetballen met het Nederlands Elftal was zo gemakkelijk in vergelijking met wat ik tot dan toe gewend was. Ik speelde bij Sittardia, een heel gewoon elftal dat eigenlijk elk seizoen moest knokken om in de Eredivisie te blijven. Ik was dan weliswaar de beste speler van het team, maar ik had al snel het gevoel dat ik meer zou kunnen laten zien wanneer ik door betere voetballers zou worden omringd. Dat bleek inderdaad zo, toen ik bij Oranje kwam. Op de centrale training konden we elkaar al snel blindelings vinden. Met name mijn band met Piet Keizer was speciaal. Hij was linksbuiten, ik linksbinnen en als we beiden in vorm waren, ging het voetballen bijna vanzelf.'

Bovendien kreeg Dullens op de trainingen van het Nederlands Elftal de kans zijn krachten te meten met een andere jonge ster die op dat moment furore maakte: Johan Cruijff van Ajax. 'Cruijff had het geluk dat hij zijn debuut kon maken in een fantastisch team, misschien wel het beste team dat Ajax ooit heeft gehad, terwijl ik bij

Sittardia speelde, een elftal dat veel minder klasse en uitstraling had. De naam Johan Cruijff lag iedereen dan ook snel voor in de mond. En terecht natuurlijk, want Johan was een klassespeler. Maar toch voelde ik al snel de drang om het gevecht met hem aan te gaan. Ik had namelijk het idee dat ik de concurrentiestrijd zou aankunnen. En dat denk ik eerlijk gezegd nog steeds. Het is vaak genoeg voorgekomen dat ik na afloop van de centrale training het veld verliet en bij mezelf dacht: wat heeft Johan nu eigenlijk meer dan ik? Meer praatjes natuurlijk, dat sowieso... Hij was een rasechte Amsterdammer, terwijl ik een vrij ingetogen kereltje uit Limburg was. En Johan had ook meer leidinggevende capaciteiten dan ik. In het veld was hij een dirigent, hij stond altijd maar te wijzen. Dat had ik niet. Ik voetbalde alleen maar. Hij was daarnaast ook met de anderen in het team bezig. Maar voor de rest hield ik, ook na onze ontmoeting, het gevoel dat ik gewoon de beste zou worden.'

De bevestiging van Dullens' klasse kwam jaren later van de allergrootste zelf. 'Cruijff zei in een krant dat er in Nederland één speler was die in aanleg misschien beter was dan hij: Willy Dullens. Dat deed me toch wel wat, om dat te lezen. Ik heb het ook altijd ontzettend goed met Johan kunnen vinden. Zowel binnen als buiten het veld. Het enige dat me stoorde was dat hij zoveel rookte. Dat irriteerde me echt, omdat het regelrecht tegen mijn principes indruiste. Ik was in die periode zo geobsedeerd door mijn sport, dat ik me niet kon voorstellen dat het mogelijk was te roken en toch een goede prestatie te leveren. Achteraf gezien was dat misschien kortzichtig, maar zo dacht ik er toen over.'

'Ik heb altijd ongelooflijk voor mijn sport geleefd. Geen dag ging ik later dan tien uur naar bed. Ik heb nooit gerookt en nooit gedronken. Wel trainde ik elke dag zes tot acht uur. Niets was me te veel en het kon me niet zwaar genoeg zijn. Ik wilde nu eenmaal Nederlands beste voetballer zijn en daardoor was het voor mij geen offer om alles ervoor opzij te zetten. Het was voor mij een streven om meer trainingsarbeid te verrichten dan wie ook ter wereld. Ik wilde tijdens een wedstrijd in staat zijn desnoods anderhalf uur lang in beweging te zijn. Daarom werkte ik zo hard. De dagelijkse training bij de club zag ik als extraatje, het echt zware werk deed ik alleen. Elke ochtend oefende ik mijn schijnbewegingen in het bos. Op een bepaalde plek, waar de bomen heel dicht bij elkaar stonden, ging ik dan in mijn eentje aan de gang. Ik probeerde die bomen zo snel mogelijk en op allerlei verschillende manieren te passeren. Meestal zonder bal, omdat de ondergrond heel ongelijk was, maar soms ook met bal. Het klinkt misschien gek, maar ik kon dat gewoon. Die bal bleef altijd aan mijn schoen plakken, ik raakte 'm nooit kwijt. Daarnaast werkte ik als een bezetene aan mijn zwakke punten. Zo kon ik bijvoorbeeld op een gegeven moment heel goed koppen. Ik ben maar 1 meter 69 groot, maar als het moest sprong ik met mijn kop tegen de lat. Oefeningen verzon ik zelf, of haalde ik uit het boekje *Voetballen doe je zó* van Abe Lenstra, dat ik op mijn negende verjaardag had gekregen. En ik keek natuurlijk naar grote voetballers op televisie. Als ik Mazzola of Di Stefano had zien spelen, onthield ik hun bewegingen en ging ik die imiteren. Ik deed het net zo lang tot het automatisch ging. Het was puur een kwestie van wilskracht. Ik heb ook een tijdje een privé-trainer gehad, iemand die mij op mijn verzoek twee keer per week onder handen nam. Die man stond bekend als De Beul van het CIOS en hij heeft mij regelmatig echt op de knieën gekregen. Het was bij de beesten af, wat die man mij liet doen, maar ik deed het. Sterker nog, het deed me zelfs plezier. En ik kreeg natuurlijk een ongelooflijke conditie.'

Willy Dullens ging met de week beter spelen. Toon Hermans had hem in 1966 in Carré al de onderscheiding van voetballer van het jaar overhandigd, maar voor Dullens was dit pas het begin. 'Ik kan me nog herinneren dat we met Oranje tegen de Schotten speelden. Ik presteerde in die wedstrijd beter dan tegen de Belgen, maar Piet Keizer was in die wedstrijd echt ongenaakbaar. Ik heb nooit meer iemand zo goed zien voetballen als Piet die avond in Glasgow. Wij voetbalden ook lekker en wonnen met 3-0, maar Piet was in zijn eentje nog drie klassen beter dan de rest van het team bij elkaar. Toen wist ik al: ik ben nog niet klaar. Er moet nog veel werk worden verzet.'

Willy Dullens begon aan carrièreplanning te doen. Zijn doel was om tot zijn drieëntwintigste in Sittard te blijven wonen, en dan de overstap naar Feyenoord te maken. 'Feyenoord was toen dé club van Nederland en ik had het idee dat ik, wanneer ik in dat team zou voetballen, zo goed zou worden dat ik honderd interlands zou gaan spelen. Daar was ik van overtuigd.'

Het bestuur van Sittardia realiseerde zich dat de parel Willy Dullens niet was te behouden en stelde de transfersom vast op een half miljoen. Een enorm bedrag, dat Feyenoord desondanks graag wilde betalen. Datzelfde gold voor Anderlecht, dat de speler een jaarsalaris bood van een ton. In Nederland, waar Piet Keizer 60.000 gulden per jaar verdiende, werd schande gesproken van dat bedrag. Anderlecht-voorzitter Constant Vanden Stock kwam ondertussen hoogstpersoonlijk naar Sittard om de deal te sluiten, maar keerde al snel woedend terug naar Brussel toen bleek dat Sittardia de vraagprijs plotseling had verhoogd naar zesenhalve ton. De transfer ging niet door. Willy Dullens bleef in Sittard en wachtte op de volgende kans, die volgens hem niet zo lang op zich zou laten wachten. 'Want,' zegt hij 'ik speelde in de voorbereiding op het nieuwe seizoen beter dan ooit. Ik scoorde in elke wedstrijd.'

Ook tijdens de oefenwedstrijd tegen Vitesse, op die warme dag in augustus 1966, speelde Willy Dullens weer beter dan de rest. Al had hij de op het laatste moment ingelaste wedstrijd eigenlijk aan zich voorbij willen laten gaan omdat hij had beloofd de prijzen uit te reiken bij een windhondenrace in Eindhoven. Maar Dullens ging toch met de ploeg mee naar Arnhem en speelde een weergaloze wedstrijd. 'Alles ging weer vanzelf. Ik had het openingsdoelpunt gemaakt, maar toen ik later in de wedstrijd een strafschop moest nemen, ging het mis. Frans de Munck stopte mijn inzet en dat irriteerde mij mateloos. Hoewel we al met 4-1 voor stonden en het eigenlijk een wedstrijd om niks was, wilde ik toch per se scoren. Mijn eergevoel zorgde ervoor dat ik als een gek ging pingelen, op jacht naar dat doelpunt. Dat is me achteraf fataal geworden.'

Een kwartier voor tijd kreeg Dullens zijn kans op revanche. Hij kapte, draaide en goochelde net zo lang tot hij in z'n eentje op het doel van De Munck kon afstormen. 'En toen gebeurde het dus,' zegt Willy tweeëndertig jaar na dato met zachte stem. 'Ik werd van achter bij mijn shirt gepakt. De stof scheurde en ik viel op de grond. Net toen ik weer wilde opstaan, viel Bart van Ingen op mijn knie, die direct dubbelsloeg. Ik wist meteen dat het mis was. Het deed zo'n verschrikkelijke pijn... Die knie zwol binnen dertig seconden op. Toen wist ik al: het is vanbinnen helemaal stuk.'

De omstanders wisten dat ook, omdat ze het gewricht hadden horen kraken.

In de spelersbus op weg terug naar Limburg, hoorde Willy Dullens een radioverslaggever melden dat er dat sportweekend niets bijzonders was gebeurd, behalve dan dat Willy Dullens zwaargeblesseerd was geraakt. Dullens wilde het liefst direct door naar het ziekenhuis, maar volgde het advies van de clubarts op en behandelde zijn knie de eerste dagen zelf, thuis op de bank, met ijs. Na vier weken maakte hij zelfs zijn rentree en speelde hij nog twee interlands, een tegen Tsjecho-Slowakije en een tegen Denemarken. Pas toen de knie tijdens een autorit spontaan begon te zwellen, besloot hij alsnog naar het ziekenhuis te gaan. Dokter Bronswijk zou hem de volgende dag opereren. 'Hij zei, voordat ik onder narcose ging, dat ik binnen zes weken weer op het trainingsveld zou staan. Maar toen ik mijn ogen opendeed, wist ik direct dat het fout zat. Ik zou een elastische bandage om mijn knie krijgen, maar toen ik met mijn hand onder de dekens voelde, merkte ik dat ik van mijn teen tot aan mijn kont in het gips zat. Ach jongen, ik kan het me nog allemaal zo goed voor de geest halen. Het gezicht van dokter Bronswijk, die zei dat het veel erger was dan hij had verwacht en daardoor genoodzaakt was geweest de binnen- en buitenmeniscus te verwijderen en de kruisbanden in te korten. Die honderden mensen die me wilde opzoeken, maar allemaal naar buiten werden gestuurd door de verpleegsters. De fotografen die op tafels stonden om een plaatje te schieten. Ik zie het nog allemaal voor me. En dan de post. Duizenden brieven kreeg ik, die heb ik allemaal bewaard. Ik lees ze nooit meer, maar ik zal ze ook nooit wegdoen.'

Twintig dagen na de operatie werd Dullens ontslagen uit het ziekenhuis. De eenentwintigste dag begon hij, tegen beter weten in, te werken aan zijn herstel. 'Ik heb geprobeerd terug te komen, heb er alles aan gedaan, maar als ik eerlijk was moest ik erkennen: het was niet te doen. Ik maakte, drie maanden na de operatie, mijn rentree in de Eredivisie in de wedstrijd tegen DOS, maar ik merkte aan alles dat ik het gevoel van vroeger kwijt was. Op trainingen zat ik meer met mijn knie onder de koude kraan dan dat ik op het veld stond. Het was onbegonnen werk. Diep in mijn hart wist ik ook: dit is de oude Willy Dullens niet meer. Ik moet stoppen.'

Toch had Dullens eerst professionele bevestiging nodig van wat hij zelf eigenlijk al heel goed wist. Hij kwam terecht bij dokter Weiss in Aken, in de jaren zestig dé kniespecialist van Europa. 'Journalist Jean Nelissen had geregeld dat *De Limburger* me op kosten van de krant naar Amerika zou sturen voor een operatie, mits er enig uitzicht was op herstel. Daarvoor moest ik dus naar dokter Weiss, die mijn knie zou bekijken en zou beoordelen of het zin had om naar de Verenigde Staten te gaan. Ik ging er samen met de clubarts en de voorzitter van Sittardia naartoe, maar het was eigenlijk een zinloze missie. Die dokter bekeek de foto's, riep me in zijn kamer en zei toen: "Herr Dullens, voetballer van het jaar of niet, u speelt nooit meer." Ik wist dat hij dat zou gaan zeggen en toch was het een enorme klap. De tranen liepen over mijn wangen. De dokter heeft me toen nog vastgepakt, maar ik kon niet meer ophouden met huilen.'

Een jaar later speelde Ajax in Geleen tegen Sittardia en zat ex-voetballer Willy Dullens op de tribune. Daar verzocht Rinus Michels hem even mee te komen. 'Hij nam me mee naar de spelersbus van Ajax. Daar stonden al die jongens met wie en tegen wie ik had gevoetbald, in het gangpad. Cruijff, Bals, Nuninga, Swart, Keizer, Muller... Cruijff nam het woord: "Willy we willen iets voor je doen. Een afscheidswedstrijd tegen een gerenommeerde tegenstander. De opbrengst is voor jou."'

Nog datzelfde jaar speelde Ajax voor het eerst en voor het laatst geheel onbaatzuchtig een benefietwedstrijd. Meer dan dertienduizend streekgenoten reisden af naar het Olympisch Stadion in Amsterdam om Ajax tegen Alemannia Aachen te zien spelen. Er was die dag in Limburg geen bus meer te charteren. Op weg naar de hoofdstad barstte Dullens in tranen uit bij het zien van de colonne die speciaal voor hem in beweging was gezet en ook in het stadion had de voormalig dribbelaar het moeilijk. Voordat hij symbolisch de aftrap nam, sprak hij via de stadionmicrofoon de 55.000 toeschouwers en zijn ex-collega's toe. 'Ik hoop dat mijn vrienden van Ajax meer geluk in hun loopbaan hebben.'

Daarna braken er sombere tijden aan voor Willy Dullens. Vijf jaar lang had hij een depressie. 'Dat is het ergste wat ik heb meegemaakt, erger dan al die operaties bij elkaar. Als je je hele leven hebt opgeofferd aan één doel en je wordt vlak voordat je dat doel bereikt, dan zó uitgeschakeld... Het gevoel van machteloosheid en woede dat zich dan van je meester maakt, is bijna niet te beschrijven. Gelukkig had ik een fantastische vrouw en twee schatten van kinderen die voor afleiding zorgden, maar desondanks ben ik door verschrikkelijk diepe dalen gegaan. Vergis je niet wat het betekent wanneer je je levenswerk voor je ogen in elkaar ziet donderen. Vergelijk het maar met een briljante chirurg van wie de ene op de andere dag een hand wordt afgehakt.'

Vijf jaar lang meed Willy Dullens het voetbalveld en een groot deel van de rest van de buitenwereld. 'Ik kon niet meer naar Sittardia. Het ging niet meer, mijn gevoel zei dat ik er weg moest blijven. Terwijl ik aan de andere kant ook een bepaalde drang voelde om toch te gaan. Op zondagmiddag om halfdrie, als ik thuis op de bank zat, dacht ik bij mezelf: ze gaan zo aftrappen en ik ben er niet bij. Dat was een afschuwelijk gevoel, dat ik niet kon verkroppen. Ik heb een paar keer geprobeerd om toch te gaan, maar elke keer was ik in de rust alweer vertrokken. Ook omdat ik niet meer tegen die eeuwige vragen kon: "Willy hoe gaat het?" of "Willy wat zie je er slecht uit." Ik werd er gek van, want het ging gewoon klote en ik had geen zin dat steeds te herhalen. Later stierf de aandacht vrij snel weg. Duizenden mensen schreven me brieven toen ik in het ziekenhuis lag, maar toen eenmaal bleek dat ik niet meer op het veld zou terugkeren, was ik ook weer snel vergeten. Het cliché dat zegt dat je in slechte tijden je vrienden leert kennen, klopt wat dat betreft wel. Ik ben in die periode ook best vaak alleen geweest.

Mijn grote frustratie was natuurlijk dat ik niet had kunnen laten zien hoe goed ik was. Heel Nederland lag ondersteboven van de wedstrijd die ik tegen België had gespeeld, terwijl ik van mezelf wist dat dit nog maar het begin was. Alleen heb ik het nooit kunnen laten zien. Ik kan er nu vrij afstandelijk over praten, maar er zijn periodes geweest dat ik mijn tranen niet kon bedwingen. De eerste vijf jaar waren wat dat betreft heel zwaar. Pas toen ik de leeftijd kreeg waarop mijn loopbaan normaal gesproken ook zou zijn afgelopen, ging het wat beter. Ik ging naar de andere dingen zoeken, substituten voor het voetbal, die er eigenlijk niet waren. Ik ben bijvoorbeeld wielrenners gaan begeleiden. Dat leek me best aardig, maar toen bleek dat sommigen van die jongens liever lui dan moe waren, werd ik razend. Kwamen ze met smoesjes om niet te hoeven trainen, terwijl ikzelf nog zo graag een keertje echt diep had willen gaan, maar niet meer kon. Ik ergerde me dan kapot. Wat als therapie had moeten dienen, werkte dus averechts. Het ging daardoor eigenlijk alleen maar slechter met me. Ik kon niet meer slapen en ding dingen doen die niet bij mij pasten. Drinken bijvoorbeeld, wat ik nooit had gedaan. Op 29 januari 1970 dronk ik voor het eerst van mijn leven twee glazen donker bier. Daarna ben ik veel op stap geweest. Ik dronk hier en daar wat en leerde veel mensen kennen in het uitgaansleven, maar eigenlijk was het niets voor mij. Ik dronk om te vergeten. Gelukkig kwam ik daar na een tijdje zelf ook achter en ben ik gaan minderen. Nu drink ik alleen nog een wijntje bij het eten en dat bevalt me prima.

Ik heb een goed huwelijk, dat is in die periode mijn grote redding geweest. Ik ben van nature een aardige jongen met een redelijk flexibel karakter, maar ik geloof dat ik in die jaren niet altijd zo aardig en attent voor mijn vrouw ben geweest. Het is voor haar ook zwaar geweest. Dagenlang zat ik op de bank als een onnozele hannes voor me uit te staren. "Wil, ben je er eigenlijk wel?" vroeg ze dan, maar dan zat ik in gedachten in het stadion en altijd maar te denken: ach, kon ik maar trainen, ach kon ik maar dit, ach kon ik maar dat. Op een gegeven moment werd ik er helemaal gek van.

Zelfmoord heb ik nooit overwogen. Gek hè, maar dat is nooit in mijn gedachten opgekomen. Wel heb ik vaak de eenzaamheid opgezocht. Ik heb veel gewandeld op de hei en in het bos, omdat ik niet meer geconfronteerd wilde worden met mensen die me zouden vragen hoe het ging en herinneringen aan vroeger wilden ophalen.'

Willy Dullens onderging in 1971 en 1974 nog twee operaties. Daarna besloot hij zijn kappersdiploma te halen en een salon te beginnen met het geld dat hij aan de benefietwedstrijd van Ajax had overgehouden. Dullens leek op de weg terug. Hij liet zich weer in het stadion zien en barstte niet meer in tranen uit als zijn noodlot ter sprake kwam. Tot de zomer van 1988 aanbrak, de zomer waarin het Nederlands Elftal Europees kampioen werd. 'Ik dacht dat ik mijn verdriet had verwerkt, maar in 1988 kwamen alle emoties nog eens dubbel zo sterk terug. Ik kon 's avonds niet meer in slaap komen. Soms sliep ik nachten achtereen niet, terwijl ik overdag wel hard werkte in de salon. Het sloopte me, zowel lichamelijk als geestelijk. Als ik nu foto's bekijk uit die tijd, schrik ik me dood. Dat ik er zo slecht heb uitgezien en niet wilde toegeven dat ik overspannen was. Ik kwam niet los van mijn sportverleden. Ik begon 's nachts gesprekken te voeren met Swart, Cruijff en Michels, met mensen die er helemaal niet waren. Zat ik midden in de nacht in mijn eentje op de bank tegen Johan Cruijff te praten, of herinneringen op te halen met Piet Keizer. Hoe ik daarbij kwam, weet ik bij god niet, maar ik begon het op een nacht te doen en kon er daarna niet meer mee ophouden. Lange tijd functioneerde ik overdag nog, tot ik helemaal aan het einde van mijn Latijn was en op een dag achter de deur van de kapsalon in elkaar stortte.'

Willy Dullens meldde zich bij een arts, sliep vervolgens twee dagen achtereen en kreeg toen het advies acht maanden niet te werken. Daarna zocht hij professionele hulp voor zijn psychische problemen en kwam terecht bij de psycholoog dr. Engels. 'Ik was zwaar overspannen. Ik had mijn leed niet verwerkt, en het succes van Oranje op het EK 1988 bracht alle onderdrukte emoties weer boven. Toen ik die jongens daar aan de gang zag, besefte ik plotseling dat ik zoiets ook in 1974 op het WK had kunnen meemaken, als ik die rottige knieblessure niet had opgelopen. Wat er dan verder met je gebeurt wanneer je overspannen bent, is eigenlijk niet uit te leggen. Er loopt iets vast in je bol, je raakt bepaalde gedachten niet meer kwijt. Die gedachte nestelt zich als een soort bacterie in je hersenen en haalt je vroeg of laat neer. Er is gewoon niet tegen te vechten. Waarom ik, spookte het steeds door mijn kop. Waarom ik, de jongen die heeft geleefd als een monnik en getraind als een idioot? Ik werd gek van steeds maar weer diezelfde vraag die ik niet kon beantwoorden.'

Dr. Engels liet Dullens praten, praten en nog eens praten, voordat hij hem er voorzichtig op ging wijzen dat er ook nog andere dingen in het leven zijn dan voetbal. 'Hij liet me inzien dat ik een geweldige vrouw had, twee prachtige kinderen, een goede zaak... Allemaal dingen die ik over het hoofd was gaan zien, omdat ik zo geobsedeerd was door mijn blessure. Daarnaast heeft hij me op een gegeven moment weer geadviseerd naar het stadion te gaan. "Je bent toch voetballer, Willy?" zei hij dan. "Je geniet toch van het spel? Dat moet je je niet laten afnemen." Toen ben ik voor het eerst gegaan. In het begin met lood in mijn schoenen, later met minder schroom. En nu ga ik met veel plezier kijken, ik sla geen thuiswedstrijd van Fortuna Sittard over. Ik kan er ook weer van genieten. Het was zwaar, maar ik heb het hoofdstuk kunnen afsluiten. Ik zie nu in dat ik het eigenlijk al 54 jaar goed heb, maar dat ik alleen een stukje mis.'

Wie nu met Willy Dullens over voetbal wil praten, hoeft niet meer op z'n woorden te letten. Graag haalt hij oude herinneringen op, vertelt bijvoorbeeld over die keer bij PSV-Sittardia: 'Ik kreeg een staande ovatie van het Eindhovense publiek. Mensen die erbij zijn geweest zullen zeggen dat er in dat publiek nooit meer iemand zo goed heeft gespeeld als ik.' Of over die vijf toeschouwers die hem na afloop van een wedstrijd stonden op te wachten om hem te vertellen dat ze vanaf dat moment in elk stadion zouden zijn, waar hij zou spelen.

'Ik vind het nu fijn dat mensen met me over voetbal willen praten. Mijn loopbaan is nu geen last meer, ik ben er juist trots op. Er spreekt toch ook waardering uit? Ik speel al dertig jaar niet meer, maar niemand heeft het over Willy de kapper, het is altijd Willy de voetballer. Terwijl ik toch ook best aardig kan knippen...'

Bart van Ingen, de man die drieëndertig jaar geleden op z'n knie viel en daarmee het verdere leven van Willy Dullens bepaalde, heeft hij nooit meer gezien. Het stadion waar het gebeurde bestaat niet meer. Toen hij onlangs werd gevraagd voor een terugblik, waarbij hij ook Van Ingen zou ontmoeten, bedankte hij resoluut voor de eer.

Voor Willy Dullens is 1966 nu eindelijk verleden tijd.

Heracles-VVV, drie uur 's nachts in Tokio

(2011)

Een bewolkte zaterdagmiddag in Tokio, Japan. Het zijn meer dan dertig miljoen inwoners die ervoor zorgen dat deze hoofdstad de grootste metropool ter wereld is, en vandaag lijkt het erop dat ze stiekem hebben afgesproken allemaal tegelijk naar het Ikebukuro Station te komen. Het is een constante stroom van mensen die hier tot diep in de nacht door de schuifdeuren van het immense stationsgebouw naar buiten wordt gespuwd. De meesten van hen hebben eerst een tijdje als haringen in een ton door het kilometerslange buizenstelsel van de Tokyo Metro geraasd, voordat ze hier als mollen boven de grond kwamen. In dikke, zwijgzame rijen, vaak nog knipperend tegen het zonlicht, vinden ze nu hun weg naar de torenflats tegenover het spoor; de schoolkinderen in hun ouderwetse uniformpjes, de zakenmannen met hun Manga-strips en de vrouwen achter hun witte mondkapjes.

Het is in deze mensenzee niet gemakkelijk op te vallen. Dit is met bijna drie miljoen dagelijkse bezoekers het op één na drukste station ter wereld. Het allerdrukste staat een paar kilometer zuidelijker, Shinjuku Station genaamd, want in deze stad is er maar één formaat: XXL. En toch, meneer Naoaki Okuda en zijn Japanse voetbalvrienden hoeven maar een paar stappen buiten het Tokyo Metropole Hotel te doen en richting station te lopen, of de eerste hoofden draaien zich al in verbazing om.

'Wilt u echt dat we naar buiten gaan? De straat op?' had meneer Okuda al enigszins bezorgd gevraagd, toen nog in de relatieve anonimiteit van de hotellobby. 'De mensen zullen ons raar aankijken.' Daar had hij gelijk in. Maar toch gaan we nu naar buiten, voor een groepsfoto. Meneer Okuda en zijn grote VVV-vlag voorop, zijn echtgenote met de sporttas vol geel-zwarte shirtjes ernaast en de andere uitverkorenen van de Japanse fanclub van VVV-Venlo in een vrolijke sliert erachteraan.

Het was groot nieuws geweest bij de circa vierhonderd leden, de belangstelling van de Nederlandse media. De aanmeldingen om bij het interview met *VI* aanwezig te zijn, bléven maar binnenstromen. Het had meneer Okuda genoodzaakt extra streng te zijn. Alleen zij die al minstens tien keer van Tokyo naar Amsterdam waren gevlogen en vervolgens vrijwillig de trein naar Venlo hadden genomen, puur om VVV te zien voetballen, kwamen in aanmerking. Zoals Yoichi Kuroyanagi, beter bekend als Ted, een opvallend lange Japanner die zich nu hier, vlak voor de ingang van Ikebukuro Station, door de mensenmassa wurmt. Hij heeft zijn officiële shirt van VVV-Venlo alvast aangetrokken. Er lopen rode strepen overheen. Eerst lijkt het nog of iemand met een stift de shirtsponsor heeft proberen door te strepen, maar nadere bestudering leert dat het hier gaat om de handtekening van Hai Berden. Het is misschien een vreemd gezicht een trotse Japanner met een door de voorzitter van VVV gesigneerd wedstrijdshirt door Noord-Tokio te zien lopen, maar niet als je weet dat Ted een paar keer per jaar de vaste chauffeur van Berden is. Elke keer dat de ondernemende VVV-preses op Narita Airport landt, staat de trouwe Ted hem al op te wachten, om pas weer van zijn zijde te wijken wanneer de Nederlandse gast ver achter de douane is voor de terugreis. De Japanner staat dag en nacht voor hem klaar, ook in de weekends. Hij vat zijn werkzaamheden kort en bondig samen. 'Mister Berden zegt dat hij naar een tempel wil en dan rij ik hem naar een tempel.'

Naast Ted loopt Yuhei Yokoyama. Hij draagt zijn VVV-sjaal in een plastic tasje met zich mee. Op dat tasje staat: supportersvereniging D'n Twellefde Man. Zijn beide ouders wonen in Amsterdam, waardoor hij regelmatig in Nederland is. Yuhei heeft in de loop der tijd zo ongeveer elk Eredivisie-stadion bezocht, maar zijn hart ligt in De Koel. 'I love Uchebo,' zegt hij, als we in een van de straatjes naast het station zijn beland. Daar zullen de vijf straks poseren met hun grote VVV-vlag: meneer en mevrouw Okuda, Ted en Yuhei, en ook Wakana, een 26-jarige Japanse hostess die in het dagelijks leven mooi staat te zijn bij allerlei evenementen in Tokio, maar in gedachten dan vaak stiekem in Venlo is, bij haar landgenoot Maya Yoshida, bij Robert 'Bobby' Cullen en vooral bij haar nieuwe lieveling: Ahmed Musa.

Het zegt veel over de mysterieuze invloed die voetbal op mensenlevens kan hebben dat er in heel Japan, van Sapporo tot Fukuoka en van Nagasaki tot Yokohama, kennelijk autochtone voetballiefhebbers bestaan die meer zien in Niels Fleuren dan in Shinji Ono. Wakana is zo iemand. Als je aan haar vraagt wat haar toch zo aantrekt in de kleine Limburgse volksclub uit Venlo, zegt ze: 'Alles.'

Het vijftal formeert zich op het trottoir. De tas wordt opengeritst. Sjaals en shirtjes komen tevoorschijn. Meneer Okada heeft zijn VVV-trainingsjack al aan, zijn echtgenote trekt net haar gesigneerde wedstrijdshirt over haar hoofd. Dan wordt ook de clubvlag uitgevouwen. Eerst houden Ted en Yuhei hem verkeerdom, waardoor het logo van VVV opeens op de M van McDonald's lijkt. Maar als ook dat schoonheidsfoutje is hersteld, staat niets het nemen van een goede groepsfoto nog in de weg, of het moeten natuurlijk de tienduizenden forensen zijn die telkens voor de lens lopen.

Even later, op de eerste etage van het Metropole Hotel. Meneer Okuda heeft koffie besteld, véél koffie, want het was voor iedereen weer midden in de nacht toen de wekker ging. Iets voor drieën waren ze allemaal uit bed gekropen, meneer en mevrouw Okuda in het ene deel van Tokio, de anderen allemaal in hun eigen wijk van de stad, om via internet verbinding te zoeken met Almelo. Daar stond VVV net op het punt af te trappen tegen Heracles. Wakana had zoals altijd haar speciale schriftje waarin ze alle statistieken noteerde binnen handbereik. Die gegevens zou ze nog diezelfde ochtend op haar website publiceren. Ook haar tweeduizend Twitter-volgers werden door haar up-to-date op de hoogte gehouden. Al in de eerste helft moest ze helaas twee keer melden dat de tegenstander had gescoord.

Meneer Okuda had in de rust nog een mailtje gestuurd. '*No good VVV, 2-0*,' schreef hij. Hij had erin aangekondigd dat hij een betere tweede helft van zijn favoriete elftal verwachtte. Maar toen het in Tokio kwart voor zes in de ochtend was en de wedstrijd in Almelo er eindelijk op zat, stond er als eindstand 7-0 op het scorebord en waren meneer en mevrouw Okuda maar weer zuchtend in bed gestapt.

Toch zullen ze er de volgende wedstrijd, thuis tegen Roda JC, weer klaar voor zitten. Want je bent nu eenmaal VVV-supporter of je bent het niet. 'Natuurlijk,' zegt meneer Okuda, 'we zijn allemaal erg fanatiek. We geven nooit op. *Our passion is very hot for VVV.*' Hijzelf is al twintig jaar fan, vanaf de dag dat hij voor zaken in Venlo verbleef en plotseling zag dat Hai Berden aanbelde. '*A strange guy*. Ik dacht eerst dat hij me iets wilde verkopen. Koffie of zo. Ik zei dat ik niets nodig had. Later bleek het toch om iets anders te gaan. Hij wilde zakendoen.' Zo kwam meneer Okuda voor het eerst van zijn leven in De Koel terecht. Het werd liefde op het eerste gezicht, al kan hij zich van zijn eerste duel niet veel meer herinneren. 'Nederlanders zijn zo lang. Ik moest op de staantribune negentig minuten lang springen om iets te kunnen zien. Maar het was mijn eerste voetbalwedstrijd in Europa, dus zoiets blijft je toch altijd bij. In Japan stelde het profvoetbal toen nog nauwelijks iets voor. Nu wel natuurlijk, al blijft de sfeer in Nederland voor mij altijd iets speciaals houden. In mijn land is het bezoeken van een voetbalwedstrijd echt een uitje. Mensen moeten er soms uren voor in de bus, trein of metro zitten en moeten voor veel geld een kaartje kopen. In Nederland is het bezoeken van wedstrijden veel meer opgenomen in het dagelijks leven van de mensen. Het is een lifestyle. Dat vind ik mooi.'

Het is dus een misverstand te denken dat meneer Okuda en zijn Japanse medesupporters van VVV alleen maar in de club geïnteresseerd zijn omdat er vroeger met Keisuke Honda en tegenwoordig met Maya Yoshida en Robert Cullen veel landgenoten onder contract staan. 'Ik was al VVV-supporter voordat er één Japanner op het veld stond en ik zal dat ook zeker blijven als de laatste is vertrokken. Het geldt voor onze hele fanclub. Ik blijf VVV steunen, net zo lang totdat we in de Champions League zitten.' Als het Nederlandse bezoek even in lachen uitbarst, gaat meneer Okuda onverstoorbaar verder. 'Het geldt ook voor de rest van ons,' zegt hij. 'En helemaal voor Wakana. Zij is de fanatiekste van allemaal.' Wakana is een Japans poppetje dat heel goed kan glimlachen en vanochtend bij het nagellakken speciaal voor de gelegenheid het logo van VVV op een van haar geelgeverfde nagels heeft aangebracht. Ook heeft ze de beschikking over een mobiele telefoon waarop het logo van haar favoriete club is aangebracht, want er zullen weinig Japanse vrouwen zijn die zó verzot zijn op de Limburgse hekkensluiter als zij. Haar ideale vakantie: drie weken lang in Nederland elke training en elke wedstrijd van VVV bezoeken. 'Wakana, wat is de beste opstelling voor VVV?' vraagt meneer Okuda. 'Gentenaar in het doel,' zegt ze, en daarna begint ze het complete elftal op te dreunen. Al snel schiet op haar i-Pad de ene foto na de andere voorbij. Wakana met Yoshida, Wakana met Musa, Wakana met Yoshida en Musa samen... In haar digitale fotoboek poseert ze zelfs met de harige mascotte van de club.

Er zijn veel vrouwen lid van de Japanse VVV-fanclub, veel meer dan mannen. Het is te zien op de foto's van de speciale talkshow die al eens is gehouden en waarbij zowel Yoshida als Cullen eregast was. De stoelen in de zaal zijn dan gevuld met honderden meisjes, de meesten zenuwachtig giebelend nu ze zo dicht in de nabijheid van hun sterren verkeren.

'De afstand tussen de voetballers en hun fans is enorm in Japan,' zegt Wakana. 'Spelers zijn hier een soort popsterren en zo worden ze ook behandeld. Je zult er nooit een op straat tegenkomen. Maar in Venlo kun je de voetballers na de training gewoon opwachten en een handtekening vragen. Als je geluk hebt, maken ze zelfs een kort praatje met je. Ongelooflijk eigenlijk.'

Zijzelf is erg gecharmeerd van Bobby Cullen, de man met het Ierse en het Japanse paspoort. Is ze ook een beetje verliefd op hem? De vriendelijke hostess slaat haar ogen neer en denkt net zo lang na totdat ze het juiste politiek correcte antwoord kan geven: '*I love all players of VVV.*' Wakana is een opgewekte vrouw. De eerste de beste keer dat ze voet in Nederland zette, voelde ze zich om de een of andere mysterieuze reden meteen behaaglijk. Zelfs de taaldrempel – de hostess spreekt maar een paar woorden Engels – had daar geen invloed op. Het blijft een merkwaardig verschijnsel. 'Er bestaat een langdurige band tussen onze landen,' zegt meneer Okuda plotseling op enigszins plechtige toon. 'Nederland en Japan onderhouden al meer dan vierhonderd jaar handelsbetrekkingen. Misschien zit het in de genen.' Wakana knikt, alsof ze wil zeggen dat de voorzienigheid hier inderdaad een rol speelt, dat ze door een onzichtbare hand ooit richting het Westen, naar Venlo of all places, is geleid. Heeft ze ooit emigratie overwogen? De stap van Tokio naar Venlo zou niet klein zijn. Hai Berden mag zijn stad dan wel uitdragen met een allure alsof hij het over het centrum van het universum heeft, in werkelijkheid wonen er zelfs in de kleinste wijk van Tokio nog altijd meer mensen dan in heel Venlo bij elkaar. Toch begint Wakana al te stralen bij het idee. 'Ik zou wel voor altijd in Venlo willen wonen,' zegt de vrouw die in een stad woont waar alles 24 uur per etmaal doorgaat. 'Natuurlijk zou ik dat graag willen.'

Lonely Planet heeft berekend dat er in groot Tokio alleen al meer dan 140 duizend restaurants zijn, het een nog lekkerder dan het ander. Toch zou Wakana de sushi zó willen verruilen voor de stamppot boerenkool in Venlo, de stad waar je na half zes, op een verdwaalde hondenbezitter na, niemand meer op straat ziet. '*I love Holland,*' zegt ze. En ze is niet de enige. Ook Yuhei heeft een vrij romantisch beeld van Venlo en omstreken. Zelfs op culinair gebied zou hij wel kunnen wennen. 'De echte Japanse misosoep zou ik misschien gaan missen. Maar verder... *Dutch food is acceptable*. Ik zou me in Nederland prima kunnen aanpassen.'

Maar voorlopig zitten ze dus nog allemaal hier, in Tokio, op tienduizend kilometer afstand van hun helden. 'Gelukkig maakt internet het gemakkelijker onze club te volgen,' zegt Yuhei. 'Google Translate is een geweldige uitvinding. Als ik in Nederland ben, koop ik zelfs *Voetbal International.* Die probeer ik dan te ontcijferen. Dat valt niet mee, maar de kleine stukjes over VVV kan ik meestal wel aardig begrijpen.'

Het is een actief stel dat hier bijeen is. Yuhei fungeert als commercieel medewerker van de fanclub, mevrouw Okuda is de secretaris, de zwijgzame Ted is vice-president en Wakana doet natuurlijk de pr. Meneer Okuda zelf is ook elke ochtend minstens drie uur met VVV bezig, dag in dag uit. 'Er is altijd veel te doen. We organiseren regelmatig public viewings. Dan komen we midden in de nacht in Tokio bij elkaar en kijken we op een groot scherm naar de wedstrijd van VVV. En we zijn ook betrokken bij een Cruyff Court dat volgend jaar in Tokio wordt geopend. Dat zal worden gedaan door Keisuke Honda.'

Honda. De naam is genoemd. Met zijn komst veranderde er veel voor de VVV-fans in Tokio. 'Een paar jaar geleden had nog niemand in Japan van VVV-Venlo gehoord,' zegt meneer Okuda. 'Totdat Honda kwam. Toen veranderde alles. Ik weet zeker dat, als ik straks aan die Japanse meneer aan dat andere tafeltje vraag of hij VVV-Venlo kent, hij ja zegt.'

-'Is er een groot verschil in beleving tussen de Nederlandse en de Japanse voetbalfans?'

'Wij zijn minstens zo fanatiek als onze Nederlandse collega's. Het enige verschil is misschien dat de Hollandse supporters soms blij zijn met een gelijkspel. Thuis tegen Ajax en PSV pakte VVV dit seizoen een punt. Na afloop was heel het stadion aan het juichen. Dat snappen wij niet. Begrijp me goed: Venlo people are very friendly people. Maar waarom zijn Hollanders blij met één punt, terwijl je er ook drie kunt verdienen? Daar hebben wij erg aan moeten wennen. Zelfs de spelers op het veld waren blij met een gelijkspel. Onbegrijpelijk.'

-'Nog meer verschillen?'

'Japanners maken altijd foto's in het stadion. Van het veld, van de tribune, van elkaar. Nederlanders niet. Waarom is dat?'

-'Zó veel valt er ook niet te fotograferen in De Koel.'

'Dat ben ik niet met u eens. VVV heeft een prachtig stadion! In Japan zit er vaak een sintelbaan tussen de fans en het veld. Maar in Nederland kun je de spelers bijna aanraken. Dat is toch geweldig? Daar maken we graag foto's van. Nederlanders doen dat niet.'

-'En wat doen ze nog meer niet?'

'De spelers opwachten na de wedstrijd. Wij wachten de spelers altijd op. Dan vragen we een handtekening. Of we maken een foto van ze. Maar bij VVV gaat altijd iedereen direct na het laatste fluitsignaal naar huis. Komt Uchebo naar buiten en dan: niemand! Maar mag ik ú nu eens iets vragen?'

-Jazeker.

'Is uw interview eigenlijk al begonnen?'

-Sterker nog, het is al bijna afgelopen.

'Aha.'

Dan buigt meneer Okuda zich voorover en rommelt hij wat in de sporttas van zijn vrouw. Er komt een wit bord tevoorschijn met het VVV-logo alsmede een houtsnijwerk met de naam van de club. 'Zelf gemaakt,' zegt meneer Okuda. Hij heeft ook een paar Hollandse vlaggetjes erop geplakt, door de voorzitter eigenhandig van een kaasprikkertje losgerukt. De verslaggever moet er even mee poseren. Dan, als meneer Okuda is uitgeflitst, draait hij het houtsnijwerk om. 'Oooh!' roepen de anderen, en: 'Aaah!' Op de achterkant van het hout staat namelijk de handtekening van Keisuke Honda. In het Japanse voetbal heerst nu eenmaal nog een grote celebrity-cultuur, waarbij de spelers in populariteit eigenlijk alleen nog worden overtroffen door filmsterren en de nationale honkballers. Vandaar dat de krabbel van Honda nu wordt aangestaard alsof het een verloren gewaand werk van Picasso is. 'Het is waar,' zegt meneer Okuda, 'vooral bij onze vrouwelijke fans zie je dat ze soms erg gefocust zijn op één speler. Toch is dat ook aan het veranderen. Voetbalsupporters in dit land zijn steeds vaker fan van een team dan van een individuele speler, zoals vroeger. Daarom ben ik ook helemaal niet bang voor een leegloop in onze fanclub, mocht VVV in de toekomst geen Japanse spelers meer hebben. Wij blijven de club trouw. Ook in tijden waarin de resultaten wat tegenvallen, zoals nu. *We are loyal people*. En bovendien: ik heb er alle vertrouwen in dat het binnenkort weer beter gaat met VVV.'

Maar drie dagen later is de chaos in Venlo zó groot dat trainer Glenn De Boeck besluit de boel aan zijn lot over te laten en te vertrekken. Als het nieuws ook tot Tokio is doorgedrongen, stuurt meneer Okuda een mail. Dat het er misschien wel aan zat te komen, maar dat hij toch verrast was. Dat hij niet had verwacht dat VVV laatste zou staan. En dat hij niet hoopt dat de club degradeert. Al zal dat weinig aan zijn passie voor Hai Berden, voor De Koel en de kleine voetbalclub uit Limburg veranderen. 'De Japanse fans zullen niet twijfelen,' schrijft hij strijdbaar. 'Ze zullen VVV blijven aanmoedigen, wat er ook gebeurt, wie er ook trainer is. *We will support VVV with pure mind!*' Hij doet de groeten van iedereen uit Tokio en sluit zijn mail zoals altijd af met de typisch Japanse afscheidsgroet: 'Alles heej is VVV...!'

Honecker, Mielke en de mysterieuze dood van Lutz Eigendorf

(2009)

Met herdenkingen in alle soorten en maten viert Duitsland deze maanden de val van de Berlijnse Muur, nu twintig jaar geleden. Maar bij de zaak Lutz Eigendorf staan weinigen nog stil. Toch is de dood van deze Oost-Duitse voetballer nog altijd een mysterie. Was het een auto-ongeluk? Of werd De Beckenbauer van de DDR toch door de geheime dienst vermoord?

Het heeft flink geregend op de avond van 5 maart 1983, de avond waarop Lutz Eigendorf zijn eigen dood tegemoet rijdt. Het asfalt glimt. De speler van Eintracht Braunschweig heeft net de Cockpit Bar verlaten en is nu op weg naar huis. Het is iets na elven, wanneer hij met zijn Alfa Romeo de Braunschweiger Forststrasse oprijdt. Daar, in een flauwe bocht naar rechts, gebeurt het. Hij verliest de controle over het stuur, vliegt uit de bocht en knalt frontaal op een boom. Wanneer de politie arriveert, treffen ze de voetballer bewusteloos aan. Zijn benen zijn in een vreemde hoek gevouwen, zijn hoofd rust op het stuur. In de auto zit verder alles onder het bloed.

Ambulancepersoneel bekommert zich om het roerloze lichaam. Polizei-obermeister Höpper laat intussen een bloedproef afnemen. Daarna wordt Lutz Eigendorf op een brancard gebonden en weggevoerd. Eenmaal in het ziekenhuis van Braunschweig volgt de diagnose: schedelbasisfractuur, schedelbreuken en veel inwendige bloedingen. Het grote talent Lutz Eigendorf, ooit De Beckenbauer van de DDR genoemd, is in een diepe coma wanneer hij naar de afdeling intensive care wordt gebracht, waar hij anderhalve dag later, om kwart voor negen in de ochtend en helemaal alleen, alsnog sterft aan zijn verwondingen. Hij is dan 26 jaar oud.

Diezelfde avond, in de Zechliner Strasse is Oost-Berlijn, zet Gabriele Homman haar zwart-wittelevisie aan. Ze kijkt naar *Tagesthemen* op de ARD. Het is haar blik op de wereld aan de andere kant van de Muur. Er verschijnt een foto van haar voormalige echtgenoot in beeld. Op gedragen toon brengt de omroeper het nieuws. Lutz Eigendorf, zesvoudig international van de DDR, de vader van haar dochtertje Sandy, is dood. Ter illustratie wordt een foto van het autowrak getoond. De Alfa Romeo lijkt nog het meest op een ruw opengewrikt sardineblikje.

Vijf jaar eerder, op een gewone ochtend in maart 1979, hebben Gabriele en Lutz Eigendorf elkaar voor het laatst gezien. De voetballer trekt dan aan de Zechliner Strasse de voordeur achter zich dicht en stuurt zijn Trabant naar het stadion van Dynamo Berlin. Daar is de selectie zich al twee dagen aan het voorbereiden op een uitwedstrijd tegen 1. FC Kaiserslautern. Niemand weet het op dat moment nog, maar Eigendorf zal nooit meer in Berlijn terugkomen.

Het zijn de hoogtijdagen van het regime van Erich Honecker. Hoewel het maar om een vriendschappelijke wedstrijd gaat, wordt het uitstapje naar West-Duitsland door de DDR-autoriteiten bloedserieus genomen. Sport is een uitstekende manier om de kracht van de heilstaat te onderstrepen en dus staat er veel prestige op het spel. Voor de zekerheid worden de spelers van Dynamo Berlin uitvoerig voorbereid op de confrontatie met de klassevijand. De bedoeling is hen elke lust tot vluchten te ontnemen. Het ministerie van Staatsveiligheid zorgt daarom voor toespraken van hoge Stasi-officieren, waarin in gezwollen taal nog maar eens wordt gewezen op de verderfelijke aard van het kapitalisme. Vervolgens herhaalt delegatieleider Manfred Kirste de belangrijkste regel die straks op vijandelijk grondgebied voor de Oost-Duitse spelers zal gelden: géén contact met westerlingen.

Wanneer Lutz Eigendorf met Dynamo Berlin uiteindelijk op 20 maart 1979 zijn wedstrijd in en tegen Kaiserslautern speelt, zit de eretribune vol Stasi-medewerkers. Zij zien tot hun grote ergernis hoe hun landgenoten worden afgedroogd. De eindstand is 4-1 voor de kapitalisten. Lutz Eigendorf speelt een kleurloze wedstrijd. Hij lijkt er met zijn gedachten niet helemaal bij.

Net als de andere spelers van Dynamo Berlin trekt Eigendorf zich na afloop terug in Hotel Savoy. Ook daar is de Stasi streng. Voor de zekerheid zijn alle telefoons op de kamers van de spelers onklaar gemaakt. Toch ontgaat het hen dat Lutz Eigendorf midden in de nacht de hotelbar opzoekt. Het is dan half twee. Het hotel is uitgestorven. De enige persoon die hij treft is de scheidsrechtersbegeleider van 1. FC Kaiserslautern. Samen zetten ze het op een drinken. Eigendorf wordt steeds openhartiger. Hij twijfelt openlijk of de privileges die hij als voetballer in de DDR geniet, zoals voorrang bij de aanschaf van een Trabant en gelegenheid tot reizen naar het buitenland, nog wel opwegen tegen de bezwaren. Hij laat doorschemeren dat hij het beklemmende karakter van zijn vaderland steeds vaker zat is, de leugens op tv, het onderlinge wantrouwen en de voorgekookte staatsinstructies. De twee mannen praten tot het vijf uur in de ochtend is. Bij vertrek geeft de scheidsrechtersbegeleider hem zijn visitekaartje.

De volgende dag reist Dynamo Berlin in alle vroegte per bus terug naar Berlijn. Om negen uur wordt gestopt in het plaatsje Giessen. Daar volgt het hoogtepunt van de trip: er mogen, zij het onder strikte begeleiding van de geheime dienst, inkopen worden gedaan. Twee uur lang vergapen de Oost-Duitse voetballers zich aan westerse weelde. Maar om elf uur bij het verzamelen voor de terugtocht, ontbreekt een speler. Het is Lutz Eigendorf. Hij is gevlucht.

De paniek bij de delegatieleiders is groot. De Dynamo-spelers worden weer twee aan twee de stad in gestuurd om te gaan zoeken. Tevergeefs. Delegatieleider Kirste rijdt uiteindelijk met lood in de schoenen naar de DDR-Ambassade in Bonn om verslag uit te brengen, de rest van het gezelschap gaat terug naar Berlijn. Zonder Eigendorf. Die zit dan allang op de achterbank van een West-Duitse taxi, met in zijn handen het adres van de enige man die hij aan deze kant van de Muur kent: de scheidsrechtersbegeleider van 1. FC Kaiserslautern.

Wanneer het nieuws over Lutz Eigendorfs verdwijning Erich Mielke bereikt, reageert de gevreesde Stasi-chef zoals verwacht: ziedend. De bus uit Giessen is die middag dan ook nog maar amper teruggekeerd uit het Westen, of aan de Zechliner Strasse 3 wordt al aangebeld. Drie medewerkers van het Ministerie van Staatsveiligheid. Ze nemen Gabriele Eigendorf mee naar het hoofdkwartier aan de Keibelstrasse. Er volgt een verhoor dat de hele nacht duurt. Haar tweejarige dochter Sandy blijft achter bij een vrouwelijke Stasi-medewerkster, die intussen het hele huis overhoop haalt. Maar er wordt geen belastend materiaal gevonden.

Eigendorf is niet de eerste DDR-voetballer die vlucht. Ook niet de laatste. Tussen 1950 en 1989 bereiken in totaal meer dan zeshonderd sporters het Westen. Dat Mielke toch zo fel reageert, komt doordat Eigendorf het boegbeeld is van Dynamo Berlin. En dat is niet alleen de club van de politie, maar vooral van Erich Mielke. Die elf Sweine, zo wordt het Stasi-team in de DDR achter hun rug genoemd.

Dynamo Berlin is het meest gehate elftal van het land. Iedereen kan zien dat het aan alle kanten wordt bevoordeeld. Dankzij clubvoorzitter Mielke is alles beter in het Berlijnse Friedrich Ludwig Jahnstadion: de spelers, de faciliteiten, de artsen en zelfs de scheidsrechters. Niet alleen worden de beste voetballers van het land gedwongen om in Oost-Berlijn te spelen – zoals in de jaren vijftig het complete elftal van Dynamo Dresden of later het grote talent Thomas Doll van Hansa Rostock – ook krijgt de ploeg opvallend vaak in moeilijke fases een strafschop toegewezen.

'Vandaag fluiten er drie scheidsrechters,' fluisteren de supporters van de tegenstander wanneer ze in het Jahn-stadion zijn, waar Stasi-officials de ene tribune bevolken en militairen de andere, omdat de grijze kolos bijna tegen de Berlijnse Muur aan is gebouwd en daardoor nogal vluchtgevaarlijk. Ze bedoelen er Erich Honecker en Erich Mielke mee, de leiders van de DDR, het land waar tussen 1979 en 1988 Dynamo Berlin plotseling tien keer achtereen kampioen wordt. Uit het niets.

Als jeugdvoetballer is Lutz Eigendorf, de ster in de opleiding van BSG Motor Süd Brandenburg, ook zo'n talent dat gedwongen wordt te spelen voor Dynamo Berlin. Op zijn veertiende wordt hij ingelijfd. Bij zijn debuut in het eerste maakt hij gelijk indruk. Hij is 22 jaar wanneer hij wordt geselecteerd voor de nationale ploeg. In zijn eerste wedstrijd wordt het 2-2 tegen Bulgarije. Eigendorf maakt beide goals. Het volgende duel staat hij in de basis. De eerste tegenslag komt pas aan het einde van het jaar in Rotterdam. Daar krijgt Eigendorf tijdens Nederland-DDR (3-0) te maken met Johan Neeskens. Het Oost-Duitse talent wordt halverwege de tweede helft gewisseld.

Na zijn vlucht naar het Westen is Eigendorf door de UEFA een seizoen geschorst geweest. Daarna is hij opgenomen in de selectie van 1. FC Kaiserslautern. Hij heeft het moeilijk in de Bundesliga, maar probeert zich zo goed mogelijk aan te passen. Contact met thuis is er dan nauwelijks meer. Hij schrijft één keer een brief aan Gabriele en telefoneert een paar keer met zijn vader. In beide gevallen leest en luistert de geheime dienst geïnteresseerd mee.

Nu Mielke de vlucht van Eigendorf heeft opgevat als een persoonlijke belediging, worden er geen halve maatregelen genomen om erger te voorkomen. De staat moet er niet aan denken dat de rest van de familie het voorbeeld van de voetballer volgt. Operatie Rose wordt opgestart om Gabriele te schaduwen en Operatie Verräter om de ouders van de middenvelder in de gaten te houden. Ze worden permanent afgeluisterd. Wanneer ze weg zijn, worden hun huizen doorzocht en minutieus gefotografeerd. Alle post wordt gelezen, zowel inkomend als uitgaand. Familie en vrienden worden verhoord. Neven, buurtbewoners, collega's, zelfs de huisarts levert informatie. De Stasi streeft naar totale controle en wil alle banden tussen de achterblijvers en de gevluchte voetballer verbreken.

In mei 1979 krijgt Gabriele Eigendorf opeens bezoek van haar oude jeugdvriend Peter Homman. Ze wordt door hem verleid. Al een maand later krijgt Homman de sleutel van het huis overhandigd. Eenmaal samen dringt hij met succes aan op een scheiding van Lutz Eigendorf. Daarna vraagt hij haar ten huwelijk. Gabriele zegt ja. Niet veel later is ze zwanger. Jaren later, wanneer de Muur is gevallen en de Stasi-dossiers opengaan, komt Gabriele pas te weten dat haar tweede man in werkelijkheid een Stasi-medewerker was, speciaal ingehuurd om haar los te weken van Eigendorf en door middel van een kind voorgoed aan de DDR te binden.

De voetballoopbaan van Lutz Eigendorf bij 1. FC Kaiserslautern verloopt intussen met horten en stoten. In 1982 verhuist hij naar Eintracht Braunschweig, maar ook daar zit hij vaker op de bank dan hem lief is. Toch blijft hij interessant voor de media. Al is het alleen maar omdat Eigendorf nooit nee zegt tegen een interview. Jörg Berger, de trainer die zelf kort na Eigendorf uit de DDR is gevlucht, vindt dat onverstandig. Hij heeft zijn landgenoot al een paar keer gewaarschuwd. 'Hou je in,' adviseert hij, 'zeker bij interviews die Mielke zouden kunnen bereiken.' Maar daar denkt Lutz Eigendorf niet aan, wanneer hij op 21 februari 1983 het ARD-programma *Kontraste* te woord staat.

Het is dan een paar dagen voordat Dynamo Berlin weer eens naar West-Duitsland komt, dit keer voor een wedstrijd tegen VfB Stuttgart. Met de Berlijnse Muur op de achtergrond levert Eigendorf harde kritiek op zijn vaderland. Ook prijst hij de Bundesliga de hemel in. In zijn hoofdkwartier in Oost-Berlijn denkt Erich Mielke een ogenblik dat hij gek van woede wordt.

Twee weken later krijgt Lutz Eigendorf zijn ongeluk. Hoewel getuigen hebben gezien dat hij niet dronken achter het stuur stapte, staat in het politierapport iets anders. Onderzoek van het bloedmonster wijst uit dat de voetballer een promillage had van 2,2 procent. Dat is gelijk aan zeven halve liters bier. De map Eigendorf kan gelijk worden opgeborgen. Hij was dronken. Zaak gesloten. Lutz Eigendorf wordt in Kaiserslautern begraven. Zijn ouders Jörg en Ingeborg zijn met toestemming van de staat bij de plechtigheid aanwezig. Ze keren nooit meer terug naar de DDR. In de socialistische heilstaat gaat het leven al snel weer zijn gangetje. Ook in de Oberliga. De Stasi regeert er als vanouds in de kleedkamers, waar trainers hun spelers bespioneren – en andersom. Af en toe vlucht er een voetballer naar het vrije Westen, maar van geen van hen wordt nog zoveel werk gemaakt als destijds van Lutz Eigendorf. Verder krijgt Dynamo Berlin nog steeds op de meest wonderlijke momenten een strafschop toegewezen.

Dan wordt het 1989. Eerst valt de Muur. Daarna gaan ook de Stasi-dossiers open en blijkt het allemaal nog veel erger dan gedacht. In minutieus bijgehouden rapporten valt te lezen dat de inwoners van de DDR jarenlang hebben gefigureerd in een Kafkaiaans drama. Een waarin iedereen onbewust iedereen in de gaten hield en de Stasi hulp blijkt te hebben gehad van zo'n 180 duizend Inofficiële Medewerkers, kortweg IM'ers.

Een van hen heet Karl-Heinz Feigner. Onder de schuilnaam Klaus Schlosser is hij begin jaren tachtig voor de Stasi actief in West-Berlijn. De ex-bokser en portier is extreem gewelddadig. Hij zat in de jaren zestig al eens vier jaar vast in Leipzig. Hij is de man die in Braunschweig Eigendorf moet bespioneren. Dat lukt goed. Hij weet snel het vertrouwen te winnen en logeert zelfs een paar keer bij de voetballer thuis. Daarna rapporteert hij trouw alles aan de Stasi: dagindeling, uitspraken, gewoontes, contacten, telefoonnummers van medespelers, eigenaardigheden, uitstapjes – alles. Schlosser beschrijft uitgebreid en zeer gedetailleerd. Daardoor valt in de vrijgekomen dossiers niet alleen te lezen dat Eigendorf bij het ontbijt opvallend veel koffie drinkt (vier koppen), maar ook wat zijn lievelingsmerk is (Jakobs). Al blijkt het hoofdkwartier vooral geïnteresseerd in de vaste routes die hij rijdt, welke auto hij bestuurt en de rijstijl die hij daarbij hanteert. Ook valt op dat altijd wordt vermeld of Eigendorf zijn portier wel of niet afsluit.

Dat blijkt allemaal wanneer Sigrid Kretschmer en Roberto Welzel in opdracht van de Duitse regering in de jaren negentig de Stasi-archieven doorploegen. Samen met de Duitse historicus en onderzoeksjournalist Heribert Schwan concentreren zij zich op de zaak Eigendorf. Wat dan boven water komt, roept veel vragen op.

Waarom stond Schlosser bijvoorbeeld vlak voor het ongeluk opeens veelvuldig in contact met zijn superieur in Oost-Berlijn, terwijl ze elkaar daarna nooit meer spraken? Waarom kregen Schlosser en zijn superieur op de dag van Lutz Eigendorfs dood een geldbedrag overgemaakt? Hoe kan het eigenlijk dat de voetballer een hoog alcoholpromillage had, terwijl uit dezelfde dossiers blijkt dat hij zelden dronk en getuigen bevestigen dat de voetballer die bewuste avond niet eens aangeschoten was? En hoe toevallig is het dat juist de pagina's die Schlossers jaren in Braunschweig beschrijven, tot op de dag van vandaag onvindbaar zijn?

Keiharde bewijzen zijn het niet, maar voor Heribert Schwan is het voldoende. Hij begint een uitputtend onderzoek naar de zaak, die uiteindelijk moet leiden tot een documentaire en een boek.

In 2000 is het zover en beweert de historicus genoeg aanwijzingen te hebben voor de theorie dat Lutz Eigendorf door de Stasi is vermoord. Volgens hem is het als volgt gegaan: de Stasi wilde kort voor de komst van Dynamo Berlin naar West-Duitsland een daad stellen. Iedereen met vluchtplannen zou moeten worden afgeschrikt. Al snel dacht Mielke aan Eigendorf. Met de afvallige Dynamo-ster had hij tenslotte nog een rekening te vereffenen. Het brutale interview op de West-Duitse televisie vormde vervolgens de druppel. In opdracht van Mielke overmeesterde een lid van afdeling XXII, het moordcommando van de Stasi, de voetballer in zijn auto. Onder bedreiging werd hem alcohol en een langzaam werkend gif ingespoten, dat vooral zijn reactievermogen moest aantasten. Daarna zou hij zijn losgelaten en in doodsangst naar huis zijn gereden, om vervolgens vlak voor de bocht in Braunschweiger Forststrasse door een auto te zijn *verblitzt* – Stasi-jargon voor het verblinden van een tegenligger met een grote lamp – en te zijn verongelukt.

Het klinkt in eerste instantie nog als een slecht James Bond-scenario. Tot Schwan een handgeschreven document toont. Het is een rapport van de Stasi-afdeling XXII, waarin de naam van de voetballer voorkomt. Het gaat om gifstoffen en dodelijke gassen. In alinea 9 staat de zin: 'bijvoorbeeld E., wat leidt in de kleine ruimte tot de dood?' De naam Eigendorf staat één keer voluit geschreven. Daaronder staat: 'narcosemiddel'.

Veel resultaten levert het niet op. Er komen wel wat meer aanwijzingen, de pers publiceert over de zaak, maar keihard bewijs wordt nooit gevonden. Het enige dat nog uitsluitsel lijkt te kunnen bieden, is het dossier van Lutz Eigendorf zelf. Maar dat is tot op de dag van vandaag nooit gevonden. Zo blijkt de dood van de getalenteerde middenvelder ook twintig jaar na de val van de Muur wat het nu al ruim een kwart eeuw is: een mysterie.

Erich Mielke leeft nog net lang genoeg om de totstandkoming van Schwans documentaire *Tod dem Verräter* mee te maken. Een paar jaar voor de première is hij wegens gezondheidsredenen vrijgelaten uit de gevangenis. Hij is dan 92 jaar en inmiddels veroordeeld voor een dubbele moord op twee politieagenten. De oude Stasi-chef is oud en verbitterd. Van zijn levenswerk is weinig terechtgekomen. De Muur is afgebroken en van het gedroomde rode arbeidersparadijs is ook niets meer over. Zelfs Dynamo Berlin, zijn grootste liefde, is verschrompeld tot een zieltogende club in de Oberliga Nordost-Nord. Bij wat ooit de trots van de socialistische republiek moest zijn, worden de tribunes nu juist bevolkt door skinheads en neonazi's. Het verleden is vergeten en begraven bij wat ooit de meest succesvolle club van het land was. Zelfs het gevreesde Friedrich-Ludwig-Jahn-stadion is verlaten. Gespeeld wordt er tegenwoordig in het bouwvallige Sportforum. Nog maar een paar honderd buurtbewoners nemen af en toe de moeite de tribunes te beklimmen. Het onkruid tiert er welig. Soms zingen ze er de universele voetbalsong 'You'll Never Walk Alone'. Niemand bij de voormalige Stasi-club die daar de ironie nog van inziet. De naam Lutz Eigendorf valt nooit meer.

‘Just gimme the ball and see what happens’

(2006)

Zomer 1992. Ongetwijfeld gevoed door zijn eigen aangeboren aversie tegen saaiheid, ziet Jorien van den Herik op een dag een bruikbare kracht in Mike Obiku, de Nigeriaanse stormram van het Cypriotische Famagusta. Nog datzelfde seizoen arriveert de Afrikaan als nieuwe spits van Feyenoord in Rotterdam.

De eerste werkdag van Mike Obiku bij zijn nieuwe club is er een vol misverstanden. Het begint gelijk bij aankomst in De Kuip. Hij heeft het portier van zijn taxi nog niet dichtgeslagen of de chauffeur komt al achter hem aan. Of hij de rit van de stad naar het stadion wel even wil betalen.

Betalen?

‘*I'm Mike Obiku*,’ lacht de nieuwe spits.

Deze opmerking moet alle misverstanden uit de wereld helpen. Maar gek genoeg lijkt de chauffeur nog niet erg onder de indruk.

‘*I play for Feyenoord*.’

De man blijft hem zo bewegingsloos aanstaren dat Mike Obiku in eerste instantie nog denkt aan een grap. Dan dringt langzaam maar zeker toch het onvoorstelbare tot hem door. Hij, Mike Obiku, de superspits van Famagusta, moet gewoon gaan betalen voor zijn taxi!

Wat krijgen we nou?

Wat is dit in godsnaam voor een land?

Op Cyprus hoefde Mike Obiku nóóit te betalen. Niet in de taxi, niet in het restaurant, niet op het strand, helemaal nergens. Een hand of een krabbel op de menukaart was altijd meer dan voldoende.

Mike Obiku scoorde 39 goals voor Famagusta.

Dát was zijn manier van betalen.

De chauffeur houdt nog steeds zijn hand op. Hoofdschuddend trekt Mike Obiku zijn portemonnee. Grote nagels ritselen langs Nederlandse, Amerikaanse en Cypriotische bankbiljetten. Als de man is betaald, stopt Mike Obiku zijn toilettas en opgerolde *USA Today* weer onder zijn arm en verdwijnt hoofdschuddend in de catacomben van De Kuip.

Op zijn eerste werkdag draagt Mike Obiku drie gouden kettingen, twee ringen, een armband en een horloge. In de kleedkamer van Feyenoord krijgt iedereen een hand van hem. Tijdens het voorstellen probeert hij te onthouden hoe zijn nieuwe teamgenoten heten. Dat valt niet mee. Ze hebben namen die klinken als schuurpapier. De Goeij, Scholten, Witschge... Hij is pas halverwege de kleedkamer en weet nu al niet meer wie wie is.

Niet dat het erg is, want hij heeft er nooit een gewoonte van gemaakt zich overdreven goed voor te bereiden op een buitenlands avontuur. Er zullen bijvoorbeeld weinig mensen zo onbevangen op Cyprus aankomen als Mike Obiku. Toen hij er in 1989 voor het eerst op Larnaca Airport landde, wist hij alleen dat hij in Europa was.

Het weerhield hem niet er van om al snel een jaloersmakend eenvoudig dagritme aan te houden. Het was in die jaren: opstaan, douchen, naar het strand, eten in het restaurant, naar huis voor een dutje en dan, om vijf uur als de zon niet meer zo fel was en de ploeggenoten klaar met hun gewone werk, een training. Op zaterdag bevond hij zich met de selectie in een luxehotel. Op zondag werd er gevoetbald.

Zo bracht Mike Obiku zijn eerste maanden op vreemde bodem door. Maar ook op Cyprus wordt het vroeg of laat kouder. De gang naar het strand werd langzaam maar zeker uit het programma geschrapt. Het deed hem op een dag besluiten zijn zus te bezoeken. Ze woonde in Engeland. En dus meldde hij zich op het station van Larnaca en vroeg waar hij de trein naar Londen kon vinden.

Naar Londen?

Pas toen de man achter het loket er een landkaart bij had gepakt, kwam Obiku er na een halfjaar achter dat hij al die tijd op een eiland woonde.

'*So bloody small,*' zegt hij met samengeknepen ogen 'dat het niet meer was dan een puntje op de kaart.'

Ook in Nederland is hij volkomen blanco gearriveerd. Van alle spelers in de Eredivisie, kent hij er welgeteld één: Romário. Ze speelden allebei op de Olympische Spelen in Seoul. De rest van de spelers in Nederland zegt hem niets. Ook onder de coaches heeft hij geen bekend gezicht kunnen ontdekken.

De trainingen van zijn nieuwe club blijken te worden geleid door ene Willem van Hanegem, een man op versleten voetbalschoenen die bijna niets zegt. Supporters langs het trainingsveld hebben Obiku verteld dat de man een levende legende is, maar dat kan hij maar moeilijk geloven. Als hij echt zo'n ster was als de mensen zeggen, zou hij toch wel in een veel grotere auto rijden? Eentje met chauffeur?

Wanneer de training voorbij is, besluit hij de proef op de som te nemen.

'*Coach, where do you buy your watches?*' vraagt de spits, die zelf een horloge met de afmeting van een putdeksel draagt.

'Nou, gewoon,' zegt Van Hanegem, 'bij de drogist.'

Mike Obiku weet genoeg.

Een levende legende die zijn horloges koopt bij de drogist?

Hij dacht het niet.

Later, diezelfde dag, in spelershome 't Kuipje. De selectie van Feyenoord zet zich aan de lunch. Alleen Mike Obiku raakt geen vork aan. Hij kijkt naar een broodje kaas alsof het elk moment kan exploderen. Dan tikt hij verzorger Gerard Meijer op de schouder. Obiku wijst naar het brood op tafel.

'Dat eet ik niet.'

'Pardon?' zegt Meijer.

'Ik eet 's middags steak.'

Gerard Meijer is even sprakeloos.

'Steak!' zegt Obiku.

'Ja jongen, ik heb je wel verstaan...'

Net als de meeste oorlogskinderen kan Gerard Meijer slecht tegen onnodig gezeur over eten. Mike Obiku weet dit nog niet. Het is vandaag zijn eerste dag bij zijn nieuwe werkgever.

'O ja, kip mag trouwens ook,' zegt hij. 'Steak en kip, dat is oké. Maar dit niet.'

Meijer kijkt Obiku even aan.

'Dan zul je vanmiddag wel honger krijgen, jongen.'

Daarna concentreert de oude verzorger zich weer op zijn maaltijd. Hij heeft zojuist een besluit genomen. Hij is niet van plan zijn lunch te laten verpesten door de eerste de beste binnengewaaide Afrikaan. Daar loopt hij net iets te lang voor mee – 36 jaar om precies te zijn. Gerard Meijer heeft in die periode de voetbalhumor van het trio Schouten-Van der Gijp-Moulijn overleefd. Dan zal ene Obiku uit Nigeria toch ook wel lukken, zeker? Hallo? Waar hebben we het nou eigenlijk over?

De nieuwe aankoop kiest al snel eieren voor zijn geld. Maar als hij na de lunch verplicht zijn bord en bestek inlevert bij Ome Henk, de beheerder van het spelershome, besluit hij nog één keer te bluffen.

'*From now on,*' zegt Obiku, met zo veel mogelijk autoriteit in zijn stem, '*From now on, I want steak.*'

Ome Henk verblikt of verbloost niet.

'Ja hoor,' zegt hij, 'het is goed met je.'

Obiku kijkt de man niet-begrijpend aan.

Ome Henk is allang weer aan het afwassen.

Welkom in Rotterdam.

Er doen in de stad al snel vermakelijke verhalen de ronde over Michael Edirin Obiku. Zo zou hij altijd veel cash geld bij zich dragen. Steeds meer mensen zijn er getuige van dat hij her en der in Rotterdam zijn kopjes koffie en kleine boodschappen met een briefje van duizend gulden wil betalen. Ook schijnt hij weleens twee horloges tegelijk te dragen. Gewoon, voor de show.

Het zijn de jaren waarin de mobiele telefoons hun intrede doen in het Nederlandse profvoetbal. Bij Feyenoord is John de Wolf een van de eerste bezitters. Mike Obiku volgt als goede tweede. Althans, zo lijkt het wanneer Feyenoord per eigen vervoer koers zet richting een amateurclubje in de buurt, waar een oefenwedstrijd op het programma staat.

Als de sliert Opel Vectra's bijna bij het sportpark is aangekomen, wordt de voltallige selectie plotseling gepasseerd door de auto van Obiku. Met zijn vrije hand ramt hij op zijn claxon, met zijn schouder drukt hij een telefoon tegen zijn oor. Hij wekt intussen de indruk in een bijzonder geanimeerd gesprek verwikkeld te zijn.

Pas later, als de amateurtjes allang zijn opgerold en de spelers van Feyenoord weer in hun auto stappen voor de terugreis naar Rotterdam-Zuid, komt iemand er achter dat Obiku voor de show gewoon zijn huistelefoon heeft meegenomen achter het stuur. De lijn was al dood toen hij alleen nog maar in zijn voortuin stond.

Iedereen, inclusief de spits zelf, kan er hartelijk om lachen, want het is Obiku zoals men hem inmiddels kent. Zijn bluf is van zo'n jongensachtige onschuld dat die alleen maar ontwapenend werkt. Het is onmogelijk kwaad te worden op Mike Obiku. Ook al blaast hij zichzelf dusdanig op dat zijn ego bijna knapt, dan nog kan hij niet verhullen dat hij eigenlijk gewoon een heel aardige jongen van 23 jaar is.

Zijn karakter wordt ook weerspiegeld in zijn manier van juichen. De bal heeft de lijn nog niet gepasseerd of het shirt wordt al uitgetrokken. Dan vult Obiku zijn mahoniehouten bast met lucht en begint heel hard te rennen. Richting en route variëren, maar het is in elk geval altijd bij zijn medespelers vandaan. Intuïtief zoekt hij het publiek op, nooit zijn teamgenoten. Iedereen moet zien dat Michael Edirin Obiku heeft gescoord. Hij zwaait toch niet voor niets met zijn shirt boven zijn hoofd?

Het kan niet in elk stadion, maar het liefst klimt Mike Obiku daarna in een hek. Als de mogelijkheid er is, waarom zou je dan nalaten om je even groter voor te doen dan je in werkelijkheid bent?

Een ander voordeel is dat hij op deze manier voorkomt dat zijn ploeggenoten op zijn nek springen. Ze zouden de doelpuntenmaker alleen maar aan het zicht van het publiek kunnen onttrekken. Of erger nog: aan dat van de fotografen. En vooral dat laatste kan natuurlijk nooit de bedoeling zijn. Het zou de moeite van het scoren op slag overbodig maken.

De eerste die Mike Obiku in die jaren ziet wanneer hij 's ochtends wakker wordt, is Mike Obiku zelf. Op de muur van zijn slaapkamer, aan de kant van het voeteneinde, hangt zijn levensgrote zelfportret. Het heeft vanzelfsprekend een ereplaatsje gekregen.

We zien de heer des huizes met een wit T-shirt om zijn hoofd geknoopt. Op de achtergrond is nog net een stukje oceaan zichtbaar. Met een vrolijk gekleurd rietje drinkt Obiku uit een kokosnoot.

Het is een mooie foto. Feyenoords huisfotograaf John de Pater schoot hem tijdens een trip op de Antillen. De Pater is een groot Obiku-fan. De spits is fotogeniek en aardig tegelijk. Dat zie je niet veel. Bovendien regent het nabestellingen. De opdrachtgever is altijd dezelfde. Trouw belt hij na elke wedstrijd voor een paar afdrukken.

'*Remember, Johnny,*' bromt Mike Obiku dan in de hoorn, '*make them as big as possible.*'

De zomer van 1996. De selectie van Feyenoord maakt een reis door Florida en Curaçao.

Vanaf een vlonder nabij Willemstad springt Mike Obiku in de Atlantische Oceaan.

‘Hé!’ roept de duikinstructeur naast ons en hij wijst met zijn vinger naar Mike Obiku, ‘die man kan niet zwemmen.’

We kijken langs zijn vinger naar de zee. De instructeur zou weleens gelijk kunnen hebben. De spits van Feyenoord maakt inderdaad een nogal hulpeloze indruk. Om niet te zeggen dat hij zinkt. Op de bodem van de speciale onderwaterkooi, waarin Obiku tussen een paar roggen en andere exotische vissen ligt te spartelen, bevinden zich gelukkig nog meer duikers. Zij helpen hem uiteindelijk weer op de kant.

Maar waarom trekt iemand een duikpak aan en luistert braaf naar een ellenlange veiligheidsinstructie, als hij weet dat hij niet kan zwemmen? Even later geeft een proestende Mike Obiku het antwoord. Trots laat hij een onderwaterfoto van zichzelf zien.

Op de bodem van de kooi blijkt een fotograaf te zitten, die de bezoekers vastlegt terwijl ze door de vissen worden omgeven.

‘*Nice*,’ vindt Mike Obiku.

Zwemmen heeft Mike Obiku nooit geleerd. Als kind mocht hij niet in de buurt van open water komen. Net als voetballen en heel veel andere dingen was hem dat verboden door zijn vader Dennis, een topambtenaar op het Nigeriaanse ministerie van Landbouw en Volkshuisvesting. Voetballen vond Obiku sr. nogal volks en voetballen voor geld ronduit ordinair. Bovendien wilde hij, na eerst vijf dochters te hebben gekregen, niet dat zijn enige zoon iets overkwam. Daarom kregen zijn zussen de opdracht Michael Edirin vooral als een klein prinsje te behandelen.

Nadat zijn vader is omgekomen bij een auto-ongeluk, gaat puber Mike alsnog met een bal de straat op. Daar leert hij snel. Dat moet ook, want het is jungle-voetbal: regels zijn er niet. Het is een kwestie van lef tonen, vertrouwen hebben in jezelf en recht op je doel afgaan. Zo leert Mike Obiku het spel. Eerst nog op blote voeten, maar vanaf zijn zeventiende op voetbalschoenen.

Feyenoord speelt tegen Willem II. Het is een moeizame wedstrijd. Voorin loopt Obiku op elke bal, hoe hopeloos ook. Hij maakt een zeer onrustige indruk. Mike houdt niet van moeizame wedstrijden.

Een paar dagen eerder heeft hij een interview gegeven aan de *Feyenoord Krant*. Dat is niet de eerste keer. De spits is populair bij de redacteuren van het huisorgaan. Obiku werkt altijd graag mee en heeft vaak verrassende teksten. Ook hoeft hij het verhaal nooit voor publicatie te lezen. Het enige wat Obiku wil is het telefoonnummer van de fotograaf voor de nabestelling.

Dit keer onthult de krant dat Mike Obiku een liefhebber is van André van Duin. 'Weet je wie ik leuk vind?' zegt hij, 'Die pizzaman. Hoe heet hij ook alweer? O ja, André van Duin. Daar moet ik vaak om lachen. Hij kan het publiek helemaal gek maken. De mensen op de tribune vallen soms bijna van hun stoel.'

Tijdens Feyenoord-Willem II vallen de mensen op de tribune ook bijna van hun stoel, maar niet van het lachen. Feyenoord staat dan wel met 2-0 voor, mooi is het niet wat de ploeg laat zien. Maar als Mike Obiku even voor tijd invalt en binnen acht minuten scoort, is het alsnog feest in De Kuip. De fans dansen en maken zich klaar voor een mooie striptease act. Ze worden niet teleurgesteld. Als een volleerd vendelzwaaier trekt Obiku weer langs hun tribunes. De uitsmijter is dit keer een sprong in de hekken in de hoek van het veld. Net als die grappige pizzaman, maakt Mike Obiku zijn publiek helemaal gek.

Wel jammer is het dat hij bij zijn act beide handen openhaalt aan de scherpe punten van de afrastering.

Tegen de tijd dat Gerard Meijer ter plaatse is, bloedt Mike Obiku al als een rund.

'*Gerard, Gerard, what can we do?*' vraagt Obiku.

Hij wil zo snel mogelijk het veld weer in. Het publiek scandeert zijn naam!

'Niks Mike,' zegt Gerard Meijer. 'Alleen een verband.'

Terwijl zijn teamgenoten na afloop de 3-0-zege vieren onder de douche, zit Mike Obiku in de medische ruimte van De Kuip. Daar schopt hij nijdig een stuk uit een deur.

Het is juli 1994 en warm in het spelershome van Helsingborg IF, een degradatiekandidaat aan de zuidkust van Zweden.

'Ik ben hier om de club te redden,' zegt Mike Obiku.

Hij goochelt nog wat spaghetti rond zijn vork en kijkt me tevreden aan.

'Leuk hè?'

De waarheid is dat Obiku hier is om zichzelf te redden. Hij werd in Rotterdam nog nauwelijks opgesteld. Dat is de werkelijke reden dat Feyenoord hem vorige week aan deze Pippi Langkous-club heeft uitgeleend.

Zijn entree in het havenstadje is niet onopgemerkt gebleven. In het korte tijdsbestek van acht dagen heeft hij twee wedstrijden gespeeld, twee goals gescoord, één rode kaart gepakt en de kokkin van het spelershome op de rand van waanzin gekregen door haar elke dag rond lunchtijd dezelfde vraag te stellen.

'*Any chicken today?*'

Het is een gek gezicht om Mike Obiku hier zo te zien zitten. Op de een of andere manier is hij te excentriek voor dit decor. Alleen al zijn witte voetbalschoenen hebben voor open monden gezorgd in de kleedkamer van het kneuterige Helsingborg IF.

Zweden lijkt nog niet helemaal toe aan Mike Obiku. Daarom praten we na afloop van de training over heimwee. Hij weet wat het is. In zijn eerste maanden op Cyprus werd Obiku bijna gek, zo erg miste hij Warri, zijn geboortedorp in Nigeria. Wat ook niet hielp: hij was een van de weinige zwarte spelers op het eiland. Kinderen streken met hun wijsvinger langs zijn huid, om te zien of hij soms afgaf. Ook zonder bal werd hij zo een bezienswaardigheid. Maar bezienswaardigheden maken moeilijk vrienden.

'Mike was eenzaam,' zegt hij.

'Hoe eenzaam?'

'Nou, op sommige momenten wilde ik gewoon dood.'

Maar gelukkig, Mike Obiku zou Mike Obiku niet zijn als hij inmiddels geen originele remedie tegen de eenzaamheid zou weten: veelwijverij.

'Ja,' zegt hij, 'waarom niet? Als ik door Rotterdam loop en ik zie al die oude zwervers op straat zitten, dan word ik heel triest. Mijn opa in Nigeria heeft daar geen last van. Die heeft altijd meerdere vrouwen gehad. Als hij vanuit zijn stoel uitkijkt over het plein voor zijn huis, dan ziet hij alleen maar kleinkinderen.'

Obiku lacht en schraapt de laatste restjes spaghettisaus van zijn bord. Dan knakt hij op een oorverdovende manier de kootjes van zijn vingers en staat op.

'Doe je iedereen de groeten in Rotterdam?' lacht hij, terwijl hij mijn hand in de zijne vermaalt. 'Zeg maar dat ze nog niet van me af zijn.'

Vijf maanden, veertien wedstrijden en negen goals voor Helsingborg IF later, is Mike Obiku inderdaad weer terug bij Feyenoord. Zijn tijdelijke ballingschap heeft hem mentaal niet geknakt.

Integendeel.

'Ik kom hier voor een basisplaats,' zegt hij bij rentree in Rotterdam, 'wat dacht je anders?'

Met Nico Jansen, Clyde Best en Cor van der Gijp behoort Mike Obiku tot de sterkste spitsen uit de geschiedenis van Feyenoord. Toch huist zijn grootste kracht niet in zijn lichaam, maar in zijn verbeeldingskracht. Het is zijn ongeremde fantasie die hem vleugels kan geven. Om die reden hangt zijn huis ook vol foto's van zichzelf, want Mike Obiku is zijn eigen inspiratiebron.

Soms – wanneer de ballen er niet in willen of Van Hanegem weer eens kiest voor Kiprich, Larsson of godbetert Van Loen – haalt Mike Obiku weleens een lijstje van de muur en praat hij tegen zijn eigen afbeelding.

'Dat ben jij hoor, die daar scoort,' zegt hij dan tegen de foto maar vooral tegen zichzelf, 'vergeet dat niet!'

In bed denkt Mike Obiku ook altijd aan voetbal. 's Nachts scoort hij de ene winnende na de andere. Het hoort allemaal bij zijn mentale voorbereiding. Want hij mag zich in De Kuip dan weleens als een clown gedragen, er zijn maar weinig Feyenoorders die zich zo serieus op een wedstrijd voorbereiden als hij.

De enige uitzondering maakt Mike Obiku voor de trainerspraat die hij voor aanvang van elke wedstrijd moet aanhoren. Die gaat bij hem het ene oor in en het andere uit. Hoewel de wedstrijdbesprekingen van Willem van Hanegem nooit lang duren, kan Mike Obiku er toch nooit zijn gedachten bijhouden. Het heeft gewoon zijn interesse niet.

Ook zijn teamgenoten merken dat hun spits zich weinig van de tactiek aantrekt. Een van hen schiet Obiku na een training aan en doet een poging samen het aanvalsplan van Feyenoord door te nemen. Het wordt geen succes. Obiku hoort het verhaal even aan. Dan slaat hij zijn collega op de schouders en zegt: '*Don't worry. Just gimme me the ball and see what happens.*'

De kleedkamerdeur van Feyenoord vliegt open. Als eerste speler komt Mike Obiku naar buiten. De verslaggevers die aan het einde van de gang in een triest makende samenscholing op quotes staan te wachten, doen een stapje opzij om hem te laten passeren. Wie zit er te wachten op de mening van een wisselspeler?

'Ik heb hoofdpijn,' zegt Mike Obiku even later op weg naar het parkeerterrein. 'Dat heb ik vaak als ik negentig minuten lang op de bank heb gezeten. Ik leef zó intens met de wedstrijd mee. Daar krijg ik koppijn van.'

Obiku trekt zijn stropdas recht. Hij draagt het clubkostuum van Feyenoord: zwarte broek, wit overhemd, knalrood colbert met clubembleem. Het is een nogal in het oog springende combinatie. De spelers weten het zelf niet, maar in de wandelgangen worden ze sinds kort The Skymasters genoemd.

Mike Obiku maakt een uitgebluste indruk. Dat komt: hij heeft net weer negentig minuten lang zo gespannen als een veer in de dug-out gezeten.

'Je zou mij zo vanaf de bank het veld in kunnen sturen,' zegt hij, 'ik bedoel: zonder warming-up.'

-Hoezo?

'De warming-up heb ik dan al gedaan.'

-Waar dan?

'In mijn hoofd.'

Ook de goal die hem wereldberoemd maakt in Nederland, scoort Mike Obiku pas nadat hij hem de nacht ervoor al in gedachten heeft gemaakt. Dat gebeurt op 8 maart 1995, in een tochtig Amsterdams stadion waar het altijd naar pis stinkt.

Het zijn de jaren waarin heel Rotterdam tot z'n verbazing heeft moeten vaststellen dat niet alleen de Amsterdamse supporters, maar ook de media de spelers van Ajax godenzonen zijn gaan noemen. Gelukkig heeft hun eigen elftal ook een bijnaam. *De Volkskrant* noemt Feyenoord 'het knokploegje'.

Helemaal gek is het niet, dat verschil in toon. Niemand heeft Ajax dat seizoen nog kunnen verslaan in Amsterdam. Onder Louis van Gaal is het elftal op weg de wereld te veroveren. In die tocht is Feyenoord dit seizoen ook al twee keer onder de voet gelopen: een keer met 3-0 om de Supercup, een keer met 4-1 voor de competitie. En altijd in het Olympisch Stadion.

Maar die woensdagavond, in de kwartfinale om de beker, is alles even anders wanneer uitblinker Peter Bosz in de vijfde minuut van de verlenging met een lange bal invaller Mike Obiku lanceert. Wat er dan gebeurt, is voor altijd in het collectieve geheugen van Het Feyenoord-Legioen opgenomen.

Eerst botsen Frank de Boer en Frank Rijkaard nogal onhandig tegen elkaar op. Via de schouder van De Boer belandt de bal zo perfect voor de voeten van Obiku. Die begint gelijk als een gek richting het doel te rennen. Alleen Danny Blind staat nog in de weg. Achter hem ligt de weg richting Van der Sar en eeuwige Rotterdamse roem helemaal open.

En dan doet Obiku iets geks.

De Feyenoord-supporters die in een zijvak van het Olympisch Stadion als vee bijeen gedreven zijn, denken in eerste instantie dat ze aan het hallucineren zijn. Toch is het waar wat ze zien: Mike Obiku heeft zojuist met een perfecte lob Danny Blind gefopt. Kijk maar, daar rent hij al met reuzenstappen op Van der Sar af. De opgekrabbelde Rijkaard probeert hem alsnog onderuit te halen, maar het is al te laat. Mike Obiku staat op het punt zichzelf de geschiedenisboeken van Feyenoord in te schieten.

Als de bal het net heeft geraakt, hangt er voor een moment een rare sfeer in het Olympisch Stadion. De sudden death-regel is nog maar net ingevoerd in Nederland. Niet iedereen realiseert zich direct dat dit het einde van de wedstrijd is.

Mike Obiku wel. Die is al bezig aan zijn ereronde. Bernard Schuiteman en Orlando Trustfull proberen op zijn nek te springen, maar Obiku schudt ze af alsof het vlooien zijn.

Er komt die avond geen einde aan de Rotterdamse vreugde. Het Olympisch Stadion is al grotendeels leeggestroomd, als de Feyenoorders nog steeds euforisch over het veld rennen. Daarna springen ze als apen in het hek. Alle spelers ballen hun vuist richting de uitzinnige Rotterdamse supporters aan de andere kant van de sintelbaan. Alleen Mike Obiku draait af en toe zijn hoofd om te poseren voor de fotografen achter hem.

Tegen de tijd dat Mike Obiku de kleedkamer van het Olympisch stadion heeft bereikt, zitten de meeste Feyenoorders al in bad. Alleen Arnold Scholten, Henrik Larsson en Bernard Schuiteman lopen nog in hun voetbaltenue rond, net als de reserves Rob van Dijk en Denis Kliouev. Bij de deuropening verwelkomen trainer Willem van Hanegem en fysiotherapeut Ruud Daniëls hem met geopende hand.

'*Now you know!*' roept Obiku naar zijn trainer. '*Now you know!*'

Links in de hoek van de kleedkamer plast de al omgeklede József Kiprich bijna in zijn broek van het lachen. Willem van Hanegem doet intussen net of hij Mike Obiku niet verstaan heeft.

Als de matchwinner even later de badruimte van het Olympisch Stadion binnenkomt, gaat een groot gejuich op. De underdog kan eindelijk even terugblaffen. Die kans laten weinigen zich ontnemen. Tijdens het zingen van de strijdliederen bonken een paar spelers van Feyenoord hard met hun noppen op de tegelwanden. Het is wel de bedoeling dat de Ajacieden in de andere kleedkamer goed horen welk feestje hier aan de gang is.

Een paar minuten later, in het gangetje bij de kleedkamers, leunt Willem van Hanegem tegen een muur. Er wordt een camera op hem gericht.

Kees Jansma: 'Het heet in trainersjargon: dit was een gouden wissel.'

Willem van Hanegem: 'Ja, nou... ik vind dat belachelijk, euh... moet ik eerlijk zeggen.'

Jansma: 'Maar wel hartstikke leuk, hè?'

Willem van Hanegem: 'Ja. Voor hem vind ik het helemaal geinig, euh... om daarom dattie toch altijd vrij positief ingesteld is en... dus nou hebt ie... euh... ik heb weleens met hem gesproken en hij vindt het mooiste... want ik dacht dattie heel zijn kamer met foto's... euh... vol heb van zichzelf... hij zou het het mooiste vinden als er een tankstation was in Rotterdam met zijn naam erop... nou, ik denk dattie nou tot vervelens toe zijn naam gehoord heb... dus ik denk dattie nou voorlopig genezen is.'

Dat laatste is de enige denkfout die de trainer van Feyenoord die avond maakt.

Dat blijkt wanneer Mike Obiku zich de volgende ochtend bij De Kuip gewillig op de schouders laat nemen door een groepje dolgelukkige AOW'ers. Ze dragen hem als een Romeinse keizer naar het trainingsveld. Mike Obiku wekt niet de indruk dit heel erg te vinden.

Diezelfde middag maakt John de Pater vast een foto van Mike

Obiku bij een tankstation. Ook wordt er in Rotterdam een fanzine in het leven geroepen met de titel *King of The Gasstation*, een blaadje zó obscuur dat er nog maar weinig mensen te vinden zijn die het daadwerkelijk hebben gelezen.

Het is onvermijdelijk: Mike Obiku heeft er op één avond ontelbare bewonderaars bij gekregen. Maar de grootste fan van Mike Obiku blijft toch altijd Mike Obiku zelf. Als een jongetje hem na de training vraagt zijn shirt te signeren, zet hij niet, zoals de andere spelers doen, ter identificatie zijn rugnummer onder zijn handtekening, maar de bijnaam die hij voor zichzelf heeft verzonnen.

The King.

Die heerlijke maartavond in Amsterdam was verreweg het belangrijkste moment in de carrière van Mike Obiku in Nederland. Het was ook de enige keer dat de realiteit enigszins in de buurt van zijn fantasie kwam. De rest van zijn 27 goals voor Feyenoord, hoe spectaculair soms ook, waren uiteindelijk stuk voor stuk maar slappe aftreksels van de doelpunten die hij eigenlijk in gedachten had. Want één ding is zeker: als ook maar een fractie van wat er zich op zaterdagnacht voor zijn geestesoog had afgespeeld een dag later op het veld ook realiteit was geworden, dan was het allemaal heel anders gelopen. Dan was niet Coen Moulijn, maar Mike Obiku de grootste Feyenoorder aller tijden geweest.

Maar de werkelijkheid is anders en een stuk minder heroïsch. Ook na zijn goal in Amsterdam, en zelfs na het winnende doelpunt in de bekerfinale tegen FC Volendam, blijft Mike Obiku veroordeeld tot de rol van supersub. Dat houdt hij vol tot september 1996. Dan is het opeens genoeg. Van de ene op de andere dag klopt hij aan bij Jorien van den Herik en zegt dat hij weg wil.

'Maar waar wil je dan heen?' vraagt de voorzitter verbaasd.

'*I don't give a damn*,' zegt Obiku, 'weg van hier, dat is het enige.'

Niet veel later maakt hij zijn debuut voor Avispa Fukuoko in Japan.

In het daaropvolgende voorjaar valt er bij Jorien van den Herik een brief op de mat.

Good day sir

I haven't had the opportunity to thank you for giving me a chance in my football career. I left so suddenly that I couldn't have a handshake from you.
Well, I'm happy that I worked with you and Feyenoord and it's given me a positive view to life.
I remember admiring you solid steps every time you walked by. I hope to be an upright man like you some day.

Michael Obiku

Hij stuurt ook nog een cadeautje met de brief mee.

Het is een grote poster van zichzelf.

Na anderhalf jaar verruilt Obiku Japan voor Spanje en gaat hij voetballen voor Real Mallorca. Daarna keert hij terug in Nederland en wordt hij bij AZ nog even herenigd met Willem van Hanegem. De twee praten in Alkmaar veel over hun gedeelde verleden in Rotterdam en dat komt de onderlinge verstandhouding zeer ten goede. Handig daarbij is dat Van Hanegem tot Obiku's verbazing in staat is om wedstrijden van tien jaar oud tot in detail te reconstrueren en zijn keuzes van toen toe te lichten.

Na zijn tijd bij AZ vertrekt Obiku weer naar Cyprus, waar hij als verloren zoon zijn loopbaan afsluit bij Famagusta.

En nu is hij even terug De Kuip en haalt een visitekaartje uit zijn portefeuille.

Er staat:

Mike Obiku & Sons
import & export
(Trucks, Busses, Cars, Engines, Heavy Duty Machines)

-'Goh,' zeg ik.

'Yeah,' zegt Obiku, 'Mike is a business man now.'

-'En hoe oud zijn je zoons?'

'De oudste is acht jaar.'

-'En ik zie hier op het kaartje dat je in Rhoon woont?'

'O yeah,' zegt Mike Obiku, '*the king bought himself a castle.*'

Mike Obiku & Sons BV doet in eerste instantie in de in- & export van sinaasappelsap, maar al snel varen er in opdracht van het bedrijf hele schepen vol trucks en motoren tussen Nigeria en Nederland. Dat gaat een tijdje goed. Tot de euro wordt geïntroduceerd. Dan verdwijnt eerst Mike Obiku & Sons BV en daarna ook Mike Obiku zelf grotendeels uit beeld. Het enige teken van leven is dan nog te vinden op internet. Op www.vipspotting.nl. schrijft spotter Pum op 12 februari:

Vandaag was ik op de auto RAI en ik heb gespot: Henk Wijngaard, Mike Obiku (voetballer en hij heeft een eigen tankstation bij Dordrecht zegt hij), Jeroen (NOS), Richard Witschge en Chantal Overmars-van Woensel (vrouw van Marc en ex-Miss Holland)

Tot er een paar jaar later een blinkende zwarte Mercedes over het parkeerterrein van Varkenoord glijdt. De reus achter het stuur is zowaar Mike Obiku.

Alsof hij zojuist uit een F16 is gestapt, zo trots leunt hij nu met één hand op het dak van zijn auto. In zijn andere hand rinkelt zijn sleutelbos. De lach is als vanouds kamerbreed.

-'Hoe gaat het, Mike?'

'Ik heb mijn trainersdiploma gehaald.'

-'Gefeliciteerd.'

'Wanneer ga je me interviewen?'

Met kerst had hij een kaartje gestuurd naar Jorien van den Herik. Er stond:

Merry Christmas and a Happy New year
Mike Obiku and family

PS: When are you going to offer me a job?

Maar een echte baan had zelfs Jorien van den Herik niet voor Obiku. Wel een stageplaats bij Feyenoords jeugdopleiding. Het zorgt ervoor dat de voormalig spits zich de laatste tijd ook weer steeds vaker in De Kuip laat zien. Ook als het koud is, zit hij bij de thuiswedstrijden van Feyenoord op zijn vaste stek in Vak L.

Eén keer verschijnt hij zelfs weer op het veld. Dat gebeurt tijdens de jaarlijkse Kameraadjeswedstrijd tegen KV Mechelen. Het voetbal is die woensdagmiddag van een bedenkelijk niveau. In De Kuip jaagt de wind dwars door je kleren. Scheidsrechter Blom laat Feyenoord per ongeluk zowel de eerste als de tweede helft aftrappen. En in de rust nemen oud-spelers een strafschop op een jeugdkeepertje.

Mike Obiku is als één na laatste aan de beurt. Het jongetje tegenover hem was nog niet geboren toen Mike Obiku zijn wondergoal in Amsterdam maakte, maar getuige zijn aanloop is hij niet van plan daar overdreven veel rekening mee te houden. Hij rost de bal gewoon snoeihard achter het verbouwereerde keepertje.

Op de tribune knijp ik mijn ogen samen. Nu ben ik toch benieuwd. Hij zal toch niet...?

Toch wel hoor.

Verdomd als het niet waar is: Obiku loopt juichend weg.

'Knak!' zegt het vingerkootje van Mike Obiku.

Het is oktober 2006. We zitten in de voetbalkantine van VV Rhoon. Oud-spits en verslaggever Peter Houtman is zojuist met een cameraploeg van *Feyenoord TV* gearriveerd. De bedoeling is dat ze na een kort interview de beroemde goal van 8 maart 1995 gaan naspelen.

Eigenlijk stond dit interview al maanden geleden in de planning, maar toen belde Mike Obiku plotseling af. Geheel tegen zijn gewoonte liet hij destijds weten even liever niet voor de camera te verschijnen. Zijn hoofd stond er niet naar. Bij het excuseren had zijn stem nogal terneergeslagen geklonken.

Later bleek de trainer in wording net te zijn afgewezen voor de cursus Coach betaald voetbal. Hij moest eerst maar eens ervaring gaan opdoen bij een betaald voetbalorganisatie, vond men in Zeist. Maar dat is niet zo makkelijk.

'Ik ben al maanden op zoek naar een club,' zegt Obiku.

Voor het eerst van ons leven horen we hem zuchten. Hij baalt.

'Ik wil gewoon aan de slag. De hele dag televisie kijken is niks voor Mike.'

Er komt een jongetje bij ons staan. Hij vraagt een handtekening aan Peter Houtman. Mike Obiku herkent hij niet. Ook dat nog.

'Ik word gek van die regeltjes in Nederland, weet je dat?' zegt Obiku. 'Soms denk ik: wat doe ik hier nog? Ook overweeg ik weleens een gewone baan te nemen. Wat moet ik anders?'

'Een gewone baan?'

'Ja,' zegt hij, 'weet je wel: Mike bij de Roteb, vuilniszakken ophalen. Dat is ook leuke televisie.'

Daarna zoekt zijn bulderlach een weg door het cement naar buiten.

Gelukkig, Mike Obiku is zichzelf weer.

We praten over zijn eerste jaren bij Feyenoord. Lang geleden. Destijds sprak hij alleen maar Engels, nu overheerst al jaren het Nederlands in zijn zinnen. 'Ik kwam hier als free single man. Ik wist niet in welk land ik terechtkwam. Ik wilde het ook niet weten. Het maakte me niet uit waar ik was. Nu ben je in Holland, zei iemand tegen me op Schiphol. Ik nam het voor kennisgeving aan. *Ok, Holland. It's just a place.* Het zal wel. Wist ik iets van Holland football? Nee. Vond ik dat erg? Nee. *Holland, so what? Who cares about Holland football?* Dat was mijn attitude in die jaren. Ik kende één speler. Romário. We waren samen op de Olympische Spelen. En dat was het. Hetzelfde gold voor mijn team. Ik kende niemand van Feyenoord en het interesseerde me ook niet. Op de eerste dag gaf ik iedereen een hand. Daarna was het:

ok guys, let's play football. Dat was mijn mentaliteit. Het is het survival instinct uit mijn jeugd. I'm a jungle boy. Mijn eerste grote wedstrijd was tegen PSV. Ik stond tegenover Van Tiggelen. Nooit van gehoord. Pas later kwam ik erachter dat hij Europees kampioen was geworden met Nederland. En dan nog...'

Even later wandelt hij samen met de cameraploeg van *Feyenoord TV* het amateurveld op. 'Het is dus de bedoeling dat we jouw goal tegen Ajax gaan naspelen,' zegt Peter Houtman ter hoogte van de middenlijn. 'Weet je nog hoe die ging?'

Even houdt Mike Obiku zijn pas in.

'Wat denk je?' zegt hij. 'Dat ik dat niet meer weet?'

Even later, tussen middenveld en strafschopgebied:

'Oké, jij bent dus Peter Bosz,' zegt Mike Obiku tegen Peter Houtman, 'en ik ben gewoon Mike Obiku.'

'Ga jullie gang,' zegt de cameraman.

Dan speelt Peter Houtman de bal strak naar Obiku. Twee tijdperken uit de Feyenoord-geschiedenis smelten voor even samen. Het is een gek gezicht.

Mike Obiku neemt de bal aan met de buitenkant van zijn glanzend gepoetste schoen. Met wapperende broekspijpen gaat hij vervolgens op een denkbeeldige Danny Blind af. Als hij die is gepasseerd, schiet hij de bal hard langs een al even denkbeeldige Van der Sar.

Daarna kan het belangrijkste beginnen: het juichen.

Ik weet niet hoe het komt, maar het is opeens een heerlijke dag. Op veld 2 draait de terreinknecht zijn rondjes op de grasmaaier. In de verte klinkt het gekwetter van een schoolklas. Het zonnetje komt af en toe door. En op het verlaten veld van VV Rhoon maakt Mike Obiku een ereronde langs een fictief Feyenoord-Legioen.

Het scheelt weinig of hij gaat met zijn colbert zwaaien.

'*Great,*' hijgt Mike Obiku, als hij eindelijk is uitgejuicht. '*That felt great.*'

‘Cor van den Brink was de beste speler die ik ooit heb gezien’

(2011)

De vrijdagochtend begint met een telefoontje uit Haarlem. Het is Niek Gorrée en ze belt voor haar schoonouders. Twee jaar is ze nu in de familie en al die tijd hoorde ze meeslepende verhalen over haar overleden zwager Cor. Hoe goed die wel niet kon voetballen. Dat hij in de jeugd bij Ajax al boven alles en iedereen uitstak. En hij – Cor van den Brink uit Amersfoort, amper achttien jaar oud – al met het eerste van Ajax in Camp Nou tegen Barcelona had gespeeld. Dat was in mei 1978. Kenners voorspelden hem toen al een grote toekomst als voetballer. Maar een paar maanden later was hij dood.

Er moeten nog ergens bewegende beelden van die wedstrijd bewaard zijn. Barcelona-Ajax was op 27 mei 1978 het afscheidsduel van Johan Cruijff in Spanje, de allerlaatste keer dat hij in het shirt van Barcelona voetbalde. Het is om die reden onwaarschijnlijk dat de band waarop die wedstrijd is geregistreerd ooit is gewist of uit de televisie-archieven is verwijderd. Niek zou haar schoonouders graag met een kopie van die band verrassen. Ook wil ze nu zelf weleens met eigen ogen zien hoe goed haar betreurde zwager eigenlijk was. Maar de zoektocht die haar nu al maanden bezighoudt, liep tot nu toe elke keer vroegtijdig vast.

Diezelfde vrijdag, halverwege de middag in Amsterdam. In de schaduw van het Olympisch Stadion komt Johan Cruijff aangewandeld. Hij heeft zoals meestal zijn handen in de zakken. Vandaag viert zijn Foundation het veertienjarig bestaan. Maar voordat hij zich binnen in het feestgedruis kan storten, wordt hij buiten opgewacht door een klein leger aan cameraploegen en journalisten. Hij zou het liefst met hen over het belang van sporten voor de gehandicapte jeugd praten, maar zoals altijd ondervragen ze hem vooral over de situatie bij Ajax. Het brengt Johan Cruijff ertoe een paar mysterieuze zinnen af te scheiden. 'Met je vrienden hoef je geen vrede te sluiten,' zegt hij bijvoorbeeld, voordat hij zijn handen weer terug in zijn zakken duwt en richting ingang vertrekt.

Zou de naam Cor van den Brink hem nog iets zeggen? Zou hij zich überhaupt nog iets herinneren van zijn afscheidsduel tegen Ajax? Het is onmogelijk het hem nu te vragen, want zodra Johan Cruijff zijn neus buiten de deur steekt, wordt hij altijd door de rest van de buitenwereld geclaimd. Nu moet hij bijvoorbeeld weer op de foto met een man in een berenkostuum. Enigszins opgelaten slaat Johan Cruijff zijn arm om het harige middel van wat de officiële mascotte van zijn eigen Foundation is. Daarna deelt hij, al wandelend, twee handtekeningen uit, gaat op de foto met een mevrouw die al de hele tijd in plat Amsterdams 'Johàn!, Johàn!' staat te krijsen en wordt dan door een beveiliger met het formaat van een cementmolen naar het podium geleid.

Even later is daar de Johan Cruijff-verering in volle gang. Hoewel hij op voet van oorlog leeft met zijn eigen broer, wordt hij uitgebreid geroemd als familieman. Jan Mulder is vervolgens een van de vele prominenten die aan het woord komen over de voetballer Johan Cruijff. Hij noemt hem 'een sensatie'. Mulder: 'Zijn snelheid heeft het totale voetbal veranderd. Hij is de uitvinder van de elektriciteit in een tijd dat er nog geen stopcontact was.' Presentator Frits Barend vraagt Cruijff ook nog even uit te leggen hoe het fileprobleem kan worden opgelost. 'Het probleem bij een file wordt altijd veroorzaakt door de voorste auto,' zegt Cruijff dan, bloedserieus. 'Nooit door de achterste. Dus als de voorste nu gewoon wat harder rijdt...'

In de zaal laat iemand een kroket uit zijn handen vallen. Verder wordt er vooral veel geapplaudisseerd. Bijvoorbeeld wanneer Cruijff de nieuwe editie van het glossy magazine *Helden* in ontvangst neemt. Barbara Barend overhandigt Cruijff het eerste exemplaar en laat dat volgen door drie zoenen. Daarna draait Cruijff zich naar rechts, waar zijn schaduw Frits Barend staat. Er is niet veel voor nodig om te kunnen ontcijferen wat Cruijff dan zegt. 'Moeten wij ook kussen?' vraagt hij lachend. Het is overduidelijk een retorische vraag, als grap bedoeld vooral, maar deze kans laat Frits Barend zich toch niet ontnemen. Voordat Johan Cruijff het weet heeft hij alweer drie klapzoenen van hem te pakken. Op het gezicht van Johan Cruijff verschijnt dan een uitdrukking die vertrouwd aandoet. Zo had hij aan het begin van de middag ook al even gekeken toen hij naast de man in het berenpak stond.

Na afloop wordt Johan Cruijff naar een soort miniatuur mixed zone geleid, waar hij voor een sponsorbord met zijn eigen naam wordt ingesloten door cameraploegen en journalisten. Er is geen doorkomen aan. Naast hem staat de beveiliger en iemand van Cruijffs eigen organisatie, die erop let dat de vragen zo veel mogelijk over de Johan Cruyff Foundation gaan.

Gelukkig loopt Piet Schrijvers wel gewoon in het wild door de zaal. Hij moet even diep in zijn geheugen graven, maar dan zegt de naam Cor van den Brink hem wel iets. 'Is dat niet die jongen die is verongelukt?' vraagt de oud-keeper van Ajax. 'Ja, ik kan me dat nog wel herinneren. Triest, heel triest. Van de voetballer Cor van den Brink heb ik eerlijk gezegd niet meer zo'n beeld. Het is ook zo lang geleden. En hij was nog maar net bij ons toen het gebeurde. Ik weet dat hij met het tweede van Ajax een oefenwedstrijd had gespeeld met Quick Boys. Samen met een ploeggenoot heeft hij toen op de terugweg een auto-ongeluk gekregen.

Drieëndertig jaar later, een kleine huiskamer in Amersfoort. Mevrouw Van den Brink heeft net koffie gezet. Ze vertelt over die bewuste avond, de avond dat haar jongste zoon overleed. 'Het was allemaal heel gek,' zegt ze. 'Ik had aan het einde van de middag de gordijnen al gesloten. Dat doe ik normaal nooit. Ook begon ik, helemaal tegen mijn gewoonte, plotseling overlijdensadvertenties in de krant te lezen. Toen werd er ineens aangebeld. Er stond politie voor de deur. Twee man. Het was alsof ik het had voorvoeld. "Wie is het?" riep ik gelijk, "wie is het?" Ik heb twee zoons, begrijpt u? "Gaat u eerst maar even zitten," zeiden de agenten. Het bleek om mijn jongste te gaan. Ik vroeg of het heel ernstig was. "Mevrouw," zei één van die agenten, "hij is al overleden."'

In de huiskamer is het even stil. De zinnen van mevrouw Van den Brink zijn als een donderwolk boven het vertrek blijven hangen. Alleen in de hoek klinkt nog wat geluid. Daar zit meneer Van den Brink aan de eettafel. Hij hoest en rolt een verse sigaret tegelijk. 'Ja,' zegt hij, 'ja, zo is het toen gegaan...' Deze zin zal hij de rest van die middag nog een paar keer herhalen. Tussendoor rookt hij. Meneer Van den Brink is een man van weinig woorden.

'Zal ik het boek er even bij pakken?' zegt mevrouw Van den Brink, nadat ze eerst heeft uitgelegd dat het twee Joegoslaven waren die op de verkeerde weghelft reden en er voor hebben gezorgd dat haar zoon samen met ploeggenoot Remco Muller op die rijksweg bij Noordwijkerhout om het leven kwam.

'Het boek' is een donkerrood plakboek vol vlekken en ezelsoren, dat getuige het bijna vergane prijsstickertje op de voorkant ooit 6,95 gulden moet hebben gekost. Cor van den Brink heeft het zelf gekocht en ook zelf bijgehouden. Het merendeel van de inhoud bestaat uit vergeelde krantenartikelen. Daardoor is het nu mogelijk zijn korte loopbaan in chronologische volgorde te herleven. Je kunt bijvoorbeeld lezen hoe meneer Wijnsma, ex-jeugdleider van CJVV, in november 1975 een kennis bij Ajax tipte over het extreme talent dat hij in Amersfoort had gezien. Hoe Ajax-scout Bobby Haarms al snel overtuigd was geraakt van de kwaliteiten van de middenvelder Cor van den Brink. En dat het grootste obstakel bij een overgang naar Amsterdam diens streng gereformeerde ouders waren, felle tegenstanders van voetbal op zondag.

Maar meneer en mevrouw Van den Brink gingen uiteindelijk overstag en dus worden gaandeweg het plakboek de artikelen steeds langer, want Cor van den Brink was een groot talent. Vlak voor zijn dood spreekt hij bijvoorbeeld uitgebreid met de *Amersfoortsche Courant.* Wanneer die hem vraagt naar de eerste keer dat hij bij Ajax 1 op de bank mocht zitten, zegt Cor van den Brink: 'Dat beangstigde me wel een beetje. Stel dat je in moet vallen, dan loop je wel met andermans geld te voetballen. Stel dat ik een blunder zou maken en we zouden de wedstrijd er door verliezen, dan kost dat een jongen als Ruud Krol zeker tweeduizend gulden.'

Het zijn aandoenlijke teksten uit een ver verleden, afkomstig uit de mond van een nog niet helemaal ontloken prof. Maar het mooist in het boek zijn toch wel de foto's. Cor poserend op zijn Kreidler, twee handen aan het lage brommerstuur en een kettinkje nonchalant bungelend om zijn hals. Cor voetballend op straat in Amersfoort, een lange jongen met wapperend bruin haar en een opvallend serieuze blik. Cor als speler van het Amsterdams jeugdelftal, samen met een nog zeer jonge Rik van den Boog. Je ziet hem als Ajacied, samen met diezelfde Van den Boog, en al snel ook als jeugdinternational. Op wazige zwart-witfoto's pingelt hij dan namens Oranje tegen Iran en Brazilië, of staat hij stram in de houding te luisteren naar het Wilhelmus. Naast hem poseren zijn leeftijdsgenoten die het uiteindelijk wél zouden maken in het profvoetbal. Hans de Koning (AZ'67) bijvoorbeeld, of Sjaak Troost (Feyenoord), Guido Pen (Ajax), Michel Valke (Sparta), Ruud Kaiser (Go Ahead Eagles), Hans Groenendijk (Feyenoord), Ton Lokhoff (NAC), Martin van Geel (Willem II), Carlo de Leeuw (Feyenoord) en al die andere talentjes van zijn generatie.

Velen van hen hadden minder aanleg dan hij, maar de meesten hadden wel veel meer geluk. Behalve Lloyd Doesburg dan, op dat moment nog een jonge, talentvolle keeper bij FC Utrecht. Hij zou, elf jaar na het overlijden van Cor, ook om het leven komen, bij de

SLM-vliegramp in Suriname. Op de selectiefoto's in het plakboek staan ze soms samen in dezelfde rij. Lachend poseren ze dan voor de fotograaf, twee jonge, ambitieuze sporters, zich niet bewust van het onheil dat hen boven het hoofd hangt.

In Amersfoort, met het boek op schoot, vertelt mevrouw Van den Brink wat de bondscoach van de UEFA-jeugd ooit na een wedstrijd tegen haar man had gezegd. 'Let op mijn woorden,' had Ger Blok gezegd, 'die jongen bezorgt jullie nog eens een bungalow.' Maar het is er nooit van gekomen. Na een bladzijde of twintig is het plotseling klaar. Het plakboek is amper begonnen of het is alweer afgelopen. Driekwart van de pagina's blijft leeg. In al zijn onvolledigheid is het daarmee een nogal dramatisch document, maar binnen de familie Van den Brink wordt het desondanks regelmatig met vreugde opengeslagen. 'Wij willen niet dat Cor vergeten wordt,' zegt zijn moeder, 'daarom zijn we altijd over hem blijven praten. We vieren ook nog altijd zijn verjaardag. We herdenken zijn sterfdag elk jaar en vertellen de kleinkinderen ook over Cor. Daar gebruiken we dan het plakboek voor. Daarom zou het ook zo mooi zijn als ooit die band van Barcelona-Ajax boven water zou komen. Dan is er ook bewegend beeld om te laten zien.'

Even later, op de eerste verdieping. Het jongenskamertje van Cor van den Brink bestaat nog steeds. Zijn ouders hebben het gelaten zoals het was op die decemberdag in 1978, de dag dat Cor er de deur achter zich dichttrok om in Noordwijk te gaan voetballen. Al drieëndertig jaar staat hier de tijd stil. Op zijn bureautje ligt zijn geboortetegel. Aan de lamp hangen herinneringen aan zijn korte voetbalcarrière. Veel vaantjes. Van Ajax en het Amsterdamse jeugdelftal, van allang verslagen tegenstanders, en ook van Barcelona, met een fotootje van Johan Cruijff erop. Het is een souvenir van de grootste wedstrijd die hij ooit speelde. Verder een verkleurde KNVB-stropdas, wat foto's en op het bureautje een ouderwetse asbak, meegebracht van een jeugdtoernooi in Polen. Aan de muur hangt zijn doopjurk in een grote lijst.

'De vraag wat Cor vandaag de dag gedaan zou hebben als hij dat ongeluk niet had gehad, die vraag houdt me ook na al die jaren nog weleens bezig,' zegt zijn moeder, terwijl haar vingers spelen met een trosje medailles. Beneden hoest haar man er nog even stevig op los. Er is een long bij hem verwijderd, maar dat heeft zijn smaak voor tabak niet weggenomen. 'Het is vreemd,' zegt mevrouw Van den Brink in het tijdloze kamertje, 'Cor zou vandaag allang een vijftiger zijn geweest, maar dat vind ik heel moeilijk voor te stellen. Heel gek, maar voor ons is hij altijd een jongen van achttien gebleven.'

Rik van den Boog, de langharige jongen die op de elftalfoto's in het onvolledige plakboek van Cor van den Brink zo zelfverzekerd in de camera kijkt, is wél vijftiger geworden. Dik drie decennia na het ongeluk is hij de baas bij Ajax. Op de vraag hoe talentvol zijn vroeg gestorven ploeggenoot nu precies was, hoeft hij niet lang na te denken. 'Cor van den Brink was de beste voetballer die ik ooit heb gezien,' stelt de algemeen directeur van Ajax. Even bestaat het vermoeden dat hij dit alleen zegt om Johan Cruijff te pesten. 'Luister, ik weet dat we allemaal de neiging hebben om de doden te romantiseren. Maar dat is hier niet het geval. Ik meen het echt: Corrie was de beste speler die ik ooit op een voetbalveld heb gezien. By far. Een fantastische aanvallende middenvelder. Die jongen had iets extra's. Hij kon iets wat nu bijna niemand meer kan: op alle posities in het veld een man uitspelen. Als je hem wilt vergelijken met een Ajacied van nu, moet je denken aan een type als Christian Eriksen. Vooral in het gemak waarmee hij voetbalde. Cor was veel verder dan de rest van ons. Hij was al bij het eerste gehaald. Zijn pech was alleen dat hij zwaargeblesseerd was geraakt. Daarom moest hij die bewuste avond ook met ons meespelen. Dat oefenwedstrijdje tegen Quick Boys diende om weer ritme op te doen. En na afloop is het toen gebeurd.'

Het verkeersongeluk waarbij de jonge Ajacieden Remco Muller en Cor van den Brink om het leven kwamen, trof hun ploeggenoot Rik van den Boog destijds als een mokerslag. Het was de eerste keer in zijn nog jonge leven dat hij zo indringend met de dood werd geconfronteerd. 'Een halfjaar lang ben ik volledig de kluts kwijt geweest. Soms zag ik ze gewoon weer de kleedkamer binnenlopen, die jongens. Ik wist echt een tijdje niet meer wat nu normaal was en wat niet. Remco was een van mijn beste vrienden. Vijf, zes jaar lang zagen we elkaar vrijwel dagelijks. Dat hakt erin.'

Op de dag dat Cor van den Brink werd begraven, was Rik van den Boog een van de mensen die zijn kist droeg. Hij denkt er nog steeds niet graag aan terug. 'We deden dat op nadrukkelijk verzoek van de ouders van Cor, dat dragen van die kist. Die mensen waren streng gereformeerd. Dat zorgde ervoor dat het voor mij een verwarrende dag is geworden. Er werd tijdens de dienst gezegd dat er troost kon worden gevonden in de gedachte dat God had besloten Cor al zo vroeg tot zich te roepen. Maar dat pruimde ik niet. Ik ben katholiek opgevoed, dus religie is me niet helemaal vreemd, maar dit kon ik echt niet begrijpen. Het was een heel vervelende, zware dag. Ook omdat we een etmaal eerder Remco al hadden moeten begraven. Het was gewoon allemaal te veel.'

Rik van den Boog is zijn gevoelens over de gebeurtenissen van toen nooit helemaal kwijtgeraakt. 'Het is niet zo dat ik dagelijks aan die jongens denk, maar nu jij ernaar vraagt komt alles wel weer boven. Dan is het ook alsof het gisteren is gebeurd. Heel gek, maar ik weet alles nog van die bewuste dag, echt álles. Ik zie die jongens zó voor me. Ik herinner me hun stemmen, ik weet nog hoe de Triumph-sportwagen van Remco eruitzag... Ik ben dat hele ongeluk nooit vergeten. Of het mijn leven heeft beïnvloed? Moeilijk te zeggen. Maar het is op een rare manier wel een deel van me geworden. Het uit zich in kleine dingen. Op 3 mei, de verjaardag van Remco, denk ik altijd aan hem. 16 december 1878, de dag van het ongeluk, is ook een datum die in mijn geheugen staat gegrift. En ik zal mijn kind bijvoorbeeld nooit een sportwagen cadeau doen. Echt nóóit.'

Er zijn inmiddels meer dan dertig jaar verstreken sinds Cor van den Brink om het leven kwam. Wat achterbleef is een eenzaam en leeg jongenskamertje in Amersfoort, de zoektocht naar wedstrijdbeelden die in rook lijken te zijn opgegaan en een plakboek dat nooit is afgemaakt. Bij Ajax herinnert er niets meer aan zijn bestaan. Hans Kok, een andere onfortuinlijke jonge Ajacied, nam als B-junior op een zomerse dag een duik in open water waar net puin was gestort. Hij liep een dwarslaesie op en raakte vrijwel volledig verlamd. Bij Ajax werd nog jarenlang het Hans Kok-pupillentoernooi gespeeld. Maar over Cor van den Brink heeft nooit meer iemand het in Amsterdam. Net zo min als over Remco Muller trouwens. 'Dat de naam Cor van den Brink nooit meer valt binnen Ajax. Ook journalisten zijn tot nu toe niet erg in die geschiedenis geïnteresseerd geweest. Dat vind ik bijna frustrerend. Hij was zo'n talent... Misschien komt het doordat Corrie vanwege zijn blessure een tijdje uit beeld was geraakt toen het gebeurde. En dat hij natuurlijk nog maar aan het begin van zijn loopbaan stond. Want ik weet zeker: als dat ongeluk tien jaar later was gebeurd, had heel Nederland er nu nog van geweten.'

En dan, op het einde van het gesprek, wordt duidelijk waarom de onfortuinlijke geschiedenis van Cor van den Brink en Remco Muller de algemeen directeur van Ajax ook drie decennia later nog zo kan aangrijpen. 'Weet je wat het ook is?' zegt Rik van den Boog dan, wanneer hij in gedachten weer teruggaat naar die zwarte zaterdag in 1978. 'Eigenlijk had niet Cor, maar ík in die auto moeten zitten. Ik, en niet Cor, was degene die altijd met Remco meereed. Wij waren vaste maatjes. Mijn voetbaltas stond die bewuste avond ook al zijn kofferbak. Maar op het laatste moment hebben we toen geruild. Cor en ik. Waarom precies weet ik niet meer. Piet Wijnberg wilde nog een patatje eten, geloof ik. Hij vroeg me op hem te wachten. Zoiets onbenulligs was het. En dat heb ik toen gedaan. Ik ben met Wijnberg en Simon Tahamata achtergebleven in de kantine van Quick Boys, Cor is bij Remco ingestapt en vast vertrokken. Een minuut of vijf later gingen wij ook. Ter hoogte van Noordwijkerhout kwamen we in een kleine opstopping terecht. Er was een zwaar ongeluk gebeurd. We zagen wrakstukken op de weg liggen. Het zag er verschrikkelijk uit. De politie was al in aantocht. Pas toen we bij het stadion aankwamen, hoorden we dat het de auto was waar Remco en Cor in hadden gezeten. Ze waren allebei op slag dood.'

Altijd op zoek naar de verloren tijd

(2005)

In 1970 was Feyenoord de beste ploeg ter wereld. Vijfendertig jaar later is De Kuip nog steeds niet klaar met juichen. Waarom toch dat verbeten gevecht tegen de vergankelijkheid?

*

Er rijdt een taxi door Buenos Aires. Achter het stuur zit een man met een zwart snorretje. In de passagiersstoel herkennen we het lange lijf van Herman Kuiphof. De onvolprezen verslaggever heeft de kijkers in Holland net uitgelegd dat Buenos Aires 'een grote moderne stad' is. Het is september 1970, de tijd dat je als journalist nog gerust een taxichauffeur kunt opvoeren in je buitenlandse reportage, zonder het risico te lopen bij terugkeer te worden doodgeschoten door je hoofdredacteur.

'En wat vindt onze taxichauffeur van Estudiantes?' vraagt Kuiphof.

'*Para mí es un equipo bárbaro,*' zegt de man met het zwarte snorretje.

De verslaggever draait zich om richting achterbank en richt het woord tot de camera.

'U hebt het gehoord, *uno equipo bárbaro*. Dat wil zeggen: een barbaars goede ploeg. Barbaars in de gunstige zin van het woord, willen we hopen.'

Het is duidelijk dat Kuiphof de stemming er graag nog even in houdt. Maar diezelfde avond zeilt er een munt vanaf de tweede ring van het stadion, precies op het voorhoofd van Jan Boskamp. Nog voor de warming-up is begonnen, wordt de eerste bloedende Feyenoorder dus al afgevoerd. Voorzitter Guus Couwenberg overweegt serieus zijn ploeg alsnog terug te trekken uit de strijd om de Wereldcup.

Het is dan de tweede keer dat de leiding van Feyenoord erover denkt om de *equipo bárbaro* lekker in zijn sop gaar te laten koken. In Nederland had Feyenoord-manager Guus Brox al veel eerder zijn vraagtekens gezet bij het nut van de hele onderneming. Bij het horen van de naam Estudiantes de la Plata hadden zich bij Brox dezelfde gruwelbeelden opgedrongen als bij elke andere voetballiefhebber in de beschaafde wereld. Die van de dichtgeslagen ogen en het bloederige shirt van Nestor Combin. Een jaar eerder had de spits van AC Milan er na de confrontatie met Estudiantes uitgezien alsof hij een etmaal in een droogtrommel had doorgebracht. Nee, het is dat Happel op zijn strepen was gaan staan, anders had Feyenoord de wedstrijd om de Wereldcup liever laten schieten.

Onder de Argentijnen is dit een onvoorstelbare gedachte. Voor hen heet de Wereldcup niet voor niets de Wereldcup. De Zuid-Amerikanen beschouwen de beker als de hoogste haalbare prijs voor een clubteam. Maar in Nederland, waar Feyenoords aanvoerder Rinus Israël dat jaar wordt gekroond tot voetballer van het jaar, is men iets minder gepassioneerd.

'En?' vraagt journalist Joop Niezen tijdens de ceremonie aan Israël, 'wat vind je ervan om eventueel te gaan strijden om die Wereldbeker? Zeg je daar 'nee' of zeg je daar 'ja' tegen?'

'Nou,' zegt Israël, 'ik vind het altijd wel leuk om effe te voetballen.'

Er wordt dus ook gevoetbald. Eerst in Buenos Aires, waar Feyenoord zich geen moment op zijn gemak voelt. De ploeg raakt eerst geïntimideerd en vervolgens geïrriteerd door de sinistere sfeer in de omgeving, al het prikkeldraad om het hotel en de constante politiebewaking.

Sommige Feyenoorders gaan zelfs spoken zien. Eddy Treijtel vermoedt na de eerste training al dat de gemene Argentijnen de doelen stiekem met vijf à tien centimeter hebben verhoogd. Hij kan opeens niet meer bij de lat. De keeper klaagt erover bij Kuiphof. Die laat het vervolgens gelijk nameten. Precies 2,44 meter. Er is niets mis met die goals.

'Kan het zijn dat je het je inbeeldt?' vraagt Kuiphof op zijn vriendelijkste toon.

'Nee,' zegt Treijtel, 'of ik moet zijn gekrompen tijdens de reis van Rotterdam naar Buenos Aires.'

Dat laatste is ongetwijfeld een grap, maar op de wedstrijddag is er plotseling alle reden daaraan te twijfelen. Treijtel blundert tot twee keer toe. Feyenoord komt met 2-0 achter te staan. Midden in de nacht ziet Nederland hoe aan de andere kant van de oceaan een gevecht op leven en dood wordt uitgevochten. Kindvall en Van Hanegem maken, met gevaar voor eigen leven, ieder alsnog een goal. De 2-2 is een goede uitgangspositie voor de return.

In Rotterdam volgt een ontknoping uit een stripverhaal. Het spijkerharde spel van Estudiantes wordt uiteindelijk afgestraft door een bebrilde supersub van wie geen enkele Argentijn ooit heeft gehoord. Het is Joop van Daele uit de Pantserstraat 4b. Een jongen van Varkenoord met de hoekige motoriek van een tot leven gewekte vogelverschrikker, maar met een schot als een kanon in zijn benen. Hij velt Estudiantes met een schuiver in de hoek en verspeelt zijn bril. De rest is geschiedenis.

Althans, dat zou het moeten zijn. Maar de realiteit is dat je nooit meer iemand over de Wereldcup hoort. De herinnering aan die twee heroïsche najaarsavonden in 1970 is grotendeels teruggebracht tot de geknakte bril van Joop uit de Pantserstraat. De rest van het verhaal is langzaam maar zeker verzwolgen door de eeuwig groeiende legende rond een heel andere beker.

Vier maanden vóór de wedstrijd tegen Estudiantes maakte Feyenoord met frisse tegenzin 25.000 gulden over naar het UEFA-hoofdkantoor in Zwitserland. Niet veel later arriveerde in De Kuip een met rood fluweel gevoerde kist, afkomstig van een zilversmid uit Basel. In die kist zat een replica van de Europa Cup I. De kopie was weliswaar zo'n tien centimeter kleiner dan het origineel dat kort daarvoor in Milaan was gewonnen, maar toch groot genoeg om direct uit te groeien tot het pièce de résistance van Feyenoords prijzenkast.

Tegenwoordig staat de replica tentoongesteld in het Home of History. Daar oefent hij nog dagelijks een magnetische aantrekkingskracht uit op Feyenoord-supporters uit het hele land. In een Proustiaanse processie schuifelen ze er langs de glazen vitrines, op zoek naar de verloren tijd.

Feyenoords eigen museum is uniek in zijn soort. Topstukken in de collectie zijn de restanten van de bril van Joop van Daele en de opgezette meeuw die ooit op Spangen door Eddy Treijtel werd vermoord. De twee UEFA Cups en de Wereldbeker staan er ook. Toch zoeken bij binnenkomst alle ogen naar hetzelfde: de Europa Cup I. Het is Feyenoords eigen heilige graal. In Rotterdam wordt de beker aangestaard alsof het een zeldzame opgraving is.

De verbazing over Feyenoords prestatie op 6 mei 1970 is altijd groot geweest. Dat is al terug te horen in het wedstrijdcommentaar. Herman Kuiphof had die avond in San Siro meer dan 120 minuten de tijd om te verzinnen wat hij zou gaan zeggen, in het theoretische geval dat Feyenoord daadwerkelijk de finale zou gaan winnen. Maar toen het eenmaal zo ver was, en Rinus Israël inderdaad als eerste Nederlander de Europa Cup I in de lucht mocht steken, schoot Kuiphof even niets anders te binnen dan:

'Hoe is het mogelijk?'

En daarna, nog een keer:

'Hoe is het mógelijk?'

Vrijwel direct na de verovering raakte Het Feyenoord-Legioen gefascineerd door zijn eigen cup. Op 7 mei, een dag na de finale, kwam er al bijna een kwart miljoen supporters op de Coolsingel bijeen voor een eerste glimp. Later trotseerden nog eens duizenden Rotterdammers lange wachtrijen in de stad om zich te laten fotograferen met de beker.

In de jaren die volgden nam de fascinatie voor het kroonjuweel alleen maar toe. In 1994, op de grote Feyenoord-tentoonstelling in de Kunsthal, stond de cup in een speciale constructie tentoongesteld. Die constructie bood de bezoekers de mogelijkheid hun hand door een gat te steken. Zo konden ze de beker even aanraken. Het bleek een gouden vondst. Weer gingen Feyenoord-supporters massaal in de rij staan voor hun grootste schat. Sommigen van hen wekten de indruk in hun aanraking een heilzame werking te vermoeden. Hoe meer Rotterdamse vingers er in die dagen over het koude edelmetaal gleden, hoe meer je het gevoel kreeg dat de Kunsthal eigenlijk in Lourdes stond.

De fans hadden hun cup toen bijna een kwart eeuw niet meer van dichtbij gezien. Op 10 mei 1970, vier dagen na de glorieuze overwinning op Celtic, was hij voor de derde en laatste maal aan Het Legioen getoond. Op die dag, precies tien minuten voor de wedstrijd tegen Holland Sport, werd hij door Kindvall en Israël het veld op gedragen. Ook zij die het nog steeds niet wilden geloven, konden het toen dus met eigen ogen zien. De Europa Cup 1 was echt van Feyenoord. Er was geen andere conclusie meer mogelijk, dan dat het waar was wat de kranten schreven. Dat Celtic in Milaan inderdaad met 2-1 was verslagen.

Tweeëndertig jaar later draagt Ove Kindvall voor de tweede maal in zijn leven de Europa Cup De Kuip binnen. Ditmaal wordt hij geholpen door Willem van Hanegem. Het is juli 2002, Feyenoords Open Dag. De officiële supportersvereniging brengt vandaag een eerbetoon aan de helden van toen. Eigenlijk is dit het voorprogramma, maar bij veel supporters staat het kippenvel al duimendik op de armen. Willem, Ove én de Cup: tegen zoveel nostalgie zijn maar weinigen bestand.

Straks zullen de helikopters weer boven het stadion ronken en vers bloed afleveren in De Kuip. Traditioneel is dit tenslotte een dag van de toekomst. Maar nog voordat Kindvall en Van Hanegem de middenstip hebben bereikt, is de klok alweer 32 jaar teruggezet. Helemaal als Kindvall na enig aandringen de beker optilt en nog één keer boven zijn hoofd houdt. De Kuip smelt bijna weg. Het is alsof een zwart-wit foto tot leven is gekomen.

Het Legioen spint van genot wanneer nog veel meer helden uit de clubgeschiedenis opduiken. Cor van der Gijp en Frans Bouwmeester komen de spelerstunnel uit. Ze dragen de Gouden Bal. Eddy Treijtel en Coen Moulijn volgen met de Wereldcup. Ben Wijnstekers en Mario Been met de kampioensschaal uit 1984. John de Wolf, Ruud Heus en Henk Fräser met de Johan Cruijff Schaal. Het Legioen gaat staan voor zijn eigen verleden en klapt zich een schouderfractuur.

Objectief beschouwd is het vrij lachwekkend om dik veertigduizend mensen op een woensdagmiddag hartstochtelijk te horen juichen voor een beker die al drie decennia stof staat te vergaren in de eigen prijzenkast. Toch krijgen dit soort rituelen in De Kuip al snel iets ontroerends. Dat komt door de diepe ernst en toewijding waarmee ze worden uitgevoerd. Gevoel voor ironie is op dit soort momenten een onbekend begrip. (Dat geldt trouwens voor de meeste voetbaltribunes. Tijdens de recente All Star-wedstrijd voor de slachtoffers van de tsunami, zetten de toeschouwers massaal de wave in. Ook dat vond niemand vreemd.)

Nee, de enigen die zich op deze Open Dag een beetje ongemakkelijk voelen, zijn de hoofdrolspelers zelf. Bij het betreden van het veld verraadt hun lichaamstaal een licht gevoel van gêne. Vooral Willem van Hanegem kan dat maar slecht verbloemen. Bijna schoorvoetend sleept hij de Europa Cup met zich mee, alsof het een boodschappentas vol lege statiegeldflessen is. Als hij op het eind van de zonderlinge ceremonie wordt geïnterviewd, heeft hij de Cup nonchalant naast zich in het gras geplant. Het lijkt vervolgens alleen nog een kwestie van tijd voordat hij er een sigaret in zal doven.

Na wat inleidend gebabbel, stelt de spreekstalmeester van dienst al snel de onvermijdelijke vraag.

'En? Wanneer kom je weer terug naar Feyenoord, Willem?'

Even houdt Het Legioen de adem in.

'Nou...' zegt Willem.

De Kuip begint ouderwets te zoemen. Er wordt al jaren gedroomd van een terugkeer van Van Hanegem. Er is nooit enige aanleiding geweest om te denken dat dat ook echt gaat gebeuren, maar met De Kromme weet je het natuurlijk nooit.

Tot Van Hanegem de betovering verbreekt.

'Misschien als ze hier een nieuwe portier nodig hebben.'

Het Legioen komt niet meer bij. Zo'n leuke grap was het nu ook weer niet, maar Willem is hier al lang geleden heilig verklaard en dus wordt er door iedereen hard gelachen. Daarna pakken Van Hanegem en Kindvall elk een oor van de Europa Cup en keren ze terug naar hun schimmenrijk.

Datzelfde jaar, in Milaan. Ove Kindvall heeft de mouwen van zijn overhemd opgerold. Het is een warme dag in Lombardije. Vanavond speelt Feyenoord de halve finale van het UEFA Cup-toernooi tegen Internazionale. Kindvall is hier op uitnodiging van zijn oude club. In tegenstelling tot wat gebruikelijk is in Nederland, maakt Feyenoord er een gewoonte van zijn iconen goed te verzorgen.

Op zijn gemak kuiert de levende legende richting Piazza del Duomo. Lang duurt die wandeling niet. Zodra Kindvall wordt herkend, stromen uit allerlei hoeken en gaten Feyenoord-supporters toe. Ze komen op hem af als op toverdrank. Al snel is Kindvall ingesloten. Net als toen, galmt zijn naam weer door Milaan. 'Ove Kindvall! Ove Kindvall!' scanderen de supporters.

Weer heeft Ove Kindvall alleen al door zijn verschijning de klok weten terug te draaien. Hij is al 27 jaar gestopt met voetballen, maar als je niet beter wist zou je denken dat hij zojuist heeft gescoord. Niemand denkt nu meer aan Inter, aan Van Hooijdonk of de UEFA

Cup. Net als op die warme meinacht in 1970, draait alles in Milaan weer om Ove.

Diezelfde avond, in een nog leeg San Siro, pakt Kindvall mijn arm. ‘Moet je horen...’

Hij vertelt over een meisje met wie hij die middag op de foto was gegaan. Bedankt voor de foto, had ze gezegd, voordat ze zich weer bij haar vrienden had gevoegd.

‘Maar daarna kwam ze terug,’ vertelt Kindvall. ‘Bedankt voor de foto, zei ze weer, maar vooral nog bedankt voor het doelpunt.’

Nu schiet Kindvall in de lach. Hij knikt naar de grasmat van San Siro.

‘Ik schat haar eind twintig. Dat betekent dat toen ik hier scoorde, zij nog niet geboren was,’

Ove Kindvall bereikte in Rotterdam alles waar hij ooit als jongetje in Nörrkoping van droomde. Maar als je hem vraagt wat hij het meest mist aan zijn tijd in Nederland, zegt hij ‘satésaus’.

‘Zulk vlees heb je bij ons ook nog wel. Maar goede satésaus is in heel Zweden niet te vinden.’

We zitten in de Brasserie van De Kuip. Kindvall is hier vanmiddag vanuit Zweden in één rechte lijn naar toe gereden. De eerste portie saté is zojuist gearriveerd. Tussen twee happen door vraag ik of hij het borstbeeld van Ernst Happel al heeft gezien.

‘Nee,’ zegt Kindvall, en dat is vreemd, want bij binnenkomst in het Maasgebouw bots je er bijna tegenop.

‘Heb je zin om het te bekijken?’

‘Ja hoor. Straks, oké?’

Geschiedenis voelt kennelijk niet aan als geschiedenis als je er zelf het middelpunt van bent. Ove Kindvall leeft daarom liever gewoon in het heden. Hij heeft meer trek in een slokje bier dan in een borstbeeld. Echt bier dan, niet de uilenzeik die in zijn eigen land voor bier moet doorgaan.

‘Dat borstbeeld,’ probeer ik, maar ik kan mijn zin niet afmaken.

Kindvall knikt naar het afgekloven bamboestokje in zijn hand.

'Dit heb ik nou echt gemist.'

Vergis ik me, of kreunt Ove Kindvall er ook zachtjes bij?

Het cliché zegt dat alle goede spitsen klootzakken zijn, maar het bewijs dat die stelling niet klopt veegt even later de satésaus van zijn mondhoeken en neemt de roltrap naar de ingang van het Maasgebouw. Daar komen we oog in oog te staan met Ernst Happel.

'Hij is goed gelukt,' zegt Kindvall

'Jammer dat hij niet rookt,' zeg ik.

Al snel glijdt Kindvalls blik af naar de grote foto op de achtergrond. Het gouden elftal op het bordes van het stadhuis. Er zijn ontelbare Feyenoord-supporters die hun ogen maar hoeven te sluiten om die foto op hun netvlies geprojecteerd te krijgen, maar de hoofdrolspeler zelf kijkt er met grote verbazing naar. Zijn ogen scannen de gezichten. Israël, Van Daele, De Kromme, Ove zelf...

'Mijn God, wat waren we allemaal nog jong!'

Voor Kindvall is het allemaal lang geleden.

Veel langer geleden dan voor de meeste supporters.

De impact van Kindvalls trage lob op 6 mei 1970 is misschien het best af te lezen aan het lot van de spitsen die het na hem mochten proberen in De Kuip. In de lange schaduw van die goal verschrompelden de meesten tot minkukels. Hun namen duiken nu alleen nog op bij voetbalquizzen in het land. De vraag 'noem 20 mislukte spitsen van Feyenoord' is in die kringen zelfs een klassieker geworden. Verder hoor je nooit meer iemand over Piet Keur of Clyde Best of Hans Posthumus of Jupp Kaczor of hoe ze ook allemaal mogen heten. Maar over Ove Kindvall raakt Rotterdam nooit meer uitgepraat.

'Daar ben ik natuurlijk trots op,' zegt Kindvall, voordat hij weer afscheid neemt. 'Toch zou ik het niet erg vinden als mijn naam niet meer zo vaak genoemd wordt in De Kuip.'

'Waarom niet?'

'Het zou betekenen dat de club meer toekomst dan verleden heeft.'

Dan laat Kindvall me alleen bij het borstbeeld. Ik kijk Happel diep in de ogen. Hij staart stoïcijns terug. Ik moet denken aan de foto in Feyenoords perszaal. Vlak achter het spreekgestoelte waarvanaf de trainers na elke wedstrijd de journalisten iets op de mouw spelden, hangt Happels portret. Niemand weet wie het uitgerekend dáár heeft opgehangen, maar de keuze verraadt in elk geval een goed gevoel voor symboliek. Vanaf die plek kijkt de wondertrainer vrijwel letterlijk over de schouders van zijn opvolgers mee.

Ernst Happel is Feyenoords eigen Big Brother. Vooral als het slecht gaat, kunnen de trainers van Feyenoord zijn priemende blik steeds nadrukkelijker in hun rug voelen prikken. Op zulke dagen lijkt het vaak alleen nog een kwestie van tijd voordat Happel uit zijn lijstje zal springen, zijn opvolger van zijn stoel zal duwen en Feyenoord vanachter een rookgordijn weer aan een nieuwe toverformule zal helpen.

Al meer dan dertien jaar is de mysterieuze Ernst Happel dood, maar de cultus rond zijn persoon is levendiger dan ooit in Rotterdam-Zuid. Het resulteerde tot nu toe in een Ernst Happel-borstbeeld, een Ernst Happelstraat, een Ernst Happel-zaal en een Ernst Happel-stoeptegel. En voor wie dat nog niet genoeg vindt, is er Ernst Happel jr., de zoon die zó sprekend op zijn vader lijkt dat hij niet alleen model stond voor diens borstbeeld, maar ook Feyenoords senior manager Fred Blankemeijer ooit een ogenblik in de veronderstelling liet leven dat hij zijn eerste geest had ontmoet.

In januari van dit jaar, voor aanvang van Feyenoords thuiswedstrijd tegen Vitesse, onthulde Ernst Happel jr. op het veld het borstbeeld van zijn vader. Het duurde heel lang voordat de staande ovatie was weggestorven uit De Kuip. Toen het eenmaal zo ver was, pakte de zoon van de legende de microfoon. 'Dit kan alleen hier,' zei Ernst Happel jr.

Daar had hij gelijk in.

Nergens anders rust het verleden zo zwaar op het heden als in Rotterdam.

Het verleden moet een springplank zijn voor de toekomst, maar soms is het in De Kuip meer een comfortabele zitzak. Zo een waar je gemakkelijk in glijdt, maar verdomd moeilijk weer uit komt.

Hoe komt het toch dat Rotterdam nog steeds niet is uitgejuicht over de Europa Cup 1? Waarom is alles wat er daarna is gebeurd altijd in de schaduw blijven staan van die ene beker? Waar komt de fascinatie voor de eigen geschiedenis vandaan? Leeft men graag in het verleden omdat de successen zich grotendeels dáár afspelen? Is het omdat iedereen aanvoelt dat Feyenoord nooit meer de Europa Cup 1 gaat winnen? Waarom toch dat verbeten gevecht tegen de vergankelijkheid? En wat zoekt men eigenlijk in dat verleden? Troost? Trots? Beide?

Ik vraag het aan Luuk. Hij is een fanatiek Feyenoord-supporter. Luuk wringt zich bijvoorbeeld graag in allerlei grammaticale bochten om de woorden Ajax en Amsterdam niet te hoeven uitspreken. Hij heeft het altijd over 'die andere club' en '020'.

Eigenlijk is Luuk een Feyenoord-fundamentalist. Maar als RTL5 op zaterdagmiddag het programma *Feyenoord TV* uitzendt, hoopt hij toch altijd dat het snel is afgelopen. 'Wat kan mij het nou schelen wat Pardo in zijn vrije tijd doet?' zegt Luuk. 'Ik wacht op de aftiteling.'

Feyenoord TV besluit al vijf seizoenen lang elke aflevering met de zwart-witbeelden uit Milaan. Luuk vindt dat niet meer dan logisch. 'Israël die voor het eerst de Cup optilt. Dát beeld. Daar krijg ik nou echt kippenvel van.'

Luuk is bijna 40 jaar. Hij heeft met goed gevolg een hbo-opleiding afgerond. Als hij niet op vak X staat, kun je hem weleens met een boek aantreffen. Luuk houdt van Kafka. Niemand hoeft hem dus uit te leggen dat het allemaal een beetje vreemd is, vijf jaar lang geëmotioneerd raken bij het zien van een beker die werd gewonnen toen je zelf allang met je teddybeer in bed lag. Maar kennelijk kun je toch oprecht heimwee hebben naar een tijdperk dat je zelf helemaal niet hebt meegemaakt.

Gek genoeg denkt Luuk in zijn donkerste dagen ook weleens dat de Europa Cup-winst juist de grootste ramp is die Feyenoord ooit is overkomen. Luuk vergelijkt het met Celtic, een club die in veel opzichten lijkt op Feyenoord. De Schotten wonnen in 1967 als eerste Britse club de Europa Cup. 'Dat wekte zoveel verwachtingen, dat het daarna eigenlijk alleen maar kon tegenvallen.'

Misschien heeft hij gelijk. Misschien is het inderdaad geen toeval dat Celtic er een seizoen later in de eerste ronde uit vloog tegen Dinamo Kiev, zoals Feyenoord in 1970 direct weer sneuvelde tegen UT Arad, twee ploegen die nooit eerder deelnamen aan het Europa Cup 1-toernooi. Zou de wet van de remmende voorsprong soms ook op voetbalclubs van toepassing zijn? Feit is dat noch Feyenoord noch Celtic ooit een tweede Europa Cup 1-finale won.

En toch: vraag Luuk of hij zou willen ruilen met de erelijst van die andere club uit 020 en hij begint automatisch heel hard met zijn hoofd te schudden.

'Ruilen? Voor geen goud.'

-Waarom niet?

'Feyenoord zou Feyenoord niet meer zijn.'

-Hoe bedoel je?

'Nou, het steeds maar opnieuw hopen en dan teleurgesteld worden, dat hoort ook heel erg bij deze club. Bovendien maakt het de ontlading extra groot op het moment dat het wél lukt.'

-Dus je zou het niet prettig vinden om drie keer achter elkaar landskampioen te worden?

'O nee. Ik zou ook niet weten hoe ik me moest gedragen.'

Ik moet aan Frank denken. Frank mocht als kind in Hendrik-Ido-Ambacht altijd het gras van Wim Jansen maaien. Vijf gulden kreeg hij, voor de voor- en achtertuin. Hij had trouwens ook best vijf gulden willen betalen als dat moest, want Frankie was verliefd op Feyenoord. Nu is hij dat nog steeds. Waarom weet hij niet precies.

'Als ik naar Feyenoord ga, verwacht ik helemaal niets,' zei hij in de *Feyenoord Krant*. 'Negen van de tien keer komt dat ook uit. En toch blijf ik gaan. Want die ene keer dat het loopt, wil je echt niet missen. Af en toe een hoogtepunt en voor de rest de schade beperken. Dat is Feyenoord in een notendop.'

Frank is een heerlijke romanticus. 'Feyenoord is eigenlijk net als Pasen. Je weet dat de kruisiging onbarmhartig en onafwendbaar is, maar ook dat je een wederopstanding nooit helemaal moet uitsluiten.'

'Feyenoord,' zei Frank ten slotte, 'is de club van eerst geloven en dan zien.'

Later stuurt Luuk een e-mail. Hij heeft over ons gesprek nagedacht. Luuk schrijft: 'Iedereen denkt dat Feyenoord een grote club is, maar dan vliegen ze er weer uit tegen Przalska Prlwoatytz Prstrov. Maar aan de andere kant: mensen houden meer van verliezers dan van winnaars, omdat ze zich nu eenmaal meer in verliezers herkennen, nietwaar? Dat ongrijpbare, dat is de essentie van onze club. Wees eerlijk: al die pijn, het is ook fijn. '*Thirty years of hurt, never stopped me dreaming*' is een zinnetje uit een lied over het Engels elftal. Ik verklaar het zomaar van toepassing op Feyenoord.'

Feyenoord is dus eigenlijk als een strak aangebonden skischoen. Je kunt het knellende gevoel alleen de hele dag verdragen in de wetenschap dat het straks extra lekker voelt wanneer hij weer uit mag. De laatste keer dat Feyenoord-supporters zo'n heerlijk verlossend moment beleefden, was op 8 mei 2002. Toen won hun ploeg de UEFA Cup.

De winst op Borussia Dortmund leverde ontelbare onvergetelijke momenten op, maar een van de ontroerendste was toch wel de supporter die na afloop het stadion uit sprintte en op het voorplein van De Kuip op zijn knieën viel. Hij leek in tranen. De man vertelde dat zijn vader er in 1970 bij was geweest in Milaan. Zelf was hij toen nog te jong. Maar nu, zei hij, nu had hij eindelijk óók een Cup. Het was een geluid dat je later meer hoorde onder dertigers. Cupwinst leek een loutering te zijn geweest voor een hele generatie.

Het ter plekke zijn op het moment dat clubgeschiedenis wordt geschreven, telt zwaar voor de Feyenoord-supporter. Luuk vertelt over een man die altijd bij hem in de trein naar De Kuip zit. Elke keer wanneer die man een nieuw gezicht in de coupé ontdekt, trekt hij zijn portemonnee. 'Ik zal jou eens iets bijzonders laten zien,' zegt de man dan. Iedereen weet wat er dan komt, maar iedereen laat hem begaan. Op het oranje kaartje dat telkens tevoorschijn komt staat met zwarte letters: 'Milano – Stadio S. Siro'. En daaronder, ook in het zwart: 'Mercoledi – 6 maggio 1970'.

Luuk heeft ook alle entreekaartjes van zíjn Cup bewaard. SC Freiburg-Glasgow Rangers-PSV-Internazionale-Borussia Dortmund: in die volgorde heeft hij ze ingelijst thuis aan de muur gehangen. Die lijst is een van de eerste dingen die hij ziet als hij 's ochtends wakker wordt.

Luuk heeft zijn Cup en die neemt niemand hem meer af. Hij vindt ook dat hij er recht op heeft. Hij ziet het als een beloning voor jarenlange trouwe dienst.

'Het enige waar ik nu nog bang voor ben,' zegt hij, 'is dat ik over dertig jaar in de trein naar Feyenoord zit en aan iedereen mijn kaartje van Feyenoord-Borussia Dortmund ga laten zien.'

*

Een vriend in tijdnood aan de lijn. Of ik Coen Moulijn thuis kan ophalen en veilig wil afleveren in Moordrecht, waar hij wordt verwacht voor een televisie–interview. De precieze locatie is een boot die ligt afgemeerd langs een steiger. Die steiger is een beetje gammel. Ook is hij nogal aan de smalle kant. Dat laatste moet ik hem trouwens zelf maar even vertellen.

Ik weet dat Moulijn niet kan zwemmen. Ik weet ook dat hij daarom een bloedhekel heeft aan boten. Maar ik zeg natuurlijk geen nee. Ik ben niet gek.

Daar komt de grootste Feyenoorder aller tijden de trap af. Zijn voetstappen weerkaatsen in het portiek.

'Fijn dat je me komt ophalen. Ben ik wel om vier uur weer thuis?'

Ik knik en houd alvast de portiekdeur open voor Coen Moulijn. Hij glipt langs me heen naar buiten. Zijn leesbril danst mee aan een koordje om zijn nek. Veel voetballers hebben in het gewone leven de neiging tot sloffen. Hij niet. Er huist juist iets onweerstaanbaar opgewekts in het loopje van Coen Moulijn. Het is altijd net of hij op weg is naar een enorme slagroomtaart.

We rijden de Maasboulevard af. Naast me doet de grootste Feyenoorder aller tijden nogal nerveus. Hij plukt aan zijn overhemd, terwijl er niks te plukken valt. Bij rode stoplichten remt hij met zijn rechtervoet zachtjes mee. Uit beleefdheid doe ik net of ik het niet zie.

Goede voetballers zijn vrijwel altijd ook goede automobilisten. Tijd en ruimte zijn voor hen in de loop der jaren steeds minder abstracte begrippen geworden. Dankzij het spel springen ze er veel handiger mee om dan gewone stervelingen. Coen Moulijn is ongetwijfeld ook een goede chauffeur. Maar als bijrijder is hij een ramp.

'Het interview is straks op een boot,' zeg ik, nogal plompverloren.

'O,' zegt Moulijn.

Daarna is het een tijdje stil in de auto.

'Hoe laat zijn we klaar? Ik moet echt om vier uur thuis zijn. De hond. Snap je? Hij plast in huis als ik hem niet om vier uur uitlaat. Heb je zelf ook huisdieren?'

De vriendelijke Coen Moulijn is een bezorgd mens. Gek eigenlijk, want zijn motoriek heeft altijd het tegenovergestelde uitgestraald. Als voetballer ontweek hij zijn tegenstanders niet, hij zocht ze juist op. Zijn speelstijl was die van de eeuwige optimist. Maar wanneer hem later die middag, op de boot, de klassieke vraag wordt voorgelegd of hij zijn leven zou willen overdoen als dat kon, hoeft Coen Moulijn niet lang na te denken.

'Nee,' zegt hij vriendelijk tegen de interviewer.

John zou zijn leven wél graag willen overdoen als dat kon. En hij weet ook precies wat hij dan allemaal anders zou doen. John zou dan namelijk alles, maar dan ook alles, op zijn voetballoopbaan gooien. Hij had het in zich om ver te komen, daarvan is hij overtuigd. Ze zeggen natuurlijk niet zomaar tegen je dat je op Coen Moulijn lijkt.

John is John Corsten, een 57-jarige ex-magazijnbeheerder van een groothandel in caravans. In de jaren zeventig droeg hij speciale visitekaartjes bij zich. Daarop stond:

J. Corsten
Coen Moulijn Imitator

Er bestaan Polygoonbeelden van John. Ze zijn gemaakt in 1972, tijdens de rust van Feyenoord-Ajax. De Rotterdammers werden die dag helemaal aan flarden gespeeld door Cruijff en consorten. Ajax won met 1-5. Desondanks zien we alleen maar lachende Rotterdammers in beeld. Dat is dankzij John. 'In de rust zorgt een Feyenoord-supporter voor een meesterlijke imitatie van de stijl van Coen Moulijn, die in deze wedstrijd de Feyenoord-aanval misschien tot grotere daden kan inspireren,' zegt de blikken stem van Philip Bloemendal.

Zo groeide John Corsten in de jaren zeventig uit tot een urban legend. In de rust van Feyenoords wedstrijden, als de echte Coen in de kleedkamer zat bij te komen van zijn schijnbewegingen, deed John ze op het lege veld allemaal nog even over. In het Feyenoord-shirt met rugnummer elf, helemaal alleen en zonder bal, liet hij zo 65.000 mensen juichen om fictieve doelpunten. Ook dribbelde hij langs tegenstanders die er helemaal niet stonden. In De Kuip lachte iedereen zich altijd gek om John Corsten.

Iedereen, behalve Coen Moulijn.

Moulijn zelf heeft nooit kunnen wennen aan zijn evenbeeld. Hij voelde zich voor joker gezet door Corsten. Zelf had de imitator juist het idee dat hij zijn idool een groot eerbetoon bracht. Dat verschil in interpretatie heeft ervoor gezorgd dat Moulijn en Corsten elkaar nooit hebben ontmoet. Als Moulijn het veld af ging, zag hij Corsten erop komen, en andersom. Daar is het altijd bij gebleven. De imitator heeft nooit het lef gehad zijn idool aan te spreken. En andersom bestond de behoefte gewoon niet.

De medespelers van Moulijn hielpen ondertussen ook niet echt mee om de afstand tussen de twee te verkleinen. 'Kleed jij je maar niet om,' zei Guus Haak weleens voor de wedstrijd in de kleedkamer tegen Moulijn. 'We nemen vandaag John wel.'

Dat vond Coen niet leuk.

John komt allang niet meer in De Kuip. Toen zijn idool er in 1972 mee stopte, was de lol er snel af voor hem. Kristensen bleek geen Moulijn en Pétur Pétursson al helemaal niet. John miste het raffinement in hun spel, de speelsheid, het geniale en de humor. Steeds vaker liet John verstek gaan, net zo lang tot hij in het opkomende supportersgeweld een aanleiding vond om helemaal nooit meer terug te keren in De Kuip.

Totdat vorig jaar de telefoon ging. De redactie van *Feyenoord TV* had hem opgespoord. Hoe het ging. En of meneer Corsten misschien nog één keertje...? De volgende ochtend meldde hij zich al in alle vroegte in het stadion.

Het leverde een prachtig filmpje op. We zien John in een lege Kuip uit de spelerstunnel komen. Hij zwaait naar het denkbeeldige publiek. Het is dik dertig jaar na dato. Het koolas waarop John zijn eerste optredens gaf ligt er niet meer. De hele Kuip heeft trouwens een ingrijpende metamorfose ondergaan. Maar dat maakt John allemaal niks uit. Voor hem is het gewoon weer even 1972.

Verslaggever Gido Vader vindt die ochtend al snel de juiste *Showroom*-toon en laat het Corsten allemaal nog eens uitleggen. 'Ik heb er een hele studie van gemaakt,' zegt hij. 'Hele dagen oefende ik op de bewegingen van Moulijn. Ik ging er speciaal voor naar stiltegebieden. Heerlijk in mijn eentje trainen. Prachtig was dat.'

John vertelt hoe idolaat hij was van Moulijn. Dat hij eigenlijk alleen voor hém naar het stadion kwam. Dat hij al van Coen genoot wanneer die alleen maar vanuit de spelerstunnel naar de linkerflank wandelde. En dat hij niet de enige was. Hele volksstammen in De Kuip hadden de gewoonte om na rust met Coen mee te verhuizen naar de andere kant van het veld.

En dan volgt het onvermijdelijke. Of hij het misschien nog één keertje zou willen voordoen. John Corsten dacht dat die vraag nóóit zou worden gesteld.

'Voordoen?'

Hij is al onderweg.

Daar dribbelt hij op de linkerflank. Het is november, tien uur in de ochtend. Er hangt een lichte nevel in De Kuip. John draagt een ski-jack en een lange broek. Hij maant zijn fictieve medespelers mee ten aanval te trekken. Zelf is hij al bijna bij de achterlijn.

John trekt voortdurend aan de mouwen van zijn jack, zoals Coen dat aan zijn shirt deed. John is zo kaal als een biljartbal, maar dat weerhoudt hem er niet van om na elke dribbel een denkbeeldige haarlok terug op z'n plek te leggen. Net als vroeger lijkt alles weer vanzelf te gaan. Het is jammer dat hij geen voetbalbroekje draagt, anders zou hij nog een paar keer lekker met zijn duimen langs het elastiek kunnen ritsen.

'Let op, een hakje!' roept John vanaf de zijlijn. Hij hakt een denkbeeldige bal en sprint direct zigzaggend de diepte in. Zijn stem echoot na in de lege Kuip. De cameraman geeft aan dat er inmiddels al ruim voldoende materiaal is geschoten, maar John kan nu echt niet meer stoppen.

John is weer Coen geworden.

Hij maakt een wegwerpgebaar naar Cor Veldhoen. Wéér veel te diep gegeven. Coen wil de bal alleen maar in de voeten, dat weet hij toch? Gelukkig heeft Coen al snel weer balbezit. Hup, daar ontwijkt hij een tackle van Neeskens. Nu Suurbier opzoeken, want die kan eigenlijk alleen maar heel hard rennen. Zie je wel, geen probleem. Staat Kindvall al klaar om in te koppen? Voor de zekerheid kapt Coen de dommekracht Hulshoff ook nog even uit, voordat hij een perfecte voorzet loslaat.

'Heerlijk,' hijgt Corsten, als hij weer voor de camera staat. 'Schitterend.'

John Corsten woont al jaren op nog geen negenhonderd meter van De Kuip. Iedereen kent hem in deze buurt. 'Hallo Coen,' zeggen de mensen wanneer John door de knusse straatjes van Sportdorp wandelt.

Staande in de huiskamer van de imitator moet ik opeens denken aan Charlie Chaplin, de artiest met wie Moulijn in zijn hoogtijdagen vaak werd vergeleken. Chaplin deed in de Verenigde Staten ooit voor de grap mee aan een Charlie Chaplin-imitatiewedstrijd. Hij schreef zich in onder een schuilnaam en werd tweede.

Als hij met de koffie binnenkomt, vraag ik John of hij ook van Charlie Chaplin hield.

'Nee,' zegt hij. 'Ik hield alleen van Coen Moulijn.'

Corsten vertelt hij hoe het allemaal begon. Dat hij als voetballertje aan zichzelf merkte dat hij speciale bewegingen in huis had. En dat die bewegingen merkwaardig genoeg al op die van Moulijn leken voordat hij Moulijn ooit had zien spelen. Dat hij tijdens de vriendschappelijke wedstrijd tegen Arsenal op de tribune door vier heren was benaderd.

Of hij die bewegingen niet in de rust op de sintelbaan wilde doen. Ze stopten hem geld toe. John zei ja. Het was een instant succes. Het publiek ging gelijk uit zijn dak.

'Zo is het allemaal begonnen.'

John vertelt ook over die keer dat laat op de avond de telefoon ging. De eigenaar van een kroeg in de Hartmanstraat aan de lijn. Er was een feest. En of hij niet even wilde komen. De mensen wilden Moulijn zien. 'Ik ging. Een halfuur later stond ik op de tafels van die kroeg in de Hartmanstraat en deed ik Moulijn na. De mensen werden gek.'

Al snel liet John zijn speciale visitekaartjes drukken. Iedereen kon hem in die dagen bellen. Feyenoord natuurlijk, maar ook andere voetbalclubs. En verder buurtverenigingen, nachtclubs, mensen die een braderie hielden of een winkel te openen hadden, strandtenthouders, café-eigenaren, concertorganisatoren... John zei tegen niemand nee.

Net als bij de echte Moulijn was het repertoire van John Corsten vrij beperkt. Beiden hadden eigenlijk maar één basisbeweging: dreigen naar rechts en links buitenom passeren. Toch was het zowel voor de echte Coen als voor zijn evenbeeld voldoende om er een carrière uit op te bouwen. Moulijn met bal, John zelfs zonder.

Het zegt veel over de impact van Moulijn dat zijn alter ego nog volle zalen trok op het moment dat de kleine vedette zelf allang was gestopt met voetballen. Maar het zegt minstens zoveel over Het Legioen. Het kan zijn lievelingen kennelijk maar zo moeilijk loslaten, dat het liever op de banken gaat staan voor een schim uit het verleden, dan voor het elftal dat daadwerkelijk op het veld staat.

Er is in al die jaren niet zoveel veranderd. Wie er oog voor heeft, ziet de geschiedenis zichzelf constant herhalen in De Kuip. Zo zijn de Feyenoord-fanshops nooit overlopen door hordes supporters die een Tininho-shirt kwamen kopen. Maar toen het gedemotiveerde Feyenoord na diens vertrek uit De Kuip van NEC verloor, was de

Braziliaan in Nijmeegse dienst de enige die vanuit het Feyenoord-vak gepassioneerd werd toegejuicht. Dat was enerzijds een subtiele sneer naar het eigen elftal, maar anderzijds ook een oprecht eerbetoon. Tininho ontving die middag wat wel meer voormalig Feyenoorders na hun vertrek ten deel viel: applaus met terugwerkende kracht.

Patrick Paauwe maakte iets vergelijkbaars mee. Hij werd in eerste instantie door zijn eigen supporters verketterd. Tot Ruud Gullit hem op de bank zette. Toen werd het oordeel over Paauwe met de week milder, net zo lang tot je weer mensen begon tegen te komen die zeiden dat het nooit wat met Feyenoord zou worden zolang Paauwe niet meedeed. 'Hoe langer het publiek je niet zien spelen, hoe beter je hier wordt,' stelde Paauwe aan het eind van dat seizoen in de *Feyenoord Krant* vast.

Het verklaart misschien ook waarom De Kuip volhangt met spandoeken van spelers die allang niet meer voor Feyenoord spelen. De mooiste zijn van Coen de Jong. Coen komt uit het prachtige plaatsje Noorden. Daar runt hij een familiekroeg. Hij is zijn hele leven al Feyenoord-supporter. Coen heeft de slechte tijd meegemaakt, de jaren waarin je als Feyenoord-supporter met knikkende knieën naar Haarlem, Almelo of Den Bosch ging.

'Ach man,' zegt Coen, als hij terugdenkt aan die tijd. 'Helemaal naar Venlo en dan verliezen van VVV. We hebben het allemaal doorstaan, maar het was triest. We stonden op een gegeven moment zó laag, we pleurden bijna uit de krant.'

Maar Coen de Jong werd ook kampioen. 'Jaaah! '93. Jongens, jongens... Die wedstrijden in Maastricht en Groningen. Als ik daar nog aan denk...'

Coen werd helemaal gek toen Feyenoord in 1993 landskampioen werd. Nog diezelfde dag pakte hij een kwast en schilderde in één ruk de hele kroeg rood-wit. Toen de volgende dag de eerste vaste klanten kwamen, stond er opeens heel groot 'Super József' op de voorpui.

Coen heeft veel memorabele momenten meegemaakt in De Kuip.

Maar het mooiste was toch wel de dag waarop hij er zijn vader kwijtraakte.

'Werd ik omgeroepen: "Wil de vader van Coen de Jong zich in de radiokamer melden." Mijn naam die door het hele stadion ging! Zo indrukwekkend. En nog steeds vind ik dat een prachtige gedachte.'

Coen staat dicht bij de spelers. De meesten kennen hem. Met sommigen sms't hij soms. Ook met Willem van Hanegem is er sprake van contact. Ze liepen elkaar ooit tegen het lijf op het parkeerterrein. Dat eerste gesprek mondde uit in een weddenschap.

'Om een frikandel,' weet Coen nog.

Sindsdien krijgt hij nog jaarlijks een kerstkaart van de familie Van Hanegem.

'We komen snel een keer langs in Noorden,' schrijft Marianna dan in sierlijke letters op de kaart. Ze zijn nog nooit geweest. En dat gaat waarschijnlijk nooit gebeuren ook, maar dat maakt Coen niet uit. 'Het is goed zo,' zegt hij. Van Hanegem kan vrij weinig fout doen bij Coen. 'Willem is voor mij een god,' zegt Coen en zijn stem klinkt te serieus om in die opmerking een grap te vermoeden.

Coen de Jong laat zijn spandoeken voor een godsvermogen maken door een vriend. Het is een bonte verzameling spelers die hij in de loop der jaren liet voortleven in De Kuip. Peter van Vossen bijvoorbeeld, maar ook Henk Fräser, Ulrich van Gobbel, Thomas Buffel, Ebi Smolarek en natuurlijk lieveling Paul Bosvelt. De selectie maakt hij puur op gevoel.

'Ze moeten aardig zijn. Aardige, normale jongens en echte Feyenoorders. Dat vind ik belangrijker dan dat ze de sterren van de hemel kunnen voetballen,' zegt Coen, die dan ook jarenlang een spandoek van Ferry de Haan meezeulde.

'Ja, Ferry. Wereldgozer. Echte Feyenoorder.'

Daarom deed het Coen ook pijn dat er vorig seizoen zoveel kritiek was op Patrick Paauwe, voor wie hij ook een speciaal spandoek heeft laten maken. Natuurlijk, hij zag ook wel dat de voormalig aanvoerder niet aan zijn beste seizoen bezig was. Maar meer dan de schoonheidsfoutjes in het heden, tellen de prestaties in het verleden.

'Paauwe heeft wel de UEFA Cup gewonnen, hoor. Dat mogen we nooit vergeten,' zegt Coen. 'Beetje meer respect graag.'

De schoenen waarmee Paauwe de UEFA Cup won, staan bij Coen thuis op zolder. Dat is niet zo gek als het klinkt, want er staat wel meer bij Coen thuis op zolder. Als de kans zich voordoet, gedraagt hij zich in De Kuip als een ekster in een juwelierszaak. Zo ontstond een Feyenoord-verzameling om u tegen te zeggen.

In Coens huis is zijn obsessie voor Feyenoord gematerialiseerd in de rood-witte inboedel van twee kamers en een overloop, waarin een overweldigende hommage wordt gebracht aan Feyenoords verleden.

Tussen de foto's, posters, sjaals en petten zien we ontelbare persoonlijke relikwieën. Het shirt van Taument. De schoenen van Ulrich van Gobbel. Het KNVB-horloge dat Peter van Vossen kreeg na zijn interland tegen Italië. Een kerstkaart van Willem van Hanegem. Opvallend veel spullen van Paul Bosvelt, de grote favoriet. Zijn shirt, zijn aanvoerdersband, zelfs zijn complete clubkostuum hangt er.

'Altijd handig voor een begrafenissie,' zegt Coen.

De kick van het verzamelen zit hem niet zozeer in het binnenslepen van allerlei spullen, als wel in het constant in gedachten rangschikken van de eigen collectie, zoals kinderen doen met hun schelpen na een dagje aan het strand.

Je kunt een verzamelaar dan ook geen groter plezier doen dan te vragen wat hij als eerste uit zijn huis zou redden wanneer het in brand zou staan.

Als ik Coen dat plezier heb gedaan, schieten zijn ogen heel even heen en weer van kamer naar kamer. Dan loopt hij vrij gedecideerd naar de vensterbank, opent een kistje en vist er een gekreukeld oranje kaartje uit. Daarop staat, in zwarte letters: 'Milano – Stadio S. Siro. En daaronder, ook in het zwart: 'Mercoledi – 6 maggio 1970'.

Het is het kaartje van zijn vader. Meneer De Jong was er bij toen Feyenoord in Milaan geschiedenis schreef. Een dag later, in de trein terug naar Rotterdam, trok meneer De Jong zich even terug met mevrouw De Jong. Volgens de familielegende verwekten ze in een van de coupés samen een kind. Negen maanden later werd hun zoon geboren.

Ze noemden hem Coen.

Dat was geen toeval.

*

Direct na afloop van de verloren wedstrijd tegen Ajax verschijnen ze beeldvullend op televisie. Vader en zoon, allebei in Feyenoord-shirt. De jongste ligt huilend in de schoot van de oudste. Wéér niet gewonnen van de aartsrivaal. De spelers zijn allang naar binnen, maar op de tribune blijven de tranen maar stromen. Nog diezelfde week zijn er drie televisieteams naar hen op zoek. Het zoete lijden van de Feyenoord-supporter blijft media-geniek.

Het huilende jongetje blijkt Roel te heten, gaat naar de basisschool en is fan van Dirk Kuyt en Patrick Lodewijks. Een week na de domper tegen Ajax staan we samen met zijn vader Ruud in het Home of History.

Ruud zegt dat Roel het de afgelopen week niet prettig heeft gehad. Iedereen herinnerde hem aan het pijnlijke verlies van Feyenoord. Iedereen had ook zijn tranen gezien. Roel werd er op school mee gepest. Op nationale televisie huilen om Feyenoord is geen goede manier om je populair te maken in groep 7.

Tot overmaat van ramp staat de school van Roel ook nog in de buurt van Amsterdam. Het enige waar hij zich zodoende aan kon vasthouden, was de onvolprezen oneliner van lotgenoot Gerard Cox: Feyenoord-supporter ben je niet voor je lol.

Roel heeft vanmiddag de keepershandschoenen van Patrick Lodewijks gekregen. Daarna kwam Dirk Kuyt zijn shirt brengen. Ze hadden Roel op televisie gezien en medelijden gekregen. Dat maakte een hoop goed. Daarna heeft zijn vader hem meegenomen naar het Home of History.

Net als iedereen zijn ze hun toer begonnen bij de Europa Cup. Nu schuifelen ze door de rest van het museum. Roel wordt er door zijn vader ingewijd in de geschiedenis van Feyenoord. Het is voor beiden een moment van grote verbondenheid. Clubliefde verankert zich het sterkst in de ziel als het van vader op zoon wordt overgedragen. Dat komt doordat bij ontrouw niet alleen de club, maar automatisch ook de vader wordt bedrogen.

Ajax-supporters vertellen hun kinderen waarschijnlijk verhalen over Marco van Basten, de beste spits ter wereld, het puntertje van Kluivert in Wenen of over één van die 29 landstitels. Maar Feyenoord-supporters groeien op met de mythische verhalen over de colaflesjes die Ernst Happel achteloos van de lat schoot, de heroïsche tochten van De Groote Beer en De Waterman en de 20.000 mensen die in De Kuip zouden zitten als Coen Moulijn er alleen maar zou komen klaverjassen.

Roel heeft intussen al een hele tijd zijn neus tegen een van de vitrines geduwd. Zijn adem zorgt voor condens op het glas. Straks zal Roel er met zijn vinger een F in tekenen.

'Die meeuw is dood,' hoor ik Ruud zeggen. 'Maar Treijtel leeft volgens mij nog.'

Ruud weet hoe donker de dagen kunnen zijn na een verliespartij tegen Ajax. Roel wist dat nog niet. Hij is pas tien. Maar nu weet hij het ook. Daarom probeert Ruud in het museum de tijd even terug te draaien voor zijn zoon. Tijdens het vertellen, aait hij hem de hele tijd over zijn bol.

Ik moet denken aan Luuk, die zegt dat pijn ook fijn is. Aan John Corsten, die ooit dacht dat hij Coen Moulijn was. Ik denk aan de bril van Joop uit de Pantserstraat 4b en aan Coen Moulijn, die zijn leven nooit zou willen overdoen. En ik denk aan al die trouwe

Feyenoord-supporters, die troost vinden in een verleden dat leeft.

'Kijk,' zegt Ruud en hij wijst in Feyenoords museum naar een grote foto.

'Wie is dat?' vraagt Roel.

'Dat is John de Wolf. Als hij nog had gespeeld, was dit allemaal niet gebeurd.'

‘We hebben ons altijd vreselijk vermaakt met die jongen’

(2011)

Donderdagavond in Lienden. Normaal gesproken kun je hier op dit tijdstip een kanon afschieten, maar vanavond is het anders. Achter de enigszins beslagen ruiten van dorpscafé Torenzicht is zowaar enig leven te bespeuren. Grote mannen met gekromde ruggen zitten er zij aan zij aan de bar en wachten op de dingen die komen gaan. Aan de voorpui van het pand zijn drie scheerlijnen bevestigd. Daaraan wapperen kleine vlaggetjes in blauw en wit. Het zijn de kleuren van FC Lienden, de trots van het dorp.

Achter, aan de rand van het parkeerterrein, is het ook drukker dan normaal. Daar is de ingang van zalencentrum Torenzicht. Binnen is de businessclub van FC Lienden bijeen. Het is in het Nederlandse amateurvoetbal de grootste in zijn soort. Het geheim achter het succes: de leden interesseren zich niet bovenmatig voor voetbal. Het gaat hen écht om de zaken. En ze zijn er kennelijk goed in, want cash flow is bij de Topklasser nooit een probleem geweest. Het is geen toeval dat FC Lienden al jaren Het Chelsea van de Betuwe wordt genoemd. Ook voor komend seizoen is er weer flink geïnvesteerd. Er kwam bijna een compleet nieuw elftal, onder wie ex-Feyenoorder René van Dieren, afgelopen seizoen nog spelend in het Sparta-shirt.

Voor de deur van het pand staat een reus met een kaal hoofd. Security, staat er op de achterkant van zijn bomberjack. Ook de rest van zijn verschijning is klassiek in zijn soort: zwarte schoenen met stevige neuzen, een zwarte legerbroek en handen zo groot als tennisrackets. Even bestaat de indruk dat Lienden presidentieel bezoek verwacht. In werkelijkheid is het de taxi van Hans Kraay jr. waar iedereen hier reikhalzend naar uitkijkt. Hij en zijn vrouw Sofie zijn zojuist opgehaald bij hun verbouwde boerderij, een paar dorpen verderop. Nu zijn ze onderweg naar hier, zalencentrum Torenzicht, voor een speciale afscheidsavond. Lienden, het slaperige nederzettinkje in de Betuwe, zegt vanavond na zeven jaar officieel gedag tegen zijn grootste ambassadeur.

Om elf minuten over half negen is het zover. Dan glijdt er een taxi het parkeerterrein op en volgt de entree van Hans Kraay jr. en zijn oogverblindende echtgenote Sofie. Kraay draagt voor de gelegenheid een goudkleurig kostuum van een snit die je eerder op de rode loper in Cannes verwacht dan hier, op een winderig parkeerterrein in de Hollandse polder, en zijn vrouw blijkt vanavond te zijn verpakt in een ensemble van bijpassende kleur, inclusief hoge hakken en een open rug waar geen einde aan lijkt te komen. Vanuit de coulissen kijken de lokale zakenmannen in hun degelijke Peek & Cloppenburg-pakken zwijgend toe. Voor de laatste keer ontmoeten elkaar hier twee werelden. Het is alsof James Bond per ongeluk een film van Bert Haanstra is binnengereden.

In de garderobe staat ook secretaris Nico Wagenvoort, een van de motoren achter de opmars van FC Lienden. Hij was vanaf het begin bij het avontuur met Hans Kraay jr. betrokken. Samen met voorzitter Adrie Timmer vormde hij jarenlang het meest doortastende stel van de Betuwe. Zij waren bijvoorbeeld verantwoordelijk voor de komst van de enige international naar Sportpark Abdijhof. Dat gebeurde nadat Kraay jr. als SBS-medewerker verslag had gedaan van de interland Luxemburg-Nederland. Zijn oog was daarbij gevallen op Joël Kitenge, de donkere spits van Luxemburg. Na afloop sprak hij de voetballer aan. Die bleek een club te zoeken. Dat kwam goed uit. Thuis, in Lienden, kwamen Timmer en Wagenvoort meteen in actie.

Er werd een ontmoeting met de speler op touw gezet. Locatie: het treinstation van Keulen. Met als enige informatie dat het hier ging om de twintigjarige zwarte spits van het Duitse SV Emmendingen 03, de zoon van een prijsbokser uit Zaïre, reden ze naar Duitsland, in de hoop hun aanstaande spits direct vast te kunnen leggen.

In Lienden wonen weinig Afrikanen. In Köln veel. En uitgerekend die middag waren kennelijk de meesten van hen op het idee gekomen het station eens te bezoeken. Ze waren met z'n honderden. Het was dus nog best even speuren, voordat Kitenge was gevonden. Maar toen het eenmaal zo ver was en het drietal plaatsnam in de stationsrestauratie, ging het snel. Wagenvoort bestelde drie worsten, gebruikte de servetjes om er een contract mee op te stellen en voordat alle worsten op waren, had FC Lienden een international onder contract. Een succes werd het overigens niet. Toen de Afrikaanse bokserszoon na een halfjaar FC Lienden alweer de deur achter zich dichttrok, kon niemand zich zijn laatste doelpunt voor de ploeg herinneren.

Maar het tekent wel de dadendrang waarmee FC Lienden destijds de top bestormde. Mooie jaren waren het, waarin veel gebeurde. Al heeft Nico Wagenvoort inmiddels wel een fikse burn-out achter de rug. Dit voetbalseizoen was de secretaris maanden uit de running. Zelf sluit hij niet uit dat het plotselinge vertrek van Hans Kraay daar voor een deel het gevolg van is. 'Zijn vertrek kwam als een donderslag bij heldere hemel. Na de wedstrijd tegen Haaglandia zei hij opeens: "Ik stop ermee." Hij had nog een contract voor een jaar, maar Hans vond het genoeg. Dat hebben wij te respecteren en dat zullen we ook doen, maar in Lienden is niemand blij dat hij gaat. Snappen doe ik het overigens wel. Het is een verschrikkelijk zwaar jaar geweest. Voor ons en dus ook voor Hans. Ikzelf ben maandenlang uitgeschakeld geweest en ook Adrie Timmer is bepaalde periodes niet aanwezig geweest. Ik denk dat Hans Kraay zich op die momenten best eenzaam heeft gevoeld.'

Getuige zijn entree gaat de hoofdpersoon daar inmiddels allang niet meer onder gebukt. Handenschuddend en schouderkloppend betreedt hij de zaal. Iemand heeft een paar foto's uitgeprint en met plakband aan de muur gehangen. Het zijn snapshots uit zeven turbulente jaren in de Betuwe. Je ziet de trainer in allerlei gedaanten terug: Hans die een speler knuffelt. Hans op de training. Hans met zijn trouwe assistent Piet de Kruif, zijn buurman en tevens vermaard aardbeienteler uit Ophemert. Hans die twee spelers knuffelt. Hans naast de rolstoel van Rob Oostrom, de onfortuinlijke politie-agent wiens benefietwedstrijd in Lienden werd gespeeld. Hans euforisch na de bekerwinst op Vitesse. Een boze Hans. Hans die een half elftal knuffelt. Hans, druk gebarend in de kleedkamer. Hans die een paar vreemden knuffelt. De hele zaal hangt vol met Hans.

Er betreedt een man van de businessclub het podium. Hij legt uit hoe het programma er vanavond uit zal zien. Het is snel verteld: er zullen zes toespraken worden gehouden, allemaal achter elkaar, er is een mystery guest ('een man uit Lisse, meer zeggen we niet') en er gaat ook iemand dichten. Alsof dat nog niet erg genoeg is, zal tijdens alle toespraken de bar gesloten zijn.

Hans en Sofie Kraay staan in het midden van de zaal. Naast hen staan Peter Hofstede en zijn vrouw Diane. Ooit, toen Hans Kraay nog gewoon een korte broek droeg in plaats van een goudkleurig pak en hij wekelijks diepe geulen trok in het gras van de Nederlandse voetbalstadions, werden Hofstede en hij samen met De Graafschap kampioen. Later, toen de goalgetter een tijdje uit de roulatie was geweest nadat zijn vrouw door een hersenbloeding was getroffen, haalde Kraay hem naar Lienden. Het werd een succesvolle combinatie. Hofstede schoot FC Lienden naar de hoofdklasse. Drie jaar later werd Sofie Kraay óók getroffen door een hersenbloeding. Het bracht de twee vrienden nog dichter bij elkaar dan ze al waren. Toch staat zowel Kraay als Hofstede nu enigszins verveeld met de armen over elkaar naar het slecht verlichte podium te staren, waar de derde ongeoefende spreker inmiddels met een ellenlang verhaal bezig is. Verderop zit en hangt de spelersgroep van FC Lienden bij elkaar. De meesten zijn stiekem aan het sms'en. Andere proberen de bar open te staren. Het helpt allemaal niets. Het programma wordt stoïcijns afgedraaid. De enige opwinding ontstaat wanneer een toespraak abrupt wordt onderbroken door een man die het podium op wandelt en meldt dat er twee auto's in de weg staan. De mystery guest kan er niet goed door.

Even later wordt duidelijk wie 'de man uit Lisse' is, wanneer de wielen van Rob Oostroms rolstoel over de drempel worden geduwd. Er schiet gelijk een golf van emotie door het lijf van Hans Kraay. Rob van Oostrom is de politie-agent die twee jaar geleden op het station van Driebergen-Zeist het leven probeerde te redden van een man die zelfmoord wilde plegen. Als dank werd hij door diezelfde man meerdere keren neergestoken. Daardoor kan Rob Oostrom nu alleen nog zijn hoofd goed bewegen. De rest van zijn lichaam zit roerloos gevangen in een rolstoel. Om geld voor Rob en zijn gezin in te zamelen, was Hans Kraay een van de drijvende krachten achter een benefiettoernooi voor de politieman. Kraay haalde allerlei sterren naar Lienden, tot aan Marco van Basten en Dennis Bergkamp toe. Toen de wedstrijd was gespeeld, bleek er ruim drie ton voor de familie Oostrom te zijn opgehaald.

'Ik ben niet snel emotioneel,' zegt Hans Kraay en hij zal die zin later op de avond nog vaak herhalen, 'maar hier ben ik toch even sprakeloos van. Rob Oostrom is veel belangrijker dan alles wat ik in al die zeven jaar als trainer van Lienden heb gedaan. En dat meen ik echt.'

Zijn stem slaat enigszins over. Het zijn altijd wat grote woorden die Hans Kraay bij dit soort gelegenheden gebruikt en hij schroomt ook niet om al zijn ledematen in te zetten wanneer hij daar een extra dramatisch effect in vermoedt, maar wat hij zegt komt wel recht uit zijn hart. Hans Kraay jr. is oprecht begaan met het lot van Rob Oostrom, die arme politie-agent die ooit met een jonge Marco van Basten op straat voetbalde maar nu moet drinken uit een rietje.

Terwijl op het podium een gedicht wordt voorgelezen, zit op de eerste rij burgemeester Klaas Tammes van de gemeente Buren (en Lienden) wat weg te dommelen. Pas wanneer de plaatselijke Oscar Wilde godzijdank aan het afronden is, valt er pas weer wat beweging in de burgervader te ontdekken. Hij legt dan een plat kistje op zijn schoot, ontgrendelt het, haalt er een ambtsketting uit en hangt die op een zo statig mogelijke manier om zijn hals. Even later staat hij op het podium, gooit er wat gemeenplaatsen uit en roept Hans Kraay naar voren. Die krijgt een onderscheiding opgespeld: het Burens Erezilver. 'Kijkt u wel een beetje uit voor mijn pak,' zegt Kraay, 'hij was niet goedkoop.' De burgemeester kan niet erg om deze opmerking lachen en gaat stoïcijns door met het prikken van een gaatje in de revers van Kraay. 'Hallo, past u wel op, want zo gaat mijn hele trouwpak naar de gallemiezen. En ik heb er maar één!' roept Kraay. Dat laatste is overduidelijk een leugen, maar het zorgt in elk geval wel voor wat sfeer in de zaal. 'Ik ben niet snel perplex,' zegt Kraay in zijn dankwoord, 'maar nu wel.' De burgemeester knikt tevreden. 'Ook omdat er tot nu toe maar vierduizend mensen zijn die zo'n speldje hebben gekregen,' zegt Kraay.

Daarna volgen nog wat toespraken, roept de spreekstalmeester ene Willem naar voren om bloemen uit te reiken ('applaus voor Willem, hij is 25 kilo afgevallen!'), krijgt Sofie een C1000-pakket overhandigd en een kledingcheque, wordt er een speciale dvd gestart die na twaalf seconden vastloopt maar later alsnog kan worden vertoond, en krijgt Hans Kraay het ambassadeurschap van FC Lienden alsmede het erelidmaatschap van de businessclub aangeboden. Het is allemaal van een heerlijke knulligheid, maar daarom niet minder gemeend. Lienden is écht bedroefd dat Hans Kraay opstapt. Dat blijkt ook na het officiële gedeelte, wanneer de halve dorpsbevolking hem de hand komt schudden.

Een van de eersten die dat doet is Chris Manders, een welbespraakte zestiger met een voorliefde voor filtersigaretten en FC Lienden. Elke dag loopt hij, gezellig rokend, een paar keer naar het sportpark, ook al weet hij dat daar doorgaans niets te doen is. Noem het een afwijking, maar Chris Manders doet er niemand kwaad mee. Ook de oer-supporter baalt van Kraay's vertrekt. 'Kraay heeft Lienden op de kaart gezet. Vroeger keken ze je aan alsof je van de maan kwam wanneer je zei dat je in Lienden woonde. Nu roepen ze gelijk: Ah, het dorp van Hans Kraay. Dat is mooi. Alleen al publicitair heeft hij zó veel voor deze club betekend. Kun je je dat beeld herinneren, vlak voor onze bekerwedstrijd tegen Roda JC? Er waren tien fotografen op dat veld in Kerkrade. Alle tien stonden ze bij de dug out van Kraay. Bij die van Harm van Veldhoven stond er niet één. Zoiets zullen we hier niet snel nog eens meemaken.'

Dan gaat ook Chris Manders in de rij staan om de gewezen trainer nog één keer te bedanken. En ook de vriendelijke kettingroker wordt door Kraay bij wijze van dank in een soort houdgreep genomen, zoals hij iedereen die vanavond in zijn buurt komt vastpakt en knuffelt. 'Jij bent de beste fotografe van Lienden en omstreken,' zegt hij tegen de huisfotografe, en tegen de terreinknecht: 'Ik heb nog nooit zo'n goede terreinknecht meegemaakt als jij.' Dan staat er ook een speler voor zijn neus. Roël Fernand komt namens de spelersgroep een cadeau aanbieden. Het is een soort vaas met een kroon erop. 'Die kroon staat voor de prijzen die we samen hebben gewonnen, trainer,' zegt Fernand 'en het hartvormige deel daaronder staat voor onze liefde voor u. Bedankt voor alle energie en alle passie.' Weer begint Hans Kraay iemand fijn te malen. Als dank krijgt Fernand er ook nog een kusje op zijn voorhoofd bij.

Daar wordt Hans Kraay alweer aan een mouw getrokken. De wasvrouw wil afscheid nemen. 'Jij bent de beste wasvrouw met wie ik ooit heb gewerkt!' schreeuwt Hans Kraay, voordat hij weer gaat zoenen. Supporters gaan naast hem staan en willen nog één keer met hem worden vastgelegd, anderen komen hem alleen maar even op zijn schouder slaan.

Zo gaat het de hele avond door. Pas tegen elven heeft Kraay even de gelegenheid zich los te rukken en een stil deel van de bar op te zoeken. Daar zegt hij dat hij helemaal geen impulsieve beslissing heeft genomen door voortijdig uit Lienden te vertrekken. 'Nee, ik heb er goed over nagedacht. Het was gewoon tijd. Dat voelde ik. Dit laatste seizoen heeft zó ontzettend veel energie gekost. Meer dan alle voorgaande seizoenen bij elkaar. Ik begon met een droomvoorhoede aan het seizoen, met John van Loenhout – misschien wel de beste speler van de Topklasse – daar vlak achter. Maar door allerlei omstandigheden en veel blessures heb ik die vier nooit gelijktijdig kunnen gebruiken. Daardoor werd het al vanaf het begin lastig. Uiteindelijk hebben we het gered en zijn we in de Topklasse gebleven, maar ik voelde dat ik aan iets nieuws toe was, dat het een beetje op was. Vandaar dat ik de knoop heb doorgehakt. En ik ben blij toe dat het zo is gegaan, dat we in vriendschap afscheid kunnen nemen.'

Dan wordt het gesprek onderbroken door twee supporters uit het dorp. 'Hans bedankt,' zegt de ene man. 'Ja Hans, bedankt,' zegt de ander. Daarna stokt de conversatie enigszins. Gelukkig slaat Kraay ze hard op de schouders. 'Jullie waren echt topsupporters!' zegt hij, 'klasse jongens! Bedankt! Ik heb van jullie genoten!'

Kraay heeft zich zes toespraken en een gedicht lang moeten inhouden, vandaar misschien dat nu de adrenaline ongeveer zijn oren uit spuit. Dat is ook nog het geval wanneer plotseling Kevin Moeliker voor zijn neus staat. Hij was degene die naast Theo Janssen in de auto zat, toen die een verkeersongeluk veroorzaakte. Kraay haalde de zwaargeblesseerde doelman terug bij de ploeg zodra het kon, al wist zowel Kevin als hij dat de keeper nooit meer helemaal de oude zou worden. 'Trainer,' zegt Moeliker, 'ik wilde je echt even heel erg bedanken voor...'

'Kevin Moeliker! Jij bent een kanjer!' schreeuwt Kraay en hij ramt de keeper op zijn schouder.

Moeliker: 'Bedankt. Maar ik wilde toch even bedanken voor...'

Kraay: 'Jij bent een topkeeper!'

Moeliker: '... voor de kans die je me hebt gegeven. Er zijn honderd gelegenheden geweest om mij van de training te schoppen. Dat weet ik. Maar dat heb je nooit gedaan. Daar wil ik je voor bedanken.'

Dan is daar de zoveelste omhelzing van de avond. Zo gaat het nog een paar uur door. Kraay maakt nog maar eens een rondje door de zaal, duwt zijn hand in elk ander geopend exemplaar dat hij tegenkomt en bedankt iedereen nog maar eens voor alles.

'Jammer dat hij gaat,' zegt Chris Manders, vlak voordat hij vast een filtersigaret uit zijn pakje peutert voor buiten, en hij nog maar eens zijn blik over Hans Kraay junior laat glijden, 'we hebben ons altijd vreselijk vermaakt met die jongen.'

‘Ik werd gegijzeld in mijn eigen huis’

(2013)

‘Kom binnen,’ zegt Wout Holverda, terwijl hij de deur van zijn bescheiden portiekflat in Leiden openzwaait, ‘het meisje van thuiszorg is net weg.’ Zoals elke morgen was er ook vanochtend weer iemand komen controleren hoe het met hem ging, of hij wel had ontbeten en niet was vergeten zijn tanden te poetsen. Vanavond komt er weer iemand anders aan de deur. Dan van Tafeltje Dekje. ‘Die komen eten brengen. Best lekker hoor, met een toetje en zo. Nee, dat is perfect geregeld.’ Zelf koken kan Wout Holverda niet meer. Hij vergeet te veel. Zijn geheugen is langzaam maar zeker aan het afbrokkelen. Hij heeft de ziekte van Alzheimer.

Even later zit hij op de bank van zijn rommelige woonkamer, zoals meestal. Het is elf uur ’s ochtends. De televisie staat aan. Rond het toestel liggen halters en gewichten, een gouden hondenriem, een stapeltje post, een geplastificeerde foto van een stel rondborstige dames in minuscule voetbal-shirts, oude kranten, een rood-witte nummerplaat, een foto van zijn twee kinderen, aanstekers, een asbak en nog heel veel andere dingen. Ook in de rest van zijn woning is geen centimeter onbenut gelaten.

Hoewel in trainingskleding gehesen, kost het enige moeite om in de man die nu op de bank zit te roken de pijlsnelle aanvaller van vroeger te herkennen. Wout Holverda is veranderd, ouder geworden. Gelukkig praat de ex-voetballer wel nog steeds met hetzelfde fantastische Leidse accent. Ook zijn humeur is nog net zo zonnig als altijd.

'Wacht even,' zegt hij tijdens het uitdrukken van zijn sigaret, 'ik zal je eens iets leuks laten zien.' Hij staat op en verdwijnt in de slaapkamer. Om daar te komen moet hij in de gang eerst over een berg spullen en een rondslingerende sporttas van Sparta stappen. Hij doet de deur voorzichtig open, bang dat er anders aan de andere kant iets omvalt. De slaapkamer wordt in beslag genomen door een groot bed en een bijna nog grotere televisie en is verder zo ongeveer tot aan het plafond volgestouwd met spullen.

Even daarvoor was hij ook al midden in het gesprek verdwenen. Hij keerde toen na wat gestommel terug met een klassiek voetbalplakboek: bruin en krakend van ouderdom. Bij het openslaan vielen er oude foto's en verfomfaaide vaantjes uit. Eén ervan herinnerde aan Spartak Moskou-Sparta uit 1984, een van de grootste Europa Cup-wedstrijden die hij speelde. Hij had er speldjes op geprikt van andere tegenstanders die hij ooit had bevochten. Arsenal, New York Cosmos, Carl Zeiss Jena, FC Barcelona, Coleraine, Paris Saint-Germain.

Wout Holverda was eind jaren zeventig, begin jaren tachtig een kopsterke aanvaller met een aangeboren gevoel voor timing en een slordig permanentje in zijn haar. Op zijn bovenlip woekerden wat donzige haartjes, die geheel in lijn met de mode van die tijd, op een snor moesten lijken. Scoren deed hij makkelijk en meestal uit een hoge voorzet. Holverda was de Sergei Bubka van Spangen. Niemand sprong hoger dan hij. Op sommige zwart-witfoto's in zijn plakboek is dat nog goed te zien. Eddie Treijtel van AZ, toch niet de eerste de beste doelman, verslaat hij met ogenschijnlijk gemak in de lucht. 'Ik heb de meeste goals met mijn kop gemaakt,' zegt Holverda, en als je goed luistert kun je nog een restje trots in zijn stem horen.

Hij denkt nog graag terug aan zijn voetbaljaren. Het liefst zou hij er elke dag met iemand over praten. Maar de realiteit is dat het vrij stil is geworden in het leven van Wout Holverda. Behalve zijn twee kinderen ziet hij weinig mensen. Zijn zoon houdt zijn huis schoon, zo goed en zo kwaad als het gaat. Bij Sparta komt hij nauwelijks nog, terwijl hij er het liefst elke dag zou zijn. Maar hij heeft geen vervoer. Zijn wereld is beperkt geraakt tot de omgeving van zijn woning. De dagen kunnen daardoor lang en eentonig zijn. Nu hij niet meer mag autorijden, komt hij Leiden nauwelijks nog uit. 'Ik rij als sinds mijn achttiende schadevrij,' zegt hij. 'En ik heb zelf ook het gevoel dat ik nog helder genoeg ben om achter het stuur te zitten. Maar de dokter en de verzekering denken daar helaas anders over. Zonde. Jammer hoor. Maar ik heb me erbij neer te leggen. Het is het gevolg van mijn handicap. Niets aan te doen.'

Zijn positieve inborst belet hem al te lang somber te zijn. Klagen zal hij de hele ochtend achterwege laten. Zwelgen in zelfmedelijden, daar doet Wout Holverda niet aan. Zijn opgeruimde karakter blijkt ook wanneer hij eindelijk terugkomt uit de slaapkamer. 'Kijk eens,' zegt hij al vanachter de deur. Even later komt hij binnen met een Oranje shirt voor zijn buik. KNVB staat er in zwarte letters onder een vilten leeuw. Hij droeg het op de dag van zijn enige interland. Nederland-Denemarken in 1984, vriendschappelijk in het Ajax-stadion. 'Ik heb de hele wedstrijd op de bank gezeten en toch vond ik het een onvergetelijke ervaring. Ik denk er nog best vaak aan terug. De spelersbus was te laat, dat weet ik nog. De bus van de KNVB! Te laat voor een interland! Ik wist niet wat ik meemaakte.' Het is bijna dertig jaar geleden, maar nog steeds kan Wout Holverda er hartelijk om lachen.

Dan pakt hij het boek er weer bij. Hij aait het omslag. 'Ik ben blij dat ik dit nog heb. Ik kijk er vrijwel elke week nog weleens in. Het geeft me een goed gevoel. Van mijn voetballoopbaan herinner ik me nu alle details nog. Ik hoef maar naar een elftalfoto te kijken en er komt van alles boven. Dat is het gekke van mijn handicap. Het is in deze fase nog alleen het kortetermijngeheugen dat is aangetast. Ik kan een paar keer per dag mijn aansteker kwijt zijn. Dan leg ik 'm ergens neer, draai me om en weet dan al niet meer waar ik 'm kan terugvinden. Of ik ga iets pakken in de andere kamer en weet halverwege de gang al niet meer wat precies. Maar als ik naar zo'n foto kijk, bijvoorbeeld Feyenoord-Sparta in De Kuip, dan weet ik alles nog. Het werd 4-2, nadat we eerst met 2-0 waren achtergekomen. Het was het Feyenoord van Ben Wijnstekers, Pierre Vermeulen, André Stafleu, Andrej Jeliazkov, dat soort jongens. Wij hadden David Loggie, Dick Advocaat, Adri van Tiggelen. Ik scoorde nog. De 2-2. Nee, ik weet alles nog.'

Het is een triest stemmend besef dat vroeg of laat ook al zijn voetbalherinneringen zullen verdwijnen in de optrekkende mist die nu zijn geheugen bedreigt. Dat hij straks zelf niet meer weet dat hij ooit met een stiftbal scoorde tegen PEC Zwolle, dat hij zich niet meer herinnert hoe dat voelt, een bal hard en droog in de touwen koppen en dan te worden omhelsd door Geert Meijer en Dick Advocaat en Louis van Gaal en René van der Gijp en Ruud Geels en Roelf-Jan Tik-tak en Ronald Lengkeek en al die andere medespelers van vroeger. Dat hij straks misschien naar het Oranje shirt met nummer vijftien kan kijken zonder zich te herinneren dat het ooit, op een avond in De Meer, om zijn eigen trotse schouders hing.

'Het begon met vergeetachtigheid. Ik kon mijn sigaret neerleggen, me omdraaien en dan was ik vergeten dat ik 'm überhaupt opgestoken had. Maar dat hebben wel meer mensen die wat ouder worden. Mijn vader kreeg er op latere leeftijd ook last van. Die had een winkel en vergat op het einde weleens af te rekenen. Maar bij mij werd vastgesteld dat ik Alzheimer had. Mijn schedel bleek een stukje te zijn gezakt. Volgens de doktoren kwam dat door het vele koppen en door de luchtduels. De arts vergeleek het met boksen. Het zou kunnen. Koppen was mijn specialiteit. In het VU in Amsterdam werd het allemaal nog eens bevestigd. Ik had de ziekte van Alzheimer. Er was niets aan te doen. Ik zal ermee moeten leren leven.'

Wout Holverda heeft anderhalf jaar lang in de snackbar tegenover zijn huis gegeten. Anderhalf jaar lang, avond aan avond. Hij zag in die tijd meer kroketten dan de gemiddelde Febo-houder. Het was het gevolg van een bizarre episode in zijn leven, een zwarte tijd waarin het weleens door zijn hoofd schoot om er eigenhandig een einde aan te maken. 'Dan dacht ik: ik hou dit niet meer vol. Het gaat gewoon niet meer. Echt hoor, als het nog iets langer had geduurd was ik hiero over het balkon gesprongen. Dan maar dood.'

Op de bank plukt de oud-voetballer even aan zijn trainingsbroek. Zijn broer voorziet hem met regelmaat van kleding. Hij steekt een nieuwe sigaret op en zegt dat het allemaal begon met de huurder die hij op een dag in huis nam. 'Het zat zo: ik was chauffeur van een busje dat gehandicapte mensen vervoerde. Door de bezuinigingen werd ik ontslagen. Al snel had ik geld nodig om van te leven en besloot ik twee kamers te verhuren. Via een verhuurbedrijf kwam er een jongen van achter in de twintig in mijn flat wonen. Voor een bepaald bedrag per maand mocht hij hier verblijven en gebruikmaken van de keuken, de badkamer en het toilet. Dat was de afspraak.'

In het begin was er niets aan de hand. 'We hadden het best gezellig samen. Hij was werkloos en ik ook. We hielden elkaar gezelschap. Hij kookte voor ons. Heel lekker, dat kon hij goed, eerlijk waar. Maar na een tijdje begon hij te veranderen. Hij werd steeds dominanter. Hij kookte steeds minder vaak voor mij. Al snel betaalde hij ook de huur niet meer. En als ik daar iets van zei, kreeg ik een grote mond. Werk had hij niet. Het enige dat hij de hele dag deed was roken en spierballen kweken. Hij sleepte ongevraagd allerlei gewichten en fitnessapparaten mijn huis binnen. De woonkamer leek op een gegeven moment wel een sportschool. Maar ik liet hem maar begaan.'

De stemming sloeg om toen Holverda hem op een avond laat verzocht de muziek in de woonkamer wat zachter te zetten. 'Toen pakte-ie me gelijk bij mijn strot. Hij was heel agressief. Door al dat gedoe met die gewichten was hij ijzersterk geworden. Hij duwde me zo terug naar mijn slaapkamer. Daar moest ik blijven van hem. En de muziek zette hij ook niet zachter. Zo begon het.'

'Al snel begon hij me echt te terroriseren. Hij eiste de hele woning voor zich op, ging me ook bedreigen. Ik werd steeds vaker gedwongen op mijn eigen slaapkamer te blijven. Gelukkig had ik daar een eigen televisie, maar toch is dat geen pretje, hoor. Dan woon je in je eigen huis, maar heb je niets te vertellen. Op een gegeven moment mocht ik niet eens meer douchen of naar mijn eigen wc van hem. Hij was gewoon een afperser, een oplichter, een crimineel. En die woonde bij mij in huis. Hij had een zwangere vriendin. Die werkte bij een schoonmaakbedrijf maar werd ontslagen. Dus die kwam ook bij ons wonen. Ook haar had hij onder de duim. Hij kleineerde haar. Hij was vriendelijker tegen zijn hond, zo'n bull die hij had meegebracht, dan tegen dat meisje. Zij was bang voor hem. En ik ook. Hij was veel jonger en veel sterker dan ik. Al heb ik ook wel momenten gehad dat ik dacht: ik loop nú naar de keuken en duw hem een mes in zijn strot. Maar gelukkig heb ik dat nooit gedaan. Wel had ik een honkbalknuppel naast mijn bed staan. Voor de zekerheid. Nadat hij me bij mijn keel had gepakt, dacht ik: de volgende keer sla ik je met dat ding op je kop.'

'Koken deed hij al snel alleen nog maar voor zichzelf. Ik heb anderhalf jaar bij de snackbar gegeten. Terwijl die gozer in mijn keuken stond te koken. Af en toe kreeg ik een soepje ofzo van hem, dat wel. En op eerste kerstdag hebben we samen gegeten. Steengrillen. Dat ging redelijk normaal. Maar dat was een uitzondering. Meestal zat ik in mijn eigen hok. Verder dan mijn kamer en de snackbar kwam ik eigenlijk nooit. Ik was gegijzeld in mijn eigen huis. Er zat geen slot op mijn deur, maar zo voelde het wel.'

'Zijn huurcontract was allang afgelopen, maar hij weigerde te vertrekken. Alles bleef gewoon bij het oude. Hij speelde de baas en ik was opgesloten in een hok in mijn eigen woning. Of beter nog: ik had mezelf láten opsluiten. Het was beangstigend. Al snel verveelde ik me te pletter. Ik zat daar maar op mijn bed, televisie te kijken en te hopen dat hij geen gekke dingen zou gaan doen. Dat is slopend hoor, wanneer je je niet veilig voelt onder je eigen dak. Buren hebben later gezegd dat ze me in die periode hebben zien veranderen van een vrolijke spontane jongen in een schuchter, bang wezentje. En dat klopt ook wel. Het was de donkerste periode in mijn leven.'

'Ik heb de gebeurtenissen nu naast me neer kunnen leggen, maar geestelijk is het heel zwaar geweest. Ook omdat ik mijn verhaal niet kwijt kon. Ik wilde mijn kinderen er niet mee lastigvallen. En ook voor mijn broer hield ik het lang verborgen. Ik schaamde me ervoor. Het is ook moeilijk uit te leggen hoe zoiets gaat. Je moet het zelf hebben meegemaakt om het helemaal te begrijpen. Zo iemand kruipt ongemerkt onder je huid. Op een heel geraffineerde manier weet hij je steeds meer in zijn greep te krijgen. Hij had dit al eerder bij anderen ook geprobeerd. En nu was ik aan de beurt. Echt, het is ongelooflijk dat er zulke mensen op aarde rondlopen. Gelukkig kreeg mijn broer iets in de gaten. Hij woont in Spanje en merkte aan onze telefoongesprekken dat ik niet vrijuit kon praten. Hij voelde dat er iets aan de hand was. Toen heeft hij ingegrepen. Mijn broertje is een topper. Hij zorgt goed voor mij. Hij is met die gozer gaan praten. Maar er viel niet mee te praten. Uiteindelijk heeft-ie de politie ingeschakeld. Die hebben hem eruit gezet. Compleet met handboeien, honden en alle andere toeters en bellen. Toen was het eindelijk voorbij.'

'Mijn broertje haalde me naar Spanje. Dat was heerlijk. Ver weg van die gek, lekker in de zon. Ik voelde de vrijheid gewoon. Ik werd er met de dag vrolijker. Mijn broer merkte het ook. Toen zag hij wat voor impact het op mij had gehad. Ik zweer het je: als het iets langer had geduurd, was ik hier naar beneden gesprongen.'

In Spanje ging Wout Holverda soms wandelen. Een paar keer raakte hij volledig de weg kwijt. Zijn broer moest hem dan gaan zoeken. Het waren de eerste symptomen van de ziekte die hem nu steeds meer in zijn greep krijgt. Alzheimer. 'Ik koop puzzelboekjes. Daar train ik mijn hersenen mee. Ik zou liever ook *Voetbal International* kopen, maar daar heb ik geen geld voor. Ik kijk wel altijd naar het tv-programma. René van der Gijp vind ik fantastisch. Die jongen is niet veranderd. Vroeger, als voetballer, had-ie al overal schijt aan. Louis van Gaal, daar heb ik ook zes jaar mee gespeeld. Ik kon prima met hem door één deur, maar ik heb hem verder nooit meer gesproken. Ik volg hem natuurlijk op televisie en ook hij lijkt me niet veranderd. Ook vroeger wist Louis altijd al alles beter. Ik volg het voetbal nog op de voet. Ik ga de keeperstraining verzorgen bij de club van mijn zoon. Zelf voetballen zit er niet meer in. De laatste wedstrijd die ik met de veteranen van Sparta heb gevoetbald, was tegen HBS. Daarna heb ik niets meer gehoord. Misschien omdat ik niet meer wilde koppen. Maar ik wil het niet erger maken dan het is. Sparta is nog steeds mijn club, ik zou er graag naartoe gaan. Maar ik heb geen idee hoe ik er moet komen. Iemand zou me moeten ophalen en weer thuisbrengen, dat is voor mij de enige manier om ze te zien spelen. Het liefst zou ik nog wat voor Sparta betekenen. Niet als trainer of zo, dat gaat niet meer. Maar bijvoorbeeld een beetje helpen in het spelershome. Of gasten ontvangen in een van die boxen. Zoiets zou fantastisch zijn. Nu kan het nog, ik weet niet hoe ik er over een tijdje aan toe ben. Dat weet niemand, ook de doktoren niet.'

Bang voor de toekomst is hij niet. 'Je kunt in een later stadium verschrikkelijke hoofdpijnen krijgen. Ik hoop dat me dat bespaard blijft. Maar verder probeer ik van dag tot dag te leven. Ik geniet zo veel mogelijk van wat ik nog wél kan. Piekeren over wat er komen gaat, dat heeft geen zin. De enige zekerheid in deze ziekte is dat het nooit meer beter wordt. En dat je daar mee moet leren leven. Of je nu wilt of niet.'

Het is tijd voor het afscheid. Wout Holverda bedankt voor een fijne middag. Hij vond het heerlijk weer eens over vroeger te hebben kunnen praten, over Sparta en over de Schietribune, over zijn jaren bij Fortuna Sittard en Haarlem en over die rare Barry Hughes en die minstens zo rare Louis van Gaal. Straks gaat hij even slapen, al dat gepraat heeft hem moe gemaakt. Meestal ligt hij tussen drie en zes op de bank. Dan is hij uitgeput.

Aan de binnenkant van de voordeur zijn dikke planken voor de ruit gespijkerd. Uit voorzorg. Ook een set nieuwe sloten moet de beruchte huurder uit de buurt houden. Over een paar maanden is Wout Holverda hier definitief weg. Dan woont hij aan de overkant, in een verzorgingstehuis. 'Ik ben blij dat ik deze woning straks kan verlaten. Ik heb er toch een heel vervelende tijd meegemaakt. In het verzorgingstehuis ga ik begeleid wonen. Dat is beter voor mij. Ik word er straks prima verzorgd. Het enige nadeel is dat de meeste bewoners veel ouder zijn dan ik. Alzheimer is een ziekte die je meestal op latere leeftijd krijgt. Ik ben pas 55 jaar.'

Spijt van al die kopballen heeft hij niet. 'Spijt heeft geen zin. Bovendien: er zijn heel veel voetballers die in hun leven veel meer gekopt hebben dan ik. Ruud Geels bijvoorbeeld. En die heeft nergens last van. Nee, het is ook gewoon pech. Het is mij overkomen en ik zal er zo goed mogelijk mee om moeten gaan. Zo is het en niet anders.'

De verloren zoon van Garrincha

(2009)

Ulf Lindberg was zeven jaar oud en woonde in een klein dorp in Zweden, toen hij op een middag bij zijn ouders werd geroepen. 'We moeten je iets vertellen,' zeiden ze. 'We zijn je ouders niet. Je echte moeder woont in het noorden en je vader komt uit Brazilië. Hij is een beroemde voetballer. Zijn naam is Garrincha.'

Het moet toch een merkwaardige gewaarwording zijn: op een gewone, doordeweekse middag te horen krijgen dat je eigenlijk het kind bent van een van de grootste voetballers ter wereld. Maar dik vier decennia later, wanneer hij in de bar van een hotel in Halmstad terugdenkt aan die bewuste middag, haalt Ulf Lindberg zijn schouders op. 'Het drong helemaal niet tot me door wat het precies betekende. Ik was 7 jaar. Er bestond nog geen internet. Ik wist nog niet hoe groot Garrincha was in de wereld. Dat veranderde pas toen de journalisten achter mijn verhaal kwamen. Toen brak de gekte los en begon het een rol te spelen in mijn leven. Eerder niet.'

Even daarvoor heeft hij zich aan de overkant van de straat uit een donkerblauwe BMW gewurmd: een lange, donkere veertiger op sportschoenen, met kort, zwart haar en een gezicht waarin lippen en neus om de meeste aandacht strijden. Hij had gelijk een sigaret opgestoken, want de zoon van Garrincha houdt veel van voetbal maar minstens zoveel van nicotine. Daar, rustig rokend op de stoep, waren de eerste gelijkenissen met de oud-wereldkampioen al in de trekken van zijn gezicht te zien geweest. Toch moest de meest treffende overeenkomst zich op dat moment nog openbaren. Dat gebeurde bij het oversteken. Toen bleek Ulf Lindberg, de worstenverkoper van Halmstad, dezelfde wiegende tred te hebben waar zijn biologische vader zo wereldberoemd mee werd.

Vanaf zijn jonge jaren in Rio de Janeiro helde Garrincha bij het lopen over naar één kant. Dat kwam doordat zijn linkerbeen zes centimeter langer was dan zijn rechter. Omdat hij dat verschil ging compenseren, werd hij later de eigenaar van een uniek onderstel: één x-been en één o-been. Doktoren voorspelden bij zijn geboorte dat hij nooit goed zou kunnen lopen. Toch waggelde hij negentien jaar later het veld van Botafogo op voor een proeftraining. Daar dachten de andere spelers eerst nog dat hij kreupel was. Tot ze hem de bal gaven.

Garrincha bleek een natuurtalent. Als rechtsbuiten van Botafogo en de nationale ploeg, werd hij in jaren vijftig en zestig een superster. Eerst alleen in Brazilië, maar vanaf 1958, toen hij samen met Pelé de grote uitblinker was op het WK in Zweden, ook daarbuiten. Het was de eerste keer in de geschiedenis dat het wereldkampioenschap op de televisie werd uitgezonden. Heel de wereld raakte daardoor in de ban van zijn hallucinerende dribbels.

'Van welke planeet komt deze man?' vroeg een Zweedse krant zich na Brazilië-Sovjet Unie af, toen die vol verbazing had vastgesteld dat Garrincha telkens maar éven met zijn heupen had hoeven wiegen of de linksback tegenover hem lag al hulpeloos spartelend in het gras. Kuznetzov was zijn naam, een Russische verdediger die zijn gebrekkige motoriek later compenseerde met een meesterlijke zelfspot, door na afloop, tijdens het gezamenlijke buffet, Garrincha plotseling bij zijn middel te grijpen. 'Eindelijk,' riep de linksback toen, 'ik heb hem!'

Het was amper een jaar na dat sensationele WK, dat Garrincha weer even terug was in Zweden. In het plaatsje Umeå speelde hij met Botafogo een vriendschappelijke wedstrijd. Na afloop was er feest in het spelershotel. De Zweedse serveersters hadden een enorme taart voor hun beroemde gasten gebakken. Garrincha at deze grotendeels alleen op. Vervolgens ontvluchtte hij het hotel en ging met een van de serveersters mee naar huis. Daar, in de woonkamer, dronk hij eerst nog een aquavit met de vader en moeder van het meisje, volgde haar toen naar boven en ging met haar naar bed.

'Een dag later was ze terug in het hotel, maar nu met haar boze vader en twee politie-agenten,' zegt Ulf achter een kop koffie. Hij lacht. Het is niet veel mensen gegeven om met groot plezier over hun eigen verwekking te vertellen, maar de zoon van Garrincha is duidelijk een uitzondering. 'Toen Garrincha de politie zag, is hij in eerste instantie in paniek onder het bed gaan liggen. Later kwam hij alsnog tevoorschijn en heeft een officieel document ondertekend. Daarin verklaarde hij bij een eventuele zwangerschap zijn verantwoordelijkheden als vader te zullen nemen. Ter controle liet hij een buisje bloed achter in het ziekenhuis.'

De volgende dag was Botafogo alweer vertrokken uit Umeå, op weg naar de volgende vriendschappelijke wedstrijd in Europa. Garrincha heeft de serveerster nooit meer teruggezien. Ook is hij nooit meer in Zweden geweest. Maar negen maanden later werd er in Rio de Janeiro wel een brief voor hem bezorgd. Hij was aan de andere kant van de oceaan vader geworden. De serveerster was bevallen van een zoon.

'Dat was ik,' zegt Ulf, terwijl hij vast een sigaret uit zijn pakje wurmt voor straks. 'Ik heb begrepen dat Garrincha mijn moeder toen nog een brief heeft teruggeschreven. Daarin liet hij weten altijd al van een zoon te hebben gedroomd. Die brief heb ik zelf nooit gezien. Ik heb mijn moeder niet gekend. Direct na mijn geboorte heeft ze me afgestaan. De eerste negen maanden van mijn leven heb in een tehuis doorgebracht. Tot ik werd geadopteerd.'

Als baby kwam Ulf Lindberg terecht in een gezin waarvan de vader een jaar eerder nog in Göteborg op de tribune had staan klappen toen Garrincha de arme Kuznetzov doldraaide. Een voetballiefhebber dus. Toch werd er thuis vrijwel nooit over Garrincha gesproken. 'Niet dat het een taboe was,' zegt Ulf, 'helemaal niet, maar het was gewoon geen issue voor ons. Ik sprak er eigenlijk met niemand over. Er gingen jaren voorbij dat zijn naam niet viel in ons gezin.'

Maar toen werd het januari 1977 en gaf Garrincha in Brazilië een interview aan een correspondent van de *Daily Mail*. Keuvelend over zijn gezin, liet de voetballer opeens vallen dat hij ook nog een zoon moest hebben in Zweden. Vanaf dat moment werd alles anders in het leven van Ulf Lindberg. 'Binnen de kortste keren stond er hier een verslaggever voor mijn deur, voor een interview. Toen vertelde ik voor het eerst mijn verhaal aan een vreemde. De volgende morgen werd ik uit mijn bed gebeld door vrienden. Mijn foto bleek op alle voorpagina's van alle Zweedse kranten te staan. En toen begon het. Vanaf die dag was ik niet langer gewoon Ulf, maar Ulf, de zoon van Garrincha. En zo is het nu nog steeds. Ik word er elke dag aan herinnerd. De ene keer is het een toerist die een foto van me wil maken, de andere keer iemand die me alleen maar een hand wil geven. En minstens twee keer per jaar komen er cameraploegen uit Brazilië over om mij te filmen. Uit Nederland is er nog nooit iemand geweest. Wel heb ik pas nog een televisieploeg uit Paraguay op bezoek gehad.' Even is het stil in de hotelbar. Dan staat de zoon van Garrincha op en klopt op de bobbel in zijn borstzak. 'Ik geloof dat ik even moet roken,' zegt hij.

Het stormt en het regent in Limhamn, een buitenwijk van Malmö. Toch opent Fredrik Ekelund, de schrijver en documentairemaker, zijn voordeur in een korte broek. Hij is een warmbloedige Zweed met een fascinatie voor Braziliaans voetbal, daar zal het wel aan liggen. De romanschrijver is de auteur van een standaardwerk over de geschiedenis van het Braziliaans voetbal. Het heet *Sambafotboll* en natuurlijk heeft Garrincha zijn eigen hoofdstuk.

'Het lijdt geen twijfel dat Pelé de grootste Braziliaanse voetballer aller tijden is,' zegt Fredrik even later in zijn met boekenkasten gevulde woonkamer, 'maar het is minstens zo zeker dat Garrincha de meest geliefde speler in Brazilië is. Dat kwam gedeeltelijk door zijn speelstijl. Pelé was dodelijk effectief en kon eigenlijk alles: koppen, dribbelen, passen, schieten en ga zo maar door. Maar Garrincha was vermakelijker. Hij was een echte entertainer, een speler die je elke keer weer verraste en om wie je kon lachen. Bovendien stond hij dicht bij de mensen. Hij was een eenvoudige man, bescheiden bijna. Garrincha was een analfabeet die hield van gewone dingen als jagen en vissen. Hij was gek op vrouwen, maakte het liefst de hele dag grapjes en benaderde het leven verder vrij kinderlijk. Hij zag eigenlijk nauwelijks verschil tussen een wedstrijd in een vol Maracanã-stadion of een partijtje met vrienden op het strand. Als speler wist hij vaak niet eens tegen welke ploeg hij speelde. De tegenstander interesseerde hem niet en de uitslag al evenmin. Het ging hem echt om het plezier van het spel. Eigenlijk speelde Garrincha het voetbal in zijn meest pure vorm.'

O Alegria do Povo, dat was de bijnaam van Garrincha: de vreugde van het volk. Toen hij in 1983 overleed – versleten, uitgebuit en volledig door de alcohol gesloopt – ging er een schok door het land, ook al had iedereen het einde van zijn tragische neergang allang zien aankomen. 'Obrigado Garrincha, por você ter vivido', schreef die dag een anonieme fan op een blinde muur. Bedankt Garrincha, dat je hebt geleefd.

'Iedereen in Brazilië, van noord tot zuid, hield van Garrincha,' zegt Ekelund en hij geeft een voorbeeld. 'Het is in Brazilië niet gebruikelijk om als voetballiefhebber een andere club dan je eigen te bezoeken. Je zult nooit Flamengo-supporters bij een wedstrijd van Vasco da Gama aantreffen, of Palmeiras-supporters bij Santos. Behalve toen Garrincha nog voetbalde. Toen ging iedereen naar Botafogo, alleen voor hem.'

Het was Fredrik Ekelund die Ulf uiteindelijk overhaalde om naar Brazilië te reizen. 'Diep in zijn hart was Ulf best geïnteresseerd in zijn roots. Maar zoals zoveel adoptiekinderen, kampte hij met een loyaliteitsprobleem. Pas toen zijn vader in Zweden zijn goedkeuring had gegeven, is hij gegaan.' In het najaar van 2005 vloog Ulf samen met zijn zoon Martin naar Rio de Janeiro. Van die trip werd een documentaire gemaakt, getiteld *Garrincha & Röda Pölser*. Vrij vertaald: Garrincha en rode worsten. De documentaire werd zowel in Zweden als in Noorwegen op televisie uitgezonden.

Daar staat hij dan, in een van de openingsscènes van zijn eigen documentaire: Ulf Lindberg op de internationale luchthaven van Rio de Janeiro. De worstenmaker weet zich maar moeilijk een houding te geven. Dat komt doordat tegenover hem een stuk of tien cameraploegen staan opgesteld. Opgewonden verslaggevers richten hun microfoon op hem. Zijn gezicht wordt af en toe verlicht door een flitslicht. De eerste stappen van Garrincha's zoon op Braziliaanse bodem betekent groot nieuws in Rio de Janeiro. Het wemelt van de journalisten in de aankomsthal. Achter de hekken staan een paar dochters van de voetballer. Ze wachten hun halfbroer op. Er wordt geknuffeld, gezoend en er worden uiterlijke kenmerken vergeleken. Eén halfzus slaat van schrik haar hand voor de mond bij zoveel gelijkenis met haar vader. Op de achtergrond geeft een cameraman intussen een bal aan Martin en vraagt om wat trucjes. In de aankomsthal houdt Garrincha's kleinzoon de bal moeiteloos hoog. Die foto zal de volgende dag alle kranten halen.

Als Ulf niet veel later incheckt in een hotel in een van de straatjes achter Copacabana, ziet hij zichzelf al terug op televisie. Zo zal het de hele trip gaan. Elke stap die hij in Rio zet, is voor de Braziliaanse media de moeite van het registreren waard. In deze stad is Garrincha nog springlevend. Dat blijkt ook uit de reacties wanneer Ulf en Martin zich voor het eerst op straat wagen. 'Er is niemand in dit land die niet van Garrincha houdt,' roept een vrouw in een schoenmakerswinkel tegen de camera. 'Hij was een fantastische speler en een simpele en bescheiden man.' Dat hij ook erg van vrouwen hield, vindt ze niet erg. 'Elke Braziliaan houdt van vrouwen!' Daarna zet ze haar bril op, begint in een tas te rommelen en haalt een pen te voorschijn. Ze wil een handtekening van de worstenverkoper uit Halmstad. En voor de zekerheid ook maar een van diens zoon. Van een ontspannen wandeling komt daarna niet veel meer terecht. Oog in oog met Ulf kunnen de meeste voetballiefhebbers de verleiding niet weerstaan om hun favoriete Garrincha-herinnering met hem te delen. 'Ik heb je vader vaak zien spelen toen ik jong was,' zegt een oude man in een ruitjesoverhemd, 'hij was fantastisch. En je zoon zal net zo goed worden als hij, let maar op.' Mensen steken bij het voorbijgaan een duim naar Ulf op en beginnen spontaan te applaudisseren. Anderen willen even alleen maar even de blonde haren van Martin aanraken.

De rust keert pas terug wanneer Ulf even later in een busje zit dat hem naar het stadion van Botafogo zal brengen. Onderweg bladert hij door een boek over zijn vader. Zijn vinger blijft steken bij een close-up van diens kromme benen. 'Ik ben ervan overtuigd dat hij polio had,' zegt hij. Een bladzijde verder schudt hij zijn hoofd in ongeloof wanneer hij naar een röntgenfoto van Garrincha's knieën kijkt. Het beeld lijkt hem te deprimeren. 'Hij was gewoon gehandicapt. Toch werd hem nooit rust gegund. Ze hadden hem nodig om het stadion te vullen. Het ging allemaal om het geld. Dat heeft hem bijna gebroken. Zelfs wanneer iedereen kon zien dat hij rust nodig had, dwongen ze hem gewoon te spelen,' zegt Ulf. Daarna staart hij een tijdje door het raam naar buiten.

Bij het stadion van Botafogo wacht een leger van bijna honderd journalisten. Allemaal tegelijk duwen ze Ulf een microfoon onder de neus. Geroutineerd, alsof hij het zijn hele leven al doet, werkt de worstenverkoper zijn interviews af. Maar het beeld van Garrincha's geruïneerde knieën is hij nog niet kwijt. Wanneer een grijze reporter met een bril vraagt of hij weet wat voor persoon zijn vader was, zegt hij: 'Een warm persoon. Ik denk soms misschien té warm. Hij dacht niet genoeg aan zichzelf.' Inmiddels is ook de voorzitter van Botafogo gearriveerd. Hij had een belangrijke vergadering met vertegenwoordigers van de deelstaat, maar heeft alles achter zich gelaten toen hij hoorde dat de zoon van Garrincha was gearriveerd. Zijn ogen zijn rood van emotie. Intussen wordt Ulf onder schot gehouden door een microfoon van SporTV. 'Ben je trots op hem?' wil de verslaggeefster weten. 'Ja,' zegt Ulf, 'anders was ik niet hier.'

En dan volgt het hoogtepunt van deze merkwaardige media-show. Iedereen wil nu weleens met eigen ogen zien of de zoon net zulke merkwaardig kromme benen heeft als zijn vader. En dus staat Ulf Lindberg voordat hij het weet met opgetrokken pijpen op de stoep van het Botafogo-stadion. Om hem heen cirkelen dan tientallen fotografen en cameramensen, op zoek naar het beste standpunt om Ulfs knieën vast te leggen. Het is een merkwaardig gezicht.

Later die middag, buiten het bereik van de camera's, wordt het ook nog emotioneel in Rio. Aan de rand van het veld vloeien de tranen. Ze rollen over de wangen van een zongebruinde zeventiger met grijs haar, die even daarvoor eerst Ulf en daarna Martin geëmotioneerd om de schouders is gevallen. Dit is Nílton Santos, tweevoudig wereldkampioen en in 2000 door de FIFA verkozen tot beste linksback van de eeuw. Van alle spelers was hij de grootste vriend van Garrincha. Zowel bij Botafogo als in de nationale ploeg deelden ze altijd een kamer. Hij was er ook bij in Umeå, een dag nadat Ulf was verwekt, toen de politie in het hotel kwam zoeken naar Garrincha. En ook hij moet automatisch lachen, wanneer hij het beeld terughaalt van de voetballer met de kromme benen, wegduikend onder zijn Zweedse bed. 'Het is allemaal echt zo gegaan,' zegt Nílton Santos en hij aait Martin nog maar eens door zijn blonde haar. Maar daarna wil de beste linksback van de eeuw toch ook graag de benen van de worstenverkoper even zien. Weer schieten de pijpen van Ulf omhoog. 'Ja hoor,' zegt Nílton Santos. Zijn kennersoog heeft aan een paar seconden genoeg. 'Dezelfde als zijn vader.'

Er is in heel Brazilië geen speler over wie betere verhalen de ronde doen dan over Garrincha. Zijn spel, zijn niet te lessen dorst, zijn onstilbare honger naar de bal, en naar vrouwen, zelfs de vermeend imposante omvang van zijn geslachtsdeel: het leverde in Brazilië een verzameling volksverhalen op die van generatie op generatie wordt doorgegeven, ook al is de ene anekdote nog onwaarschijnlijker dan de andere. Opvallend daarbij is dat Garrincha vrijwel altijd wordt afgeschilderd als een oliedomme clown. Zoals in dat beroemde verhaal dat speelt tijdens het WK'58, wanneer Pelé in Stockholm een transistorradio heeft gekocht voor thuis en deze trots aan zijn ploeggenoot laat zien. 'Wat heb je daar nu aan?' zou Garrincha toen gezegd hebben, 'je verstaat toch helemaal geen Zweeds?'

Maar in Rio de Janeiro krijgt Ulf Lindberg een genuanceerder beeld van zijn vaders persoonlijkheid, wanneer hij op een terras Ruy Castro ontmoet. Castro schreef de biografie *Estrela Solitária: Um brasileiro chamado Garrincha* (Eenzame Ster, een Braziliaan genaamd Garrincha). Het boek verhaalt over het leven maar ook over het lijden van Garrincha, de geliefde voetballer die in de herfst van zijn bestaan een alcoholverslaving ontwikkelde, een dodelijk ongeluk veroorzaakte waarbij zijn schoonmoeder omkwam, altijd pijn in zijn knieën had, enkele zelfmoordpogingen ondernam en op het einde van zijn leven dusdanig financieel was geruïneerd, dat hij moest rondkomen van de giften van anderen.

Dat het werk van Castro inmiddels algemeen wordt beschouwd als een van de beste voetbalbiografieën ooit, komt doordat de auteur weet waar hij het over heeft. Castro was ooit zelf verslaafd aan alcohol. 'Eerst neem jij de drank,' legt hij aan Ulf uit, terwijl hij op het terras ter illustratie van zijn Diet Coke nipt, 'maar vroeg of laat neemt de drank jou. En zo is het ook met jouw vader gegaan. Maar hij was niet dom. Hij kon alleen niet met geld omgaan. Geld interesseerde hem niet. Het enige wat hem interesseerde was voetballen en vrouwen.' Het gesprek wordt onderbroken door een andere terrasbezoeker. Hij is de zoveelste die even wil komen vertellen dat Garrincha veel beter was dan Pelé. 'Dank u,' zegt Ulf. Dan kijkt Ruy Castro verschrikt op zijn horloge. Hij moet weg. Over vijftig minuten trapt Flamengo af. Dat wil hij voor geen goud missen. Ulf krijgt een hand en een omhelzing. 'Je bent de zoon van een groot man,' zegt hij bij het vertrek, 'maar helaas ook van een niet erg gelukkige man.'

Toen het opgeblazen lichaam van Garrincha er op de vroege morgen van 20 januari 1983 na jarenlang alcoholmisbruik voorgoed mee ophield, werd het met een laken toegedekt, tamelijk oneerbiedig in een ijzeren bak gekieperd en met een VW-busje naar het Maracanã gereden. Het wachtende stadion zat inmiddels vol huilende voetballiefhebbers. Kort na binnenkomst werd het er gelijk een heerlijke Zuid-Amerikaanse chaos. Garrincha's eerste en derde vrouw kregen er ruzie naast de baar, journalisten verdrukten elkaar constant om in de buurt van het lichaam te komen, en een neef trok de vlag van Botafogo woedend van de kist omdat de club Garrincha altijd zou hebben uitgebuit en onderbetaald. Daarna werd de baar op een brandweerwagen getakeld en voor de laatste eer naar het geboortedorp van de voetballer gereden. Langs de kant van de snelweg stonden tienduizenden mensen om de stoet te begeleiden. Ze huilden en zwaaiden met zakdoeken. Op de begraafplaats werd de chaos nog groter. Het was er zo overvol dat de kist over de hoofden van de rouwenden moest worden aangegeven. Van een ceremonie was nauwelijks sprake. Er was niet eens voldoende aarde om de kist volledig te bedekken. Mensen gooiden graspollen in het graf. Toen de beste rechtsbuiten aller tijden alleen werd achtergelaten op zijn laatste rustplek, zag de begraafplaats van Pau Grande er uit als een afgegraasd weiland.

In Zweden sneeuwde het die dag, de dag van Garrincha's dood. Ulf Lindberg weet het nog goed. Hij zat thuis in Halmstad televisie te kijken, toen er werd aangebeld. Er stond een verslaggever van een krant op de stoep. Of hij een reactie wilde geven. 'Een reactie op wat?' vroeg Ulf eerst nog. Zo, op de deurmat van zijn huis en uit de mond van een wildvreemde man, hoorde hij van de dood van zijn vader.

'Zijn einde was zo eenzaam, zo triest,' zegt hij nu. 'Het is moeilijk te rijmen met zijn carrière. Garrincha had geen vijanden, hij was de beste, iedereen hield van hem. Als hij op zondag goed speelde, ging het op maandag altijd beter met het land; dat is wat ik constant hoorde toen ik in Brazilië was. Maar toen hij hulp nodig had, was er niemand. Niemand, behalve Nílton Santos. Hij is degene die naar het bestuur van Botafogo is gegaan en heeft gezegd dat er op zijn minst een behoorlijk graf moest komen. Zelf had Garrincha daar geen geld voor gehad. Zijn kapitaal was allang op. Hij was iemand die zijn geld in oude sokken en dergelijke bewaarde. Nílton Santos vertelde me dat er eens een man van de belastingdienst bij Garrincha aan de deur kwam. Toen haalde hij opeens een stapeltje bijna verteerde biljetten onder het matras vandaan. Maar meestal kwam hij geld te kort.'

Ulf Lindberg bezocht ook het geboortedorp van zijn vader, Pau Grande. Het is een kleine, hechte gemeenschap, diep verscholen in het heuvelachtige oerwoud rond Rio de Janeiro. De meeste mensen zijn er arm. Ze hebben er niet veel meer te doen dan drinken, voetballen en naar de kerk gaan. In het midden van het dorp staat een bouwvallig stadion. Dat is het Estádio Mané Garrincha. Niemand onderhoudt het. Het gras komt er tot je enkels en af en toe moet er een wedstrijd worden onderbroken omdat er een losgebroken paard in het strafschopgebied staat te grazen.

Even verderop is de plek waar ooit het Garrincha Museum zou moeten verrijzen. Erg ver zijn de bouwers nooit gekomen. Er staat al sinds jaren één betonnen paaltje. Dat is de eerste en tevens laatste steen van het Garrincha Museum. Het staat er al zó lang dat het alweer bijna begint af te brokkelen. Soms zet iemand er een lege fles bier naast, bij wijze van eerbetoon aan de dorstige voetballer.

Hoeveel kinderen Garrincha precies op de wereld heeft gezet is een geheim dat hij meenam in zijn graf, maar de voetballer heeft er bij leven in elk geval dertien erkend, bij vier verschillende vrouwen. Eén zoon – Garrinchinha, geboren uit zijn huwelijk met de bekende bossanova-ster Elza Soares – verdronk in 1986 op 8-jarige leeftijd. Nenèm, een andere zoon die nog even voor Fluminense voetbalde, stierf in Portugal aan de gevolgen van een auto-ongeluk. Hij werd 28 jaar. De rest van het gezin leeft nog, en woont nog steeds in en rond de stoffige straatjes van Pau Grande.

In de documentaire is te zien wat er gebeurt wanneer Ulf Lindberg er voor het eerst zijn gezicht laat zien. Hij wordt door acht halfzusters en een heel peloton kleinkinderen onthaald alsof hij uit de dood is teruggekeerd. Ze zoenen hem, knijpen hem in z'n wang, drukken een ingelijste foto van hun gemeenschappelijke vader in zijn handen en zeggen dat ze altijd van zijn bestaan geweten hebben. Weer vloeien er tranen. 'Op dit moment heb ik 45 jaar gewacht,' zegt één van de zussen. Een ander vraagt of Ulf net zo zwaar is geschapen als zijn vader. 'I can manage,' zegt de verbaasde worstenverkoper. Zo wordt het al snel gezellig in Pau Grande. Maar één halfzus wordt expres buiten de ceremonie gehouden. Zij is net als haar beroemde vader aan alcohol verslaafd geraakt en werkt op straat als prostitué. Haar zal Ulf later in het geheim ontmoeten, op een plekje buiten het dorp, uit het zicht van de rest van de familie.

Maar eerst bezoekt hij het graf van zijn vader. Garrincha is te ruste gelegd op een rommelige begraafplaats, in een deel waar het nooit echt stil is. Eenmaal door de poort moet je goed zoeken om hem te vinden. Een opvallend kleine, grijze steen markeert de plek van zijn laatste rustplaats. Met sobere, zwarte letters zijn z'n geboorte- en sterfdatum in het steen gehakt. Daarboven staat: 'Hier rust in vrede, hij die de vreugde van het volk werd genoemd'. Meer is er niet. Zo ligt de meest geliefde voetballer van Brazilië begraven.

'Het is niet veel, hé,' zegt Ulf tegen zijn zoon, wanneer ze met bloemen aan de rand van het verwaarloosde graf staan. Martin zegt niets terug, maar zijn vader heeft gelijk. De gemiddelde putdeksel heeft meer allure dan deze grafzerk. Verderop staat nog wel een afbladderende gedenksteen die burgemeester Renato Cozzolino ooit heeft laten bouwen. 'Garrincha, Vreugde van Pau Grande, Vreugde van Magré, Vreugde van Brazilië, Vreugde van de Wereld' staat erop. Voor de zekerheid heeft de burgemeester er ook zijn eigen naam maar bij gezet. 'Als Pelé doodgaat, krijgt hij vast een mausoleum,' zegt Martin opeens en het lijkt of er enige bitterheid in zijn stem doorklinkt.

Dan komen ook hier de eerste journalisten tevoorschijn. Ulf Lindberg heeft ze proberen te ontlopen door zijn komst naar het dorp geheim te houden, maar het was tevergeefs. Tussen de doden van Pau Grande geeft hij zijn zoveelste interview. Hij praat normaal gesproken niet gemakkelijk over zijn gevoelsleven, maar nu maakt hij toch een opgeluchte indruk. 'Dat ik mijn vader nooit heb gekend, dat is een gemis dat ik twintig jaar lang heb gevoeld,' zegt hij tussen de grafzerken in de zoveelste microfoon. 'Maar vandaag heb ik het gevoel dat ik Garrincha alsnog heb ontmoet.'

Het regent en het waait in Halmstad. Ulf is vanochtend vroeg opgestaan om zijn worstenkraam schoon te maken. De rest van de dag heeft hij vrij. Dat komt goed uit, want zijn lichaam heeft af en toe rust nodig. Hij lijdt aan een ernstige reumatische aandoening. Met dit weer krijgt hij altijd last van zijn rug. Bovendien is het ook weleens lekker, even een dag géén worsten braden. De verveling blijkt in zijn branche nogal snel op de loer te liggen. In de bar staat Ulf op en doet het even voor. 'Ketchup of Mosterd?' zegt hij, 'Ketchup of Mosterd? Ketchup of Mosterd? Ketchup of Mosterd? Zo gaat het de hele dag door. Daar word je weleens moe van, hoor. Ketchup of Mosterd, het is soms urenlang het enige wat ik zeg.'

Dan pakt hij zijn sigaretten en loopt naar zijn auto. Ulf gaat zijn zoon ophalen. 'Martin is echt een Zweeds jongetje, hij praat niet veel,' waarschuwt hij, terwijl hij naar een buitenwijk van Halmstad stuurt. Dat klopt. Als de jongen eenmaal is ingestapt, zal hij de hele verdere reis geen woord zeggen. Daarom doet Ulf dat maar. Hij heeft vier kinderen van twee vrouwen en houdt van allemaal evenveel, maar de meeste tijd praat hij toch over Martin en hoe goed hij wel niet kan voetballen. Misschien is dat omdat zijn eigen voetballoopbaan maar zo kort heeft geduurd. Ulf was rechtsbuiten, net als zijn beroemde vader, maar moest al op zijn vijftiende stoppen. Over de vraag of hij het talent van zijn vader had geërfd, hoeft hij niet lang na te denken. 'Ik haalde een keer de bal bij mijn eigen keeper op, omspeelde het hele elftal en schoof hem in het doel. Maar op mijn elfde kreeg ik problemen met mijn gewrichten. Na het voetballen waren mijn benen telkens helemaal opgezwollen. Ik had de ziekte van Bechterew, maar dat wist toen nog niemand. Na afloop van elke wedstrijd dwongen ze me altijd gelijk te gaan liggen, terwijl je met deze ziekte juist zo veel mogelijk in beweging moet blijven. Zo werd het steeds erger. Al snel kon ik mijn hielen niet meer goed neerzetten. Ik heb wedstrijden gespeeld waarbij ik negentig minuten alleen maar op mijn tenen liep. Zo kun je natuurlijk niet voetballen. Dat ik moest stoppen heeft me veel pijn gedaan.'

Hij probeerde het op latere leeftijd nog weleens, maar het ging niet meer. Bovendien bleek er toen inmiddels nog iets te zijn wat een glorieuze voetbalcarrière in de weg stond: het verwachtingspatroon. Sinds de ochtend waarop zijn foto in alle Zweedse kranten had gestaan, was ook dat veranderd. 'Als ik goed speelde, zeiden de mensen dat mijn vader toch beter was. En als ik briljant speelde, zeiden ze: logisch, hij is de zoon van Garrincha. Daar viel niet tegenop te voetballen.'

Zijn zoon merkt het nu ook. 'Martin is erg goed. Hij is ook rechtsbuiten, net als zijn vader en zijn opa. Hij was het grote talent van Halmstad BK. Een slimme, snelle en technische speler. Maar niet iedereen kan goed omgaan met onze familiegeschiedenis, hebben we gemerkt. Hij is de kleinzoon van Garrincha. Dat wekt jaloezie op.'

Martin werd op zijn zestiende weggestuurd bij Halmstad. 'De trainer zei dat hij de beste jeugdspeler was sinds Fredrik Ljunberg, maar dat hij niet in het systeem paste. Onzin, natuurlijk. De Zweden houden gewoon niet erg van uitzonderingen, het liefst zien ze dat iedereen gelijk is. Behalve Zlatan. Hij mag doen wat hij wil.'

Gelukkig heeft zijn zoon inmiddels een nieuwe club gevonden. Daar heeft hij in vier opeenvolgende wedstrijden een hattrick gemaakt, voordat vorige maand zijn knieband afscheurde. Ulf gelooft dat zijn zoon het nog ver gaat schoppen. 'Ik zag Martin een keer met zijn rug naar het doel staan. De bal werd aangespeeld en gelijk kwam de keeper uitlopen. Toen lobde Martin de bal zó, zonder te kijken, achterwaarts over hem heen. Het leek wel of hij ogen in zijn rug had. Na afloop vroeg ik hoe hij had geweten dat de keeper eraan kwam. "Ik voelde het gewoon," zei hij toen. Geloof me, die jongen heeft het instinct van zijn opa.'

Even later opent Ulf Lindberg de voordeur van zijn bescheiden woning. Hij vertelt over zijn reis naar Brazilië en hoe lekker hij zich er had gevoeld. 'De warmte is goed voor mijn gewrichten. Bovendien voelde ik een bepaalde connectie met dat land.' Volgend jaar, met carnaval, gaan hij en zijn Noorse vrouw Rose terug. Een man uit Curitiba, eigenaar van een bar met de naam Garrincha, heeft hen uitgenodigd en neemt alle kosten voor zijn rekening. De worstenverkoper uit Halmstad zal de hoofdgast zijn van een beroemde sambaschool en tijdens het carnavalsdefilé meerijden op de grootste praalwagen. Een beetje gênant vindt hij het wel, want voor zijn halfzussen is geen plek. Zij moeten gewoon achter de wagen aan lopen.

Anderhalf jaar voor zijn tragische dood was Garrincha ook eregast van een sambaschool. Versuft door tranquillizers, opgeblazen door de drank en met een blik die meer dood dan leven in zich droeg, liet de grote voetballer van weleer zich toen als een circusdier door de straten van Rio de Janeiro rijden. Ulf kent de beelden. 'Pijnlijk om te zien,' zegt hij, 'onmenselijk bijna. Zijn omgeving zou hem hiervoor hebben moeten behoeden. Maar waarschijnlijk kon er geld aan worden verdiend. Door anderen dan, want zelf zal hij niets hebben gekregen. Op het einde van zijn leven deed Garrincha alles voor een paar gratis drankjes.'

Dan haalt hij in de woonkamer een lijst van de muur en laat een speciaal T-shirt zien. Cadeautje uit Brazilië. Op de voorkant is het beroemde afscheidsgedicht van Carlos Drummond de Andrade afgedrukt, de Braziliaanse volkspoëet die zo van voetbal hield. De laatste zinnen: 'Hij was een arme, kleine sterveling, die een heel land geholpen heeft zijn treurnis te vergeten. Het ergste is dat de treurnis terugkeert, en dat er geen tweede Garrincha klaarstaat.' Ulf kan het gedicht zelf niet lezen. Hij spreekt geen Portugees.

Even later gaat hij in zijn slaapkamer op bed zitten. Links van zijn hoofdkussen hangt een jeugdfoto van Garrincha. Het is een cadeautje van zijn halfzusters, valt te lezen op een papier onder aan de lijst. Dat ze zijn achternaam hebben verbasterd tot Ulf Gutenberg vindt hij niet zo erg. In een tweede lijst zit een wit vel papier. Daarop staan alle handtekeningen van het Botafogo-elftal dat in 1959 Zweden bezocht. 'Gekregen van een fotograaf uit Stockholm. Het is helaas alleen maar een kopie, maar het is beter dan niets,' zegt hij. Hij wijst op de krabbel van Garrincha. 'Het is niet zeker dat hij deze zelf heeft gezet. Garrincha kon niet schrijven. Als hij iets moest tekenen, deed hij volgens mij meestal maar wat. Zijn handtekening was in elk geval telkens anders.'

Dan opent hij de linnenkast en begint wat in de laden te rommelen. Onder een stapel T-shirts en een verdwaalde stropdas komen twee rode opbergdozen tevoorschijn. Ze zijn tot de rand toe gevuld met krantenknipsels, foto's en oude tijdschriften, afkomstig uit de halve wereld. Dit zijn de laatste tastbare overblijfselen van een gedeeld verleden: foto's van Ulf Lindberg, foto's van Garrincha, maar nooit foto's van Ulf en Garrincha samen. Die bestaan niet. 'Ik weet nu dat Garrincha altijd over mij heeft gepraat. Daarom vind ik het wel vreemd dat hij nooit contact met me heeft gezocht. Hij speelde wedstrijden in Frankrijk en Italië, maar hij heeft nooit een poging gedaan mij op te zoeken. Maar misschien was de tijd daar ook niet naar. Gevoelsmatig waren de afstanden groter dan nu.' Het is bijna aandoenlijk om te horen hoe hij hier, in zijn eigen slaapkamer, de man verdedigt die voor hem altijd een mysterie is gebleven. 'Eén keer was het bijna zo ver dat we elkaar hebben ontmoet,' zegt hij. 'Tijdens het WK van 1978 zou Garrincha voor de Braziliaanse televisie wedstrijden analyseren. *Aftonbladet*, een Zweedse krant, wilde me toen naar Argentinië meenemen voor een ontmoeting. Het is er nooit van gekomen. Garrincha dronk toen al te veel. Hij is nooit in de televisiestudio komen opdagen. De reis werd geannuleerd.'

Toen Ulf zeventien jaar was, nam hij op advies van een lerares zelf initiatief. Hij schreef zijn vader in Rio de Janeiro een brief. 'Hey papa Garrincha!' zette hij er als aanhef boven. 'hoe gaat het? Het is bijna zomer hier. Met mij gaat het goed. Zweden deed het niet zo goed in de laatste World Cup, maar ze hebben al vier punten dus kans op Argentinië. Hoe denk je dat Brazilië het gaat doen? Ik zou het leuk vinden je eens te ontmoeten. Groeten, Ulf.'

Hoewel Garrincha analfabeet was, kwam er toch een antwoord. Hij liet iemand anders voor hem schrijven. Ulf gelooft alleen niet dat hij die brief nog ergens kan vinden. Hij graaft diep in de linnenkast, maar het enige wat tevoorschijn komt, zijn oude kranten. 'Kijk,' zegt Ulf, terwijl hij de afbeelding van een zwaar beschadigde auto omhoog houdt, 'net als Garrincha heb ik ook eens een ernstig auto-ongeluk gehad.' Hij wijst op de foto van het wrak en zegt dan dat hij geluk heeft gehad het te hebben overleefd. 'Dat was in 1983, het sterfjaar van Garrincha. Net als hij, reed ik toen in een Amerikaanse auto en net als hij botste ik tegen een vrachtwagen. Toen ik dat in Brazilië vertelde, werden mijn zussen helemaal gek. Ze zijn erg bijgelovig en zien allerlei verbanden tussen mij en mijn vader.'

Dan, terwijl hij bezig is diep uit de linnenkast een paar krantenknipsels uit de Folha de Sao Paulo op te diepen, dwarrelen er opeens drie velletjes vergeeld papier op de grond. Het is de brief van Garrincha aan zijn zoon. Het enige contact dat er ooit is geweest tussen die twee. De voetballer spreekt in warme bewoordingen over zijn zoon en laat weten dat hij hem graag een keer zou trainen. 'Ik weet dat mijn vader trots op me was,' zegt hij, 'dat vind ik wel belangrijk.'

De volgende dag moet Ulf Lindberg weer aan het werk. Voordat hij straks zijn schort aantrekt en achter de bakplaat plaatsneemt, haalt hij op het marktplein eerst nog sigaretten. Daar staat opeens een man met een platte pet voor zijn neus. 'De zoon van Garrincha?' vraagt hij. Ulf knikt. De pet pakt de hand van de beroemde zoon en begint die langdurig te schudden. Ulf zucht als hij even later terugloopt naar zijn worstenkraam. 'Zo gaat het nu elke dag. Vooral sinds die documentaire op tv was.' Maar het bracht hem niet alleen bekendheid. Een dag na de uitzending kreeg hij telefoon. Het was een halfzus uit Zweden. De serveerster uit Umeå bleek na de geboorte van Ulf nóg twee keer zijn te bevallen, één keer van een Duitse man en één keer van een Spanjaard. 'Ik heb jarenlang geleefd in de overtuiging dat ik enig kind was, maar inmiddels heb ik tien halfzusters in Brazilië en twee halfzusters in Zweden. Die twee heb ik allebei opgezocht. Eén van hen was óók geadopteerd. Ze was terechtgekomen bij een gezin waarvan de vrouw tijdens het WK van 1958 in het spelershotel van de Braziliaanse ploeg werkte. Ze had nog een foto waarop haar adoptie-moeder aan het koken was voor Garrincha en Pelé. Is dat geen gek toeval?'

Waarom twee kinderen ter adoptie werden aangeboden en de derde niet, daar is Ulf nooit achtergekomen. Wel weet hij dat zijn biologische moeder hem in 1977 in de krant heeft zien staan. 'Dat hoorde ik van mijn halfzus. De foto die erbij werd afgedrukt heeft mijn moeder uitgeknipt, ingelijst en schijnt ze de rest van haar leven bij zich in huis te hebben gehouden.' De documentaire over Ulf en de zoektocht naar zijn roots in Rio heeft ze nooit gezien. Twee maanden voordat hij op televisie werd uitgezonden, stierf de voormalig serveerster van Umeå's City Hotel aan kanker.

'Ulf is als Garrincha,' had Fredrik Ekelund gezegd, 'hij maakt zich niet druk. Net als zijn vader neemt hij het leven zoals het komt.' Maar de trip naar Brazilië heeft toch iets in hem losgemaakt. De laatste jaren denkt de verloren zoon steeds vaker na over zijn wortels. 'Ik heb me lang afgevraagd wat de mensen nu precies van me wilden en waar de fascinatie voor mijn achtergrond vandaan kwam. Sinds ik in Rio de Janeiro ben geweest, begrijp ik dat wat beter. Mijn vader wordt er tot op de dag van vandaag erg gemist, dat voelde ik aan alles toen ik daar was. Hij was pas 49 jaar toen hij stierf. Het volk had veel langer van hem willen genieten. Ik heb weleens gedacht dat de mensen misschien daarom zo geïnteresseerd zijn in mij. Misschien dat ze hopen iets van hem in mij terug te vinden. Als dat zo is, snap ik dat wel. Maar ik kan niet veel voor ze doen. Ik ben Garrincha niet. Ik ben Ulf Lindberg. Ik verkoop gewoon worsten op het marktplein.'

A walk in the park

(2007)

Op een mooie zaterdagochtend in mei staat Leo Beenhakker lachend in de deuropening van zijn Belgische woning. Hij ziet zijn bezoek al door de tuin komen aanlopen.

'Kijk nou!' roept hij met gespeelde verwondering. 'Dat ik dit nog mag meemaken! Het bestuur van Feyenoord op mijn erf!'

Hij verwelkomt de Rotterdamse delegatie in zijn huis. Binnen wordt een krankzinnig verzoek besproken. Of hij het stuurloos geraakte Feyenoord in twee weken tijd even veilig door de play-offs wil loodsen. Guus Hiddink en Bert van Marwijk zijn ook benaderd, maar bij nader inzien vinden ze het toch écht een klus voor hem.

Gelukkig vindt Leo Beenhakker dat zelf ook.

Maandag zal hij beginnen.

Maandagochtend, iets na tienen. Leo Beenhakker heeft zojuist zijn intrek genomen in de trainerskamer van De Kuip. Zeven jaar geleden verliet hij deze ruimte voor het laatst – toen halsoverkop. Dat was nog geen halfuur nadat hij met Feyenoord van FC Utrecht had verloren. Na het indienen van zijn ontslag had hij destijds zoveel haast gehad om Rotterdam te verlaten, dat hij op weg naar de uitgang met zijn Mercedes bijna de spelersbus van FC Utrecht had geramd.

Maar nu is hij terug.

Er is in de tussentijd weinig aan de inrichting van het kamertje veranderd. Er staan nog steeds twee zwarte leren banken, een laag salontafeltje, een bureau met een computer die zelden aangaat en er hangt een televisie die, afhankelijk van de voorkeur van de trainer van dat moment, is afgesteld op teletekst pagina 801 of op de zender met de beursberichten.

Zeven jaar lang was het ondenkbaar dat Leo Beenhakker ooit nog eens in deze kamer zou terugkeren. Dat had alles te maken met zijn overgang naar Ajax. Maar nu hij er toch echt weer staat, is het ook gelijk alsof hij er nooit is weggeweest. Gek is dat. Leo Beenhakker hangt zijn jas aan de kapstok waar vier dagen eerder nog nietsvermoedend de kleren van zijn voorganger hingen, en kijk: de herinneringen aan Erwin Koeman zijn volledig opgelost.

Hoe doet hij dat?

Er is geen tijd om het te vragen. De perschef komt binnen. Er zal vanmiddag een presentatie voor de media worden gehouden. Leo Beenhakker knikt en zucht eens diep. Hij legt zijn aansteker en doosje sigaren naast het toetsenbord van de computer.

Zo, vanaf nu is dit weer zíjn bureau.

Een uur later. Showtime in de perskamer van De Kuip. Het is er drukker dan normaal. De achterwand staat vol tv-camera's. Leo Beenhakker wekt niet de indruk dit heel erg te vinden.

Op de gang loopt hij Nicky Hofs tegen het lijf.

'Hé Hoffie!' roept Beenhakker. 'Hoffie!' Het is niet eens zo heel lang geleden dat de twee elkaar zagen, maar hij begroet de voetballer of het een verloren gewaande zoon betreft, een die zojuist is teruggekeerd van een heel lange walvisvaart.

'Monnikenhuizen!' roept Beenhakker naar de lachende Hofs, geeft hem een klap op de schouder en vervolgt zijn weg naar de ruimte met journalisten.

Een dag eerder, bij *Studio Voetbal*, heeft Beenhakker zijn terugkeer publiekelijk ingeleid. Hij deed dat met een licht Rotterdams accent dat voor de gelegenheid nog even extra was aangezet, want alleen een kameleon weet zich sneller aan zijn omgeving aan te passen dan hij.

Daar zit hij dan, de nieuwe trainer van Feyenoord, en hij vertelt over een 'duty-call' en hoe het allemaal zo gekomen is. Hij draagt een zwart kostuum met een rode stropdas op een wit overhemd. Het zijn de clubkleuren van Feyenoord. Niemand weet of dat toeval is of niet.

Na afloop mogen er vragen worden gesteld. Een verslaggever van *Hart van Nederland* neemt het woord. De man is bij Hans Kraay jr. geweest. Die heeft hem voorspeld dat Beenhakker de komende dagen in Rotterdam vooral heel veel armen om heel veel schouders zal gaan leggen en ook regelmatig 'een bakkie zal doen' met Van Hooijdonk. Of dat klopt?

Hoewel Beenhakker diep in zijn hart altijd wel een uitdaging ziet in dit soort vragen, zucht hij toch maar even diep. Daarna begint hij, op een gespeeld zeurderige toon die veel routine verraadt, aan een lange monoloog. Hij sluit af met de mededeling: 'Ja, we zullen inderdaad af en toe een bakkie doen, ja. En we gaan af en toe ook even lachen, als jij het niet erg vindt.'

In de perszaal wordt tevreden gegrinnikt, want hier is men voor gekomen: de Beenhakker-show. Uniek in zijn soort. Kijk maar, zelfs de linkse dagbladjournalisten lachen mee.

Zelf vertrekt Beenhakker geen spier. Er wacht serieus werk, dus heeft hij zijn serieuze gezicht op. Na een klein halfuur schuift hij zijn stoel aan en baant zich een weg door de cameraploegen. Onderweg stopt hij alleen een ogenblik bij de tafel waaraan senior manager Fred Blankemeijer (80) zit. De twee wisselen een blik die men gewoonlijk bewaart voor begrafenissen en 4 mei-herdenkingen. Daarna legt Beenhakker zijn handen op die van de oer-Feyenoorder, precies lang genoeg om zeker te weten dat de cameramensen de tijd hebben gehad om scherp te stellen. Vervolgens verdwijnt hij alsnog zuchtend en steunend in de catacomben van De Kuip.

Daar, in het binnenste van het stadion, heeft inmiddels iemand een krantenfoto op de deur van Feyenoords kleedkamer geplakt. Het is een portret van Adje, de assistent van Paul de Leeuw. Adje heeft zijn mond open en kijkt in de lens alsof hij op het punt staat te gaan niezen. ADJE INTERIM, is er in viltstiftletters onder de krantenfoto geschreven.

Ook in de kleedkamer zelf is het welkomstcomité aan de gang geweest. Danny Buijs heeft een rol tape uit de kast van verzorger Gerard Meijer gehaald en daarmee de woorden WELKOM THUIS op de vloer geplakt. Ook heeft hij, zo goed en zo kwaad als het ging, een soort cirkel geknutseld.

Negen jaar eerder kwam Leo Beenhakker voor het eerst thuis. Dat was op een winderige novemberdag, toen hij gedurende zijn hele eerste training een Feyenoord-sjaal om zijn hals droeg. Rooie Sonja, een vrouwelijke supporter, had hem die eigenhandig omgeknoopt. 'Ik krijg hem wel terug als we kampioen zijn, Leo,' had ze erbij gezegd. Iedereen had gelachen, want dit was natuurlijk een grap.

Maar het gekke is: een seizoen later wás Feyenoord kampioen. Voor het eerst in zes jaar. Leo Beenhakker gaf er destijds blijk van te kunnen stunten in De Kuip. Eerst liet hij het Feyenoord van Claeys en Zwijnenberg winnen van Juventus. Daarna maakte hij de ploeg zelfs kampioen. In 1999 bleek hij een team te hebben gesmeed dat er een hobby van maakte om wedstrijden met minimaal verschil te winnen. Het liefst in de laatste minuut én van een tegenstander die eigenlijk beter was. Freek de Jonge noemde Feyenoord 'een elftal dat weigert te verliezen'. Op straat had men het zelfs over Lucky Feyenoord. Maar ver voor het einde van de competitie stond er wel een kwart miljoen mensen op de Coolsingel te juichen.

Vandaag lijkt dat allemaal heel lang geleden. Deze ochtend draagt Beenhakker ook geen sjaal (wel een Feyenoord-pet) en supporters zijn er al helemaal niet. Niemand is de komende anderhalf uur welkom in De Kuip. De eerste training onder Leo Beenhakker is geheim. De deur gaat dicht, ook voor de pers.

Het regent tijdens de geheime training in De Kuip. Op de tribunes blazen mannen met machines de laatste herinneringen aan de bekerfinale van gisteren weg. Op vak P wordt het achtergelaten spandoek 'AZ Maak me Gek' in een vuilniszak gestopt. Terwijl de selectie aan het lopen is, zoeken de assistent-trainers John Metgod en Henk Duut als vanouds naar ballen die in de gracht zijn geschoten.

Op de achtergrond kuiert Leo Beenhakker over het veld. Hij heeft zijn handen op zijn rug en de klep van zijn pet diep over zijn ogen. Zijn rug is krom, de blik is naar de grond gericht. Het is net of hij zeven jaar geleden iets waardevols is kwijtgeraakt in De Kuip en nu even van de gelegenheid gebruikmaakt om te zien of het er soms nog ligt.

Beenhakker staat al minutenlang met zijn rug naar het elftal. Piekert hij? Of is hij juist geïnspireerd? Het is hoe dan ook een raadselachtige pose voor iemand die maar drie dagen de tijd heeft om een ten dode opgeschreven elftal nieuw leven in te blazen.

Na afloop van de training sleept Leo Beenhakker zich door de spelerstunnel terug naar de kleedkamers. Hij zucht voordat hij de trap op gaat en blaast wanneer de beproeving is volbracht. Dan gaat hij met zijn handen in de zij in de deuropening van de medische ruimte staan en knikt naar verzorger Gerard Meijer.

'Nou, Meijer!' roept Beenhakker, op een volume waarvan hij zeker weet dat het ook door de spelers in de aangrenzende kleedkamer kan worden verstaan. 'Dit is een piece of cake, hoor!'

De 71-jarige verzorger komt met opgetrokken wenkbrauwen naar buiten.

'Een piece of cake!' roept Beenhakker, nu iets harder.

Meijer knikt.

'Leo,' zegt hij, 'ik heb je even nodig over...'

Beenhakker doet net of hij het niet hoort.

'*A walk in the park!*' schreeuwt hij door de gang.

De volgende ochtend. Er zal worden getraind aan de overkant, op het jeugdcomplex. Leo Beenhakker en de selectie van Feyenoord steken de Varkenoordseweg over. De trainer doet dat blootshoofds, want de pet die hij gisteren nog droeg, heeft hij vandaag op zijn kamer laten liggen. In de wind slaan zijn haren als grijze vlammen uit zijn hoofd, wanneer hij onderweg is naar de plek waar hij in de jaren zeventig nog een jeugdtrainer met een flinke bos rood haar was.

In het kielzog van Leo Beenhakker volgt een lange sliert supporters. Er zitten veel AOW'ers tussen. Sommigen hebben de fiets aan de hand, anderen verplaatsen zich per rollator. Daar gaat hij: Leo, de rattenvanger van Rotterdam-Zuid, die het goedgelovige volk door het drukke Rotterdamse verkeer leidt als Mozes door de Rode Zee. Het is een onbetaalbaar gezicht.

Wel is het jammer dat sommige volgelingen halverwege de oversteek met rollator en al op de vluchtheuvel stranden, want Leo Beenhakker heeft er flink de pas in. Er zijn nog precies twee dagen om het haperende Feyenoord aan het draaien te krijgen. Leo krijgt haast.

Het is die ochtend fascinerend om hem aan het werk te zien. Hoe makkelijk hij van toon varieert. Hoe handig hij de reacties van de toeschouwers bij de training erbij betrekt. En, eerlijk is eerlijk, hoe hij langzaam maar zeker steeds meer leven in de spelers krijgt.

Op de tribune klitten nieuwsgierige jeugdtrainers van Feyenoord bijeen, maar dat is zinloos. Ze proberen een kunst af te kijken, die helemaal niet af te kijken is.

'Valt je niks op?' vraagt Gaston Taument, die, diep weggedoken in zijn kraag, ook van een afstandje toekijkt en voor het gemak gelijk maar zelf het antwoord geeft. 'Hij doet alle oefeningen in een kleine ruimte.'

Taument heeft gelijk. Beenhakker brengt de verdeelde selectie letterlijk dichter bij elkaar. 'Iedereen heeft op deze manier veel balbezit, iedereen is in staat veel te scoren. Dat is goed voor het zelfvertrouwen. En het geeft hem de kans tussen de spelers door te lopen. Hij kan ze aanraken. Hij kan af en toe eens iemand apart nemen wanneer hij dat nodig vindt. Iedereen kan hem goed verstaan, óók niet-onbelangrijk in zijn geval. Dat is allemaal geen toeval. Hij is zó slim.'

Verderop staat nóg een oud-Feyenoorder, een die acht jaar geleden zelfs samen met Beenhakker op het bordes van de Coolsingel stond. De trainer van toen, met een Feyenoord-sjaal boven zijn hoofd en met de kampioensschaal in zijn handen. Nu zoekt Jean-Paul van Gastel naar woorden om de methode-Leo Beenhakker te beschrijven. 'Het is moeilijk uit te leggen,' zegt hij. 'Die man heeft iets. Iets wat maar weinig andere mensen hebben. De kern is dat hij heel snel doorheeft hoe hij je het best kan raken. Tegen mij begon hij bijvoorbeeld altijd over Brabant. Hij wist gewoon dat me dat een goed gevoel gaf.'

Van Gastel noemt Beenhakker 'een niet-afgestudeerde psycholoog'.

Daar zit iets in.

Het is pas diens tweede werkdag in Rotterdam, maar er begint inderdaad iets merkbaar te worden van zijn aanwezigheid. Om te beginnen: er komt weer geluid uit de selectie. Op de training was er zelfs een opstootje tussen twee spelers: dat is lange tijd niet gebeurd. Ook kon men André Bahia weer eens zien lachen, nog lang nadat Leo Beenhakker hem een kennelijk tamelijk goede Spaanse mop had verteld. Zelfs de supporters, zeven jaar lang zijn grootste vijanden, blijken nu opeens ontvankelijk voor zijn charme.

'Laat Leo maar met die gasten lullen,' zegt er één, terwijl hij toeziet hoe Beenhakker zijn arm weer eens om Stein Huysegems slaat. 'Lullen, daar is hij goed in.'

'Ja,' zegt z'n buurman, 'als Leo hier klaar is, kan hij zo naar de VN-veiligheidsraad.'

Praten doet Beenhakker inmiddels inderdaad volgens het Martini-principe: anytime, anyplace, anywhere. Maar vooralsnog niet tevergeefs, want het meest frappante is toch wel dat er plotseling niemand meer is geblesseerd. Het hele seizoen zat de medische ruimte vol moeilijk kijkende Feyenoorders, maar sinds kort heeft niemand nog ergens last van. Verdwenen zijn de pijntjes aan enkels, knieën en hamstrings, alsof Leo Beenhakker niet elke dag uit België komt rijden om Feyenoord te helpen, maar rechtstreeks uit Lourdes.

'Ja, dat effect heeft hij op mensen,' zegt Van Gastel. 'Hij kan ervoor zorgen dat je er opeens weer zin in krijgt. Ik hoorde hem gisteravond bij *Studio Voetbal* uitleggen wat hij met Feyenoord wil. Het scheelde niet veel of ik had ook mijn schoenen weer uit het vet gehaald.'

Woensdagmiddag. Nog anderhalve dag voor de eerste play-offwedstrijd tegen Groningen. Leo Beenhakker sloft richting de perszaal. Eenmaal aangekomen bij de journalisten hijst hij zich zuchtend in zijn stoel, buigt voorover naar de microfoons op tafel en zegt: 'Nou, brand maar los.'

De eerste vraag ('Leo, kun je iets vertellen over je eerste ervaringen?'), levert een antwoord op van 3 minuten en 28 seconden. Daarna ('Leo, heb jij een idee waarom Charisteas al twee maanden niet gescoord heeft?') volgt er een van één minuut en 36 seconden en vervolgens ('Leo, heb jij nog tegen een paar spelers gezegd dat ze zeker spelen?') een van 55 seconden precies.

En na 12 minuten en 34 seconden zegt Leo Beenhakker:

'Voetballen doe je met een bal.'

Hij kijkt er zo serieus bij, dat op de eerste rij de dienstdoende ANP-verslaggever er hardop van in de lach schiet. Beenhakker doet net of hij het niet ziet.

Na zestien vragen, die samen 17 minuten en 4 seconden aan antwoorden opleveren, is het voorbij. Leo Beenhakker stapt weer eens op.

'Zo,' zegt hij bij het verlaten van de perskamer tegen de journalisten, 'veel plezier ermee.'

Donderdagavond, de Euroborg. Het is volgens de reglementen van de KNVB al een tijdje verboden te roken langs het speelveld, maar FC Groningen-Feyenoord is nog maar vier minuten oud of de eerste sliertjes sigarenrook zijn al waarneembaar boven de dug-out van de gasten. Binnen zit Leo Beenhakker (65) stiekem te paffen.

Hij heeft er een speciale methode voor ontwikkeld. Zolang hij in de dug-out zit, is er niets aan de hand. Dan houdt hij zijn sigaar gewoon tussen de wijs- en middelvinger van zijn rechterhand, zoals altijd. Maar als hij naar de zijlijn moet, legt hij hem snel op het richeltje naast zijn stoel. Het enige dat hem daarna af en toe nog verraadt, zijn de laatste restjes rook die vanuit het diepste van zijn longen onverwachts opborrelen en langs zijn grote lippen naar buiten vluchten, precies op het moment dat hij zijn elftal aanwijzingen geeft en de camera's van Talpa hebben ingezoomd.

Het gebeurt niet vaak.

Anders dan in het gewone leven, is Beenhakker langs de zijlijn kort van stof. Een paar steekwoorden en wat gebaren, daar houdt hij het meestal bij. Wanneer hij terugkeert in de dug-out komt het zelden voor dat hij zijn Wilde La Paz opnieuw moet aansteken.

In de 22e minuut heeft Leo Beenhakker net weer de brand in een vers exemplaar gestoken, wanneer Jonathan de Guzman, vlak voor zijn neus, een zware overtreding begaat en van het veld wordt gestuurd. Vanaf dat moment is de gebruikelijke routine verstoord. Niet alleen staat Beenhakker opeens langer langs de lijn, ook rookt hij nu in het openbaar. Klaarblijkelijk was er zojuist in alle commotie geen tijd om zijn sigaar op het richeltje te leggen, want hij houdt hem sindsdien gewoon open en bloot tussen zijn vingers geklemd.

Nu Feyenoord met tien man is komen te staan, geeft Beenhakker Stein Huysegems en Romeo Castelen nieuwe instructies. Beenhakker is nu veel drukker dan normaal. Ter afsluiting krijgt Huysegems zelfs een bemoedigend schouderklopje. Als je niet beter zou weten, zou je zeggen dat de trainer nerveus is.

Als Huysegems zijn nieuwe positie heeft ingenomen en Beenhakker zich omdraait, laat die per ongeluk zijn sigaar in het gras vallen. Snel buigt hij zich voorover om het ding te pakken. Dan neemt hij een diepe haal en loopt hoofdschuddend terug naar de bank.

Tijdens FC Groningen-Feyenoord rookt Beenhakker in totaal vier sigaren, die hij inhaleert alsof het mentholsigaretten zijn. Verder maakt hij twee keer een wegwerpgebaar naar scheidsrechter Vink, duwt één keer de vierde man opzij en overlegt zowel in de eerste als in de tweede helft een paar keer uitgebreid met een aantal spelers. Ook zet hij een keer zijn voet op het tafeltje van de vierde man om op zijn gemak de veters van zijn schoen te strikken.

Die schoen zat tot voor kort nog aan de rechtervoet van commercieel directeur Sjaak Troost, maar nu deze is vertrokken draagt Leo Beenhakker zijn spullen af. Het is een van de weinige voordelen van een onrustig seizoen met veel verloop: er is altijd wel een clubkostuum in de juiste maat over.

Na afloop, als Feyenoord met 2-1 heeft verloren, hangt Beenhakker in de Groningse perskamer in een stoel. Naast hem zit Ron Jans. Het contrast in lichaamstaal is groot. De trainer van FC Groningen zit kaarsrecht en laat met elke vezel in zijn lijf blijken dat hij niet kan wachten op de eerste vraag. Als Ron Jans een staart had gehad, zou hij nu heel hard kwispelen.

Beenhakker is anders. Die zit dan weer voorovergebogen en dan weer achterover geleund op zijn stoel. Die krabt aan zijn voorhoofd, wrijft langdurig in zijn ogen, haalt onder de tafel de sokken van Sjaak Troost op, veegt pluisjes van zijn kraag die er helemaal niet zijn, doet zijn das recht, haalt in slow motion zijn hand door zijn haar, zucht eens wat in de microfoon, drinkt in etappes een flesje Spa Blauw leeg en vertelt dan dat men in twee dagen tijd natuurlijk geen wonderen mag verlangen van dit Feyenoord, dat het 2-1-verlies genoeg hoop biedt voor de return en dat hij niet kan wachten tot het zondag is.

Dat duurt al met al een minuut of tien, waarin het steeds rumoeriger wordt doordat achter in de perszaal een schaal bitterballen is gearriveerd en veel journalisten nu automatisch in gewetensnood komen.

'Oké?' zegt Beenhakker snel, als hij merkt dat de aandacht is verslapt en de vragen stokken, 'Zijn we er?'

Hij wacht geen antwoord af, schuift zijn stoel aan en vertrekt. Op de gang staat hij nog wel even een Poolse verslaggever in het Engels te woord. Daarna gooit hij zijn sigaar op de grond, trapt hem uit en vertrekt, zuchtend en met de blik naar de grond, richting spelersbus.

De gemiddelde perskamer in Nederland heeft de knusheid van een parkeergarage, maar Leo Beenhakker probeert er toch altijd zo snel mogelijk sfeer te scheppen. Dat doet hij vaak met een quasi-terloopse opmerking in aanloop naar het officiële gedeelte, bij voorkeur tijdens het loopje van de deur naar het spreekgestoelte. Als een geroutineerd artiest die in de openingsminuten van zijn show het publiek even test, peilt hij op die manier de stemming onder de journalisten.

Zo ook deze zaterdagmiddag, de dag voor de return tegen FC Groningen in De Kuip.

'Ik heb maar één probleem,' mompelt hij bij binnenkomst, hard genoeg om het alle persmensen te laten verstaan, 'en dat is dat mijn gedichtje maar niet wil rijmen.' De sneer richting Van Gaal werkt. Er wordt gegrinnikt. Lachend gaat Beenhakker op zijn stoel zitten.

Johan Cruijff schijnt gezegd te hebben dat Leo Beenhakker de enige trainer is die het laatste kwartier van de wedstrijd nooit wisselt omdat hij die tijd gebruikt om te verzinnen wat hij op de persconferentie zal gaan zeggen. Maar dat was dan waarschijnlijk kinnesinne van Cruijff en bovendien te onlogisch om waar te zijn, want niemand heeft van nature zo'n bedwelmend effect op de pers als Beenhakker. Ook deze zaterdag nemen sommige sportjournalisten – bewust of onbewust – de houding van theaterpubliek aan, zodra hij zuchtend tegen de microfoon tikt en hun een leuk verhaaltje begint te vertellen.

Een dag later is het allemaal voorbij.

In het gastenvak roffelen vreemde handen op het plexiglas. Daaronder hangt het scorebord: Feyenoord-FC Groningen: 1-1. Het staat er echt.

De missie-Beenhakker is nu officieel mislukt.

'Helemaal niets in Rotterdam!' zingen de Groningse supporters in Vak GG pesterig, maar er zijn nog maar weinig mensen die het horen. Leo Beenhakker is in elk geval allang naar zijn kamer vertrokken. Ook de meeste Feyenoord-supporters zijn al buiten. In een stille processie slepen ze zich nu voort langs het Maasgebouw. Daar blokkeert de ME uit voorzorg de ingang, maar dat is zonde van de moeite. Niemand heeft nog de aanvechting amok te maken. Iedereen wil nu maar één ding: naar huis.

In het binnenste van het stadion komt Beenhakker voor het laatst de perskamer binnenlopen. 'Goeiemiddag,' zegt hij, 'alhoewel... dat goeie kan ik beter weglaten.'

Het is weer zo'n opmerking om de stemming te peilen. Maar dit keer komt er nauwelijks respons. Nu er niets anders meer rest dan het verlies toe te geven, is de magie van de afgelopen dagen plotseling verdwenen. Er is iets veranderd, de oude rot moet het zelf ook voelen: Don Leo, de man van de wereld die met Feyenoord kwam stunten, is weer gewoon Leo uit Charlois geworden.

'Ik ben natuurlijk ziek van het resultaat,' roept hij in elke microfoon die hem wordt voorgehouden, 'maar voor de rest vond ik het allemaal énig.'

Voor het eerst in zeven dagen is het moeilijk hem te geloven.

Precies een week na zijn vertrek circuleren er foto's van Beenhakker op internet. Je ziet hem langs de kant van het veld staan. Hij draagt het kostuum van Sjaak Troost.

'Het waren zeven heerlijke dagen', staat er boven de foto. En daaronder: 'Dat is er één van Tempo Team'.

In De Kuip rommelt Fred Blankemeijer intussen wat in zijn bureaula. 'Hier,' zegt de senior manager, 'moet je kijken, over foto's gesproken...'

Met zijn gerimpelde pianistenvingers haalt hij een stapeltje tevoorschijn. We zien Leo Beenhakker, met Feyenoord-pet en al, stoer in de lens kijken.

'Die hebben we vorige week speciaal laten maken, voor de handtekeningenjagers,' zegt Blankemeijer. 'Nu blijven we ermee zitten. Zonde, hè?'

Hij doet het elastiekje terug om de stapel, schuift zijn la dicht en gaat over tot de orde van de dag.

‘Dag jochie,’ zegt hij bij het weggaan, ‘het komt allemaal wel weer goed hoor.’

Op weg naar huis kraakt de autoradio een beetje. In een praatprogramma komt een filosoof aan het woord. ‘Het leven is een toneelspel,’ zegt hij, ‘dat draaglijker is naarmate er beter gespeeld wordt.’

Het ANP-nieuws meldt al de hele dag dat Feyenoord met Co Adriaanse heeft gesproken.

De naam Leo Beenhakker valt nergens meer.

‘FC Twente heeft mijn leven veranderd’

(2011)

Een regenachtige zaterdagochtend op de luchthaven van Glasgow. Joop Munsterman komt de aankomsthal binnen. De kleding is casual, de zwarte haardos is enigszins verward, alsof de voorzitter van FC Twente de hele vliegreis tussen Nederland en Schotland met zijn hoofd buiten het raam heeft gehangen. Voor iemand die een week daarvoor de landstitel op één punt is misgelopen, maakt Munsterman een opvallend montere indruk. ‘In de bus terug uit Amsterdam heb ik wel even gevloekt hoor,’ geeft hij toe, ‘maar ’s avonds, tussen al onze supporters, was ik alweer over mijn teleurstelling heen.’

Gelukkig maar, want het gezelschap waarin hij vandaag verkeert is te kleurrijk om er chagrijnig bij te lopen. Achter hem bijvoorbeeld, vallen de kromme benen van Frans Thijssen, de voormalig technicus van FC Twente, te bewonderen. Theo Snelders, de oud-keeper, is hier ook en even verderop tasten de ogen van cultheld Jeroen Heubach de aankomsthal af. Hij is op zoek naar de uitgang. Er moet dringend gerookt worden. Intussen rollen er nog veel meer Tukkers het vliegtuig uit. Dit zijn de vrienden van Dennis van Unen. Zonder hem was deze reis nooit gemaakt.

Dennis van Unen was een FC Twente-supporter met rood haar en een voorliefde voor Schots voetbal. In zijn vrije tijd deed hij wat al zijn maten ook deden: bier drinken, over FC Twente praten en voetballen in het tiende elftal van Enschedese Boys. De Buffelkoning, zo stond hij daar bekend. Een bijnaam die hij dankte aan zijn tomeloze inzet binnen de lijnen. In augustus 2006 kregen De Buffelkoning en zijn vrouw Mirjam een dochtertje. Ze noemden haar Nienke. Maar één dag na de geboorte werd Dennis van Unen met spoed naar het ziekenhuis geroepen. Daar kreeg hij te horen dat hij niet lang meer te leven had. Er was een ernstige vorm van kanker bij hem geconstateerd. De doktoren konden niets meer voor hem doen.

Dennis van Unen had toen nog één grote wens. Voordat hij ging sterven, wilde hij een keer op de tribune hebben gezeten bij een wedstrijd tussen Celtic en Rangers. Dat was voor zijn vrienden het sein om een zoektocht te beginnen naar twee kaartjes voor The Old Firm. En zo kon het gebeuren dat op een avond in 2006, in het uiterste zuiden van Schotland, de telefoon rinkelde bij ene Jim McKie, een fanatieke Rangers-supporter met de bouw van een brandkast en een voorliefde voor Nederlanders. Zonder er een seconde over na te hoeven denken, stond hij zijn kaartje af aan de onbekende voetballiefhebber uit Enschede. Niet veel later had hij ook zijn buurman James zover hetzelfde te doen. Omdat de één een protestantse Rangers-fan was en de ander een katholieke Celtic-supporter, was het contact tussen de twee buren traditiegetrouw tot het minimum beperkt gebleven, maar nu kwamen hun werelden dan toch bij elkaar, dankzij een anonieme Twente-supporter en zijn vrouw. In december van dat jaar zat Dennis inderdaad naast Mirjam op de tribune bij The Old Firm. Het werd 1-1. De Buffelkoning genoot. Zijn laatste wens was in vervulling gegaan. Drie maanden later stierf Dennis van Unen. Hij was 32 jaar oud.

Zowel Jim als James was bij de begrafenis aanwezig. Het was het begin van een hechte vriendschap tussen hen en de vriendenclub van Dennis van Unen. Uiteraard bezochten de Schotten ook al snel een wedstrijd van FC Twente. Ze raakten onder de indruk van de sfeer en de gastvrijheid op Vak P. Thuis, in het vissersgehucht Stranraer, bleven ze de ploeg volgen. Ze werden steeds fanatieker. Met enige regelmaat maakten ze de oversteek naar Enschede. James besloot een tattoo van FC Twente op zijn been te laten zetten. Jim vulde zijn ijskast niet langer met Guinness maar met Grolsch en tot afgrijzen van hun echtgenotes kleurden de inboedels van hun huizen langzaam maar zeker rood-wit. Het onwaarschijnlijke was gebeurd: de twee Schotten waren verliefd geworden op FC Twente. En nog onwaarschijnlijker: de Rangers- en Celtic-supporter werden dikke vrienden.

Vandaar dat er nu op deze druilerige zaterdagochtend een delegatie van zo'n tachtig Tukkers op weg is naar Stranraer, een vlekje op de kaart, zo'n twee uur rijden van Glasgow. Daar zal dit weekeinde de eerste officiële Schotse fanclub van FC Twente worden opgericht. Twee dagen lang zal het dorpje rood kleuren. Er staan voetbalclinics voor de jeugd op het programma, er wordt een grote feestavond gehouden en er zal een erewedstrijd worden gespeeld tussen de lokale voetbalhelden en de jongens van Enschedese Boys 10, het elftal van De Buffelkoning.

Het miezert nog steeds wanneer de bus met Nederlanders het parkeerterrein van het North West Castle Hotel opdraait. Daar wordt het gezelschap welkom geheten door Hammy McMillan. Vroeger was hij wereldkampioen curling. Nu is hij eigenaar van het enige grote hotel in het dorp. Stanraer is een nederzetting van zo'n tienduizend zielen, ingeklemd tussen groene Schotse heuvels en de boorden van de Ierse zee. Het is een slaperig stadje. Soms komt er een veerboot aan. Soms vaart er een veerboot weg. Meer gebeurt er niet. Vandaar dat Jim McKie en zijn buurman James Hilton bij het organiseren van deze dag op nogal wat scepsis stuitten. Niemand geloofde hen toen ze zeiden dat er een officiële delegatie van de voormalig landkampioen uit Nederland zou overkomen. Joop Munsterman werd een paar maanden geleden dan ook gedwongen een videoboodschap richting Schotland te sturen. 'Hallo, mijn naam is Joop Munsterman,' zei hij toen in de camera. 'Ik ben de voorzitter van FC Twente en geloof me, we komen écht naar Stanraer.'

En verdomd, de middag is amper aangebroken of in het minuscule stadion van Stranraer FC zwaait de deur van de bestuurskamer open en valt de Nederlandse delegatie binnen. Al snel is de ruimte bomvol, want alles is hier klein. In de prijzenkast staat de bescheiden oogst van deze semiprofclub: een handjevol bekers en trofeeën, wat vaantjes en tegenstanders met onuitspreekbare namen en elf flessen whisky.

Het Enschedese PvdA-gemeenteraadslid Gerrit Dijkhuizen is hier ook. Zijn zoon Boris maakte ooit deel uit van Enschedese Boys 10. Tot hij in juni 2009 plotseling werd getroffen door een hersenbloeding en overleed. Net als Dennis van Unen, werd hij maar 32 jaar. Deze dag is ook voor hem. Het is onder meer te zien aan de T-shirts die sommige Tukkers dragen. 'In Memoriam Dennis en Boris', staat erop. En daaronder: '*You'll Never Walk Alone*'.

Er zijn hapjes en veel drank, cadeautjes worden overhandigd en ervaringen gedeeld. 'Het is een eer om zoveel celebrity's in onze kleine gemeenschap te hebben,' zegt Stanraer-gemeenteraadslid Roberta Tuckfield. Daarna krijgt Joop Munsterman het woord. Ook aan de andere kant van Het Kanaal blijft hij gelukkig zijn enthousiaste zelf. '*I feel at home here,*' zegt hij. En: '*Football brings worlds together.*' Tot verbazing van de Schotten stromen uit allerlei uithoeken intussen plukjes Twente-supporters binnen. Op televisie is te zien hoe Celtic de Schotse FA Cup wint, maar het commentaar wordt overstemd door het sissende geluid van blikken bier die in steeds hoger tempo worden opengetrokken. Het is een nogal dorstig gezelschap dat hier is neergestreken. Gerrit Dijkhuizen houdt intussen ook een speech. Hij legt onder meer uit waarom je nooit water bij je whisky moet doen. 'Water is vies,' zegt hij tegen de verbaasde Schotten, '*fish fuck in it.*' De stemming is uitgelaten.

Dat is het nog steeds, wanneer het hele gezelschap plaatsneemt op de tribune en de twee elftallen het veld opkomen. Het is een mooi gezelschap dat Enschedese Boys 10 in deze internationale wedstrijd vertegenwoordigt. Het doel wordt bijvoorbeeld verdedigd door Edwin Vos, een vriendelijke kledingverkoper met een lichaam dat direct aan oud-FC Twente-doelman Piet Schrijvers doet denken. Ook dringt de vergelijking met Jeroen Verhoeven zich op. 'Oooooooh... Pizza!' roepen de Twente-fans vanaf de tribune naar hun keeper. Die balt zijn vuist en zwaait naar de tribune, waardoor even de vrees bestaat dat hij al vóór het eerste balcontact uit zijn shirt zal zijn gescheurd.

Dan stellen de twee elftallen zich op. Schotse kinderen dragen de Nederlandse vlag het veld op. Mirjam van Unen en Gerrit Dijkhuizen betreden arm in arm het veld. Als vanzelf daalt er een stilte over het sportpark. Twee spandoeken worden ontrold. Het één ter nagedachtenis aan Dennis van Unen, het andere aan Boris Dijkhuizen. Op de tribune krijgt Joop Munsterman kippenvel. Het gekraak dat uit de krakkemikkige speakers komt, kondigt het begin van de ultieme voetbalsong aan. Het is elf minuten over vier in de middag. In de verte vertrekt de veerboot naar Belfast, op de tribune en op het veld van Stair Park zijn de gedachten bij De Buffelkoning, bij Boris en zijn arme vader, bij Nienke die pas vierenhalf jaar is en het zonder vader moet doen, en bij Mirjam, die haar blik neerslaat wanneer de eerste tonen van '*You'll Never Walk Alone*' over het veld waaien. Het is in al zijn bescheidenheid een indrukwekkend moment.

Even later, in de catacomben van het stadion, leunt Joop Munsterman tegen een muur. De voorzitter is nog steeds onder de indruk. 'Ik ben bij de begrafenis van allebei die jongens geweest. Daar moest ik net even aan terugdenken. Ik zag Gerrit weer als een gebroken man naast de kist van zijn zoon staan, ik moest denken aan Mirjam en hoe dapper zij destijds in de kerk een speech hield. Ik vind het fantastisch dat die jongens op deze unieke wijze worden geëerd. René van der Gijp maakte mij gisteravond nog belachelijk op televisie, vanwege de sociale activiteiten die wij met FC Twente ondernemen. Dat mag hij doen, hoor. Maar als je een dag als vandaag meemaakt, weet je dat het juist om dit soort dingen draait. Natuurlijk, de beker en de titel zijn mooi. En daar gaat het ook om bij FC Twente. Maar dit is het kleine geluk.'

Op het veld is de wedstrijd intussen in volle gang. Enschedese Boys 10 is een apart elftal. Je hoeft niet al te best te kunnen voetballen om er lid van te kunnen worden. De enige voorwaarde is dat je een seizoenkaart voor FC Twente hebt. Dit zijn de fanatieke supporters van het eerste uur, de jongens die al achter het doel stonden in een tijd dat het seizoen voor FC Twente al was geslaagd wanneer degradatie was ontlopen. Zoals Baco, de spits van vanmiddag, een goedaardige reus die én scoort én de grootste misser van de middag op zijn naam brengt. Na afloop van de wedstrijd trekt hij zijn shirt uit en gooit het professioneel naar zijn maten op de tribune. Die gooien het even hard weer terug en zeggen dat hij een papzak is en harder moet trainen.

Die avond, in het hotel. De feestzaal staat vol met Twente-supporters. Een man of tachtig verdringt zich voor de bar of wacht aan grote tafels op de dingen die komen gaan. Theo Snelders, ex-Rangers en ex-Aberdeen, deelt handtekeningen uit, Frans Thijssen moet over zijn glorietijd bij Ipswich Town vertellen en op het podium kondigt een doedelzakspeler de komst van een traditioneel dansgroepje aan, bestaande uit drie kleine meisjes uit de omgeving. Het was een lange en vermoeiende reis naar dit gat in het zuiden van Schotland, maar de aanblik van tientallen getatoeëerde jongens van Vak P die op de banken gaan staan voor drie kleine meisjes in een Schotse ruitjesjurk, maakt het dat allemaal waard.

Er volgen nog meer tradities. Er wordt een schotel met haggis binnengereden. Dit gerecht is gemaakt volgens een eeuwenoud recept en bestaat uit een gekookte schapenmaag die is gevuld met longen, hart, lever, niervet en andere lekkernijen. Jeroen Heubach geeft de voorkeur aan een filtersigaret, maar Joop Munsterman schrikt niet van een gekookte schapenmaag meer of minder en neemt deel aan de ceremonie die bij het traditionele gerecht hoort. Begeleid door doedelzakmuziek maakt hij een ronde door de zaal. De haggis houdt hij als een kampioensschaal boven zijn hoofd. Vanuit de bar kijken de Twente-supporters verbaasd toe. 'Je kunt hem ook echt alles laten doen, hè?,' zegt een jongen met een Vak P-tattoo op zijn onderarm, voordat hij weer snel een halve liter lauw bier in zijn keelgat gooit.

En dan, wanneer Munsterman zijn bord haggis zowaar leeg heeft en even de indruk bestaat dat de Twente-supporters de bar hebben leeggedronken, breekt het officiële moment aan. Officials worden naar voren geroepen, de doedelzakspeler gooit er nog een deuntje tegenaan en dan is het zover: Joop Munsterman zet zijn handtekening op de stippellijntjes en daarmee is de oprichting van de eerste Schotse fanclub van FC Twente een feit. Ook deze mijlpaal in de clubgeschiedenis wordt tot diep in de nacht gevierd.

De volgende morgen, op Stair Park. Sommige Nederlandse gasten zien eruit alsof ze vannacht door twaalf heggen zijn getrokken en daarna nog een paar keer werden overreden door een Schotse stoomwals. Maar op het veld zijn Frans Thijssen, Jeroen Heubach en Theo Snelders al druk in de weer met honderden jeugdvoetballers. Ook Rob McKinnon, de Schot die ooit in de verdediging van FC Twente stond, heeft zich bij het gezelschap aangesloten. Midden op het veld staat Jim McKie. Het regent en het waait als een gek op het eiland, maar zoals gebruikelijk draagt hij alleen een T-shirt. Wanneer hij vertelt over Dennis van Unen en Boris Dijkhuizen verschijnt er kippenvel op zijn armen, maar dat is niet van de kou. 'Ik had Dennis één of twee keer aan de telefoon gehad, voordat ik hem ontmoette in Glasgow. Hij had me wel gezegd dat hij ziek was, maar niet dat hij stervende was. Daar kwam ik pas achter toen ik hem voor het eerst in levenden lijve zag. Binnen twee minuten vertelde hij me dat hij nooit meer beter zou worden. Dat greep me aan. Ik weet niet hoe het komt, maar ik voelde gelijk een connectie met die jongen. We waren vreemden voor elkaar, maar toch had ik snel het gevoel dat we elkaar al jaren kende. *He was a strong lad.* Ik heb hem nooit horen klagen over zijn lot, terwijl je aan zijn gezicht zag dat hij pijn had. *He'd never shed a tear.* Dennis sprak ook nooit over zijn ziekte. Hij sprak alleen over FC Twente.'

Het begint steeds harder te regenen, maar alles gaat gewoon door. Op de achtergrond is Frans Thijssen aan het kappen en draaien alsof hij weer twintig is.

McKie: 'James en ik hebben Dennis op de dag van onze ontmoeting meegenomen naar alle stadions van Glasgow. We zijn Hampden Park binnengeglipt voor een foto, net als Ibrox. Ik ben zelfs op

Parkhead geweest, het stadion van Celtic. Dat was wel even slikken voor mij. Daarna ben ik als Rangers-supporter ook nog in een echte Celtic-pub geweest. Dat is eigenlijk een doodzonde. Ik moest ook wel iets overwinnen om dat te doen en het heeft me thuis, in Stranraer, ook serieus veel vrienden gekost, maar voor Dennis deed ik het graag. Ik had het gevoel dat ik mijn soulmate had ontmoet. Heel vreemd. We kenden elkaar nauwelijks, maar nadat hij had verteld dat hij stervende was, heb ik de hele reis van Glasgow naar huis huilend achter het stuur gezeten. En James ook.'

Zoals de meeste mensen in Stranraer, werkt Jim McKie in de fabriek aan de rand van het dorp. Daar maakt hij al 33 jaar helmen voor F-16-piloten. 'De jongens op de fabriek wisten van de band die James en ik met Dennis hadden. Toen hij was overleden, hebben ze een inzameling gehouden om ons in Nederland te krijgen voor de begrafenis. Dat was geweldig. De mannen hebben geld opgehaald door zes mijl lang een vrachtwagen voort te trekken, de vrouwen zijn taarten gaan bakken en hebben die verkocht. Van de opbrengst konden wij twee vliegtickets naar Nederland kopen. Het was fantastisch hoe wij toen zijn opgenomen in de supportersgroep van FC Twente. *Amazing*. De warmte van die mensen is iets wat ik nooit eerder heb ervaren. Het is zoals ik in het voorwoord van ons programmaboekje schreef: we stonden niet achteraan, we stonden ook niet vooraan; we stonden in hun midden.'

Dan trekt hij zijn mouw omhoog en ontbloot zijn immense bovenarm. Hij heeft het Twentse Ros op zijn biceps laten tatoeëren. Daaronder staat de tekst 'Buffel Knuffel', als levenslang eerbetoon aan zijn overleden soulmate uit Enschede. 'Door Dennis, Boris en alles wat daarna is gebeurd, is mijn leven veranderd. Ik bedoel maar: ik drink alleen nog Grolsch-bier. Toen Rangers dit jaar kampioen werd kon ik niet blij zijn, want dezelfde dag had FC Twente de titel verspeeld tegen Ajax. James, een katholieke Celtic-fan, is mijn beste vriend geworden. Ik heb Jeroen Heubach leren kennen, Theo Snelders en al die andere beroemde voetballers. Dat zijn allemaal dingen waar ik nooit van had kunnen dromen. Ik ben ook anders tegen zaken aan gaan kijken. Twintig jaar lang ging ik elke dag in mijn Rangers-shirt naar mijn werk. Dat deed ik alleen om Celtic-supporters te provoceren. Nu ben ik gaan inzien hoe belachelijk het allemaal is: het sektarische geweld tussen katholieke en protestantse voetbalsupporters, de haat, de afkeer en de vooroordelen. Ik ga ook nooit meer in mijn Rangers-shirt naar mijn werk. Ik draag nu mijn FC Twente-shirt.'

'Het is vreemd: de aanleiding voor al deze veranderingen was natuurlijk dramatisch. De dood van De Buffelkoning en van Boris, wat ook een fantastische jongen was, heeft dit allemaal teweeggebracht. Daarom is het gek om te merken dat zoiets verschrikkelijks op langere termijn toch ook veel goede dingen kan brengen. Ik ben in Schotland veel vrienden kwijtgeraakt omdat ik als Rangers-supporter vrijwillig een Celtic-pub ben binnengegaan. Maar het is niet erg, want ik heb er in Nederland tien keer zoveel vrienden voor teruggekregen.'

Hij wijst naar een grijze man die in de middencirkel met een paar kinderen een balletje aan het trappen is. 'Zie je die man daar, in dat Rangers-trainingspak? Dat is Bobby, mijn broer. Wij konden nooit goed met elkaar opschieten. Vijftien jaar lang hebben we alleen maar ruzie gemaakt. Maar kijk: nu staan we met z'n tweeën op één veld en werken we samen. En dat allemaal dankzij Dennis en Boris. *It's amazing*. Het klinkt misschien wat vreemd, maar het is echt waar: FC Twente heeft mijn leven veranderd.'

Pelé en ik

(2006)

Tussen 1959 en 1991 was Pelé vijf keer in Nederland. Hij deelde er kleingeld uit aan kinderen. Ook speelde hij een potje tafelvoetbal met Hugo Hovenkamp en bakte hij koteletten in de keuken van een hotel. Tussendoor voetbalde hij drie wedstrijden, waarin hij vier keer scoorde.

*

'Nou, kijk,' zegt Guus Haak en hij schuift een stoel aan de kant. 'Die Pelé, die stond dus dáár.' De oud-voetballer wijst naar de hoek van de keukentafel. 'En waar het aanrecht is,' zegt hij, 'daar stond Eddy PG.' Ik heb Guus Haak zojuist gevraagd naar zijn herinneringen aan Nederland-Brazilië, editie 1963. Vanaf dat moment is hij in zijn Zoetermeerse keuken met meubilair gaan schuiven.

Veertienvoudig international Guus Haak was in zijn tijd een elegante vleugelverdediger. Het type dat hechtte aan een schone broek. Tot op de dag van vandaag vindt hij een sliding van een groot gebrek aan beschaving getuigen.

'Op een gegeven moment word ik in de lucht aangespeeld,' zegt Haak, die het nu voor de duidelijkheid even in de keuken zal voordoen. 'Andere backs zouden die bal natuurlijk allang het stadion uit gerost hebben, maar ik niet. Nee, ik hak 'm zo – hup – in de handen van Eddy Pieters Graafland. Achteloos, weet je wel.'

Guus Haak is een groot bewonderaar van Guus Haak. Daarom verschijnen er ook vier decennia na dato nog triomfantelijke trekken rond zijn mond. 'Nou, en daarna gebeurde het dus. Die Pelé keek me aan, glimlachte even en begon toen te klappen. Hoe vind je die? Kreeg Guus Haak applaus van de beste voetballer ter wereld! Nou jongen, dat vergeet je nóóit meer.'

Ik zeg dat ik het een mooi verhaal vind. Daarna schuiven we het meubilair weer terug op z'n plek. Aan de keukentafel bladeren we nog even door zijn plakboeken.

Haak heeft veel bewaard. Ook de brief van de KNVB waarin stond welke wedstrijdpremie destijds voor een overwinning op de regerend wereldkampioen gold. We lachen om het bedrag. We lachen nog harder om de reiskostenvergoeding op basis van een treinkaartje eerste klasse. Het brengt Guus Haak er uiteindelijk toe een geheimpje te verklappen.

'Het was in die tijd heel gebruikelijk dat er na de wedstrijdbespreking van Elek Schwartz plotseling een paar spelers tegelijk opstonden. Zogenaamd om naar het toilet te gaan. In werkelijkheid was het dan rennen geblazen naar een telefoon in de hotellobby. Anton Witkamp van *De Telegraaf* betaalde vijfhonderd gulden aan de eerste international die hem de opstelling doorbelde. Dat was 150 gulden meer dan de KNVB gaf voor een overwinning op Pelé.'

*

Gerard Helsma is postbode in Groningen. Als hij geen brieven door een gleuf duwt, zit hij thuis in zijn hobbykamer. Daar, tussen zijn plakboeken en oude kranten, herbeleeft hij al veertig jaar de wedstrijden uit zijn jeugd. GVAV-Stoke City, met de grote Stanley Matthews. Maar vooral Feyenoord-FC Santos in het Oosterpark, met een 18-jarige Pelé. Gerard Helsma was toen tien jaar, maar er zijn daarna nog maar heel weinig dingen in zijn leven gebeurd die méér indruk hebben gemaakt. Al 47 jaar lang is hij gefascineerd door één wedstrijd.

In 1999 stencilde hij er zelfs een boekje over in elkaar, waarvan hij de exemplaren persoonlijk ging langsbrengen bij boekhandels in de buurt.

Ik bel Gerard Helsma in zijn hobbykamer in Groningen. Een half-uur later hang ik weer op. Ik ben het volgende te weten gekomen:

-Feyenoord-Santos werd 0-3;

-Pelé scoorde de eerste goal;

-De wedstrijd maakte onderdeel uit van een Europese tournee van Santos;

-Gerard Helsma had de nacht voor de wedstrijd niet geslapen;

-Pelé wilde zich in de tweede helft laten wisselen maar werd door scheidsrechter Klaas Schipper tegengehouden;

-Vanaf het hoofdstation waren de spelers met taxi's naar Hotel Hofman in de Poelestraat gegaan;

-Gerard Helsma was 's middags speciaal voor de wedstrijd naar de kapper geweest;

-'s Avonds stonden er tientallen Groningers voor Hotel Hofman, hopend op een glimp van Pelé;

-Een knipbeurt bij kapper Schaap aan de Kerklaan kostte in 1959 vijftig cent;

-Pelé en de andere Braziliaanse spelers waren vaak in de keuken van Hotel Hofman, omdat ze er op stonden zelf hun koteletten te bakken;

-Voor de wedstrijd had de moeder van Gerard Helsma een reep Verkade in zijn buuts gedaan;

-Na afloop van de training had Pelé kleingeld uitgedeeld aan verbaasde Groningse kinderen, omdat hij dat in arme landen gewend was;

-Buuts is Gronings voor zak;

-Hotel Hofman bestaat niet meer;

-Gerard Helsma denkt nog vaak terug aan Feyenoord-Santos;

-In het pand aan de Poelestraat is nu een pizzeria gevestigd.

*

In juni 1959 is Pelé nog een keer met Santos in Nederland, nu om tegen Sportclub Enschede te spelen. Het elftal van Abe Lenstra is voor de gelegenheid versterkt met Tonny van der Linden van DOS en Dick Tol van Volendam, maar het helpt niets. Santos wint met 5-0. Pelé scoort drie keer. Ook Pepé scoort een doelpunt, hoewel hij de wedstrijd bijna had gemist omdat een official van Santos hem per ongeluk in een kamer van het Enschedese Parkhotel had opgesloten.

Een dag na de wedstrijd volgt Pelé in de St. Jacobuskerk de Heilige Mis, opgedragen door Pater Deodatus ten Kate. Ook eet hij tomatensoep met allerlei ongewone dingen erin.

Dat staat op 15 juni 1959 althans in *Dagblad Tubantia*:

‘Het was geen eenvoudige opgave voor de kok van het Parkhotel in Enschede, om de uitgebreide eetlust van de spelers van Santos te stillen. Men kon de Zuid-Amerikanen niet een goede Nederlandse burgerpot voorzetten, want zij zijn het in hun warme vaderland anders gewend. Vandaar dat het etentje, dat aan de siësta van de spelers voorafging, bestond uit een soort rumpsteak (vooral geen rood vlees), een tomatensoep met allerlei ongewone dingen erin, salade en fruit in ongelooflijke hoeveelheden. Na het middagslaapje volgde weer een licht etentje, met veel melk. ‘Ik heb 50 liter ingeslagen,’ vertelde de heer Mandemaker. ‘Ze zullen mij niet leegdrinken.’ Na de wedstrijd aten de spelers kip, patates frites en fruit, opnieuw in porties, welke wij nauwelijks gewend zijn.’

*

Een rijtjeshuis in Bergen op Zoom. Hier woont Rinus Bennaars. Hij zit in zijn stoel en vertelt over de wedstrijd Nederland-Brazilië van 2 mei 1963. Hoe hij van Elek Schwartz de speciale opdracht had gekregen Pelé te schaduwen. Dat hij had besloten hem vanaf het eerste fluitsignaal flink voor de voeten te lopen. En dat Pelé daar heel slecht tegen kon.

'Spraken jullie in het veld met elkaar?' vraag ik aan meneer Bennaars.

'Nee,' zegt hij, 'geen woord. Of, wacht even... Eén keer mompelde hij iets in het Braziliaans tegen me. Hij vond geloof ik dat ik hem te hard aanpakte, maar dat viel wel mee.'

'Zei u nog wat terug?'

'Ja, natuurlijk. Ik zei: "not touching your body, hè?" Ik kon geen Braziliaans, daarom zei ik het maar in het Engels.'

Vroeger noemden ze Rinus Bennaars op de tribune Rinus Plotseling, omdat hij op de meest onverwachte momenten voor de goal kon opduiken. Nu, zo'n veertig jaar na zijn laatste wedstrijd, komt hij voorzichtig en enigszins buiten adem de trap af. Hij is even op zolder geweest om zijn voetbalsouvenirs erbij te pakken.

'Hè, hè,' zegt Rinus Plotseling, als hij weer in zijn stoel gaat zitten. Dan stalt hij zijn herinneringen aan Nederland-Brazilië uit op de salontafel en gaat vertellen over zijn mooiste moment in het Oranje-shirt.

'Pelé raakte dus steeds vaker geïrriteerd omdat ik hem zo kort dekte. En toen gebeurde het. Na precies een halfuur spelen. Er was geen bal in de buurt, maar opeens begon Pelé hard te sprinten. Uit een soort automatisme rende ik eerst nog een eindje achter hem aan. Tot ik erachter kwam dat hij op weg was naar de zijlijn. Toen drong pas tot me door wat er aan de hand was: hij liet zich wisselen! Zonder nog op of om te kijken, liep hij zo het veld af. Ik heb hem daarna nooit meer gezien.'

Na afloop van Nederland-Brazilië spraken de journalisten van doorgestoken kaart. Pelé zou het met de KNVB op een akkoordje hebben gegooid. Hij zou contractueel hebben laten vastleggen dat zijn optreden beperkt zou blijven tot een halfuur en geen seconde langer. Dat zou de echte reden zijn geweest, dat hij na precies dertig minuten hard het Olympisch Stadion uit was gehold. Maar ook vier decennia later moet men met deze complottheorie niet bij meneer Bennaars aankomen.

'Welnee,' zegt hij, 'Welnee, natuurlijk is hij niet vrijwillig het veld uit gegaan.'

Daarna kijkt meneer Bennaars een tijdje demonstratief uit het raam.

'Misschien was hij geblesseerd?' opper ik voorzichtig.

'Nee, hoor,' zegt hij tegen het raam. 'Nee, die Pelé zag het gewoon helemaal niet meer zitten tegen mij.'

*

Een klein bericht in de krant van 6 mei 1981:

Pelé komt in Rotterdam

ROTTERDAM – Pelé komt naar Rotterdam. De legendarische Braziliaanse voetballer verschijnt op dinsdag 12 mei in de winkel van Correct aan de Bergweg.

Diezelfde dag zal hij in het Amsterdamse Marriott Hotel het Atari Pelé-voetbalspel presenteren, een videospel dat zelfs grensrechters kent en na ieder doelpunt vuurwerk en een toeter- en bellenconcert geeft.

Vrijwel alles kan met dit spel, aldus Atari, een Californische onderneming die al jaren de VS overspoelt met gokautomaten, huiscomputers en videospelen.

'Correct Rotterdam, goedemiddag!'

-'Goedemiddag mevrouw. Ik schrijf een verhaal over Pelé en nu heb ik gelezen dat hij in 1981 in uw filiaal aan de Bergweg is geweest en...'

'Nee! Dat méént u niet!'

-'Jawel hoor. Maar werkt er bij u toevallig nog iemand die dat destijds heeft meegemaakt?'

'O vast wel! Ogenblikje.'

-(...)

'Meneer?'

-'Ja?'

'Ik heb er twee gevonden, maar daar heeft u niets aan.'

-'O. Waarom niet?'

'Ze houden niet van voetbal.'

-'Willen ze toch niet even aan de telefoon komen?'

'Nee, de naam Pelé zegt ze niks.'

-'Is er niet nog iemand anders?'

'Ik zal het navragen. Ik bel u terug.'

'Correct Rotterdam goedemiddag, met Kitty de Jong.'

-'Goedemiddag, ik zou door iemand worden teruggebeld maar dat is nooit gebeurd. Het ging over een bezoek van Pelé aan uw winkel.'

'Daar heb ik over gehoord. Wat wilt u precies weten?'

-'Of het druk was bijvoorbeeld.'

'Ik ben er zelf niet bij geweest, maar er is mij weleens verteld dat het heel druk was. Of, wacht even... het kan ook zijn dat ik in de war ben met De Kermisklanten.

-'Pardon?'

'Ja, die hebben we in die tijd ook eens in de zaak gehad. Toen braken de mensen de tent bijna af.'

-'U bent bang dat u de beste voetballer ter wereld verwart met De Kermisklanten?'

'U kunt misschien beter een keer met mijn vader praten. Vrijdag is hij terug van vakantie.'

'Goedemiddag, kan ik u helpen?'

-'Ja, ik heb een afspraak met meneer De Jong.'

'Welke meneer De Jong?'

-'De meneer De Jong die in 1981 in het filiaal aan de Bergweg naast Pelé zat.'

'Ogenblikje.'

De vriendelijke mevrouw die me komt afhalen bij de receptie vertelt dat Correct een echt familiebedrijf is. 'Je hebt Kitty de Jong, Frans de Jong, Harry de Jong senior en Harry de Jong junior. En ze zijn allemaal directeur. Maar degene die u moet hebben is Harry de Jong senior. Loopt u mee?'

Harry de Jong senior zit achter zijn bureau. Voor zijn neus ligt een ouderwets fotoalbum. Daarin zitten de enige twee polaroidfoto's die nog herinneren aan het bezoek van Pelé aan de Bergweg. In een klein en vergeeld krantenartikel dat ernaast is geplakt, wordt gesproken van 'een georganiseerde chaos'.

'Georganiseerde chaos? Het was een gekkenhuis!' verbetert Harry de Jong senior de krant. 'De mensen stonden tot buiten op straat te dringen!'

Normaal gesproken heeft Correct nooit sporters op bezoek, afgezien dan van de Kenianen die na afloop van de Rotterdam Marathon altijd binnenrennen om mp3-spelers te scoren. Doorgaans zijn het alleen zangers en zangeressen die hier voor een handtekeningensessie komen.

'Nog niet zo lang geleden hadden we Borsato,' zegt Harry de Jong senior. 'Er zijn denk ik nog nooit zoveel mensen in de zaak geweest als toen. Bij Bauer was het trouwens ook heel druk, maar wel minder chaotisch. Dat is toch een ander publiek. Als Frans tegen die mensen zegt dat ze allemaal een stapje naar links moeten gaan, dan gáán ze ook allemaal een stapje naar links. Gek hè?'

'Frans Bauer zou eigenlijk minister-president moeten worden,' zeg ik, maar Harry de Jong senior hoort me niet. Hij heeft al zijn aandacht nodig voor de twee polaroids waarop hij naast Pelé aan een tafel vol frisdrank zit. Op mijn verzoek probeert hij zich zo veel mogelijk details bij de plaatjes te herinneren.

Dat is nog best lastig.

Hij weet nog dat Pelé door de artiesteningang binnenkwam. Dat hij een hele rits mensen van Atari bij zich had. Dat Pelé tegen iedereen heel vriendelijk was. Dat hij rond lunchtijd begon met signeren. Dat echt iedereen aan de beurt kwam. En dat er heel veel Spaans sprekende mensen uit allerlei uithoeken van Nederland speciaal voor

Pelé naar de Bergweg waren gekomen. Maar welk gesprek hij met de beste voetballer ter wereld heeft gevoerd achter die tafel met frisdrank, dat is hij vergeten.

Misschien komt dat omdat hij diep in zijn hart eigenlijk een grotere bewonderaar is van Faas Wilkes. Die heeft hij vaak aan het werk gezien, Faas. Bij Xerxes aan de Kleiweg in Rotterdam.

'Die Wilkes, die kon me toch voetballen!'

Nu het over Faas Wilkes gaat, is Harry de Jong senior wat rechter in zijn stoel gaan zitten.

'Hoe hij de bal aan zijn voet hield, terwijl hij dan zo langs zijn tegenstanders ging!'

'Ja, ik heb erover gehoord,' zeg ik.

'Het is jammer dat je het niet óók hebt kunnen zien,' zegt hij.

Harry de Jong senior is een aardige man. Ik geloof dat hij het oprecht jammer voor me vindt dat ik Faas Wilkes nooit heb zien spelen. Ondertussen heeft hij wel ongemerkt het album met de foto's van Pelé dichtgeklapt.

'Het Atari Pelé-voetbalspel, was dat eigenlijk leuk?' vraag ik.

'Voor die tijd was het geweldig,' zegt hij, 'Maar nu zou je erom lachen.'

Hij laat me het plaatje zien. Het Atari Pelé-voetbalspel ziet er inderdaad niet erg sexy uit. Het is een soort broodtrommel met grote knoppen eraan.

'Maar wat denkt u van Pelé zelf?' vraagt hij, 'zou Pelé vandaag de dag nog steeds de beste van de wereld zijn?'

'Nee,' zeg ik, 'dat denk ik niet.'

Daarna is het heel even stil in de directiekamer van Correct.

'En Faas Wilkes?' vraagt Harry de Jong senior, 'zou die nog hebben meegekund?'

Hij kijkt er een beetje angstig bij.

'Ja,' zeg ik, 'die wel natuurlijk.'

*

Daar zit Pelé, quasi nonchalant leunend op de reling van een Amsterdamse brug. Zwarte schoenen, een wat stijve spijkerbroek en daarboven een rood shirt onder een wit trainingsjack. Om zijn nek bungelt een kruis zo groot als een hoefijzer.

Pelé lacht.

Klik!, zegt het toestel van fotograaf Piet van der Klooster.

Even daarvoor heeft Pelé in de bar van het Marriott Hotel een interview gegeven aan een langharige journalist van *Voetbal International.* Het was een onschuldig gesprekje geweest. Wel had de man met het lange haar willen weten of Cruijff eigenlijk geen grotere voetballer was dan hij. 'Luister,' had Pelé toen gezegd, 'er zijn veel mensen die muziek maken, maar er is maar één Beethoven. Er zijn veel mensen die schilderen, maar er is maar één Michelangelo. En er zijn veel mensen die voetballen, maar er is maar één Pelé.'

Een week later verschijnt de weergave van het gesprek in *Voetbal International.* Het is een aardig verhaal. In de laatste alinea vertelt Pelé ook over zijn acteerplannen. Er komen een paar wonderlijke zinnen in voor. 'Onlangs heb ik in een film een politieagent gespeeld, dat heb ik met veel plezier gedaan. Nu ligt er weer een contract klaar, maar dan moet ik een piccolo spelen en dat stuit me tegen de borst.'

Vijfentwintig jaar later, op het parkeerterrein van het Media Park in Hilversum, vraag ik Johan Derksen naar zijn ontmoeting met Pelé. 'Dat van die piccolo klopt niet helemaal,' zegt de hoofdredacteur van *Voetbal International.* Tijdens het nadenken speelt hij met zijn autosleutel.

'Kom,' zegt hij, 'hoe heet zo'n mannelijke hoer ook alweer?'

'Eh... een gigolo?'

'Precies. Hij bedoelde gigolo, in plaats van piccolo. Aardige man hoor, Pelé, maar verdomd moeilijk te verstaan.'

'Schiet je verder nog iets te binnen van die middag?'

'Nee. Behalve dat hij zich erover verbaasde dat heel Nederland bestond uit groene grasvelden vol koeien. Volgens Pelé hoorden grasvelden kaalgetrapt te zijn en twee doelen te hebben.'

*

'Met Hugo!'

-'Hallo meneer Hovenkamp, ik wil graag een beroep doen op uw geheugen.'

'O jee.'

-'Klopt het dat u ooit een potje tafelvoetbal heeft gespeeld met Pelé?'

'Ja, ze zeggen het.'

-'Vertel eens?'

'Het was in een van de winkels van Wastora. Klaas Molenaar had me gebeld en gezegd dat ik op de foto moest. Met Pelé. Toen ben ik maar gegaan.'

-'En dat tafelvoetbal?'

'Ja, daar weet ik zelf verder niks meer van.'

-'In de krant staat dat Pelé en u voortijdig moesten stoppen met tafelvoetballen. Het publiek werd te opdringerig.'

'Zou kunnen. Ik weet er echt niets meer van.'

-'Hoe kan dat nou? Tafelvoetballen met de beste voetballer ter wereld!'

'Jongen, ik heb mijn hele leven lang ballen weggekopt. Misschien komt het daar wel door.'

-'Jullie stopten bij een stand van 6-6.'

'O ja?'

-'Het staat in de krant.'

'6-6? Nou, dat moet ik in de thuiswedstrijd kunnen goedmaken.'

-'Bent u echt alles vergeten?'

'Ja, echt. Misschien dat híj het nog weet... ik in elk geval niet meer.'

-'Zijn er ook geen foto's van?'

'Jawel, dat wel. Een hele grote zelfs. Die hangt bij mij ingelijst in de gang. Pelé en ik. Sommige mensen herkennen hem niet eens. Die denken dat het iemand anders is.'

-'Iemand anders? Wie dan?'

'De spits van Callantsoog 1. Maar die hang ik natuurlijk niet in mijn gang.'

-'Nee. En als u nou eens voor die foto met Pelé gaat staan, komt er dan niks boven?'

'Jawel.'

-'Wat dan?'

'Koppijn.'

-'Dank u wel.'

'Graag gedaan.'

*

Het is 26 juni 1982. Het WK in Spanje is in volle gang en Kees Jansma wordt met het uur chagrijniger. Hij is nu al een hele dag met vier collega's op reportage in Barcelona, maar niemand heeft hem nog gefeliciteerd. Kees baalt er een beetje van dat iedereen zijn verjaardag is vergeten.

Die avond in het restaurant probeert collega journalist Rob Vente te redden wat er te redden valt. Hij is op weg naar de keuken, waar hij op de een of andere manier een Spaanse kok zo gek heeft gekregen snel een verjaardagstaart voor Kees Jansma te produceren.

Dan gaat de deur open en komt Pelé het restaurant binnen.

Er zijn journalisten die op dat moment de neiging zouden krijgen Pelé een paar quotes te ontlokken. Rob Vente gelukkig niet. Een goede grap is hem minstens zoveel waard als een goed verhaal.

En dus kan het vijf minuten later gebeuren dat de nietsvermoedende Jansma op de schouder wordt getikt, zich omdraait en recht in het lachende gezicht van Pelé kijkt.

'*Isn't it your birthday today?*' vraagt Pelé.

De jarige begint hard met zijn hoofd te knikken. Om niet te zeggen dat hij bijna uit zijn colbertje barst van trots. Even later blazen Pelé en Kees Jansma gezellig samen 35 kaarsjes uit. Vervolgens poseren ze nog even voor de lens van *VI*-fotograaf Robert Collette. Kees Jansma is daarna veel verhuisd in zijn leven, maar die foto is altijd meeverhuisd.

'Met Jansma.'

-'Hallo Kees. Klopt het dat jij ooit een taart hebt gekregen van Pelé?'

'Hoe weet je dat?'

-'Gehoord.'

'Het klopt. We hebben inderdaad samen de kaarsjes uitgeblazen. De man is natuurlijk een sprekende pop. Die kun je alles laten doen.'

-'En heb je nog even gepraat met de sprekende pop?'

'Ja, we hebben even aan tafel staan kletsen.'

-'Waarover?'

'Dat weet ik niet meer.'

-'Was het een lang gesprek?'

'Nou, nee. Ik ben altijd liever zelf aan het woord op mijn verjaardag.'

*

Vanmiddag draagt Pelé een witte coltrui. Daaroverheen bungelt zijn ketting met het kruis. Als hij de grote zaal van het Marriott Hotel binnenkomt, ziet hij op de eerste rij een jongetje met spierwit haar. Pelé lacht en geeft het jongetje een hand. Daarna gaat hij achter een tafel zitten en doet waar Atari hem voor betaalt: ontzettend veel grijnzen terwijl iemand anders in een onbegrijpelijke taal een spelcomputer demonstreert. Voor hem is dit een werkdag als alle andere. Na een halfuurtje grijnzen is het officiële deel van de middag voorbij. Pelé hoeft niet langer op te zitten. In plaats daarvan mag hij zich nu onder de voet laten lopen door een horde fotografen.

In de zaal zit acteur Maarten Spanjer. Hij heeft nog nooit van zijn leven aan iemand gevraagd of hij met hem op de foto mag, maar er zijn twee mensen voor wie hij graag een uitzondering zou willen maken: Muhammad Ali en Pelé. Het is dat vandaag Jan Mulder ook in het publiek zit, anders had hij het allang gedaan.

In plaats daarvan drentelt Spanjer nu wat doelloos rond Pelé. Plotseling wordt hij op de schouder getikt. Een persfotograaf. Of Maarten niet even met Pelé zou willen poseren voor de krant. De ster zelf weet er al van en is akkoord. 'Dan vind ik het ook goed,' piept Maarten Spanjer en hij trekt er een zo geroutineerd mogelijk gezicht bij.

Al snel krijgt de fotograaf weer een idee.

'Is het eigenlijk niet leuker als jullie samen iets met een bal doen?'

Hij gelooft het zelf amper, maar even later trapt Maarten Spanjer in de tuin van het Marriott Hotel een balletje met Pelé.

De acteur Maarten Spanjer geniet landelijke bekendheid als Het Miskend Talent, een typetje uit het tv-programma *Voetbal'80*. In die hoedanigheid zoekt hij soms voetballers op voor tips. Nog niet zo lang geleden was hij bijvoorbeeld bij Willem van Hanegem. De Kromme had hem een truc geleerd waarmee je de tegenstander door de benen kon spelen. En daar moet Maarten Spanjer opeens ontzettend aan denken, nu hij in de tuin Pelé al de hele tijd op zijn goede been aan het inspelen is.

Vijf minuten later. Maarten Spanjer dribbelt op Pelé af. De voetballer is nog steeds niet opgehouden met grijnzen. 'Wat kan mij het ook schelen,' denkt Maarten en hij gooit er de Van Hanegem-beweging uit.

En dan gebeurt er iets geks de truc lukt.

Al bij de eerste de beste poging rolt de bal door de benen van Pelé.

'Hahaha,' lacht Pelé.

'Hahaha,' lacht Maarten Spanjer beleefd mee.

Maar inwendig wordt hij helemaal gek. Hij heeft zojuist de beste voetballer ter wereld door zijn stokken gespeeld! In de tuin van het Marriott Hotel!

Pas op de fiets terug naar huis, wanneer hij de hele film nog eens in gedachten afdraait, verschrompelt zijn ultieme proeve van bekwaamheid. Wat overblijft is niet meer dan een hilarisch verhaal voor op verjaardagen.

'Ja,' zegt hij vijfentwintig jaar later door de telefoon, 'want toen drong het opeens tot me door,'

-'Wat drong door?'

'Dat Pelé die bal natuurlijk expres door zijn benen had laten gaan.'

-'Denk je?'

'O, zeker weten. Pelé was zo'n aardige man, die had mij gewoon een pleziertje willen doen. Dat merkte je aan alles.'

-'Goh.'

'Ja.'

-'Wel jammer eigenlijk.'

'Ach, ik weet het niet. Ik denk nog steeds met veel plezier aan die middag terug. De euforie die ik voelde toen die bal door zijn stokken ging, die neemt niemand me meer af.'

-'Hoe voelde je je dan?'

'Als Kluivert na zijn goal in Wenen.'

*

'Met Youri Mulder.'

-'Hallo Youri. Klopt het dat jij ook weleens op de foto bent gegaan met Pelé?'

'Ja! Toen ik twaalf was. Dat was in het Marriott Hotel in Amsterdam, bij een presentatie van Atari. Ik zat vooraan, samen met mijn vader. Toen hij binnenkwam gaf hij me nog een hand.'

-'En?'

'Ja, mooi. Dat hele verhaal van die spelcomputers ging in elk geval totaal aan me voorbij. Ik had alleen maar oog voor Pelé.'

-'Terwijl je hem toch nooit had zien spelen.'

'Nee, maar ik had wel een boek van Pelé. Op zwart-witfoto's deed hij een paar passeerbewegingen voor. Eén daarvan intrigeerde me als kind. Daarbij was het de bedoeling om de bal eerst tegen het scheenbeen van de tegenstander te spelen. Een schijnbeweging grotendeels gebaseerd op toeval. Bizar.'

-'Die foto van jou en Pelé, wat heb je daarmee gedaan?'

'Ingelijst en in mijn kamertje opgehangen.'

-'Lang?'

'Jarenlang. Tot het lijstje kapot ging. Toen heb ik Pelé van de muur gehaald en onder mijn bed geschoven.'

*

Maarten Spanjer heeft ook veel foto's die herinneren aan zijn ontmoeting met Pelé. Er zit één nogal typisch plaatje tussen. Daarop zie je dat Maarten in de tuin van het Marriott Hotel iets op een papiertje schrijft. Pelé staat naast hem en kijkt er aandachtig naar.

Op een dag nam Maarten de foto mee naar een Italiaans restaurant in de buurt. Een week eerder had de eigenaar in een of ander tijdschrift een interviewtje met hem gelezen.

'Ben je soms beroemd?' had de man gevraagd.

'Ach,' had Maarten gezegd.

Bij zijn eerstvolgende bezoek aan het restaurant schoof hij zijn servet opzij en legde de foto op tafel.

'Kijk,' zei Maarten toen en tikte even met zijn vinger op het lijstje, 'hier geef ik Pelé een handtekening.'

Met Kindvall op de E4 richting Uppsala (en terug)

(2008)

Maandagochtend, zo'n veertig kilometer onder Stockholm. Een vriendelijke stem aan de andere kant van de lijn:

'Jullie ssschtaan wáár?'

Het is Ove Kindvall. Hij slist een beetje.

'Voor de ingang van de Ikea,' zeg ik. Om de een of andere reden klinkt dit lulliger dan bedoeld.

Uit een donkere Golf wipt even later een kleine man met kort haar. Spijkerbroek, poloshirt van het Zweeds elftal, witte sportschoenen. Naast zijn rechteroor groeien nog een paar grijze baardharen, die heeft hij vanochtend bij het scheren over het hoofd gezien. Maar verder ziet Bengt Ove Kindvall (64) er tiptop uit.

De afspraak is dat we hem vandaag filmen en interviewen voor een speciale dvd. We, dat zijn cameraman Michel en ik. In onze gehuurde Volvo rijden we achter hem aan naar zijn huis, de E4 op, richting Uppsala.

Zodra hij de voordeur van zijn huis heeft geopend, trekt Ove Kindvall naar goed Zweeds gebruik meteen zijn schoenen uit. 'Welkom,' zegt hij. 'Koffie?' Hij wacht het antwoord niet af en is al onderweg naar het apparaat. Kijk, daar veert Feyenoords levende legende op zijn sokken door de gang naar de keuken, om even gezellig koffie voor ons te zetten. Wat mij betreft is de reis nu al geslaagd.

Ove Kindvall en zijn echtgenote Sylvia delen een houten rijtjeshuis in een straat die uitkomt op een parkeerterrein. Ze wonen er naar zijn karakter: bescheiden. De enige toegevoegde waarde aan de woning is de sauna op de eerste etage. Er kunnen maximaal vier personen in, mits iedereen gelijktijdig zijn buik inhoudt.

In de keuken heeft Ove Kindvall intussen Zweedse koekjes in de oven gezet. Samen wachten we tot ze klaar zijn en kijken een tijdje zwijgend naar de achtertuin. Het gras staat er tot boven de enkel.

'Grasmaaien,' zegt Kindvall, terwijl hij een gezicht trekt alsof hij even niet lekker wordt, 'daar heb ik nou echt een hekel aan.'

Daarna praten we over zijn eerste dag bij Feyenoord, nu meer dan veertig jaar geleden. Hoe landgenoot Harry Bild hem bij de deur van de kleedkamer had opgevangen en had gewezen op een kleine man met ravenzwart haar.

'Harry zei: "Kijk, dat is meneer Moulijn. Die moet je straks een hand geven en dan zeggen: Dag, meneer Moulijn."'

Terwijl hij de koekjes uit de oven haalt, schiet zijn wenkbrauw omhoog.

'Ja, ik vond dat vreemd natuurlijk. Maar ik heb het toch maar gedaan.'

'En? Zei meneer Moulijn nog wat terug?' vraag ik.

'Ja,' zegt Ove Kindvall, 'Hallo, geloof ik. Kijk uit, de koekjes zijn nog heet.'

Onderweg naar de woonkamer verontschuldigt hij zich voor de rommel. De meeste huisraad staat in dozen opgeslagen te wachten op verhuizing. 'Over een paar dagen gaan Sylvia en ik terug naar Nörrkoping. We hebben er een flatwoning gekocht, met een groot balkon.'

'Gefeliciteerd,' zeg ik, 'terug naar huis.'

'Precies,' zegt Ove Kindvall, 'en nooit meer grasmaaien.'

In het knusse Pippi Langkous-huis van de familie Kindvall probeer ik de heer des huizes mee terug te voeren in de tijd. Ik wil een verhaal dat ik allang ken nog één keer horen, maar nu uit zijn eigen mond. Het verhaal van 6 mei 1970, van Milaan, van de goal, van die subtiele aanraking met de teen van zijn rechtervoet. De teen die zijn hele leven veranderde.

Kindvall laat zich zakken in zijn stoel en begint. 'Weet je dat ik op de dag van de finale bijna flauwviel? Ik had me bij het ontbijt in mijn vinger gesneden. Toen ik hem in mijn mond stak tegen het bloeden, ging het mis. Ik werd plotseling heel licht in mijn hoofd en had het gevoel dat ik ging flauwvallen. Gerard Meijer heeft me toen beetgepakt en door het raam van de ontbijtzaal naar buiten gedragen. Eenmaal in de frisse lucht ging het wel weer. Ik weet niet hoe het kwam. Toch zenuwen misschien. Het was in elk geval een vreemd begin van de dag.

Ik weet nog dat we in San Siro eigenlijk iets te vroeg omgekleed waren. We besloten toen alvast een deel van de warming-up in de catacomben te doen. Op onze sokken zijn we wat gaan joggen in de gang. Ik zal nooit het beeld vergeten dat ik zag toen we in de buurt van de kleedkamer van Celtic kwamen. Er stonden een paar Schotse spelers tegen de deurpost geleund. Geen van hen had zich nog omgekleed. Een paar spelers, ik weet hun namen maar die hou ik voor me, rookten een sigaret. Een sigaret! Vlak voor de Europa Cup 1-finale! Oké, hebben we toen tegen elkaar gezegd, als die gangsters denken dat het zó gemakkelijk wordt vanavond, dan zullen we ze eens wat laten zien. Het was olie op het vuur. We hebben die finale uiteindelijk verdiend gewonnen. We waren sterker dan Celtic. Fitter ook. Ik weet nog dat ik McNeill hoorde hijgen in mijn rug, toen Israël in de verlenging die vrije trap nam. Ik voelde dat hij op was. Misschien heeft hij daarom ook hands gemaakt, zou kunnen.

Voordat de bal van Rinus kwam, voelde ik al: dit is 'm. Dit kan wat worden. Maar ik had natuurlijk niet op die handsbal gerekend. Daardoor moest ik de bal plotseling met de schouder meenemen. In een flits werd toen alles anders. Ik kon toen uiteindelijk niet anders dan proberen met mijn teen de bal binnen te schieten. Het was centimeterwerk. Maar het lukte.

Ik herinner mij het lawaai in het stadion toen de bal over de lijn ging. Maar verder was er niets dan emptyness, leegte, in mij. Iedereen wil altijd weten hoe ik me voelde direct na die goal, maar de waarheid is: ik voelde helemaal niets. Ik reageerde in eerste instantie ook niet. Ik was helemaal leeg. Dacht nergens aan. Heel gek. Wery tilde mij op, toen kreeg ik mijn gevoel weer terug. Toen kon ik ook pas echt juichen. Daarvoor niet. Het is moeilijk te verklaren, maar zo ging het.

Veel mensen zien mij als een koele Zweed, maar ik ben gevoelig. Ik had tranen in mijn ogen tijdens de ereronde door San Siro. En ook nog in de kleedkamer. Daar was het een gekkenhuis. Iedereen omhelsde elkaar, sprong in het bad. En schreeuwen! Schreeuwen zo hard je kon! Alles moest eruit. Zelfs Happel lachte. Niet uitbundig natuurlijk, maar je zag aan zijn gezicht hoe trots hij was. Hij zei dat ook in een korte toespraak. En daarna stak hij een sigaret op.'

'Zo,' zegt Ove Kindvall, 'en dat was dat.' Hij slaat op zijn dijbeen. We zijn op slag weer terug in het heden. 'Hebben we nog tijd voor koffie? Of moeten we gaan?' vraagt hij. De afspraak is dat we naar Nörrkoping reizen, om daar wat opnames te maken bij zijn oude club.

'Eén ding nog,' zeg ik, 'het shirt dat je droeg in de finale. Heb je dat nog?'

Hij schudt zijn hoofd.

'Wat is er mee gebeurd?'

'Geen idee.'

'Heb je het geruild?'

Kindvall schiet in de lach. 'Ach jongen, dat weet ik echt niet meer hoor. Het is meer dan veertig jaar geleden.'

Ove Kindvall is geen verzamelaar. De meeste shirts die hij tijdens zijn loopbaan heeft gedragen en geruild, heeft hij aan zijn zoon Niclas gegeven. Het rode CCCP-shirt van de Russen, souvenir van het WK'70 in Mexico, hangt aan de muur van diens slaapkamer.

Als ik vraag waar de rest is, moet Ove Kindvall even heel lang nadenken. Dan maakt hij een korte hoofdknik richting de schuur, alsof hij zojuist nog één keer een strakke voorzet van Moulijn heeft ingekopt. Hij zegt: 'Ik geloof dat daar nog ergens een doos moet staan met ouwe troep.'

Niet veel later staan we in de schuur en zie ik hoe de vriendelijke spits op mijn uitdrukkelijke verzoek tussen kaplaarzen, tuinhandschoenen, een nauwelijks gebruikte grasmaaier en wat los gereedschap op zoek gaat naar een doos die hij zelf al bijna was vergeten.

'Eens even kijken,' zegt hij, als de doos eenmaal gevonden is en hij zijn beide armen op de tast naar binnen steekt, alsof we bezig zijn met een of ander flauw spelletje op een straatfeest van de buurt. Er komen allerlei shirtjes tevoorschijn. Het klassieke geel-blauw van de Zweedse ploeg natuurlijk, dat van Nörrkoping IF en een rood-zwart tricot van een of ander Zuid-Amerikaans team. Maar het geblokte Feyenoord-shirt zit er vooralsnog niet tussen. En misschien is dat maar goed ook. Een mythe gedijt nu eenmaal het best bij gebrek aan tastbaar bewijs.

Wat dat betreft zit het ook wel goed met Feyenoords mooiste overwinning ooit. Oké, het vaantje van de finale hangt scheef in een van de vitrines in het Home of History, en de wedstrijdbal van die avond moet nog ergens bij Eddy Pieters Graafland in de garage liggen, maar voor de rest houdt het niet over. Waar bijvoorbeeld de Celtic-beer is die destijds als een moderne scalp in de Cup mee naar Rotterdam werd gevoerd, weet niemand te vertellen. De trainer van toen, Ernst Happel, is ook al heel lang dood, net als Laseroms trouwens, en zelfs de beker in de prijzenkast is niet meer dan een replica die tien centimeter kleiner is dan het origineel.

En dan heeft Ove Kindvall opeens beet.

'Hier!' zegt hij. Ik zie hoe zijn handen het klassieke Feyenoord-shirt ontvouwen. Het is prachtig. V-hals, geen shirtreclame en het zwarte nummer negen op de rug. Hij maakt er oneerbiedig een propje van en gooit het naar me toe.

Het is een vreemde sensatie om dit shirt in handen te hebben. Objectief beschouwd is het niet meer dan een stukje stof dat jarenlang in een vochtig Zweeds schuurtje op de vergetelheid heeft liggen wachten. Maar gevoelsmatig is het veel meer. Dit ding hing ooit rond de schouders van Feyenoords superspits. Veel dichter bij de mythe van 1970 kun je niet komen.

Er komt een kinderlijke sensatie over me. Godzijdank kan ik de neiging om er even aan te ruiken weerstaan.

'Moeten we dit meenemen voor de opnames?' vraagt Kindvall.

'Neuh,' hoor ik naast me vanachter de camera zeggen, 'niet nodig.'

'Jawel!' zeg ik, want ik heb het shirt namelijk al bijna in mijn tas zitten.

Kindvall heeft de schuur op slot gedaan en de huissleutel onder een bloempot verstopt. Daarna zijn we in de auto gestapt, de E4 weer op, nu op weg naar Nörrkoping. Halverwege stoppen we bij een wegrestaurant. Kindvall eet er schnitzel met patat. 'Bedankt voor de maaltijd,' zegt hij in vlekkeloos Nederlands als zijn bord leeg is. Daarna excuseert hij zich. Even naar buiten om te roken. Door het raam van het restaurant kun je hem over de parkeerplaats zien ijsberen.

Halverwege zijn sigaret wordt hij gebeld. Aan de manier waarop Kindvall zijn mobiele telefoon oppakt en tegen zijn oor aanhoudt, zie je dat hij hem zelden gebruikt. Uit alles blijkt dat hij het nog steeds een mal apparaat vindt. Ove Kindvall houdt het leven het liefst zo eenvoudig mogelijk.

Het was in 1971 een van de redenen om Rotterdam te verlaten, op het hoogtepunt van zijn roem. Heimwee naar Zweden, maar vooral heimwee naar de betrekkelijke anonimiteit en de eenvoud van het bestaan in zijn vaderland, dreef hem terug. 'Natuurlijk werd ik in Zweden ook op straat herkend en aangesproken. Maar het was niets in vergelijking met Rotterdam,' zegt hij, wanneer onze Volvo de stadsgrenzen van Nörrkoping passeert. 'En er was nog iets. Iets dat ik nooit heb verteld. Mijn vrouw kreeg last van haar longen in Rotterdam.

Ook dat was een reden om weg te gaan bij Feyenoord.'

De weg naar het stadion is volgezet met borden die herinneringen aan de gouden tijd van de club. IFK Nörrkoping eert zijn helden zoals het hoort: royaal. Elk kampioenselftal heeft zijn eigen bord. Kindvall geeft er tekst en uitleg bij, maar mijn gedachten zijn bij het shirt in mijn tas. Ik weet niet waarom, maar ik wil het graag zo lang mogelijk bij me houden.

Voor het clubhuis staat het standbeeld van een voetballer.

'Dat is Nordahl,' zegt Kindvall. 'Gunnar Nordahl.'

Ik knik. Intussen denk ik: waarom geef ik die man zijn shirt niet gewoon terug?

'Weet je hoe ze Nordahl bij AC Milan noemden?' vraagt Kindvall en hij geeft zelf gelijk het antwoord, 'Il Cannoniere. Hij is de grootste speler die Nörrkoping heeft voortgebracht.'

Samen kijken we even in stilte naar de granieten dijen van Il Cannoniere.

'Hij had een geweldig schot,' knikt Kindvall in bewondering naar het beeld, 'en hij rookte twee pakjes sigaretten per dag.'

Even later stappen we weer in de Volvo en draaien als vanouds de snelweg op. 'De E4 is onderdeel van een van de langste snelwegen van Europa,' zegt Kindvall. 'Hij loopt van Lissabon naar Helsinki.' Halverwege de reis begint het te regenen. 'Klereland,' zegt Ove Kindvall. Daarna begint hij aanstekelijk te lachen. 'Mooi woord, hè? Klereland? Heb ik in Nederland van een Feyenoord-supporter geleerd.'

Hij herhaalt het nog een keer – het klinkt eigenlijk meer als kløreland – en vervolgens fixeert hij zijn blik weer op de horizon. Nog een halfuur over de E4, dan zijn we weer wat dichter bij ons nieuwe doel: Stockholm. Ove Kindvall heeft ons uitgenodigd voor de stadsderby tussen Hammarby en Djurgårdens. Het shirt zit intussen nog steeds in mijn tas. Het is heel kinderachtig en tamelijk onbeschaafd, maar stiekem hoop ik dat hij er niet meer naar vraagt.

De zwarte keeper van Djurgårdens IF is een reus. Hij steunt op twee kromme benen en heeft kuiten zo groot als watermeloenen. Zodra hij onder de lat gaat staan, vliegen hem vanaf de tribune de bananen om de oren. Op het ereterras schudt Ove Kindvall het hoofd. Dan komt er vanachter de reclameborden een peloton stewards tevoorschijn om het zestienmetergebied aan te harken. Met hun harkjes en oranje hesjes zien ze eruit als Playmobil-mannetjes. De keeper zelf pelt intussen rustig een banaantje en gooit deze na één hap met schil en al terug over het hek. Daarna kan de wedstrijd beginnen.

In de rust tikt Ove Kindvall me aan. 'Ik ga even naar een oude bekende,' zegt hij. Het is opvallend hoe anoniem hij zich hier kan bewegen. Niemand staart hem aan of valt hem lastig. De tijd zet iedereen terug op zijn plaats, lijkt het, zelfs de superspits van Feyenoord.

Even later schudt Kindvall de hand van Ronnie Hellström, de legendarische keeper van het Zweedse Elftal. Het is een grappig gezicht, omdat Hellström de afgelopen decennia nogal een metamorfose heeft ondergaan. Van klassieke Viking in het imposante kanariegele keepershirt van 1. FC Kaiserslautern, is hij nu getransformeerd tot een soort handelsreiziger in een iets te groot bruin kostuum.

Bij terugkeer geeft Kindvall me het visitekaartje van de keeper. Ronnie Hellström blijkt al jaren vertegenwoordiger in doe-het-zelfmateriaal. Zou hij ook vinden dat de tijd iedereen terug op zijn plaats zet?

Vijf minuten voor het einde van de wedstrijd geeft Kindvall het sein om te vertrekken. Hij wil de drukte vóór zijn en klimt over een klein hekje richting uitgang. Niet veel later staan we op het parkeerterrein. We schudden uitvoerig handen en spreken de wens uit dat we elkaar snel weer zien in Rotterdam.

Ik denk alleen nog aan het shirt... Nog even – nog even en dan zal hij zich omdraaien. Het is de laatste kans.

'Ove!' hoor ik mezelf op de valreep roepen. 'Ove, je vergeet je shirt!'

'Ach ja,' zegt hij, 'dat is waar ook.'

De kordate manier waarop hij zich naar me toebuigt, herbergt weinig hoop. Ja hoor, daar strekt hij zijn arm al uit. 'Dat wil ik graag terug,' zegt hij, 'dat shirt brengt veel herinneringen met zich mee.'

'Natuurlijk!' zeg ik. 'Natuurlijk!'

Maar ik denk: ja, bij wie niet?

We laden de cameraspullen in en stappen in onze Volvo. Ove gaat op zoek naar Sylvia en hun Golf. In zijn linkerhand draagt hij het Feyenoord-shirt losjes met zich mee. Het is een beeld om uren naar te kijken. Alsof hij weer op weg is naar de spelerstunnel van De Kuip.

Dan verdwijnt hij definitief uit onze achteruitkijkspiegel. We draaien de E4 weer op, nu met z'n tweeën. Vanavond viert Zweden het midzomernachtfeest. Het is bijna elf uur in de avond, maar de zon schijnt nog steeds. Komt er eigenlijk ooit nog een einde aan deze dag? En aan deze weg?

'Goed van je,' hoor ik plotseling naast me zeggen.

'Wat?'

'Nou, dat je aan dat shirt dacht.'

Een ogenblik is het stil in de Volvo.

'Ik dacht even dat je het achterover wilde drukken.'

We rijden onder een groot groen bord door. Er staat: E4 Uppsala.

'Achterover drukken?' hoor ik mezelf zeggen. 'Man, waar zie je me voor aan?!'

‘John is op het laatst erg eenzaam geweest’

(2011)

Een rijtjeshuis in Naaldwijk, een dorp vol tuinders aan de rand van Den Haag. Hier woont Karin Nederpelt-Blankenstein, de zus van de voormalig topscheidsrechter. Later deze ochtend zal ze op de eerste verdieping het speciale kamertje tonen dat ze ter nagedachtenis aan haar broer heeft ingericht. Nu, in de huiskamer, gaat het eerst over haar werk voor de John Blankenstein Foundation. En dan in het bijzonder over haar ambitieuze pogingen de homoseksualiteit geaccepteerd te krijgen in het laatste heterobastion dat nog altijd recht overeind staat: de voetbalwereld.

De voorzitter van de John Blankenstein Foundation had eigenlijk John Blankenstein zelf moeten zijn, zegt zijn zus. ‘Het is altijd zijn wens geweest om zich na zijn loopbaan bij de KNVB nóg meer in te zetten voor de strijd tegen homofobie in het voetbal. Maar twee maanden na zijn vertrek bij de bond overleed hij al, aan een nierziekte. Dat is een van de redenen dat ik me nu inzet. In zijn naam doe ik nu het werk waar mijn broer zelf nooit de kans voor heeft gekregen.’

Het is een lange en moeilijk begaanbare weg die Karin Nederpelt en haar mensen hebben gekozen en de reis verloopt stapje voor stapje. ‘We hebben de afgelopen drie jaar vooral aan bewustwording bij de amateurs gedaan. En met succes. Langzaam zie je nu dat er over het onderwerp gesproken wordt. Dat is al heel wat. Ik word tegenwoordig soms uitgenodigd om een lezing te houden in een voetbalkantine.

Ook bieden we amateurclubs tips hoe om te gaan met dit taboe. Het zijn kleine stapjes en het gaat langzaam, maar we boeken wel progressie.'

Karin Nederpelt vermoedt dat de homo-emancipatie in het voetbal een stuk sneller zou verlopen als een bekende profspeler uit de kast zou komen. 'Ja, natuurlijk. Wanneer de spits van Oranje ons eerst naar de wereldtitel schiet en daarna terloops onthult dat hij thuis een vriend heeft, zouden we nu een stuk verder zijn. Maar het is niet reëel om dat te verwachten. Veel voetballers zijn bang voor de reacties die het zal oproepen. Daarom houden ze liever hun mond. En dat vind ik eigenlijk het ergste: de voetballer die wel wil maar niet durft. Omdat wij, de heteroseksuele wereld, er een probleem van maken. Hoeveel amateurvoetballers zijn er niet in Nederland die na afloop van een wedstrijd horen: "doe de groeten aan je vriendin", terwijl ze thuis al jaren een vriend op de bank hebben zitten? En dan maar het toneelstukje meespelen? Hoe lullig is dat? Hoe frustrerend is het wanneer je nooit over je privéleven kunt spreken met je teamgenoten, of erover moet liegen? Om dat soort kleine dingen gaat het ook.'

Buiten fietsen tuinderszonen met kaplaarzen door de straat. Binnen gaat het al snel over de naamgever van de stichting. De zus van de scheidsrechter schetst het beeld van een gespleten persoonlijkheid. De man die in Madrid met gezwollen borst het Bernabéu binnenstapte, durfde een dag later in Den Haag niet in z'n eentje een restaurant binnen te gaan. 'In het stadion voelde John zich zeker van zijn zaak. Daar was hij altijd ad rem, gewapend tegen elke aanval. Maar privé was het een ander verhaal. Dan was John onzeker. Hij kon ook absoluut niet tegen alleen zijn. Altijd moest hij iemand om zich heen hebben. Met als gevolg dat hij vaak aan de verkeerde bleef hangen. Ik weet dat, omdat hij met een nieuwe vriend altijd als eerste bij ons thuis kwam. John kwam hier graag over de vloer, vooral als er een feestje was. Dan kon hij zijn verhalen kwijt, stond hij in het middelpunt van de belangstelling. John was een entertainer. Je kon ook met hem lachen. Maar hij had wel een publiek nodig. Zonder publiek viel het allemaal weg.'

'De buitenwereld had dat vaak niet door,' zegt Karin Nederpelt. 'maar John is in de laatste periode van zijn leven erg eenzaam geweest. Dat heb ik altijd triest gevonden. Als ik hem dan aan een of ander tv-spelletje zag meedoen, dacht ik altijd: Kijk hem daar nu eens zitten... Helemaal het mannetje. Maar wanneer ik hem dan thuis in zijn lege huiskamer op de bank aantrof, alleen en erg verdrietig, dacht ik vaak: Wat ben je toch eigenlijk een stumper. Het doet me veel pijn, maar die gedachte raak ik maar niet kwijt. Een stumper. Zó zielig.'

Een paar weken terug heeft Karin Nederpelt haar speciale sieraden weer eens gedragen. Dat doet ze altijd op de sterfdag van haar broer. Het is inmiddels vijf jaar geleden dat hij overleed, maar ze denkt nog dagelijks aan hem. Vaak gaat dat met weemoed gepaard, soms ook met een scheutje pijn. 'Nadat zijn laatste langdurige relatie was verbroken, moesten wij hem er echt doorheen slepen. Ook met het huishouden, want daarin was John hulpeloos. Hij wist amper hoe je water aan de kook moest krijgen. Mijn moeder heeft haar hele leven alle rotzooi achter zijn kont opgeruimd. En later, in zijn relaties, deed hij ook niets. John was in sommige dingen heel ouderwets. Wanneer hij thuiskwam, moest het eten op tafel staan. Zo'n man was hij. Maar zelf stak hij geen vinger uit. Hij wist van de meeste dingen ook niet hoe ze moesten. Dat bleek toen hij alleen kwam te wonen. Het klinkt misschien hilarisch, maar hij kon nog geen handdoek in de wasmachine stoppen. De laatste jaren heeft de familie echt voor hem moeten zorgen. Mijn broer, mijn schoonzus en ik, we deden alles. Het huis schoonmaken, koken, wassen: alles. Anders at hij niet. Dan verwaarloosde hij zichzelf. Puur uit eenzaamheid.'

John Blankenstein, een van de beste scheidsrechters die Nederland ooit heeft gehad, overleed op 25 augustus 2006, na een lang ziekbed in zijn geboortestad Den Haag. Operaties wees hij af. Hij was het vechten moe. 'Op de donderdag voor zijn dood werd ik gebeld door een arts. Of ik snel naar het ziekenhuis in Leiden wilde komen. John zag het gewoon niet meer zitten. Eén uitspraak van toen ben ik nooit meer vergeten. "Wanneer jullie thuiskomen is er een gezin dat op jullie wacht, maar ik kom altijd in een leeg huis." Dat was in één zin de essentie van zijn somberheid. "Ik kan niet meer tegen die eenzaamheid," zei hij. "Ik ben ziek, ik ben op, en ik wil nog maar één ding: nú naar Den Haag. Daar wil ik sterven." En zo is het ook gegaan. John kreeg zijn oude kamer in het Leyenburg ziekenhuis. Daar is hij overleden. Een avond ervoor zijn René van der Gijp en Maarten Spanjer nog bij hem langs geweest. Ouwe verhalen uit het voetbal opgehaald. Daar heeft John nog ontzettend van genoten. De volgende dag was hij er niet meer. Dood. 57 jaar.'

Op 3 januari 1999, zeven jaar voor zijn overlijden, ontmoette John Blankenstein een halve Eskimo uit Sint-Petersburg die luisterde naar de naam Nikolai Vladimirovich Ivanov, roepnaam Kolya. John werd op slag verliefd. Dat hijzelf een vijftigjarige scheidsrechtersbaas met een nogal complex karakter was, en de halve Eskimo een 26-jarige conservatoriumstudent die nog in een flatje bij zijn moeder woonde, weerhield Blankenstein daarvan niet. Al snel na hun toevallige ontmoeting in Den Haag stapte hij met vlinders in zijn buik op het vliegtuig. Dat de student naar wie hij op weg was al een tijdje droomde van een toekomst in Nederland, maakte hem niet extra wantrouwend.

Na terugkeer uit Sint-Petersburg kreeg Blankenstein bezoek van de journalist Hugo Borst. Ze voerden een openhartig gesprek. Het resulteerde in een prachtig interview. Laatst, bij het opruimen van het speciale kamertje, kwam Karin het weer tegen. 'Toen heb ik het nog een keer gelezen. Het is zó mooi geschreven. Je hoort John gewoon praten.' In het artikel noemt Blankenstein zijn Russische vriend 'een geschenk uit de hemel'. Hij beschrijft hoe ze hand in hand over Nevski Prospekt hebben gelopen, museum in, museum uit. Blankenstein heeft dan pas een paar dagen in de nabijheid van de jonge danser verkeerd, en dan vaak ook nog onder het wakend oog van diens moeder, maar hij heeft het desondanks al over trouwen.

'Typisch John,' zegt Karin nu. Ze maakt een hoofdknikje naar het dressoir, waar een ingelijste foto van de oud-scheidsrechter staat. 'Als hij iemand had die hij leuk vond, kon hij zich helemaal in die persoon verliezen. Maar zo'n veel te jonge Rus, dat was natuurlijk te mooi om waar te zijn. Dat bleek ook wel toen hij eenmaal in Nederland was. Toen was het: Doei, John! John was alleen maar gebruikt om aan een verblijfsvergunning te komen. Hij moest garant staan en schreef brieven naar de ambassade. Dat was ook zoiets geks: koffie zetten kon hij niet, maar hij hield er wel een uitvoerige correspondentie met het consulaat op na. We hebben natuurlijk geprobeerd te waarschuwen voor de ware bedoelingen van Kolya, maar dat was onbegonnen werk. John was zo bang om wéér alleen over te blijven, dat hij zich helemaal aan die jongen vastklampte. Zelfs toen de relatie allang over was, bleef hij dat doen.'

De man die er in de grootste stadions van de wereld nooit problemen mee had om een speler met een rode kaart van het veld te sturen, vond het thuis wel moeilijk zijn voormalige vriend de deur te wijzen. Karin: 'Dat kon hij niet. Kolya bleef zelfs gewoon de sleutel van het huis houden. Later bleek dat niet erg verstandig. Er verdwenen spullen. Toen John overleed, was er niets meer. Die Rus had alles meegenomen. Toen mijn broer in het ziekenhuis lag, had hij natuurlijk vrij spel in het huis gehad. Uit zijn afschriften bleek dat er telkens grote bedragen waren opgenomen. Ook was een deel van de administratie vernietigd. De rekeningen waren helemaal geplunderd. Op het einde van Johns leven stond er niets meer op, behalve schulden. Alles was naar die Rus gegaan. Triest. We hebben als familie nog wel de goedheid gehad om hem voor de begrafenis uit te nodigen, maar hij is nooit gekomen. Pas later bleek waarom. Hij had eerder die dag spullen gepikt uit De Bijenkorf. Op het moment dat mijn broer werd begraven, zat Kolya achter de tralies. Toen heb ik wel gedacht: John, hoe heb je het ook allemaal zo kunnen doen? Hij is eventjes erg gelukkig geweest, maar daarna zó ontzettend ongelukkig geworden... Het was het allemaal niet waard.'

In hetzelfde interview vertelt Blankenstein openhartig over eerdere teleurstellende relaties ('Ik ben in drie jaar twintig keer bedrogen') en over de momenten dat het hem allemaal naar de keel greep: 'Ik vond er niks meer aan hier,' zei hij over die periode. 'De hele aardkloot interesseerde me geen moer. Zal ik de Noordzee in lopen? Dat soort dingen schieten door je hoofd. Maar om nou van de flat af te springen is ook weer zo wat.'

Ook bij herlezing schrok zijn zus niet van die opmerking. 'Nee, ik wist het. Hij is al eens eerder in een heel diepe depressie terechtgekomen. Toen heeft hij mij een brief geschreven. Daarin stond dat hij er een einde aan ging maken. Het is godzijdank nooit zo ver gekomen, maar het geeft wel aan hoe diep dat sombere gevoel bij hem zat. En de reden? Eenzaamheid, eenzaamheid, eenzaamheid.'

Even later, op de eerste verdieping. Aan het einde van de gang zwaait een deur open. Binnen zijn de herinneringen aan de internationale loopbaan van de scheidsrechter uitgestald in kasten, mappen en lijstjes. Een mini John Blankenstein-museum, gewoon in een anonieme straat in het Westland. 'Mijn dochter komt hier niet,' zegt Karin Nederpelt. Ze opent een kabinet vol grote enveloppen. 'Vindt ze eng. De sfeer hier bevalt haar niet. Ik zie het meer als een eerbetoon. Wat er in dit kamertje gebeurt? Niets. Soms ga ik hier in mijn eentje zitten. Dan lees ik wat in zijn reisverslagen. Die zijn hilarisch. Het is dan soms net of hij tegen me praat. Dan zie ik hem zó weer zitten, met zijn borreltje-cola en zijn sigaretje.'

Hier, ergens onder in de kast, ligt ook alle juridische correspondentie rond de rechtszaak die Blankenstein ooit wegens discriminatie aanspande tegen imam en homohater Khalil el-Moumni. Volgens zijn zus is de scheidsrechter er altijd van overtuigd geweest dat die principiële actie zijn einde bij de KNVB inluidde. 'Ze vonden dat hij te veel publiciteit zocht over dit gevoelige onderwerp. Dat is in elk geval altijd Johns overtuiging geweest. Toen is er iets geknakt bij hem. Later is hij ook nog gedegradeerd door de KNVB. Dat heeft hem allemaal geen goed gedaan. Hij was destijds al ziek. Ik vind het erg hardvochtig dat daar toen zo weinig rekening mee is gehouden. Hij moest nu opeens niet alleen vechten voor zijn leven, maar ook voor zijn carrière. Dat kostte te veel kracht. Het heeft hem nog zieker gemaakt dan hij al was, dat durf ik wel te zeggen. Ik wil niet zeggen dat John anders nu nog had geleefd, maar hij was in elk geval wel met minder nijd en wroeging gestorven.'

In een ander deel van de kamer liggen de dozen met krantenknipsels. Daartussen zitten ook de verslagen over de aanloop naar de Champions League-finale van 1994, een strijd tussen Barcelona en AC Milan. Het had de bekroning van Blankensteins loopbaan moeten worden, maar het werd een van de grootste teleurstellingen in zijn leven. Milan maakte bezwaar tegen de Nederlander vanwege vermeende banden met landgenoten Johan Cruijff en Ronald Koeman van Barcelona. De FIFA honoreerde dat bezwaar en stelde een andere scheidsrechter aan. Een beslissing die ook door de KNVB werd gerespecteerd. 'Dat heeft hem ontzettend veel pijn gedaan. Vooral omdat John er altijd van overtuigd is geweest dat zijn homoseksualiteit de ware reden was dat hij niet mocht fluiten.' Ergens in de berg met krantenknipsels moet nog een cryptische uitspraak van Blankenstein over de zaak zijn terug te vinden. 'Blatter vond mijn broekje te klein,' zegt hij dan.

Dat Blankenstein vermoedde dat zijn geaardheid meespeelde in het afnemen van de finale, is niet verrassend. Hij werd in de conservatieve voetbalwereld vaker beoordeeld op zijn homoseksualiteit. '*Tonight's ref is gay!*' kopte de *Daily Mail* ooit in paniekerig grote letters bij de aankomst van Blankenstein in Engeland. De arbiter zelf reageerde op zijn Brits: tongue in cheek. 'Feitelijk niet geheel onjuist,' zei de scheidsrechter en ging weer verder waar hij mee bezig was. Karin Nederpelt: 'Zo was John. Spreekkoren konden hem ook niet raken. Hij voelde alleen maar minachting voor de mensen die dit deden.

Nee, wat John écht raakte waren de momenten waarop hij na afloop van wedstrijden in vertrouwen werd genomen door profvoetballers. Spelers die homoseksueel waren, maar daar niet voor durfden uit te komen. Vaak waren ze getrouwd en hadden ze kinderen. John had altijd medelijden met die jongens. Hij vond het triest wanneer je je hele leven toneel moest spelen. Hij kon niet veel voor ze doen, behalve een luisterend oor bieden. En dat is eigenlijk al heel wat in de machowereld van het voetbal. Eén persoon die snapt in welke situatie je je bevindt en bij wie je eindelijk eens jezelf kunt zijn, dat kan heel waardevol zijn.'

'Henk Krol, de hoofdredacteur van de *Gay Krant*, zegt dat hij op het sterfbed van John een lijstje heeft gekregen met daarop de namen van homoseksuele profvoetballers. Ik betwijfel of dat zo is. Er lag bij mijn weten maar één briefje op Johns sterfbed. Daarop stond een tekst waarvan wij vermoeden dat hij die graag op zijn grafsteen wilde. Verder is er nooit een briefje gezien. Natuurlijk weet ik ook namen van Nederlandse profvoetballers die John in vertrouwen hebben genomen over hun homoseksualiteit. Het zijn er een stuk of acht. Maar het is niet aan mij om die te onthullen. Ik heb die mensen ook nooit via onze Foundation benaderd. Ik vind: dat is iets geweest tussen John en die spelers. Ik zal sowieso nooit een voetballer adviseren uit de kast te komen. Dat is een beslissing die ieder voor zich moet nemen. Maar het alternatief – niets zeggen – is ook pijnlijk. Daarom zou het goed zijn als dat taboe ook in de voetbalwereld eindelijk eens wordt doorbroken. Veel clubs doen tegenwoordig aan sociaal werk. Ik ben benieuwd of de homo-emancipatie daar ook onderdeel van kan uitmaken. Zou er een profclub bestaan die als eerste met het John Blankenstein-logo op de mouw durft te spelen? Dat zou ik geweldig vinden.'

De zon valt het kamertje binnen. Een deel van de inboedel komt nu in een gouden gloed te staan. Karin Nederpelt is opgehouden met haar vingers door de papieren van haar broer te ritselen. Trots wijst ze nu op zijn verzamelde FIFA-badges en op een stapel oude VHS-banden. Dat laatste is het werk van haar vader geweest. 'Toen hij voor het eerst hoorde dat zijn zoon homoseksueel was, is hij het huis uit gelopen en een nacht niet thuisgekomen. Nooit is meer opgehelderd waar hij toen is geweest. Hij was bang dat zijn zoon nooit een baan zou krijgen, bang dat de maatschappij hem zou uitstoten. Je moet niet vergeten: het waren de jaren zestig. Maar later werd hij zijn grootste fan. Hij nam elke wedstrijd van John op.'

In bruine enveloppen liggen de rapportages van vergeten wedstrijden, op de vensterbank zijn z'n fluitjes in alle soorten en maten uitgestald. Spullen die eerst niet meer waren dan spullen, lijken na het overlijden van de eigenaar soms plotseling bezield. Dat fenomeen doet zich nu ook hier voor, in dit verstilde kamertje vol medailles en oorkondes. Als Karin Nederpelt maar lang genoeg binnen deze vier muren naar de fotolijstjes aan de muur blijft staren, kan zelfs het portret met Kim Holland in het Big Brother Huis haar ontroeren.

'Natuurlijk heeft John machtig mooie dingen meegemaakt. Die overheersen wanneer ik hier tussen deze spullen sta en aan zijn leven terugdenk. Hij heeft best een gelukkig bestaan gehad. Best gelukkig. Het is alleen jammer dat die eeuwige onzekerheid altijd aan hem is blijven knagen.'

Ze herschikt een paar vaantjes aan de muur en kijkt nog maar eens naar een foto van haar broer, handen schuddend met Roberto Baggio. Dan zegt ze: 'Het frustrerende is dat we eigenlijk net begonnen waren over dit soort zaken te praten, toen de gezondheid van John opeens heel snel achteruit ging. Daardoor ben ik met nog veel vragen blijven zitten. Eén daarvan is: wat was er gebeurd als John het werk dat ik nu in zijn naam doe gewoon zélf had verricht? Had hij het niet een stuk beter gedaan? En waren we dan al niet veel verder gekomen in de voetbalwereld? Het is jammer dat daar nooit meer een antwoord op komt.'

Zlatan: 'Ajax was the only club where I had fun'

(2012)

Het verkeer van Parijs raast over de Boulevard Haussmann wanneer de portier van het Radisson Blu zijn hoge hoed afneemt en een geroutineerde buiging maakt voor de hotelgast die nu door de draaideur naar buiten komt. Het is Andy van der Meijde, oud-topvoetballer van onder meer Ajax, Inter en Oranje. Hij gaat op de stoep een sigaret roken.

Even daarvoor is hij per Thalys gearriveerd op Gare du Nord, compleet met zwarte regenjas en donkere zonnebril. Bij toeval zat ook Henk Spaan in dezelfde trein. De columnist en hij hebben samen een verleden. In 2003 viel de international tijdens een tv-interview rond de met 1-0 verloren interland tegen Schotland voor het oog van de camera flauw. Spaan beweerde diezelfde week in *Het Parool* dat Van der Meijde ondanks het verlies tot diep in de ochtend Amsterdam op stelten had gezet. In werkelijkheid was het een van de sporadische nachten dat de voetballer braaf in zijn bed lag. Een tekort aan zout, dat was het probleem geweest. Vanmorgen, bij aankomst in Parijs, overwoog hij dan ook heel eventjes Spaan 'nog eens bij z'n strot te pakken' maar al snel zag hij daar toch maar vanaf. De nieuwe Andy van der Meijde is veranderd. Het grootste verschil met vroeger: tegenwoordig probeert hij eerst na te denken voordat hij iets doet.

Hij is hier om het eerste exemplaar van zijn biografie officieel te overhandigen aan Zlatan Ibrahimović, een oude vriend met wie hij het vroeger bij Ajax niet alleen binnen de lijnen uitstekend kon vinden, maar die hij ook 's nachts graag zag. Tieners waren ze destijds, hard bezig stinkend rijk te worden en allebei zo gek als een deur. Ze gingen graag samen uit, als Ibrahimović tenminste niet met Mido aan het autoracen was op de ringweg A10: de Zweed in zijn Mercedes SL55 AMG en Mido in een BMW Z8 of in zijn Ferrari. Wie het snelste rondje om de stad wist te maken, had gewonnen. Flitspalen vormden geen belemmering, om de bekeuringen lachten ze alleen maar heel hard. De jeugdige Ajacieden hadden geld als water, waren bezig de hemel te bestormen en voelden zich onaantastbaar. 'We waren jong en wild,' zal Ibrahimović later die middag zeggen, met een stem waarin hij een licht heimwee naar die tijd niet kan onderdrukken. 'En we hadden de hele dag plezier. Later werd het anders, werd het voetbal echt ons werk. Maar toen, bij Ajax, was het nog vooral fun. Ik mis die tijd. Ik mis die tijd heel erg.'

Geen Genade, zo heet het boek waarin auteur Thijs Slegers de absurde wederwaardigheden van de gevallen topvoetballer Van der Meijde beschrijft. Voor Nederlandse begrippen is het een uniek document. Het in driehonderd bladzijden gevangen levensverhaal van de talentvolle rechtsbuiten is een pageturner vol sappige onthullingen, want Andy van der Meijde blijkt de poldervariant op Tony Adams te zijn.

Het verhaal dat in zijn boek wordt verteld is bijna klassiek. Het past naadloos in de traditie van al die andere enfants terribles die het voetbal in de loop der jaren heeft voortgebracht, of het nu George Best en Paul Merson waren, of Garrincha en Edmundo: arme jongen uit een volkswijk, in dit geval Arnhem-Malburgen, blijkt goed te kunnen voetballen, belandt als zoon van een gok- en alcoholverslaafde vader in de wereld van roem, verleidingen en het grote geld, profiteert daar optimaal van, verspeelt een groot deel van zijn voetbalvermogen en gaat er uiteindelijk bijna aan onderdoor.

Maar komt net op tijd tot inkeer en besluit uiteindelijk alles op te biechten.

In dit geval zijn het de details die ervoor zorgen dat het verhaal zo spraakmakend is. Welke andere voetballer heeft een vrouw met zó'n obsessie voor dieren dat hun Italiaanse landhuis steeds meer op een dierentuin gaat lijken, compleet met elf paarden, tien honden, een tuin vol herten en zebra's en uiteindelijk zelfs een kameel in de garage? Welke andere voetballer legt het aan met een professionele stripteasedanseres uit Liverpool, zó jaloers en licht ontvlambaar dat ze hem drie keer een blauw oog slaat, hem op een nacht zó hard met een stekker op zijn hoofd ramt dat je er nu nog de littekens van kunt zien, die de gewoonte heeft in restaurants uit woede eerst borden en later complete tafels over hem heen te kieperen en thuis kwaad acht vazen door evenzovele flatscreentelevisies smijt?

En welke andere speler gaat zo vaak en zo roekeloos vreemd dat zijn vrouw ten slotte een privédetective inschakelt om hem te laten schaduwen, of heeft de gewoonte veertigduizend Pond aan contanten op zijn nachtkastje te leggen 'want als je alles pint, raak je het overzicht kwijt'?

Geen Genade is een hilarische vertelling van iemand die openhartig is over kleedkamergeheimen die in het Nederlandse voetbal zelden aan de oppervlakte komen, maar bovenal is het een wrang en bij vlagen pijnlijk boek. Dat komt door al het verspilde talent en door de prijs die Van der Meijde uiteindelijk voor zijn wangedrag moest betalen. Die was hoog. Zijn huwelijk strandde, zijn voetballoopbaan werd nooit wat die ooit beloofde, hij raakte verslaafd aan uitgaan en slaappillen, gebruikte coke om 's nachts in de seksbars en discotheken op de been te blijven, kwam terecht in de achterbuurten van Manchester en in de duistere wereld van de kooigevechten, en verloor meer geld dan de gemiddelde Nederlander ooit in zijn leven zal zien. En hij vertelt er openhartig over.

Roken leerde hij bij Ajax van Tomáš Galásek, en vreemdgaan van

Mido, valt bijvoorbeeld in Geen Genade te lezen. De kennismaking met de excentrieke Egyptenaar noemt Van der Meijde 'bepalend' voor het verloop van zijn loopbaan. Van hem leerde hij 'dat voetballers veel, zo niet alles kunnen maken'. Maar wat het allemaal verteerbaar maakt, is dat Andy van der Meijde voor al die uitspattingen uiteindelijk maar één iemand de schuld geeft: Andy van der Meijde zelf.

'Ik heb verkeerde keuzes gemaakt, heb me laten meevoeren,' zegt hij in Parijs, 'dus ik was zelf verantwoordelijk. Daarom heb ik ook besloten niets achter te houden bij het schrijven van het boek. Elke woensdag voerden Thijs en ik gesprekken van twee of drie uur lang. Vaak was ik na afloop chagrijnig, doordat ik werd geconfronteerd met alle dingen die ik fout had gedaan in mijn leven. Dingen waarvan ik alleen mezelf de schuld kon geven. Dat greep me aan. Maar het werkte ook als een soort therapie, merkte ik. Toen ik nog voetballer was, kon ik mijn verhaal aan niemand kwijt. Nu wel. Het voelde als een opluchting het een keer te kunnen vertellen. Voor mij is dit boek de afsluiting van een bepaalde periode in mijn leven. Ik heb één keer alles naar buiten willen brengen. Ook als waarschuwing voor de jeugd, voor de jonge talenten van nu. Maar vooral omdat ik weer verder wil in mijn leven.'

Dan is het half drie, stopt er een auto voor het Radisson Blu en wurmt de rijzige gestalte van Zlatan Ibrahimović zich door de draaideur. De kin van de portier bevindt zich nu ongeveer op de stoeprand, zó diep is de buiging die hij maakt, want ook in de binnenstad van Parijs is de Zweed een ster van megaformaat. Een paar uur eerder heeft hij nog vier assists geleverd in het Champions League-duel met Dinamo Zagreb (4-0). Nu volgt in de lobby van het hotel een warme begroeting met de Nederlandse delegatie. Eerst verdwijnt de kleine Thijs Slegers een ogenblik in de lange octopusarmen van Ibrahimović, daarna is Andy van der Meijde aan de beurt om te worden fijngeknepen.

'*Still alive?*' vraagt Zlatan.

Van der Meijde knikt.

'*And how many wives have you got now, Andy?*'

Daarna barsten ze samen in lachen uit.

Dat zullen ze deze middag voortdurend doen. Het is acht jaar geleden dat ze elkaar voor het laatst zagen, een vluchtige ontmoeting rond het veld na afloop van Inter-Juve. Ibrahimović was toen al hard op weg een van de allerbeste spitsen ter wereld te worden, terwijl het leven van Van der Meijde langzaam in elkaar aan het storten was. Maar nu lijkt het alsof de tijd heeft stilgestaan en ze allebei weer een jong talent van Ajax zijn.

'De laatste keer dat we elkaar zagen, had ik nog haar,' zegt Van der Meijde.

'Ja,' zegt Zlatan, 'en toch was je toen ook al heel lelijk.'

Daarna vallen ze elkaar van het lachen alweer bijna om de hals. De twee knijpen elkaar bij voortduring liefkozend in de nek, slaan elkaar op de schouders of aaien elkaar over de rug. Ook als ze samen op de bank hebben plaatsgenomen om te praten, zitten ze erbij als een verliefd stel dat maar niet van elkaar kan afblijven. Uit alles blijkt dat de Zweed oprecht blij is dat hij zijn oude maatje weer eens ziet. 'Ik heb uitgekeken naar deze middag,' zegt hij, 'Ik heb Andy gemist. Aan hem heb ik alleen maar goede herinneringen. Net als aan mijn tijd in Amsterdam trouwens. *Ajax was the only club where I had fun. The other ones became too serious.*'

Hij knijpt zijn vriend nog maar eens in diens dij. 'Andy is in mijn begindagen in Nederland heel belangrijk voor mij geweest. Toen ik naar Amsterdam kwam, was ik jong en alleen, voor het eerst in een buitenlandse stad waar ik niemand kende, zonder geld doordat mijn salaris pas na drie weken werd gestort. Dan is het belangrijk dat je snel vrienden opdoet. Ik was gelijk goed met Mido en de andere buitenlanders. Wij waren anders dan de rest, zeiden de mensen. Maar Andy hoorde ook bij dat groepje. Het voelde alsof hij een van ons was. Andy was the crazy one. Hij was wild. En hij stond open voor de nieuwe spelers. Andy was niet zoals de andere Ajacieden. Die waren arrogant. Het leek wel of Andy helemaal geen Nederlander was. Hij was in elk geval lang niet zo stijf als de rest. En hij was een fantastische voetballer, een van de beste vleugelspitsen met wie ik ooit heb samengespeeld. Ik mis die tijd. Het was geweldig om jong en talentvol te zijn bij Ajax.'

Ibrahimović praat graag en bijna vertederd over zijn jaren in Amsterdam. Er zullen de hele middag dan ook op de gekste momenten vele beelden van toen zijn geheugen binnenschieten.

'Hoe is het met Sjakie, de materiaalman?' vraagt hij dan bijvoorbeeld uit het niets aan zijn oud-ploeggenoot.

'Die is dood,' zegt Van der Meijde.

'Ach...Weet je nog dat hij altijd ruzie maakte met Ferdi Vierklau? En dat hij daarom een keer expres in zijn schoenen piste?'

Weer komt de spits van Paris Saint-Germain niet meer bij van het lachen. 'In Amsterdam hadden we altijd veel plezier. We maakten ook veel fouten en dat moet ook, want het is de enige manier om te leren. Bij Ajax kon dat ook nog, fouten maken. Als je bij Milan of Juve een fout maakt, kopen ze gelijk een nieuwe speler. Dat is het verschil.'

Dan pakken de voetballers een pen. Lachend beginnen ze de eerste honderd exemplaren van Geen Genade te signeren. Intussen praten ze bij. Bijvoorbeeld over de echtscheiding van Van der Meijde.

'*Who has the dogs?*' vraagt Zlatan.

'*The first one*,' zegt Van der Meijde.

Al snel gaat het over de vrouwen in Andy's leven. Hij is één keer getrouwd geweest, maar daarnaast waren er ontelbaar veel onenightstands. Ook die komen in het boek veelvuldig aan bod, want je kon van de voetballer Van der Meijde veel zeggen, maar niet dat hij niet geil was. Zelfs de tandartsassistente was niet veilig voor hem. Ook nietsvermoedende, hooggehakte vrouwelijke automobilisten die bij een stoplicht stonden te wachten, konden maar beter oppassen. In zijn biografie vertelt Van der Meijde er schaamteloos over. De vluggertjes op de achterbank van zijn Porsche, de anonieme seks met sterwardessen, het buurmeisjes van Mido, een receptioniste van De

ArenA en de collega-strippers van zijn eigen vriendin: ze worden allemaal aan de vergetelheid onttrokken, want Van der Meijde spaart zichzelf en zijn omgeving niet.

'Andy is open en eerlijk geweest,' zegt Zlatan, 'dat is belangrijk als je zo'n boek laat schrijven. Ik denk dat het een goede beslissing is geweest zelf met zijn verhaal naar buiten te komen. Er is altijd veel over hem gesproken, maar alleen Andy zelf weet het beste wat er is gebeurd, hoe hij zich voelde en wat er allemaal om hem heen gebeurde. Bovendien kan het als een opluchting werken het een keer allemaal te vertellen. Ik heb dat zelf ook zo ervaren, met mijn eigen boek. Mensen zullen hem nu beter begrijpen dan voorheen. Het is gemakkelijk van buitenaf over een speler te oordelen. Maar je moet niet denken dat de voetbalwereld makkelijk is. Er is veel voor nodig om op topniveau te spelen. Nu zullen de mensen hun mening over Andy misschien aanpassen en zijn gedrag beter begrijpen.'

Een paar dagen eerder heeft de Zweed nog geprobeerd met een karatetrap het borstbeen van de doelman van Saint-Étienne te doorklieven – een ongelukje volgens hem – maar hier is hij de vriendelijkheid zelve. Ook van zijn amusante zelfingenomenheid is weinig te merken, of het moet zijn als Thijs Slegers even met hem bijpraat.

'Je spreekt zeker nog geen Frans?' vraagt de auteur, in het dagelijks leven verslaggever van weekblad *Voetbal International*.

'Natuurlijk niet,' antwoordt Zlatan, op een toon alsof hij zojuist diep is beledigd. 'Zij moeten hier maar Engels leren. Zlatan leert geen Frans.'

Er wordt weer hard gelachen.

'*How is The Moustache?*' vraagt hij.

'Wie?'

'*The Moustache!*' zegt Zlatan.

Hij legt zijn gekromde wijsvinger op zijn bovenlip, om uit te beelden dat hij Johan Derksen bedoelt.

'Het antwoord ('goed') bevalt hem.

'*Yes*,' zegt Zlatan. '*He is the big boss.*'

Daarna spreekt hij een tijdje over zijn eigen biografie. Hij beweert dat het in Zweden op sommige scholen verplicht wordt gelezen. En dat je van Malmö tot Kiruna geen benzinestation kunt passeren of je komt het boek in de schappen tegen.

Als voor de grap wordt geopperd dat Johan Derksen namens *Voetbal International* zijn volgende boek misschien wel kan uitgeven, zodat de Zweed zijn armzalige pensioentje tenminste een beetje kan aanvullen, wordt Zlatan weer even Zlatan.

Hij klinkt opeens als een maffiabaas uit Corleone.

'*If I want, I'll buy your fuckin' magazine*,' zegt hij grijnzend en waarschijnlijk heeft hij nog gelijk ook, '*and then The Moustache can work for me.*'

Dan worden er nog een paar foto's genomen en is het alweer tijd voor het afscheid. De ster van PSG omhelst zijn vriend van vroeger maar weer eens. 'Kom snel nog een keer naar Parijs,' zegt hij, '*my house is your house.*' Daarna lopen ze samen naar de uitgang van het hotel. Het is een mooi stel. Allebei braken ze door bij Ajax. Voor de een betekende dat het begin van een glanzende loopbaan, voor de ander ging het allemaal veel te snel.

Als speler van FC Twente verdiende Andy van der Meijde 1500 gulden in de maand. Geld dat hij na storting direct van de bank haalde en in rolletjes onder het linoleum in de keuken verstopte. Een deel gebruikte hij om bij IKEA een opblaasbaar bankstel te kopen. Niet omdat dat zo comfortabel zat, maar omdat het goedkoop was. Maar een paar jaar later woonde hij in partystad Liverpool, volgens Van der Meijde 'een soort Ibiza, maar dan zonder strand en met regen', en dan ook nog tegenover een uitgaansclub die hij vrijwel elke nacht bezocht en vanwaar hij met een speciale verrekijker alvast de meisjes keurde die in de rij voor de ingang stonden te wachten. Of hij bevond zich tussen de andere multimiljonairs van Inter, die zó in de watten werden gelegd dat na uitwedstrijden bij terugkeer op de luchthaven hun auto's op de landingsbaan naast het vliegtuig stonden geparkeerd, zodat ze in elk geval geen meter te veel hoefden te lopen, en die na belangrijke overwinningen regelmatig van de voorzitter 50.000 euro als extraatje kregen toegestopt.

Toen hij bij het samenstellen van Geen Genade de financiële balans van zijn loopbaan opmaakte, kwam hij tot de conclusie dat hij alleen al voor drie ton aan horloges had uitgegeven. Daarnaast bleek hij in Engeland een wagenpark te hebben gehad dat bestond uit een Ferrari 430 Spider, een Porsche Turbo, een Porsche Cayenne, een Range Rover Sport, een BMW M6, een Mini Cooper, een Lamborghini Gallardo en een Aston Martin DB9.

Andy van der Meijde verdiende, exclusief premies, aan salaris 12 miljoen euro in twaalf jaar tijd, bezat gigantische landhuizen – soms inclusief eigen kok en au pair – en had jarenlang de gewoonte 1000 euro per dag uit te geven. Hij betaalde alles voor iedereen die hij aardig vond en overlaadde zichzelf met luxe – maar erg gelukkig werd hij er uiteindelijk niet van. 'Ik verdiende 45.000 euro per week, maar ik had elke dag hoofdpijn,' zegt hij over zijn tijd bij Everton.

Tegenwoordig is het anders. Hij heeft nog steeds geld genoeg om het een hele tijd uit te zingen, maar de tijd van krankzinnige uitgaven is voorbij. Zijn leven is tot rust gekomen. Eindelijk. Hij is gelukkig met zijn vriendin Melissa, die in verwachting is van zijn vijfde kind, en volgt tegenwoordig een trainerscursus. Verder staat hij bij thuiswedstrijden van Ajax regelmatig in Vak 410 van de ArenA, waar hij tussen de fanatieke supporters meebrult met alle strijdliederen. Daar, anoniem in de massa, juicht hij voor zijn opvolgers onder hem, spelend op hetzelfde veld als waar hij ooit als groot talent debuteerde. 'Ik leid nu een heel ander leven dan vroeger. Veel gelukkiger. Mijn enige frustratie is dat ik mijn kinderen niet mag zien. Hun moeder verbiedt dat. Maar er komt een dag dat ze volwassen zijn en misschien zelf het initiatief nemen om mij op te zoeken. Daarom heb ik met dit boek een streep onder een bepaalde periode willen zetten. Want als de dag aanbreekt dat mijn kinderen bij me aanbellen, wil ik dat ze een vader aantreffen die zijn leven weer op de rails heeft.'

De dood van de donkerrode vlinder

(2009)

In Cairo Montenotte, een dorpje in de Italiaanse provincie Savona, stierf deze zomer Enrica Genosia aan de gevolgen van kanker. Ze was oud, tachtig jaar, en een supporter van Torino zoals er zovelen zijn in deze streek. Toch haalde haar overlijden vrijwel alle sportpagina's van Noord-Italië.

Meer dan veertig jaar lang kon je haar elke ochtend door het drukke centrum van Turijn zien lopen. Op weg naar de Corso Re Umberto, de straat waar op 15 oktober 1967 een abrupt einde kwam aan het leven van Gigi Meroni. Daar, ter, hoogte van nummer 47, pal tegenover de bushalte en bar Zambon, haalde Enrica Genosia dan de roos weg die ze een dag eerder was komen brengen, verving hem door een verse en stond een tijdje in gedachten stil bij haar lievelingsvoetballer. Dan sloeg ze een kruisje en ging weer naar huis. Het was een dagelijks terugkerend ritueel. Ze hield het vol tot aan haar eigen dood.

Enrica Genosia heeft Gigi Meroni nooit kunnen vergeten en ze is niet de enige. Het is inmiddels meer dan veertig jaar geleden dat de wonderlijke rechtsbuiten de laatste wedstrijd van zijn leven speelde, maar achter het doel in het Stadio Olimpico scanderen de supporters van Torino nog steeds zijn naam. Vooral wanneer het slecht gaat met Toro en de supporters zich voor hun eigen ploeg beginnen te schamen, kan elk moment de bekende smeekbede in staccato van de tribune rollen.

GI-GI ME-RO-NI!

GI-GI ME-RO-NI!

De meesten zijn te jong om hem ooit zelf te hebben zien voetballen, maar dat maakt de verering er op de tribunes alleen maar groter op. Voor de fans van Toro is hij een moderne mythe. Net als hun eeuwige aanvoerder Valentino Mazzola, omgekomen bij de vliegramp in 1949, is Gigi Meroni de beste speler die ze nooit hebben gezien.

Het is de zomer van 1964 als Turijn voor het eerst kennismaakt met Luigi Meroni, een wat slungelige jongen uit Como, met dik, zwart haar en een voorliefde voor excentrieke uitdossingen. Een seizoen eerder heeft hij zich als aanvaller van Genoa definitief in de kijker gespeeld. De rechtsbuiten is pas 21 jaar, maar staat dan al bekend om zijn onorthodoxe manier van voetballen. Meroni is een individualist en iemand die alles op gevoel doet. Maar bovenal is hij een estheticus. Veel meer dan om de punten is het hem om de schoonheid van het spel te doen. In Italië, het land waar niets boven het resultaat komt, wordt hij zo al snel een buitenbeentje.

De manier waarop hij zich als voetballer presenteert, versterkt dat beeld alleen maar. Meroni betreedt het veld alsof hij de speeltuin binnenkomt. Net als Maria Corso van Internazionale en zijn grote voorbeeld Omar Sivori, de Argentijnse ster van Juventus en Napoli, speelt hij altijd met afgezakte kousen. Het donkerrode shirt met rugnummer 7 hangt standaard uit zijn broek en soms laat hij zijn baard staan en zijn haren expres net zo lang groeien tot er in de dagbladen schande van wordt gesproken.

Als voetballer heeft Meroni een passie voor onmogelijk geachte doelpunten en lange, ingewikkelde solo's. Hij is er goed in. Zowel zijn spel als zijn vermogen om voor opschudding te zorgen, leidt in de kranten tot vergelijkingen met George Best. Net als Best wordt hij ook *Il Quinto Beatle* genoemd. De Vijfde Beatle. Tot er een bijnaam wordt bedacht die de lichtvoetige sierlijkheid van zijn spel meer eer aandoet. Voortaan heet Gigi Meroni: *La Farfalla Granata*, de donkerrode vlinder.

Het Torino van die jaren leeft dan nog steeds in de schaduw van hun mythische voorgangers: Il Grande Torino, het wonderelftal dat in 1949 verongelukte toen het vliegtuig waarin de spelers zaten bij terugkeer van een wedstrijd in Lissabon te pletter sloeg tegen de basiliek op Superga, een van de heuvels rond Turijn. Het team van de betreurde aanvoerder Valentino Mazzola is het elftal van de records. Het behaalde vijf landstitels op rij, maakte de meeste doelpunten ooit (125 in het seizoen 1947-1948) en bleef zes jaar ongeslagen in eigen stadion. Het is het beste Italiaanse elftal aller tijden. Wie daaraan twijfelt, hoeft maar naar de samenstelling van de nationale ploeg te kijken: twee jaar voor de vliegramp bestonden alle veldspelers van Italië uit voetballers van Torino. Alleen de keeper, Sentimenti, speelde voor Juventus.

Maar dik tien jaar na de crash wil Torino zich eindelijk ontdoen van de verlammende herinnering aan het verongelukte elftal. Daarom wordt Nereo Rocco aangesteld, de trainer die het catenaccio-systeem in Italië naar een nieuw niveau heeft gebracht. Nadat hij met AC Milan al alles heeft gewonnen, arriveert hij in Turijn om een nieuw tijdperk aan te boren. Rocco droomt van een nieuwe Grande Torino. En wie de spil moet zijn van dat elftal weet hij ook al: Gigi Meroni, de nieuwe, jonge ster van de Serie A.

Het zijn de vroege jaren zestig. Zelfs in het conservatieve Italië begint iets merkbaar te worden van de grote mentaliteitsverandering die in aantocht is. Zonder dat hij het zelf al te zeer in de gaten heeft, groeit Luigi Meroni in Turijn langzaam maar zeker uit tot een van de boegbeelden van zijn generatie.

Vreemd is dat niet, want zoals hij bestaat er niet één. De voetballer sympathiseert openlijk met Fidel Castro en Che Guevara. Hij leest en schrijft poëzie, maakt schilderijen (portretten, waarbij opvallend genoeg altijd de ogen ontbreken) en bewondert zowel de Beatles als de Stones als de jazzgiganten Miles Davis en Chet Baker. Meroni ontwerpt zijn eigen kleding, rijdt bij voorkeur in sportwagens en arriveert soms op de training met een bolhoed en wandelstok. Gewoon, voor de lol. Buiten de lijnen gedraagt hij zich niet heel veel anders dan erbinnen. Zoals hij zich als voetballer niets aantrekt van welk tactisch plan dan ook, zo leeft hij privé ook graag buiten de conventies.

Meestal komt hij ermee weg. Maar er is één uitzondering. Dat is wanneer hij gaat samenwonen met Cristiana Uderstadt, een achttienjarig meisje van Pools-Italiaanse afkomst dat hij heeft ontmoet op de kermis. Wanneer bekend wordt dat zij al is getrouwd, breekt in de pers een schandaal los waar zelfs de kerk zich mee bemoeit. De voetballer zelf trekt zich er weinig van aan, zolang hij er regelmatig in slaagt Cristiana het trainingskamp binnen te smokkelen, waarbij hij haar steevast voorstelt als zijn zus.

Voor Torino speelt Meroni de sterren van de hemel. Zijn beste wedstrijd is die in maart 1967 tegen Inter. Hij scoort met een schot uit een onmogelijke hoek en zorgt ervoor dat Inter voor het eerst in drie jaar een wedstrijd in San Siro verliest. Vanaf dat moment is hij een nationale ster. Gianni Agnelli, de grote baas van FIAT en Juventus, trekt zijn chequeboek en biedt het recordbedrag van 750 miljoen lire (omgerekend naar nu bijna 400 duizend euro). Maar wanneer Torino-voorzitter Orfeo Pianelli het bod accepteert, breekt de hel los in Turijn. Toro-fans demonstreren in de stad en zowel Agnelli als Pianelli wordt thuis opgezocht. Wanneer er zelfs een staking dreigt in de FIAT-fabrieken, traditioneel bevolkt door Torino-fans, wordt de transfer alsnog afgeblazen.

Meroni is dan ook al een tijdje international, maar zijn verstandhouding met de squadra azzurra is een gecompliceerde. Zelden zal de generatiekloof in het Italiaanse voetbal beter zijn verbeeld dan door de talrijke conflicten die Meroni en bondscoach Edmondo Fabbri in de jaren zestig uitvechten. Soms gaat het daarbij om uitspraken die de voetballer heeft gedaan of afspraken die hij heeft geschonden, maar meestal gaat het om iets dat Fabbri en de andere bondsofficials veel belangrijker vinden: zijn haar.

Omdat Meroni er naar de standaard van nu uitziet als een kantoorklerk uit een Vinex-wijk, vergt het enige verbeelding om in te zien dat in de jaren zestig zowel de kleding als het kapsel van Meroni als een regelrechte provocatie wordt beschouwd. Toch is dat zo. Niet alleen door de trainers. Ook door de pers.

Dat blijkt bijvoorbeeld wanneer Meroni voor het eerst op pad gaat met de nationale ploeg. Hij is dan uitgenodigd voor de WK-kwalificatiewedstrijd tegen Polen. Wanneer hij in Warschau uit het vliegtuig stapt, denken de Italiaanse journalisten die de ploeg staan op te wachten even dat ze het niet goed zien. Meroni ziet eruit als een kruising tussen een Zuid-Amerikaanse guerrillastrijder en een rockster. Hij draagt een zwarte zonnebril op het puntje van zijn neus, een roze overhemd met een vreemd geknoopte stropdas, een zelfontworpen broek met soulpijpen, mocassins en een lange, woeste baard. De volgende dag wordt er schande van gesproken in de kranten. *Il Tempo*, het dagblad uit Rome, schrijft: 'Is het niet mogelijk dat de officials die met de nationale ploeg meereizen deze jongeman op zijn schouder tikken en hem verzoeken zich op een minder clowneske manier te kleden? En hem uitleggen dat de nationale ploeg in het buitenland voor iedereen zichtbaar is? Arm blauw shirt, wat ben je afgegleden!'

Die avond wordt Meroni ontboden op de hotelkamer van Fabbri. De bondscoach houdt het azuurblauwe shirt met rugnummer 7 omhoog. 'Deze is van jou,' zegt hij, 'zodra je je haar laat knippen.' Meroni haalt zijn schouders op. 'Ik voetbal toch niet met mijn haren?,' antwoordt hij. 'Ik wil worden beoordeeld op mijn spel, niet op mijn uiterlijk.' Dan draait hij zich om en gaat terug naar zijn kamer. De volgende dag speelt Italië gelijk tegen Polen: 0-0. Rechtsbuiten is Alberto Orlando van Fiorentina. Hij is een stuk minder gevaarlijk dan Meroni op die positie is, maar zijn haar zit wel keurig in de plooi.

De gevestigde orde mag grote problemen hebben met de rebel Meroni, zijn aangeboren gevoel voor vrijheid valt perfect samen met de tijdsgeest. De jonge Torino-fans op de Curva Maratona vereren hem daarom als een madonna. Een van hen is de negentienjarige Attilio Romero, een dokterszoon uit de betere kringen van Turijn. Ondanks het verschil in achtergrond met de in eenvoud opgegroeide Meroni, herkent ook hij iets in diens vrijheidsdrang. Bij elke thuiswedstrijd van Toro zit Romero in het Stadio Comunale en is hij gefixeerd op de nummer 7, wiens foto hij niet alleen boven zijn bed heeft hangen, maar ook in zijn auto meevoert. Op zijn dashboard, de plek die de meeste Italianen reserveren voor een kruis of de afbeelding van een beschermheilige, heeft hij een plaatje van de rechtsbuiten van Torino geplakt.

Tilli's – Attilio wordt Tilli genoemd door zijn vrienden – adoratie voor Meroni neemt gaandeweg de seizoenen steeds groteskere vormen aan. Hij laat bij een Turijnse kapper zijn haar modelleren naar de veelbesproken coupe van Meroni, en wel zodanig dat hij op een dag zelfs een keer handtekeningen moet uitdelen. Landgenoten verwarren hem met de voetballer, en af en toe wordt hij op straat uitgescholden door een groepje Juventus-fans, die hem dan de klassieke anti-Meroni slogan toezingen: '*Meroni, tàgliati i capelli!*' (Meroni, ga je haren knippen!)

Ook op 15 oktober 1967, de sterfdag van Gigi Meroni, staat Attilio Romero weer op zijn vaste plek in Stadio Comunale. Hij ziet er hoe Sampdoria met 4-2 wordt verslagen. Dit keer is Nestor (El Chicano) Combin de grote uitblinker. Hij scoort twee keer. Dat is goed voor de moraal, want een week later wacht de derby tegen Juventus.

Na afloop neemt Meroni zijn goede vriend Combin apart. Hij voorspelt hem dat hij de volgende keer tegen Juve geen twee, maar drie doelpunten zal maken. Daarna stelt hij voor om in de stad iets te gaan drinken. Maar geheel tegen zijn gewoonte, slaat Combin het aanbod af. *La Domenica Sportiva* begint straks, hét Italiaanse sportprogramma op de zondagavond. Hij wil zijn eigen doelpunten nog een keer terugzien en gaat naar huis. Fabrizio Poletti, een andere teamgenoot, gaat wel mee met Meroni. Het is dan bijna negen uur, de avond is nog jong en het centrum van Turijn al bomvol, wanneer Gigi Meroni in opperbeste stemming zijn dood tegemoet gaat.

Halverwege de Corso Re Umberto proberen de twee voetballers de straat over te steken. Veel supporters van Torino vieren in het centrum de zege op Sampdoria. Het is er nog drukker dan normaal. Halverwege het oversteken moeten Meroni en Poletti stoppen voor het verkeer. Dan zien ze een auto met hoge snelheid hun kant op komen. Instinctief doen de twee voetballers een stap terug. Maar daar, achter hen, op de andere weghelft, komt een Fiat 124 Coupé in volle vaart aanrijden. Achter het stuur zit een negentienjarige jongeman, die nog maar net zijn rijbewijs heeft. Hij probeert wel te remmen, maar het is al te laat.

Poletti wordt als eerste geraakt. Het ijzer van de bumper schampt zijn been. Hij valt, maar heeft geluk: zijn verwondingen zijn licht. Als hij weer is opgekrabbeld, zoekt hij zijn vriend. Eén bloedstollend ogenblik is hij hem helemaal kwijt. Dan, wanneer Poletti zich omdraait, ziet hij Meroni een stuk verderop bewegingloos op het asfalt liggen. Hij is door de Fiat vol op zijn linkerbeen geraakt, de lucht in geslingerd en op de andere weghelft terechtgekomen. Daar is hij gegrepen door een op hoge snelheid passerende Lancia Appia en minstens vijftig meter over het asfalt meegesleurd. En nu ligt hij voor dood op straat.

Omdat de ambulance vast komt te zitten in het verkeer vol blije Torino-fans, is het uiteindelijk een voorbijganger, Giuseppe Messina, die de spelers naar het ziekenhuis brengt. Op straat bekommert de politie zich intussen om de bestuurders van de auto's die bij het ongeval betrokken zijn. En dan worden ook zij getroffen door de ironie van het lot, wanneer uit de Fiat 124 een jongeman kruipt die sprekend lijkt op het slachtoffer. Het is Attilio Romero, de dokterszoon. Hij is in paniek, verbergt zijn gezicht in zijn handen en rent hoofdschuddend over straat. Hij huilt, want hij weet het al: hij heeft zijn eigen idool doodgereden.

Die avond, in de operatiekamer van het ziekenhuis Mauriziano, sterft Gigi Meroni, 24 jaar oud, aan de gevolgen van zwaar hersenletsel. Aan de andere kant van de muur zitten Cristiana en zijn ploeggenoten dan nog op nieuws van de dokter te wachten. Lido Vieri, de doelman, was er als eerste, maar al snel kwam ook de rest. Zwijgend staan ze nu bij elkaar in de gang. Ook Luigi Gianoli, verslaggever van *La Gazzetta dello Sport*, is er. Normaal gesproken schrijft hij alleen over paardensport, maar omdat hij toevallig in de buurt van het ziekenhuis was, is hij nu hier om verslag te doen van de gebeurtenissen. De hartverscheurende schreeuw die hij daar hoort wanneer Cristiana door de dokter op de hoogte wordt gebracht van het slechte nieuws, zal hem zijn leven blijven achtervolgen.

Twee dagen later, nog maar achttien jaar na de vliegramp van Il Grande Torino, stroomt het centrum van Turijn wéér vol rouwende voetbalsupporters. Twintigduizend mensen staan midden op de dag langs de wegen die leiden naar de kapel van Santi Angeli Custodi, de kerk waar de plechtigheid wordt gehouden. Ze wachten in stilte op de stoet. Binnen, waar de donkerrode vlinder ligt opgebaard, nemen zijn medespelers intussen één voor één afscheid van hem. Nestor Combin is de laatste in de rij. Op weg naar de uitgang draait hij zich plotseling om en loopt terug naar de baar. Hij buigt voorover en drukt zijn lippen op het voorhoofd van zijn vriend. Daarna wordt de kist gesloten.

Even later dragen hij en zijn teamgenoten het stoffelijk overschot van Meroni langs de mensenmassa. Voorop loopt Sandro Mazzola, de ster van Inter. Omdat hij een goede vriend was, maar vooral omdat hij de zoon is van Valentino Mazzola, Torino's eeuwige aanvoerder die met zijn team stierf op Superga. Niemand zegt het, maar iedereen voelt het: door zijn prominente aanwezigheid smelten vandaag in Turijn twee rampen samen.

In de dagen na de plechtigheid wordt Nestor Combin ziek. Ook die zondag, de dag van de derby tegen Juventus, is hij nog zo slap als een vaatdoek. Toch wil hij per se spelen. De clubartsen proberen hem wel tegen te houden, maar het is onbegonnen werk. Bij de minuut stilte ter nagedachtenis aan Meroni, staat hij gewoon tussen zijn teamgenoten. Rillend, dat wel. Hij heeft 39 graden koorts. Verderop in de rij staat Alberto Carelli, een jongen van negentien uit de eigen opleiding. Hij draagt het shirt met nummer 7, het shirt van Meroni.

Die middag in het volgepakte Communale krijgen de Torino-fans een derby te zien zoals die nooit meer zal worden gespeeld. Er zijn drie minuten gevoetbald wanneer Combin uit een strafschop 1-0 maakt. Bij het juichen wijst hij naar de hemel. Zevende minuut: wéér haalt Combin uit. Goal. Het scorebord: Torino 2, Juventus 0. De tweede helft. Vijftien minuten gespeeld. Combin doet wat Meroni hem op de dag van zijn dood voorspelde: hij scoort voor de derde keer tegen Juve. En dan, zeven minuten later, volgt het ultieme eerbetoon. Uitgerekend Carelli, de jongen in het shirt van Meroni, maakt zijn eerste Serie A-doelpunt. Hij bepaalt de eindstand op 4-0. Al wordt een dag later ook iets anders beweerd. Bij de Turijnse sportkranten worden ingezonden brieven van bijgelovige Italianen bezorgd. Allemaal verkondigen ze hetzelfde: niet Carelli scoorde het laatste doelpunt tegen Juve, het shirt met nummer 7 deed dat voor hem.

Op een ochtend in februari, decennia later, zwaait in Como het hek van de gemeentelijke begraafplaats open. Een man met warrig grijs haar en een bril zoekt zijn weg naar het graf van Gigi Meroni. In zijn handen heeft hij een boeket bloemen. Het is Attilio Romero. Hij is hier voor het eerst.

Het leven heeft een vreemde wending genomen voor de dokterszoon. Drie jaar geleden is hij gevraagd voorzitter te worden van Torino. Uitgerekend hij, de man die als tiener de club onbedoeld van zijn grootste schat beroofde, krijgt zo als vijftiger de kans om zijn jarenlange schuldgevoelens te compenseren. Hij zegt meteen ja. De supporters van Toro zijn gewend dat in hun geschiedenis triomf en tragedie zij aan zij optrekken, maar de aanstelling van Romero vergt toch te veel van hun gevoel voor fatalisme. 'Moordenaar!, Moordenaar!' roepen sommigen vanaf de Curva Maratona naar Romero. Het mag dan al jaren geleden zijn dat Meroni bloedend op het Turijnse asfalt lag, zo voelt het niet.

Romero begrijpt de gevoelens die loskomen bij zijn aanstelling. Maar hij hoopt ook op verzoening. 'Het was het noodlot, een duivels toeval,' zegt hij kort na zijn aanstelling tegen *Tuttosport*, de sportkrant van Turijn, over het ongeluk. Tegen mijn criticasters zou ik willen zeggen: kom met me praten. Ik vertel alles. Mijn pijn, mijn geschiedenis en mijn emoties. Van toen en van nu.'

Maar Romero wordt door weinigen geaccepteerd. De nabestaanden van Meroni nemen hem kwalijk dat hij het graf pas bezocht toen hij president van de club was. Cristiana beweert dat Torino op de geboortedag van Meroni altijd bloemen liet bezorgen, maar dat Romero daar als voorzitter een einde aan heeft gemaakt. Sommige supporters kunnen de nieuwe voorzitter gewoonweg niet vergeven. En anderen denken dat hij ongeluk brengt.

Attilio Romero en zijn liefde voor Torino, het lijkt een tot rampspoed gedoemde combinatie. Al denkt hij daar in zijn eerste dagen als voorzitter nog heel anders over. 'Ik heb de Torino-besturen van 1958 tot nu bestudeerd en zelden kon Turijn rekenen op een team zo sterk als het huidige, met zo'n goede financiële basis,' zegt hij na zijn aanstelling in 2000. Maar vijf jaar later, bij zijn aftreden, is Torino technisch failliet.

Een avond met Paul Gascoigne

(2011)

Zaterdagavond in Stevenage, een gehucht ten noorden van Londen. Daar komt Paul Gascoigne aangewandeld. Hij ziet bleek en transpireert, terwijl er eigenlijk niets te transpireren valt, maar het goede nieuws is dat hij sinds enige tijd weer voetbalt. Het slechte nieuws: hij speelt alleen nog anonieme wedstrijdjes op vrijdagmiddag, altijd binnen de hekken van zijn afkickkliniek en nooit met anderen dan zijn vaste therapeuten als tegenstander.

Het is meer dan elf maanden geleden dat de grootste Britse voetballer van zijn generatie zich vrijwillig liet opnemen in een kliniek in Bournemouth. Daar doodt hij tegenwoordig de tijd met lange strandwandelingen en zijn nieuwe hobby: vliegvissen. Zijn voorlaatste poging om in de serene kustplaats eindelijk de baas te worden over z'n alcohol- en medicijnenverslaving en z'n talrijke dwangneuroses, duurde maar kort. Op de eerste de beste dag dat hij naar huis mocht werd hij gelijk weer dusdanig dronken, dat hij zich er nu nog maar nauwelijks iets van weet te herinneren, behalve dan dat, toen de therapeut een poging deed hem over te halen weer terug te keren naar de kliniek, Gascoigne zich drie uur lang met een fles gin opsloot in een kast, net zo lang tot de fles leeg was en de hulpverlener weer vertrokken.

Maar nu gaat het beter met hem, zegt hij. Zo goed zelfs dat zijn geneesheren hem hebben geadviseerd weer wat onder de mensen te komen. Vandaar ook dat hij vanavond hier is, in het Craig Gordon Theatre in Stevenage, waar hij samen met voormalig drankorgel Jimmy Greaves een theatershow zal geven, al is dat een nogal groot woord voor de anderhalf uur waarin de twee oude voetbalvedetten op luchtige wijze herinneringen zullen ophalen aan hun hoogtijdagen op het veld en hun dieptepunten ernaast.

Het is al bijna tien jaar geleden dat Paul Gascoigne in dit land voor het laatst op niveau een bal trapte, maar toch staan er hier, in dit troosteloze gehucht onder de rook van Luton Airport, honderden mensen in de rij voor de kassa. Sommigen hebben zelfs voor 85 pond een vipticket gekocht, wat hen nu in staat stelt om Gascoigne en Greaves een handje te geven en met hen op de foto te gaan. Het is een merkwaardig gezelschap dat hier, in een van de ontvangstzalen van het theatertje, bijeen is. Er zitten grijze mannen tussen, op fluistertoon herinneringen ophalend aan de ongeëvenaarde doelpuntenmachine die Jimmy Greaves ooit was, maar ook jonge veertigers in Gascoigne-shirts. Zelfs kinderen zijn aangeschoven. Stevenage is Tottenham Hotspur-territorium. De legende van Greavsie en Gazza wordt hier traditioneel van vader op zoon overgebracht.

'Nou,' zegt een mevrouw van de organisatie tegen de circa tachtig gelukkigen, 'dit is dus de bedoeling: u gaat gewoon tussen Paul en Jimmy in staan, zoals ik nu doe, lacht naar de camera en maakt daarna plaats voor de volgende persoon. Aan het einde van de show kunt u uw foto afhalen.' Ze doet het even voor, maar heeft niet in de gaten dat Gascoigne, vlak voordat de fotograaf afdrukt, snel zijn hand even voor haar bovenlichaam houdt, waardoor het op de foto die even later uit de printer rolt net lijkt of hij mevrouw de organisatrice in haar nogal forse rechterborst knijpt.

Gelukkig: Gazza mag er dan inmiddels uitzien als een uitgedroogde krent, hij is nog steeds de practical joker van vroeger. Het is nog niet eens zo heel lang geleden dat hij in Bournemouth bij wijze van grap een aansteker in de fluitketel verstopte, waarna bij het zetten van de thee bijna de complete kliniek in de fik vloog. 'Ik heb wel gekkere dingen gedaan,' zal hij later op de avond zeggen, voornamelijk refererend aan de periode dat hij dagelijks grote hoeveelheden cocaïne langs zijn neusschot liet verdwijnen. Peter van Vossen, zijn toenmalige ploeggenoot bij Glasgow Rangers, had hem al eens op de snelweg rond Glasgow waargenomen, zittend achter het stuur van een bestelbus met naast hem in de bijrijderstoel een levende ezel, compleet met strohoedje en twee gaten waar de oren van het beest uitstaken. Maar het kan dus nog veel gekker. 'Ik heb een tijdje een tik voor levende beesten gehad. Ik herinner me dat ik op een middag naar de dierentuin van Londen ben gereden en daar iemand zo gek heb gekregen mij een struisvogel te verkopen. Ik heb dat beest toen een Spurs-shirt aangetrokken, hem op de achterbank van mijn auto in de riemen gezet en ben vol gas naar de training gereden. Vlak voordat we begonnen, gooide ik dat beest het veld op. "Kijk jongens, onze nieuwe aankoop!" *Fuckin' hell, that's crazy stuff.*'

Voor iemand die ooit landelijk in het nieuws kwam omdat hij zijn ex-vrouw een kopstoot had gegeven en vervolgens haar hoofd een tijdje tegen de plavuizen liet stuiteren, is Paul Gascoigne nog ongekend populair. Je merkt het aan het defilé van voetbalsupporters dat nu langzaam aan hem voorbijtrekt. Er zit een zestiger tussen met een gigantische buik onder een verwassen Spurs-shirt, een vrouw in een ietwat misplaatste galajurk, compleet met oorbellen waar paarse veertjes aan hangen (Gascoigne: 'Daar kun je ook mee vliegvissen') en een vervaarlijk uitziende jongen met een gigantisch getatoeëerd spinnenweb in zijn nek. Maar wie ze ook zijn en hoe stoer ze er ook uitzien, oog in oog met Gascoigne verschrompelen ze allemaal tot kleine schooljongens. Tijdens het fotograferen worden er korte, maar vreemde gesprekjes gevoerd.

Het spinnenweb: '*Hello Paul.*'

Gascoigne: '*You're allright, mate?*'

Spinnenweb: '*Euh... Can I give you a kiss, Paul?*'

Gascoigne: '*No problem mate.*'

Smak!

Daar zoent het spinnenweb zijn idool al half op de mond. Dit soort dingen verwacht je misschien in Zuid-Amerika, of desnoods in Napels, maar niet hier, in het op en top Britse Stevenage. Toch is er niemand die er vreemd van opkijkt.

'*Cheers, Paul.*'

'*Allright, mate.*'

Even later, op het podium. Jimmy Greaves heeft de aftrap van de avond verricht. Een uur lang heeft hij belegen grappen verteld, aangevuld met voetbalanekdotes uit zijn gloriedagen bij Chelsea en Spurs. In de jaren zestig en zeventig was Greaves een spits zoals ze nu niet meer worden gemaakt. Niemand anders werd ooit zes keer topscorer van Engeland, en alleen Bobby Charlton en Gary Lineker maakten meer doelpunten voor het nationale team dan hij: 44 goals in 57 interlands. Maar dat was voordat hij volledig aan de drank verslaafd raakte. Het duurde tot februari 1978 voordat hij er weer vanaf was. In de jaren die volgden ontwikkelde Greaves zich, samen met zijn vaste partner Ian St John van Liverpool, tot een bekende tv-persoonlijkheid en trok hij het land door om after-dinerspeeches te geven. In Stevenage is te merken dat hier een man met ervaring staat en zijn verhalen zijn ook best onderhoudend, maar je voelt aan alles dat het hier vanavond eigenlijk maar om één man draait: Paul Gascoigne.

Het loopt tegen negenen wanneer hij uit de coulissen tevoorschijn komt, zichtbaar nerveus en enigszins trekkebenend. Dat is het gevolg van een losgeraakte aluminium pin in zijn heup, daar aangebracht nadat hij tijdens een wilde nacht met een auto frontaal op een muur was geknald, waarbij hij en passant ook nog een longperforatie opliep en negen tanden verloor.

Hij heeft drie voorzichtige stappen op het podium gezet, als iedereen gaat staan en de tent al wordt afgebroken. '*One Paul Gascoigne! There's only one Paul Gascoigne!*' brullen de fans en daar zouden ze weleens gelijk in kunnen hebben. Er is inderdaad niemand anders die ooit in een chic restaurant een duik nam in het aquarium met levende kreeften en vervolgens in zijn druipende pak weer aan tafel ging zitten, niemand die stiekem een dode slang in de zak van medespeler

Roberto Di Matteo stopte, en niemand die er op een middag met de gloednieuwe spelersbus van Middlesbrough vandoor ging en crashte, wat hem uiteindelijk 27 duizend pond aan reparaties kostte. 'Ik verveel me snel,' zegt Gascoigne in Stevenage, 'dat heb ik altijd al gehad.'

Hij praat over de voetballers die vroeger een voorbeeld voor hem waren. 'Ik was in mijn jeugd gek van Johan Cruijff. Als jonge speler probeerde ik zijn bewegingen te imiteren. Bryan Robson vond ik ook klasse. Ik noemde hem dogshit. Op het veld was hij overal, vooral op de plekken waar je het niet verwachtte. Net hondenpoep. Hij en Paul McGrath waren de grootste drinkers die ik ooit heb meegemaakt. Bryan sloeg 's avonds met gemak achttien pints achterover en liep dan de volgende dag op de training vooraan. *Fuckin' hell, I love that bastard, fuckin' Bryan Robson.*'

Er mogen ook vragen door het publiek worden gesteld. 'Wat was je favoriete periode als speler?' wil een jongen met een Schots accent en een Rangers-shirt weten. 'Normaal gesproken altijd het einde van de maand,' zegt Gascoigne, die miljoenen verdiende en al die miljoenen ook allang weer is verloren. 'Nee serieus: Newcastle United was geweldig. Opeens stond ik bij mijn favoriete club op het veld, tussen al die grote spelers. Zoals die lelijkerd van een Peter Beardsley, *fuckin' ugly bastard.* Ik kan me herinneren dat we een keer in de kleedkamer zaten. De manager kwam binnen met een paar proefspelers. "Jongens, we hebben vandaag drie nieuwe gezichten." Beardsley stond op en zei: "Mag ik er dan als eerste een kiezen?"'

Natuurlijk wil ook iemand weten hoe het precies voelde, die dag dat Vinnie Jones bijna zijn ballen eraf draaide. Gascoigne, over dat moment waarop die beroemde foto van hem en Jones werd gemaakt: 'Ik weet het nog goed. Het was Spurs tegen Wimbledon. De manager zei: "Gazza, jij speelt tegen Vinnie Jones. Heel veel succes ermee." Ik dacht: Oh, shit. In het gangetje naar het veld stond hij al als een stier in mijn nek te hijgen. Ik hield mijn hoofd naar beneden en deed net of ik het niet in de gaten had, maar ik voelde zijn adem op mijn huid. '*You and me, fat boy,*' zei hij steeds vlak bij mijn oor, '*just you and me.*' Ik scheet in mijn broek. Op het veld liet hij me geen centimeter ruimte. Tot zij een corner kregen. Jones ging 'm nemen. "Jij blijft hier staan en wacht tot ik weer terug ben, begrepen fat bastard?" Tuurlijk Vinnie, zei ik, tuurlijk. Ik verroer geen vin. Bij de hoekvlag schreeuwde hij voor de zekerheid nog even naar me. "Ik kom zo bij je, fatty!' Ik zwaaide zo vriendelijk mogelijk terug. En daarna kneep hij me dus keihard in mijn ballen. Ik weet nog dat ik na afloop van de wedstrijd een roos naar zijn kleedkamer liet sturen, met een kaartje eraan. '*Thanks for the game, Vinnie*', had ik erop gezet. Even later stuurde hij een wc-borstel terug, ook met een briefje eraan. '*Fuck off, fat bastard*', stond erop. Nee, *Vinnie was a tough nut.*'

Het publiek klapt en sommige mensen schreeuwen zijn naam nog maar eens door de zaal. Zo gaat het de hele avond door. Zelfs wanneer zijn drank- en drugsgebruik ter sprake komt. En dat terwijl de man die in 1990 een heel land liet smelten toen hij huilde bij de gele kaart die hem de eventuele WK-finale zou kosten, zichzelf niet spaart. Openhartig vertelt hij over die keer dat hij zich weer eens wekenlang in alle wanhoop had opgesloten in een hotelkamer en uiteindelijk roomservice belde voor een mes om zijn polsen door te snijden, over zijn andere mislukte zelfmoordpogingen en de waanzin die zijn excessieve drank- en vooral cocaïnegebruik bij hem opwekte. 'Soms dacht ik dat ik Bin Laden was. Andere keren belde ik mijn vader, omdat ik ervan overtuigd was dat president Bush ons had uitgenodigd om een potje schaak te komen spelen in het Witte Huis. Fuck me, ik dacht de meest krankzinnige dingen. Gelukkig ben ik het merendeel allemaal vergeten.'

Terwijl Gascoigne voor een paar honderd man transpirerend en met een droge mond zijn verhaal doet, zitten deze zelfde zaterdagavond in de rest van Engeland miljoenen mensen voor de buis en kijken zij op ITV naar een openhartig interview met hem, afgenomen door voormalig tabloidjournalist Piers Morgan. Die citeert een stukje uit *Glorious*, de nieuwste autobiografie van de voetballer, om aan te geven hoe erg het met hem was. 'We moesten tegen Sunderland, op 12 januari 2002. De avond ervoor dronk ik drieënhalve fles wijn, nam elf slaappillen, werd om zes uur 's ochtends trillend wakker, nam nog wat tabletten, dronk het laatste restje wijn op, viel weer in slaap, werd weer wakker om negen uur 's ochtends, nam een driedubbele cognac, en nog een slaappil, rookte een sigaret en vertrok naar het stadion. Ik was er nog steeds vreselijk aan toe, dus ik nam nog maar een driedubbele cognac, een pil en speelde de wedstrijd. Na afloop ging ik naar huis en viel gelijk in slaap. Toen ik de volgende ochtend wakker werd, vroeg ik aan mijn vriend Jimmy hoe ik had gespeeld. "Kijk maar naar de tafel," zei hij toen, wijzend naar een fles champagne die daar stond. "Je bent verkozen tot Man of the Match."'

Als ook maar de helft van dit verhaal waar is, blijft het schokkend genoeg om er ook in Stevenage even bij stil te staan, al roept de naam Piers Morgan geen sympathieke gevoelens op bij de man die de tabloidpers voor een deel verantwoordelijk houdt voor zijn neergang. Tegenover de interviewer barst Gascoigne op tv een paar keer in tranen uit en bedankt hem na afloop uitgebreid voor het vraaggesprek. Maar hier, in Stevenage, zegt hij: '*Morgan is a fuckin' twat. I hate him*. Ik praat veel liever met jullie, dan met hem. Ik ben een van de weinige voetballers die zich realiseert dat jullie, de supporters, al die jaren mijn salaris hebben betaald, mijn auto, mijn huis, het huis van mijn ouders, alles.'

Weer breken de fans bijna de tent af. Dan, als het applaus is weggeëbd: 'Maar het verhaal klopt wel. Er waren jaren dat ik alles deed voor een borrel. Desnoods liep ik achterwaarts de nachtclubs in en zei tegen de portier dat ik op weg was naar huis. Toen ik uiteindelijk in de kliniek kwam, vroeg de arts of ik erover wilde praten. Dat zal moeilijk gaan doc, zei ik toen, want ik heb maar één fuckin' mond.' Weer wordt er hard gelachen. Toch blijft het iets ongemakkelijks houden, iemand die tot in detail uitlegt hoe hij zijn aangeboren talent vergooide en daarvoor steeds harder wordt toegejuicht.

Er is een onbewezen theorie die zegt dat er maar één man op aarde is die Paul Gascoigne had kunnen behoeden voor de diepe val die hij uiteindelijk maakte: Alex Ferguson. En het had ook weinig gescheeld, of Gascoigne had niet het wit van Spurs, maar het rood van United gedragen. 'Ik zat al in de auto op weg naar Old Trafford om te tekenen. Ferguson zelf was op vakantie, maar mijn contract lag al klaar. Toen belde de voorzitter van Spurs. We geven je hetzelfde salaris als United, plus een huis voor je ouders. Fuckin' hell, dacht ik. Ik belde mijn vader. "Een huis?" zei hij. "Waar wacht je dan nog op?" Ik belde Spurs dat het oké was. Toen kreeg ik mijn vader weer aan de lijn. "Wat denk je? Zullen ze er ook een auto bij doen?" Ik weer bellen met Spurs. Een auto was ook geen probleem. Toen mijn zus: "Paul, ik wil een zonnebank van Spurs." Een fuckin' zonnebank! Zo ging het maar door. Vlak voor Old Trafford heb ik de auto gekeerd en ben naar White Hart Lane gereden en heb getekend. Later stuurde Ferguson nog een berichtje naar me: '*Well done, you stupid fat bastard.*"

Gascoigne zou nooit spijt krijgen van zijn transfer naar Spurs. Zijn vader John uiteindelijk wel. Net als Gascoigne junior – over wie de voorzitter van Newcastle United ooit zei: 'Hij is George Best, maar dan zonder hersens.' – is ook Gascoigne senior bepaald geen raketgeleerde. Dus toen hij op een dag zijn WW-uitkering ging ophalen in de nieuwe Rolls-Royce die hij even daarvoor van zijn beroemde zoon had gekregen, was hij nog kwaad ook dat zijn maandelijkse toelage per direct werd stopgezet.

In Stevenage hebben de toehoorders inmiddels dorst gekregen van al die verhalen en rennen tussendoor snel naar de bar. Ze keren terug met grote pints in hun handen en lopen dan voorlangs bij het podium waar twee van de grootste alcoholisten uit de geschiedenis van het Britse voetbal hun levensverhaal vertellen. Het is een krankzinnige situatie, maar het past wel bij het absurde leven van Paul Gascoigne. Op het podium wordt aangekondigd dat hij al bijna een jaar niet heeft gedronken. Niemand weet of dat ook echt waar is, maar weer dondert er een applaus van de tribune. Dan is de show afgelopen. Gascoigne steekt zijn hand op en bedankt voor de aandacht. Achter in de zaal schreeuwen volwassen mannen zijn naam. Anderen rennen naar voren om hem alleen maar even aan te raken. Stevenage begint deze zaterdagavond steeds meer op een bedevaartsoord te lijken. Paul Gascoigne ziet het allemaal lachend aan. '*It's good to be back,*' zegt hij in de microfoon, '*it's good te be alive, I suppose.*'

Árpád Weisz, vergeten wondertrainer

(2013)

Het was afgelopen maand een mooi gezicht in San Siro, toen de spelers van Internazionale en Bologna in hun speciale T-shirts het veld op kwamen. 'Nee tegen racisme' stond er in grote letters op hun buik. Daarboven was een portret afgebeeld van Árpád Weisz, de Hongaars-Joodse wondertrainer. Het was toen meer dan een halve eeuw geleden dat Weisz samen met zijn vrouw en twee kinderen werd vermoord. In Nederland, waar hij woonde en werkte voordat hij naar Auschwitz werd gedeporteerd, is hij allang vergeten. Maar in het stadion waar hij ooit door Italiaanse voetballiefhebbers werd vereerd als een profeet, ging iedereen nog één keer voor hem staan. Tienduizenden klapten hun handen stuk ter nagedachtenis aan de man die zowel Inter als Bologna aan titels hielp, maar die zijn loopbaan noodgedwongen moest afsluiten bij het kleine DFC in Dordrecht, waar iedereen na zijn deportatie juist deed alsof hij nooit had bestaan.

In de buik van San Siro was een plaquette onthuld. Een stuk marmer met gouden opschrift, opgedragen aan de man die Inter eerst als speler en later tot twee keer toe als trainer had gediend, en die de titel in 1930 naar Milaan had gebracht. Voor hem was zelfs de grote baas Massimo Moratti van zijn troon afgedaald en naar de catacomben gekomen. Zijn collega Albano Guaraldi van Bologna had hetzelfde gedaan, want ook zijn club dankte twee van de zeven landstitels aan Weisz. 'Hij was een vernieuwer,' zei Moratti. 'Hij heeft geschiedenis geschreven bij Inter en wij zullen zijn erfenis met zorg behandelen.'

Bij een eerder eerbetoon had Inter-aanvoerder Javier Zanetti al gezegd wat je moet zeggen bij dit soort gelegenheden, bijvoorbeeld dat Weisz voor altijd bij de blauw-zwarte familie in Milaan zou horen, en Claudio Raneiri noemde Weisz 'de eerste Mourinho'. In Bologna waren ook al vergelijkbare bijeenkomsten gehouden. En zelfs in Navaro, het nietige clubje waar Weisz toch maar een paar maanden op de bank had gezeten, stond men stil bij zijn nagedachtenis. Overal leek de wondertrainer plotseling groots te worden herdacht, maar niet in Nederland. Daar is sinds zijn gedwongen verdwijning vreemd genoeg nooit meer iemand in hem geïnteresseerd geweest.

Niemand, behalve dan Arie Heijstek, een voetballiefhebber uit Bergen op Zoom die zichzelf bedient van de titel Archivaris der DFC. In zijn stem huist de brommerige toon die hoort bij een echte conservator. 'Ik kijk nooit vriendelijk,' zal hij deze middag tegen de fotograaf zeggen wanneer hij voor een schilderij van het oude DFC-terrein poseert. Maar Heijstek mag dan misschien niet de vrolijkste voetbalarchivaris van Nederland zijn, hij is wel de snelste. 'Bij mij krijg je meteen antwoord. Ik hou niet van getreuzel. Van die archivarissen die vier weken nodig hebben om een eenvoudig briefje te beantwoorden, daar heb ik een hekel aan. Ik ben snel. De snelste van Nederland. Dat komt doordat ik alles heb gedigitaliseerd. Er zitten alleen al 60.000 afbeeldingen van DFC in mijn computer. Eén druk op de knop en ik heb wat ik zoek. Snel. Aan getreuzel heb ik een hekel.'

Het was tijdens zijn nooit eindigende zoektocht naar het fotografische verleden van DFC, dat Arie Heijstek op een dag plotseling stuitte op een afbeelding van Árpád Weisz. Dat kwam goed uit. Bij het schrijven van het jubileumboek van de club zocht Heijstek al een tijdje naar een verhaal dat niet of nauwelijks bekend was in DFC-kringen. Met de levensgeschiedenis van Weisz had hij beet. 'Eerlijk gezegd wist ik ook niet precies hoe groot de internationale reputatie van Weisz was. In Italië bleek hij voor de oorlog een naam en status te hebben gehad die vergelijkbaar is met die van Rinus Michels bij ons. Weisz had met de grootste spelers en clubs van het land gewerkt en werd gezien als een revolutionair op voetbalgebied, voordat hij in 1939 naar Dordrecht kwam. Ik kende zijn gezicht wel, want de elftalfoto van DFC waar hij op stond hing jarenlang in de kantine. Alleen werd er nooit aandacht aan hem besteed. Niemand wist iets over die man te vertellen. Het leek wel of hij werd doodgezwegen binnen de vereniging. Ik ben zestig jaar lid van de club. Toch ben ook ik jarenlang die foto gepasseerd, zonder te weten hoe groot de trainer die erop stond afgebeeld eigenlijk was. Pas toen ik zelf onderzoek naar hem ging doen, kwam ik stukje bij beetje achter zijn levensverhaal.'

Árpád Weisz bleek een gedistingeerd ogende Hongaar, die in de oorlog vanuit een Parijs' hotel naar Nederland was overgekomen om zijn intrek te nemen in Dordrecht, waar hij het rammelende DFC voor de Eerste Klasse moest zien te behouden. 'Weisz was in Italië net twee keer achter elkaar kampioen geworden met Bologna, toen hij als Jood het land moest verlaten vanwege de rassenwetten van Mussolini. Hij kwam in een hotel in Parijs terecht, waar hij als voetballer al eens had deelgenomen aan de Olympische Spelen. Van daaruit schreef hij brieven, in de hoop onderdak te vinden bij een club buiten Italië. Hij kwam in contact met Karel Lotsy, die hem aanbeval bij DFC. Zo kwam hij in Nederland terecht. Hij werd aangesteld als trainer en moest de club behoeden voor degradatie, wat trouwens ook lukte.'

Árpád Weisz had toen al een heel voetballeven achter zich. Vooral bij Inter had hij een status opgebouwd die is te vergelijken met die van de latere Helenio Herrera. Zijn grootste bijdrage aan het voetbal is misschien wel geweest dat hij het op een dag aandurfde om een brutale 17-jarige jongen met ravenzwart haar te laten debuteren in het eerste van Inter. Die scoorde gelijk twee keer. Zijn naam was Giuseppe Meazza, waarschijnlijk de grootste speler uit de geschiedenis van het Italiaanse voetbal en de eerste superster op noppen, een goalgetter van buitenaards formaat naar wie decennia later het San Siro-stadion zou worden genoemd. Maar een paar jaar later stond Weisz noodgedwongen op een winderig trainingsveld onder de rook van Rotterdam voor een stel voetballende studenten en werklui. Niet langer werkte hij met een fenomeen als Meazza. De voetballers die hij nu in de ogen keek heetten gewoon Dick Bergeijk of Cor van Velzen.

Er bestaan maar een paar foto's van Árpád Weisz in Nederland. Op de mooiste zie je hem in de zomer van 1939 voor een houten tribune poseren met het eerste elftal van DFC. Het ziet er allemaal behoorlijk onschuldig uit. Sommige spelers zitten in kleermakerszit in het gras, alsof ze aan het kamperen zijn, en een enkeling houdt voor de gelegenheid zelfs een hondje vast. Helemaal op de hoek staat Árpád Weisz. Hij draagt hetzelfde kostuum als waarmee hij gewoonlijk de training leidde, want veel meer dan een ouderwetse oefenmeester was de Hongaar een groot tacticus. Het aantrekken van een trainingspak kwam hem voor als een verregaande vorm van aanstellerij, ook al was hij dan 7-voudig international voor Hongarije geweest. Liever liet hij de lichamelijk arbeid volledig aan zijn spelers over. De rolverdeling was duidelijk: zij speelden het spel en Weisz dacht erover na. Het liefst zo diep mogelijk. Al in de jaren dertig had hij studiereizen ondernomen Zuid-Amerika. Wekenlang verbleef hij dan vrijwillig op een boot om aan de andere kant van de oceaan de grote ploegen van Uruguay en Argentinië te bestuderen. Eenmaal terug in Italië zette hij zijn gedachten over voetbal op schrift, in een boek met de titel *Het Voetbalspel*. Het groeide in de jaren dertig uit tot standaardwerk.

Op andere foto's uit zijn Nederlandse periode zie je Weisz samen met zijn spelers ontspannen poseren in de tuin van de DFC-voorzitter, of met zijn latere opvolger Ferry Triebel aan de wandel op het speelterrein van de club. Ook de meest dramatische foto uit de verzameling afbeeldingen die Arie Heijstek aan de vergetelheid heeft weten te ontrukken, is genomen langs het veld van DFC. Het is dan najaar 1941. De grote trainer staat met zijn zoontje langs de lijn. Robert Weisz is gekleed in zijn voetbaltenue, maar Árpád Weisz ziet eruit als een toevallige voorbijganger. Dat is hij ook bijna, sinds even daarvoor een brief van de commissaris van politie werd bezorgd bij het DFC-bestuur. Daarin stond 'dat op grond van de verordening van 15 september 1941 betreffende het optreden van Joden in het openbaar, Árpád Weisz, trainer bij Uwe vereniging, niet aanwezig mag zijn op een terrein, waar een voor het publiek toegankelijke wedstrijd wordt gespeeld. Voorts raad ik U ten sterkste aan geen Jood in dienst Uwer vereniging te nemen of te houden, daar zulks onder de huidige omstandigheden voor Uwe vereniging zeer nadelige gevolgen kan hebben.'

De club gehoorzaamt meteen. Er wordt snel een opvolger aangesteld. Het is het begin van de verwijdering tussen DFC en Árpád Weisz. Langzaam maar zeker raakt hij uit beeld in Dordrecht. Eerst verdwijnt hij uit de kleedkamer en van het trainingsveld, en daarna ook steeds meer uit het geheugen van de club. De redder van DFC1, de visionair die in Italië met zijn tactische inzichten als een van de grondleggers voor de wereldtitel van 1938 wordt gezien, is binnen een paar maanden tijd van wondertrainer gereduceerd tot anonieme toeschouwer bij de jeugdwedstrijdjes van zijn zoon. Drie jaar eerder heeft de club haar leden nog opgeroepen een donatie te doen om Árpád Weisz voor DFC te behouden. Nu moeten hij en zijn gezin leven van giften en collectes van de paar mensen die zich zijn lot nog aantrekken.

In de zomer van 1942 overhandigt de Sicherheitspolizei in Rotterdam de eerste lijsten met namen van Joodse inwoners aan de gemeentepolitie van Dordrecht. De bedoeling is dat iedereen wordt opgepakt en naar doorgangskamp Westerbork wordt afgevoerd. Bij de W staat ook de familie Weisz van het Bethlehemplein 10a. De Dordtse politie laat er geen gras over groeien. Op zondag 2 augustus is het al zover. Dat blijkt uit een oud politierapport dan Arie Heijstek uit de krochten van het Dordts gemeentearchief heeft opgevist. Het is een handgeschreven document. De letters zijn zó sierlijk dat ze het lugubere karakter van de mededelingen alleen maar groter maken. Het is vooral de achteloosheid waarmee de verdwijning van de wondertrainer en zijn gezin is gedocumenteerd, die het rapport zo wrang maakt. Er staat:

Politierapport, zondag, 2 augustus.

-Te 02.00 uur bekeurd Willem Aart van den Berg, wonende te Dordrecht, Zuidendijk 22, wegens wielrijden zonder voor- en achterlicht.

-Te 05.30 uur Meldt agent L.J.M. de Leeuw dat hij heden niet in dienst kan treden wegens bevalling van zijn vrouw.

-Te 07.00 uur Is de woning van A. Weisz, Bethlehemplein 10a, op last van de Duitsche politie verzegeld. (bewoners medegenomen) Toezicht bevolen.

-Te 14.00 uur Meldt de agent L.J.M. de Leeuw, dat hij in verband met de bevalling van zijn vrouw, ook hedennacht niet in dienst kan treden

Dat is het. Twee korte, zakelijke zinnen, ingeklemd tussen dienstmededelingen over een kapotte fietsverlichting en een agent die op het punt staat vader te worden. Zo verdwijnt Árpád Weisz van het toneel in Dordrecht. Geruisloos.

Samen met zijn vrouw Ilona (33), zijn zoontje Robert (11) en zijn dochtertje Klara (7) wordt de trainer op transport gezet. De eerste stop is doorgangskamp Westerbork. Daarna gaat de reis door naar de meest gevreesde bestemming van allemaal: vernietigingskamp Auschwitz-Birkenau. Bij aankomst in Polen wordt Weisz vrijwel direct van zijn gezin gescheiden. Op 5 oktober 1942, kort na aankomst, worden zijn vrouw en kinderen al vermoord in de gaskamer van Birkenau. Het is niet bekend of de trainer daar ooit weet van heeft gehad. Zelf krijgt hij een nummer in zijn onderarm getatoeëerd en wordt hij te werk gesteld. Anderhalf jaar houdt hij dat vol. Maar op 31 januari 1944 sterft ook de kampioenenmaker uit Hongarije. Hij is dan nog geen 48 jaar oud.

Op de eerste verdieping van het clubgebouw in Dordrecht gaat Arie Heijstek nu voor het raam staan. Beneden, in de kantine, verliezen grijze mannen zich de hele middag al in eindeloze potjes klaverjas. Boven maakt Heijstek een weids gebaar dat niet alleen het veld onder hem omvat, maar ook het stadionnetje van FC Dordrecht in de verte. 'Dit was vroeger allemaal eigendom van DFC. Tot het bestuur met het gemeentebestuur overeen kwam dat het een groot deel van de velden zou overnemen. Dat leek ze wel wat. Het leverde wat centen op, maar scheelde ook in onderhoud. Ze liepen nog net niet de polonaise toen het rond was. Stom, stom, stom. Hadden ze het maar niet gedaan. Ik schat dat deze grond nu dertig miljoen waard is. Hadden we goed kunnen gebruiken.'

Hij schudt zijn hoofd. 'In de bestuursberichten uit de tijd van Weisz lees je al dat DFC telkens in financiële problemen verkeert. De club zou het allemaal maar met hangen en wurgen kunnen bolwerken. Dat heb ik altijd vreemd gevonden. DFC trok soms toeschouwersaantallen van 8000 man. Die betaalden allemaal entree, terwijl de spelers in die tijd voor niet meer dan een gevulde koek voetbalden. Hoe kan dat? Tegen Feyenoord zaten er meer dan 14.000 mensen op de tribune. Dat leverde DFC een bedrag op waar je in die tijd drie huizen van kon kopen. De spelers kregen na afloop een hand, maar geen geld. Waar zijn die centen dan wél gebleven? Het is nergens terug te vinden.'

Het werd in elk geval niet aangewend om Árpád Weisz en zijn familie te redden, bijvoorbeeld door ze te laten onderduiken. 'Dat is het vreemde van het verhaal,' zegt Heijstek, 'dat DFC relatief veel rijke mensen binnen de club had, zoals voorzitter Willem van Twist, maar dat kennelijk niemand zich geroepen heeft gevoeld dat geld te gebruiken om Weisz en zijn gezin te beschermen. Het is verbazingwekkend dat iedereen hem zo gemakkelijk heeft laten oppakken. Dat er helemaal geen verzet is geweest. DFC heeft destijds ontzettend veel moeite gedaan om hem binnen te halen. Maar er werd geen hand uitgestoken toen hij werd opgepakt.'

'Ook Karel Lotsy was een vermogend man. In de notulen van bestuursvergaderingen kun je lezen dat hij de club vaak duizenden guldens tegelijk leende. Hij was, in tegenstelling tot zijn latere reputatie van collaborateur, nota bene de man die verantwoordelijk was voor de komst van Weisz. Maar ook hij deed niets om deportatie te voorkomen. Terwijl hij een van de machtigste mannen binnen het Nederlandse voetbal was en in die jaren op veel gebieden invloed wist uit te oefenen. Het is bij mijn weten nooit gebeurd.'

Datzelfde gebrek aan betrokkenheid bij het lot van Weisz en zijn gezin is altijd gehandhaafd gebleven. Ook toen de oorlog allang voorbij was. 'Weisz werd doodgezwegen. Er werd nooit meer één woord aan hem vuil gemaakt. Niemand heeft me kunnen uitleggen waarom dat zo is, maar feit is dat DFC decennia lang heeft gedaan alsof Weisz helemaal niet heeft bestaan.'

Hij staat op uit zijn stoel en loopt naar de boekenkast van de bestuurskamer. Daar, plechtig achter glas, zijn de jubileumboeken van de club met militaire precisie op de plank geplaatst, kaarsrecht en rug aan rug, als een peloton goed afgerichte soldaten. Hier staat de roemruchte geschiedenis van DFC, van 1883 tot nu, bijeen. Heijstek pakt er de editie van direct na de oorlog bij. Van beneden, waar nog steeds wordt geklaverjast alsof het wettelijk verplicht is, komen soms rauwe lachsalvo's door. Boven schieten de vingers van de archivaris over het oude papier. Maar je kunt bladeren wat je wilt, de naam Árpád Weisz kom je niet meer tegen. 'Iedereen die in de oorlog gesneuveld, vergast, gefusilleerd, verdwenen of gewoon overleden is, wordt genoemd en herdacht in de eerste dienstmededelingen na de oorlog. Iedereen, behalve Weisz. Over hem vind je geen letter meer terug. Zo'n grote trainer... Het is alsof hij niet bestaan heeft. Doodgezwegen. En waarom? Niemand kan het zeggen. Kort na het verschijnen van het jubileumboek waarin ik de doopceel van Weisz had gelicht, is er een bescheiden documentaire over hem gemaakt. Daar heb ik ook aan meegewerkt. Samen met de makers zochten we de enige twee nog levende spelers van het DFC uit die tijd op. Maar ook zij wisten niet waarom er zo met de nalatenschap van Weisz is omgegaan. En nu kunnen we het ze niet meer vragen. Ze zijn inmiddels allebei overleden.'

Heijstek is ervan overtuigd dat zijn publicatie in 2007 het startschot is geweest voor de hausse aan herdenkingen in de rest van de wereld. 'In Italië besloot iemand plotseling een boek over Weisz te schrijven. Zowel Inter als Bologna gingen plaquettes aan hem wijden. Ik heb zelfs een Hongaarse journalist op bezoek gehad om hem bij te praten over Weisz. U denkt toch niet dat dat toeval is?'

Buiten begint het al te schemeren. Meeuwen nemen bezit van het hoofdveld van DFC. Binnen schudt de archivaris zijn hoofd nog maar een keer. Hij vertelt over zijn bezoek aan Auschwitz-Birkenau, een paar jaar terug. Ook daar vond hij geen spoor meer van de mysterieuze wondertrainer. 'Ik was er privé, maar heb er toch namens DFC een bosje bloemen neergelegd. Speciaal ter nagedachtenis aan Árpád Weisz en zijn gezin. Ja, wat kun je anders doen?'

'Er bestaat een groot jeugdtoernooi in Rome. Dat is naar Weisz genoemd. Het wordt elk jaar gehouden. Dan gaat ook altijd een compleet jeugdteam naar Auschwitz-Birkenau, waar die kinderen wordt verteld over de man naar wie het toernooi is genoemd. Dat vind ik een mooi gebaar. Ik heb weleens gedacht: dat zouden we bij DFC eigenlijk ook moeten doen. Maar ja...'

De archivaris zucht. Er blijkt in Dordrecht nog steeds niet veel veranderd. 'Het is natuurlijk vreemd dat Inter Milan wél een plaquette onthult voor Árpád Weisz en het kleine DFC niet. Ik zou er best een voorstander van zijn dat we het voorbeeld van de Italianen volgen. Maar dan vrees ik dat ik die plaquette wel zelf moet betalen, want in Dordrecht ligt nog steeds niemand wakker van Árpád Weisz.'

Willems verjaardag

(2019)

Het eerste dat Willem van Hanegem ooit tegen mij zei, was: 'Wat doe jij hier eigenlijk?'

En het tweede: 'Jij hoort hier niet.'

Dat was ergens begin jaren negentig, toen ik tot zijn afgrijzen als jonge, onervaren verslaggever zijn club Feyenoord ging volgen. Hij vond mij een betweterig studentje met een bril, die nergens iets vanaf wist. Behalve dan dat ik nooit had gestudeerd, geloof ik dat hij daar wel gelijk in had. Toen ik een keer na een wedstrijd in het spelershotel vroeg waarom hij mij niet serieus nam, zei hij na lang aandringen dat dit waarschijnlijk kwam doordat ik al op bed lag toen hij de Europacup I won.

Ook dat was waar trouwens.

In de jaren die volgden ging het gelukkig stukken beter tussen ons. Er waren zelfs periodes dat we met elkaar belden, meestal op de momenten dat Willem in zijn rommelige Opel Agila onderweg was naar de golfbaan. Ik genoot daar altijd van. We voerden soms korte en soms lange gesprekken, die net zo abrupt konden eindigen als dat ze waren begonnen. Ze gingen over voetbal en Feyenoord natuurlijk, maar ook over de voddenboeren in zijn jeugd, of over de baantjes die hij vroeger zelf had gehad: boodschappen doen voor de hoeren in Utrecht, handelen in oud-ijzer, schoorsteenvegen, dat soort dingen.

Soms stuurde hij me uit het niets een sms. Ook daar genoot ik van. Het waren vaak mysterieuze berichten die Willem de wereld in slingerde, dat wel. Je merkte dat zijn vingers eigenlijk te groot waren voor zijn toestel. En interpunctie vond hij helemáál een verregaande vorm van aanstellerij. 'Als ik schrijf, is het meestal één lange zin,' zei hij een keer. 'Vroeger, toen ik in Chicago voetbalde, stuurde ik soms brieven naar een vriend in Holland. Die waren ook altijd zo: één lang verhaal. Meestal zette ik onder aan die brieven gewoon een stuk of twintig losse punten en komma's, achter elkaar. Dan schreef ik erbij: hier heb je een paar punten en komma's. Zet ze zelf maar op de plek waar je ze het mooist vindt staan.'

Af en toe ging ik met hem mee ergens naartoe. Bijvoorbeeld naar Spakenburg, toen hij eens op verzoek van zijn vriend Jaan de Graaf als scheidsrechter moest fungeren bij een wedstrijd tussen twee G-teams. 'Jaan is een geweldige trainer voor die gasten,' zei hij bij aankomst op het parkeerterrein en hij vertelde trots dat zijn vriend tijdens de training vaak de Champions League-hymne opzette voor zijn spelers. En dat-ie een poelier had gevonden als sponsor, die na elke training met tien kilo kippenpoten kwam aanzetten, die een halfuur later door de complete selectie tot op het bot werden afgekloven. 'Je wilt niet weten hoe die kantine er dan uitziet,' zei hij. Het werd een mooie middag. Willem floot de wedstrijd in zijn gewone kleren. Ook als scheidsrechter bleek hij de middencirkel niet uit te komen. Hij veegde snotneuzen af met zijn sjaal, deelde op verzoek gele en rode kaarten uit en genoot.

Soms reed ik naar de golfbaan en dronken we koffie aan zijn vaste tafel in het bijzijn van zijn vaste vrienden: grijze mannen die hij liefkozend 'de bejaarden' noemde. Een van hen heette Willem en beschikte volgens Van Hanegem over een fotografisch geheugen waar het sportuitslagen betrof. Hij noemde hem Winkler Prins of Willem Wikipedia.

Als het lekker weer was, bleef ik soms wat langer en liep ik een paar holes met hem mee. Ik kan helemaal niet golfen, maar dat maakte niet uit. Willem kan het zelf ook niet. Op de een of andere manier is al het balgevoel in zijn linkerbeen terechtgekomen. Wanneer hij gaat afslaan is het vaak net alsof hij op een homerun uit is. De man die vroeger met zijn voet passes kon versturen die met een passer en een geodriehoek leken te zijn voorbereid, is met zijn linkerarm een stuk minder nauwkeurig. Wat hem als voetballer nooit overkwam, gebeurt hem als golfer met enige regelmaat: het balletje vliegt dan tot zijn verbazing en plezier precies de andere kant op dan hij had bedoeld.

Op een morgen stonden we op hole acht. Het was een mooie ochtend geweest. Onderweg had hij enthousiast gewezen op een haas in het struikgewas. Hij had tijdens het golfen altijd veel oog voor de natuur. Veel meer dan ik, in elk geval. We voerden dit soort korte gesprekken:

'Potverdimme.'
-**'Wat is er?'**
'Moet je hier kijken.'
-**'Waar?'**
'Hier, in die bosjes. Kijk dan: een dode vis.'
-**'O ja, ik zie het. Weet je nog waar je bal ligt, trouwens?'**
'Wat ik me nou afvraag: hoe komt die hier?'
-**'Hoe bedoel je?'**
'Die vis. Er is hier nergens water in de buurt.'
-**'Verdomd.'**
'Dat is toch in wezen iets heel geks, of niet?'
-**'Ja. Misschien heeft een vogel hem uit zijn bek laten vallen.'**
'Of het was een vliegende vis. Dat kan natuurlijk ook.'

Hij droeg die dag een groene legerbroek met grote zakken en stevige bruine schoenen. Niet echt golfkleding. Als hij niet toevallig een ijzeren zeven in zijn hand had gehad maar een hark, zou je zweren dat hij op weg was naar zijn volkstuintje. Uiterlijk vertoon heeft hem nooit beziggehouden. Het verhaal gaat dat hij zijn grootste interlands speelde op schoenen die zó versleten waren dat de grote teen van zijn linkervoet eruit stak, waarmee hij dan tijdens de volksliederen ontspannen meetikte op de maat van het Wilhelmus. Niemand weet natuurlijk of dat echt waar is, maar dat doet er ook helemaal niet toe. Van Hanegem is een mythische figuur en daar horen nu eenmaal mythische verhalen bij.

Op de green viel zijn golftas om. Er rolde een balletje uit. We keken er een tijdje zwijgend naar. Het moest terug in de tas, maar bukken en oprapen zou tegennatuurlijk zijn. Uiteindelijk slofte hij ernaartoe en toen gebeurde het: achteloos, bijna in slow motion, hief hij zijn beroemde linkervoet en schatte van onder zijn oeroe-boeroe-wenkbrauwen de juiste afstand in. Zijn rug werd nog wat krommer dan normaal, een ogenblik drongen de trekken van de middenvelder van vroeger door in zijn verouderde motoriek, en toen produceerde hij een nonchalant wippertje. Heel even, in een korte flits, was het weer zomer 1974. Na een sierlijk boogje landde de bal met een plof in de tas. Precies in het midden, precies waar hij het had bedoeld.

*

Februari 2019, diep in de catacomben van de Rotterdamse Doelen. Vandaag komt er eindelijk een einde aan een week waarin de 75ste verjaardag van Willem van Hanegem tot in den treure en zo ongeveer door elke Nederlander is gevierd, met uitzondering van de jarige zelf dan. Er waren al documentaires, tv-reportages, een speciale krantenbijlage, talkshows-items, tijdschriftenspecials en radioshows geweest, en nu is het tijd voor een afsluitend eerbetoon in het theater.

Het is half acht. De kleedkamer waar De Kromme elk moment wordt verwacht, is zo groot dat er een vleugel in de hoek staat te glimmen. Zijn dochter Alies en haar man arriveren er als eersten. Ze zijn allebei nerveus. Alies heeft de laatste voetbalschoenen die Willem ooit droeg in een plastic tas meegenomen. Ze vallen bijna uit elkaar. Ook vouwt ze het zwart-witte shirt uit dat Van Hanegem ooit droeg als speler van Chicago Sting. Ze doet dit met een devotie alsof ze de lijkwade van Turijn in een Albert Heijn-tas van huis heeft meegenomen, want Alies is een groot fan van haar vader.

Buiten, bij de artiesteningang, staat een cameraploeg te posten. Willem en zijn familie worden elk ogenblik verwacht. Tot die tijd worden er achter de schermen grappen gemaakt over hoe groot de kans is dat hij niet komt opdagen. Zijn reputatie op dit gebied is aanzienlijk. Wijlen Fred Blankemeijer – het bestuurslid en voormalig geweten van Feyenoord, wiens gemis in De Kuip wordt geaccentueerd door alle plekken waar zijn beeltenis als bidprentje aan de muur is gespijkerd – vertelde altijd over die dag, ergens in de jaren zeventig, dat Van Hanegem weer eens niet was komen opdagen voor een buitenlandse wedstrijd. 'We vieren vandaag een jubileum bij Feyenoord,' zei Blankemeijer destijds in de vertrekhal nijdig tegen een verslaggever. 'Dit is de vijfentwintigste keer dat Willem de club in de steek laat.' Die uitspraak stond de volgende dag groot in de krant. Van Hanegem sprak er nooit een woord over. Tot hij maanden later eens met een journalist aan het kletsen was, op Fred Blankemeijer wees die een eindje verderop binnen gehoorafstand stond en toen zei: 'Kijk, dat is meneer Blankemeijer, die gaat over de nieuwe spelers bij Feyenoord. Hij viert deze maand een jubileum. Binnenkort doet hij namelijk zijn vijfentwintigste miskoop.' En daarna slofte hij grijnzend weg.

De Kromme mag dan bij dit soort evenementen als risicofactor gelden, deze keer komt hij gewoon. In de kleedkamer worden hij en zijn gevolg opgewacht door een fotograaf van het *AD*. Of Willem even achter de vleugel wil plaatsnemen, voor een familieportret. 'Het is gek, weet je niet?' zegt hij eenmaal op de pianokruk, terwijl hij zijn behaarde vingers op de toetsen laat rusten. 'Ik stond vanochtend voor de spiegel een beetje naar mezelf te kijken en ineens dacht ik: klere, het is in wezen wel heel vreemd, niet? Dat er straks 1600 mensen komen om mijn verjaardag te vieren.'

Daarna slaat hij een vals akkoord aan en begint te lachen.

'Allemaal mensen die ik helemaal niet ken. Dat is toch gek?'

Helemaal waar is dat niet, want terwijl De Kromme zich achter de schermen voorbereidt op de show – wat in zijn geval betekent dat hij met zijn handen in zijn zakken wat over voetbal praat met zijn vriend en eeuwige schaduw Guus – stroomt in een ander deel van het gebouw de gastenkamer juist vol met oude bekenden. Je kunt er Ties Kruize met Harry Mens horen praten over de uitvaartindustrie. Jan de Jong is er, de directeur van Feyenoord, die vanaf een afstandje wantrouwend wordt beloerd door een groepje harde kern-supporters aan de bar, en ook oud-verzorger Gerard Meijer heeft zich gemeld, helaas wel zonder blauwe pilotenbril en waterzak. Op een beige bank in de hoek zitten Rinus Israël en Lex Schoenmaker erbij alsof ze weer samen in de dug-out van ADO Den Haag aan het werk zijn. Mike Obiku kijkt er vanaf een afstandje naar. Obiku wil ook trainer worden, maar zijn pogingen om in het betaald voetbal aan de bak te komen, lopen tot nu toe telkens uit op een teleurstelling. Dat hij de gewoonte heeft om bij sollicitatiegesprekken in plaats van zijn trainersdiploma's zijn plakboeken mee te nemen, helpt ook niet.

Een halfuur later, in de grote zaal, na een ronkende introductie van presentator Wilfried de Jong en gekleed in een paarse trui en met een zwarte bril op, stapt Willem van Hanegem het podium op. Vrijwel direct begint hij te huilen. Het is het begin van een wonderlijke avond waarop hij zich, in eerste instantie enigszins schoorvoetend maar gaandeweg steeds gewilliger, door publiek en presentator laat meevoeren terug in de tijd. Er wordt op het podium geïnterviewd, voorgelezen, gezongen, gegrapt en gevoetbald. Georginio Wijnaldum komt als mystery guest uit de coulissen tevoorschijn en af en toe wordt er ook een oud-speler in de zaal ontdekt, die dan moet opstaan en het rollende applaus van het publiek over zich heen dient te laten komen. Tot zijn grote genoegen is Mike Obiku de eerste. Hij begint meteen zo enthousiast te zwaaien dat het alleen nog een kwestie van tijd lijkt voordat hij zijn shirt zal uittrekken om net als vroeger ergens halfnaakt in een hek te klimmen.

Het gekke is: het zou niet eens misstaan, want dit is een avond waarbij nostalgie langs de muren druipt. In de zaal smelten op deze donderdagavond 1600 mensen weg bij Willem en bij de verstilde kleurenbeelden die op een groot scherm worden vertoond en die de weemoedige werking van zijn aanwezigheid alleen maar versterken. Ze zijn opgeduikeld uit een tijd dat Feyenoord nog een rijke club was met arme spelers in plaats van andersom, toen er in Rotterdam standaard Europees voetbal werd gespeeld en er nog voetballers bestonden zoals hij: hard en zacht tegelijk, schijt aan alles en volledig authentiek, topsporters die zichzelf nog niet zo verdomd serieus namen en er nog lol in hadden om tijdens het zingen van het Wilhelmus hun medespelers de slappe lach te bezorgen.

Het komt allemaal als geroepen, deze vlaag van nostalgie die de afgelopen dagen dankzij Willem door Feyenoord-land waarde, want het leidt lekker af van de 1-0-nederlaag tegen Groningen, van het zoveelste mislukte seizoen en van het oudtestamentische gekrakeel rond het nieuwe stadion. Het is nu eenmaal extra troostend om naar het geram en gebeuk tussen de drijfnatte Van Hanegem en de minste zo natte Neeskens te kijken, of je te vergapen aan al die malle effectballen die Willem in 1974 namens Oranje verzond, wanneer je wekelijks wordt geconfronteerd met het uitverdedigen van Sven van Beek of het gespartel van Jordy Clasie.

Het mag dan meer dan een halve eeuw geleden zijn dat Rinus Israël als eerste Nederlander de Europacup 1 en de Wereldbeker optilde, het sussende vermogen dat van Feyenoords rijke verleden uitgaat werkt nog onverminderd sterk. Zelfs nu de vierkante verdediger van toen is verschrompeld tot een enigszins kromgetrokken grootvader met een wandelstok, stijgt er een bewonderend gezoem op uit de rijen Feyenoord-supporters die zich in foyer hebben verzameld, wanneer hun eeuwige aanvoerder voorbij trekt. Dat gebeurt wel in slow-motion, want Rinus Israël (77) doet tegenwoordig wat vroeger vooral zijn directe tegenstanders deden: hinken. Hij is twee keer geopereerd aan beknelde zenuwen en beweegt zich daardoor al een tijdje voort met een voorzichtigheid alsof hij een ijspiste aan het oversteken is. Hoewel iedereen in deze kringen automatisch voor hem opstaat, duurt het een eeuwigheid voordat hij in de grote zaal zijn stoel heeft ingenomen.

*

Neil Gaiman is een schrijver met een bescheiden reputatie in Engeland. Hij lijdt aan het impostor syndrome. Dat is het onzeker makende gevoel elk moment te kunnen worden ontmaskerd als iemand die lang niet zo goed is als iedereen schijnt te denken. Op een avond in het najaar van 2012 vond Neil zichzelf terug op een receptie vol mensen die hij stuk voor stuk veel hoger achtte dan zichzelf. Overal waar hij keek zag hij wetenschappers, uitvinders, doktoren, beroemde artiesten. Hij voelde zich misplaatst en drong automatisch naar achteren, net zo lang tot hij in een anoniem hoekje terechtkwam, waar hij opbotste tegen een vriendelijke Amerikaan met wie hij dezelfde voornaam bleek te delen, een grijze pensionado die ook de spotlights was ontvlucht. Op zijn weblog schreef Gaiman erover:

'Op een bepaald moment wees hij op de mensenmenigte in de zaal en zei toen iets als: "Wanneer ik naar deze mensen kijk, denk ik bij mezelf: wat doe ik hier? Zij hebben allemaal geweldige dingen gemaakt. Ik ben alleen maar naar de plek gereisd waarvan ze zeiden dat ik erheen moest."

En ik zei: "Ja. Maar jij was de eerste man op de maan, Neil. Ik geloof dat dit toch ook wel iets voorstelt."

En toen voelde ik me een stuk beter. Want als Neil Armstrong last had van het impostor syndrome, dan had misschien iedereen het wel.'

Rinus Israël is de Neil Armstrong van het Nederlandse voetbal. Ook hij bereikte als eerste het allerhoogste, maar bleek eenmaal terug op aarde ten prooi te vallen aan een opvallende gêne voor zijn eigen roem. Hij had waar iemand als Wim Kieft ook last van heeft: het onvermogen om lang terug te blikken op de eigen carrière zonder er een ongemakkelijk gevoel bij te krijgen. De meeste oud-voetballers zijn anders en raken maar niet uitgepraat over hun loopbaan. Maar als je met Rinus een conversatie snel wilt afbreken, moet je over zijn sportieve successen beginnen, over de Europa Cup en de Wereldbeker, of anders over de overtredingen waar hij beroemd door werd, maar waar hij zich vrijwel direct na het laatste fluitsignaal zo voor schaamde dat hij vroeger regelmatig met zijn handen voor zijn ogen naar *Sport in Beeld* zat te kijken.

Het tweeslachtige in Israëls karakter – de vriendelijke grootvader die zich in het veld als een menselijke cirkelzaag gedroeg – is niet alleen fascinerend, maar heeft hem in de loop der jaren ook karikaturale trekjes gegeven. De overlevering heeft ervoor gezorgd dat hij en zijn voormalig handlanger Theo Laseroms zijn uitgegroeid tot de Snuf en Snuitje van het Nederlandse voetbal, die samen overtredingen begingen die eerder thuishoorden in het Wetboek van Strafrecht dan in het spelreglementenboek van de KNVB, terwijl als de naam Rinus Israël valt het eigenlijk eerst een hele tijd zou moeten gaan over zijn traptechniek. Die was al in zijn tijd bij DWS, waar hij als bescheiden adjudant van Daan Schrijvers fungeerde, fenomenaal. Hij verzond ballen over veertig meter met de precisie van een architect. Maar daarover praten gebeurt zelden. Altijd gaat het over zijn misdragingen, zijn hardheid, zijn cynisme, over de Jack Nicholson-achtige grijns waarmee hij zijn lugubere autopsies op het veld soms afrondde, en over het tragische lot van sommige van zijn favoriete slachtoffers.

Zoals Wiel Coerver, de Feyenoord-trainer die eerst Rinus Israël uit het elftal zette en vervolgens besloot zelf ook eens deel te nemen aan het onderlinge trainingspartijtje. Achteraf bezien had hij dat beter andersom kunnen doen: eerst voetballen en daarna pas Israël uit het elftal zetten. Dan had het allemaal niet zo'n pijn gedaan.

Wiel Coerver was destijds een smalle en fragiele ex-voetballer op leeftijd die zijn hele carrière had rondgebazuind dat techniek het in het voetbal altijd zou winnen van brute kracht, maar die middag werd toch het tegendeel van zijn theorie bewezen. Hoewel Coerver de gewoonte had met een bijna religieus fanatisme de blijde boodschap van het kappen en draaien te verkondigen, had hij daar teleurstellend weinig aan toen opeens Rinus Israël als een op hol geslagen stier op hem af kwam denderen. Wat er daarna gebeurde, weet niemand meer precies, maar zij die erbij zijn geweest beschrijven een trainer die een tijdje als een lappenpop door de lucht zweefde en het geluid van een middelgroot verkeersongeluk bij het weer neerkomen.

In De Doelen is de zwart-witte schim van Israël al een paar keer over het grote scherm geflitst, wanneer op het podium ook zijn naam valt. Eerst dankzij Martin van Waardenburg ('IJzeren Rinus? Als je daar langs ging, kon je gelijk door naar de orthodontist.'), al snel gevolgd door Willem zelf. Hij wijst erop dat hij dit eerbetoon alleen maar heeft kunnen krijgen dankzij al die geweldige medespelers uit het verleden en hij noemt zijn oud-aanvoerder als voorbeeld.

'Dat was een geweldige voetballer,' zegt Van Hanegem.

'Dames en heren, applaus voor Rinus Israël!' roept Wilfried de Jong gelijk.

Dat hoef je bij een bomvolle zaal Feyenoorders in het hartje van Rotterdam maar één keer te doen. Daar rolt het al in golven richting de voorste rij. Nog even denkt Israël er vanaf te kunnen komen door vanuit zijn comfortabele stoel wat halfslachtig te zwaaien, maar dan vergist hij zich. Het applaus blijft aanzwellen. Sommigen beginnen erbij te fluiten.

'Rinus! Rinus Israël!' schreeuwt Wilfried de Jong boven het lawaai uit. 'Rinus, ga even staan!'

Het applaus dreigt nu een ovatie te worden. Hier moet Israël bang voor zijn geweest. Zijn wandelstok ligt ergens aan zijn voeten, daar heeft hij nu niets meer aan. Hij zet zijn handen op de leuning van de stoel en hijst zichzelf overeind. Krakend en piepend komt Feyenoords lievelingsaanvoerder omhoog. Als je goed kijkt, zie je zijn vertrokken gezicht. En op het podium staat Willem te grijnzen, net als vroeger op de training, na een iets te harde tackle. Het ontbreekt er nog maar aan dat hij van het podium klimt om pesterig te vragen of het erg veel pijn doet, dat opstaan, na twee van die zware operaties.

Na afloop van de show drentelt Van Hanegem in de kleedkamer rond, met in zijn handen een boeket bloemen waar hij geen raad mee weet.

'Je hield het niet droog, hè?' zegt iemand.

'Shit hé,' zegt Van Hanegem. 'Precies wat ik niet wilde, gebeurde. Gek is dat.' Daarna gaat hij snel naar Wijnaldum om met hem over voetbal te praten.

Een verdieping lager is het bij alle bars nog opvallend druk. Veel mensen hebben zo te zien even wat tijd en wat alcohol nodig om de onvermijdelijke terugkeer naar de realiteit aan te kunnen. Het is ook nogal een stap, van de voorzet van Moulijn en Willems kopbal tegen AC Milan, terug naar Jens Toornstra en de komende competitiewedstrijd tegen FC Emmen.

Vandaar dat nekken zich uitrekken en supporters elkaar aanstoten, nu een levende herinnering aan Feyenoords gouden jaren voorbijschuifelt. Het is Rinus Israël, leunend op zijn stok, voorzichtig manoeuvrerend richting uitgang en parkeergarage. Sommige mensen groeten hem, wensen hem een goede reis terug naar huis, maken snel een foto. Anderen kijken hem alleen maar na. Als hij buiten gehoorafstand is, zegt iemand:

'Ik geloof dat ik hem laatst met een rollator zag, die Rinus.'

Niemand reageert.

'Of het was zo'n looprek, dat weet ik niet meer.'

Er wordt nog steeds niet gereageerd.

Mannen nippen aan hun bier, zwijgen, kijken hem na. Niemand hier wil dit horen. Niet nu. Niet na deze avond.

‘Met mij is alles goed verder. Alleen mijn poot, hè?’

(2012)

Donderdagochtend, op een van de heuveltjes in Meerssen. Bert van Marwijk doet de deur van zijn woning open. Op zijn neus zit een zwarte bril. Hij was net dagblad *De Limburger* aan het doorspitten.

Uitgebreid en ongestoord de krant lezen: het is een van de vele kleine geneugten die horen bij zijn nieuwe bestaan. Nu de hectiek van de voetbalwereld niet langer zijn agenda tiranniseert, is het leven van Bert van Marwijk tot een jaloersmakende rust gekomen. Hij doet wat klusjes als analist op de Nederlandse en Duitse televisie en komt soms in actie voor het goede doel, maar voor de rest speelt zijn bestaan zich nu grotendeels af binnen een paar vierkante kilometer rond zijn huis of rond de huizen van zijn twee dochters. En dat bevalt hem vooralsnog prima.

Normaal gesproken zou hij ook vandaag weer een paar van zijn kleinkinderen van school halen en daarna de een naar de tennistraining brengen en de ander ophalen van het hockeyveld, en tussendoor naar de voetbalclub rijden, of andersom, dat is niet helemaal duidelijk, want opa heeft het er maar druk mee. Dit is het nieuwe leven van Nederlands succesvolste bondscoach aller tijden. Hij zit in de tuin en kijkt naar de wolken, hij leest de krant en hij geniet zich suf. Misschien dat hij stiekem even moest slikken toen hij eerder deze week las dat Valencia, zijn droomclub, een nieuwe trainer had aangesteld en dat die niet Bert van Marwijk heet, maar voor de rest maakt de ex-bondscoach een vrij zorgeloze indruk.

Alleen vandaag niet. Dat komt doordat hij straks op ziekenbezoek gaat bij Dick Nanninga, zijn voormalige ploeggenoot die maandenlang in coma lag en wiens linker onderbeen is afgezet. De gedachte aan het lot van de man met wie hij in de jaren tachtig de kleedkamer van MVV deelde, maakt hem somber. En dat is voor het eerst, want voorheen begon Bert van Marwijk altijd als vanzelf te glimlachen wanneer de naam Dick Nanninga viel. 'Een schitterende kerel,' noemde hij hem dan, 'en, niet vergeten: een uitstekende voetballer. Als spits was hij voor niemand bang. Hij kon geweldig uitdelen, maar minstens zo goed incasseren. IJzersterk was-ie, met een waanzinnig hoge pijngrens. In onze MVV-tijd hebben we flink gelachen. We waren in onze nadagen. Dirk en ik zaten na de wedstrijd altijd achter in de bus te kaarten en bier te drinken. Van die halve-literblikken. En roken, hè? Ik weet nog dat we samen een keer in het ziekenhuis lagen. Hij voor zijn knie, ik voor mijn lies. We hadden de gezelligste kamer van de afdeling. Het stond de hele dag blauw van de rook.'

Samen speelden ze één interland voor Jong Oranje, Nanninga als dispensatiespeler. Het is lang geleden, maar hier, aan zijn eigen eettafel in Meerssen, hoeft Bert van Marwijk zijn ogen maar te sluiten of hij ziet Nanninga wéér zitten. 'We speelden tegen Jong Schotland, met Joe Jordan in de spits. Het was rust. Ik keek naar Dirk. Hij frommelde wat met zijn handen onder de kleedkamerbank. Ik dacht: Wat zit-ie nou te doen? Toen zag ik het: hij draaide een sjekkie. Tijdens de rust van een interland! Nee, schitterende kerel, die Dirk.'

Er klinkt altijd opvallend veel vertedering door in de stem van Bert van Marwijk wanneer hij over Dick Nanninga praat. Dat is geen toeval. De twee lijken op elkaar. Vooral in hun afkeer van al te veel poeha. 'Dat zit misschien een beetje in onze hele generatie,' zegt Van Marwijk. 'Hoe moet ik het zeggen? Wij zijn niet zo snel onder de indruk van andere mensen. Vooral niet als ze heel gewichtig doen. Maar we zijn ook niet erg onder de indruk van onszelf. Dat scheelt.'

Dan staat Bert van Marwijk op en trekt zijn jas aan. Het is tijd om naar het ziekenhuis van Genk te gaan. Hij verheugt zich er niet op. 'Ik hou niet van ziekenhuizen,' zegt hij. Wanneer hij het dorp uit stuurt, passeren we het huis dat zijn dochter en Mark van Bommel laten bouwen. Graafmachines werken er aan een achtertuin zo groot als De Efteling.

Even later, in België. Bert van Marwijk loopt door de ziekenhuisgangen van Genk. Hij is nerveus en maakt zijn bekende wegwerpgebaar. 'Ik hou niet van ziekenhuizen,' zegt hij nog maar eens. Maar voor zijn oud-ploeggenoot zet hij z'n afkeer graag opzij. Op de vijfde etage stopt hij voor een kamerdeur. Hij klopt en gaat naar binnen. Daar ligt Dick Nanninga, half verscholen onder de dekens. Dat is al sinds mei van dit jaar zo. Tegenover hem staat een handjevol beterschapskaarten op een rij, aan de kapstok heeft iemand een speciale supporterssjaal vastgeknoopt. Verder is de kamer, op een Sinterklaas van chocolade na, grotendeels leeg. Aan de rand van het ziekenhuisbed ontspint zich een gesprek tussen twee no-nonsensemannen. Dat gaat zo:

Van Marwijk: 'Dirk.'

Nanninga: 'Bertus.'

Een korte stilte.

Wat zeg je eigenlijk tegen iemand wiens been is geamputeerd?

Van Marwijk: 'Godverdomme, jongen.'

Nanninga: 'Hoe is het?'

'Nee, hoe is het met jóú?'

'Tja. Met mij is alles goed verder. Alleen mijn poot, hè?'

'Ik ben me kapot geschrokken, man.'

'Het pootje is eraf, hè?'

'Ja.'

Weer een korte stilte.

Als voetballer had Dick Nanninga de finesse van een vrachtschip. Een rouwdouwer was hij, voor niets en niemand bang, en altijd bereid het duel aan te gaan. Hij brak tijdens zijn loopbaan alleen al zes keer een sleutelbeen. Zijn speelstijl had soms hilarische situaties tot gevolg. Tijdens de eerste helft van een allang vergeten wedstrijd van Roda JC raakte hij weer eens geblesseerd. In de rust werd de schade opgenomen. Twee gebroken ribben, een andere rib gekneusd en een verrekte lies. Nanninga beet op z'n tanden, draaide een sjekkie tegen de schrik en liet zich van zijn tepels tot zijn kruis intapen. Zo, als een mummie met bakkebaarden, verscheen hij even later weer aan de aftrap. Hij kon zijn lichaam amper nog bewegen, zó strak zat het verband dat de losse onderdelen in zijn lijf bij elkaar hield, maar hij voetbalde gewoon door. Na de wedstrijd plaste hij bloed. Dat bleek later te komen door een gekneusde nier. Nanninga had er nauwelijks iets van gemerkt, zei hij. Maar dit keer was het allemaal andere koek.

'Twee jaar geleden ging ik met pensioen. Drie dagen daarvoor wilde ik iets in de auto zetten en gleed ik uit. Het was glad, het had gesneeuwd. Ik brak mijn kuitbeen en de enkel van mijn linkerbeen. Zo is het eigenlijk begonnen. Ik ben in het gips gegaan en moest op krukken lopen. Daardoor ontwikkelde zich op de grote teen van mijn rechtervoet een blaar. Die ging ontsteken. Dat was een probleem, want ik heb ook suikerziekte. Een gevaarlijke combinatie. En die dikke teen was al zwak. Dus die moest eraf. Dat was het begin, Bertus. Later scheurde ik ook nog de achillespees van dat linkerbeen af. Daar ben ik een tijdje mee doorgelopen. Ik zou er in het ziekenhuis in Maastricht naar laten kijken, maar dat heb ik nooit gedaan. Ik liep op een gegeven moment gewoon op mijn bot. Tot het ging ontsteken. Toen moest ook mijn onderbeen eraf.'

'Godverdorie, hé'

'Ja. Dus als je straks een nieuwe club krijgt: aan mij heb je niets meer.'

'Dirk, jongen...'

'Weet je wat het is, Bertus? Ik heb nog geen kracht. Ik heb vier maanden diep in coma gelegen.'

'Godverdorie.'

'Ik raakte tijdens de operatie in coma. Toen ontdekten ze dat ik een bacterie in mijn bloed had. Ze hebben me in coma gelaten, bewust. Maar ik kwam niet meer bij. Normaal gesproken was ik er allang niet meer geweest, jongen. Maar ik ben toch weer ontwaakt.'

'Jij bent ijzersterk.'

'Nu komt nog de revalidatie. Ik loop al drie jaar ziekenhuis in en uit.'

'Tjongejonge...'

'Ja. Maar ja... hoort ook bij het leven.'

'Heb je nog veel bezoek gehad van mensen uit de voetbalwereld?'

'Reginald Thal en Erik de Haan en zo. Maar mijn dochter heeft de telefoon. Anders word je gek. En ik kan hem niet eens vasthouden, dat toestel. Geen kracht.'

Liggend in zijn ziekenhuisbed, te zwak om het knopje van het licht zelfstandig in te drukken, doet Dick Nanninga nog maar in weinig denken aan de voetballer die hij ooit was: een lange en keiharde spits die zijn grijnzende hoofd maar in de spelerstunnel hoefde te laten zien of je kon de eerste centrale verdedigers al enigszins wit zien wegtrekken. Zijn bakkebaarden zijn al jaren gekortwiekt en inmiddels helemaal grijs geworden.

De betonspits van Roda JC, zo werd hij vroeger in kranten genoemd. Specialiteit van het huis: de kopbal. Hij werd er even wereldberoemd mee, toen hij die zomernacht in 1978 scoorde tegen Argentinië. Hij is nog steeds de enige Nederlander die ooit een velddoelpunt maakte in een WK-finale. Toch heeft hij nooit specifiek op zijn handelsmerk getraind. Een kopgalg, dat vond Dick Nanninga vroeger al een verregaande vorm van aanstellerij. Zinloos ook, want goed koppen zat in je genen. 'Het valt niet te leren, goed koppen,' zei hij daar altijd over. 'Het zit 'm in de timing. Die heb je of die heb je niet.'

Dick Nanninga had het.

Hij was een van de grootste specialisten uit de moderne Nederlandse voetbalgeschiedenis. In de lucht had hij de gortdroge stijl die bij zijn persoonlijkheid paste. Nanninga hield niet van poespas, ook niet als kopper. Kort na zijn eigen lancering strekte hij gewoon z'n lange lijf, trok het als een harmonica uit en ging dan, vaak enigszins schuin en met de armen soms strak langs het lichaam, als een menselijke patriotraket de lucht in. Soms was het alsof hij het vermogen had daar een tijdje te kunnen blijven hangen, wachtend op een voorzet van Pierre Vermeulen, Adrie Koster of Gerard van der Lem om dan zijn kop tegen die bal aan te rammen, want Dick Nanninga had een voorhoofd als een sloophamer. Zijn speelstijl bracht hem bij Roda JC de titel topscorer aller tijden, alsmede twee hernia's, een beenbreuk, twee afgescheurde kruisbanden, tientallen butsen, gaten en littekens op zijn hoofd, een miltbeschadiging en ontelbare gebroken armen, polsen en ribben. Nooit hoorde iemand hem daarover zeuren.

Op de gang in het ziekenhuis komt een zuster voorbij. In de kamer van zijn oud-ploeggenoot leunt Bert van Marwijk tegen de verwarming. De ontzetting valt nog steeds van zijn gezicht te lezen.

'Eigenlijk is het begonnen omdat je veel pijn kunt verdragen, hè?'

'Eigenlijk wel ja.'

'Als je gelijk wat aan die achillespees had laten doen...'

'Ja. Maar ja...'

'Zo was je vroeger al, hè?'

'Dat weet jij wel.'

'Kun je je nog herinneren dat we samen in het ziekenhuis lagen, Dirk?'

'Ja. Dat ik jouw pyjamabroek naar beneden trok...'

'We hebben toen wel gelachen. Jouw vrouw nam het eten mee, en die van mij de drank. En we rookten sjekkies bij het open raam.'

'Het was goed weer, toen. Dat weet ik nog. Mei was het.'

'Ja. Binnen was het net een café.'

Weer is het even stil in het kamertje.

'Goh Dirk, hé.'

'Tja.'

'Dus je hebt vier maanden in coma gelegen?'

'Ja. Ik weet er allemaal niks meer van, hoor. Het was heel vreemd.

Daarna, nadat ik ontwaakt was, heb ik een hele tijd raar gedroomd. De gekste dingen. En heel levendig. Dan zetten de artsen mij voorzichtig in een stoel en dan zei ik: "Ik kan wel gewoon lopen hoor, ik heb gisteren nog het olympisch record op de honderd meter verbroken." Maar dat had ik dan gedroomd. Heel vreemd. Maar van die vier maanden coma weet ik helemaal niets meer. Het laatste wat ik me herinner is dat ik met de ambulance naar het ziekenhuis ben gegaan voor de operatie. Daarna: niets.'

'Je was vroeger zo sterk als een paard. En dat ben je nog steeds. Ik weet zeker dat je erbovenop komt.'

'Nou... Ik kan eigenlijk niks meer, hè? Ik moet straks een prothese hebben. Of een rolstoel.'

'Hoe oud ben je nou?'

'63.'

'Godver.'

'Ja, de meeste varkens worden niet zo oud.'

Er wordt alweer gelachen in de kamer. Het is meer dan tien jaar geleden dat de twee oud-ploeggenoten elkaar zagen, een toevallige ontmoeting ergens in Limburg. Allebei doen ze hun best het te verbergen, maar zo te zien hebben ze elkaar behoorlijk gemist.

'Ik had je telefoonnummer van iemand gekregen toen je bij Borussia Dortmund werkte. Ik wilde toen nog bellen.'

'Ja?'

'Ja, maar ik dacht: Ach, die zal wel genoeg aan zijn kop hebben.'

'Dat had je altijd moeten doen.'

'Ach... En? Heb je al nieuwe club?'

'Nee.'

'Meerssen?

'Nee. Ik vind het wel even goed zo. Zeg, hoeveel kleinkinderen heb jij Dirk?'

'Zeven.'

'Ik heb er drie. Daar ben ik nu elke dag mee bezig, in plaats van met dat voetbal.'

'Gelijk heb je.'

Ook Dick Nanninga trok zich na een loopbaan bij Oosterparkers, Veendam, Roda JC, Seiko Hongkong, MVV en vijftien interlands terug uit het voetbal. Hij werd vertegenwoordiger in sanitair en later ook kroegbaas in zijn nieuwe vaderland België. In de stadions liet hij zich nauwelijks meer zien. Zo raakte hij enigszins uit beeld. Behalve wanneer het WK'78 werd herdacht, viel zijn naam nooit meer in de kranten. Tot hij dus in coma raakte. Toen ging er een schok door de voetbalwereld. Tijdens de wedstrijd Roda JC-PEC Zwolle toonde het scorebord plotseling weer het hoofd van Dick Nanninga. Alsof het weer 1982 was, grijnsde hij het publiek toe in het geel-zwarte shirt van toen, compleet met ravenzwarte bakkebaarden en al. Er hing een spandoek voor hem op de Westtribune en in de dertiende minuut werd zijn naam weer eens gescandeerd in Kerkrade. In zijn gloriejaren speelde Dick Nanninga altijd met 13, een nummer dat perfect bij hem leek te passen. Ook ging iedereen in het stadion even voor hem staan. Het was een mooi gebaar, maar zelf merkte de oud-spits er niets van. Terwijl de Roda JC-supporters hun kelen schor schreeuwden voor hem, lag hij zelf een paar kilometer zuidelijker in een ziekenhuisbed, roerloos, als een plant bijna.

Buiten trekt het verkeer van Genk voorbij. Binnen laat Bert van Marwijk zijn blik glijden over de dekens die het onderlichaam van zijn oud-ploeggenoot bedekken.

'Heb je geen pijn?'

'Nee, dat niet. Ik heb wel nog een ziekenhuisbacterie opgelopen. Maar daar ben ik nu ook gelukkig vanaf. De verveling is nu eigenlijk het ergst.'

'Ik was wel heel erg geschrokken, hoor. Verdorie.'

'Ja, Bertus. Voor hetzelfde geld was ik weggeweest. Daar doe je niks aan. In mei ging ik het ziekenhuis in voor de operatie en in oktober werd ik pas weer wakker. Een tijd lang heb ik ook nog op de intensive care gelegen. En nu lig ik hier. Het is een goed ziekenhuis. Alleen is elke dag hetzelfde. Gelukkig kan ik prima met de artsen opschieten.

Een van de doktoren is een Hollander, een Roda JC-supporter zelfs. Hij is ook degene die mijn teen heeft geamputeerd. "Wat heb je aan die teen verdiend?" vroeg ik hem laatst, "want volgens mij heb je 'm gelijk op Marktplaats.nl gezet." Moest-ie wel om lachen. "Daar heb ik wel meer dan duizend goals mee gemaakt, hè?" zei ik tegen die dokter.'

'Godverdorie Dirk.'

'Je moet ook een beetje blijven lachen, hè, Bertus? Anders hou je het niet vol.'

'Jij houdt het wel vol. Jij bent een vechter, Dirk, dat weet ik.'

'Ik krijg elke dag therapie in bed. Ik kan mijn arm niet eens zelf optillen. Mijn spieren zijn zo lang niet actief geweest, dat ik alles opnieuw moet leren. Pas sinds een paar dagen kan ik zonder hulp met mijn wijsvinger mijn duim aanraken.'

Dan komt er een zuster binnen. Het is tijd voor de dagelijkse oefeningen. Of het bezoek afscheid wil nemen, voordat de patiënt te vermoeid raakt. Bert van Marwijk brengt zijn rechterhand naar die van zijn oude ploegmaat. Van Marwijk pakt hem vast en schudt 'm een tijdje zwijgend heen en weer. Dick Nanninga glimlacht. Even weet niemand meer iets te zeggen. Dan blijft de oud-topscorer alleen achter. Vlak voordat hij de deur uit gaat, zwaait Bert van Marwijk nog een keer naar het bed.

'Ik kom snel weer langs.'

'Goed.'

'Ik ben blij dat ik je even gezien heb.'

'Ik jou ook.'

'En volhouden, hè?'

'Zeker.'

'Dag Dirk.'

'Dag Bertus.'

Uren op de kamer van F.K. Blankemeijer, het geweten van Feyenoord

(2016)

Jarenlang had ik de gewoonte een paar keer per week in Feyenoords Maasgebouw een bezoek te brengen aan de werkkamer van senior-manager Fred Blankemeijer. Het was mijn favoriete plek in het hele stadion. Dat had op de eerste plaats met de bewoner te maken natuurlijk, maar ook met het uitzicht. Dat was majestueus. Vanachter het glas keek je recht op het trainingsveld. Soms, wanneer je onaangekondigd langskwam, kon je de senior manager met zijn handen op zijn rug bij de vensterbank zien staan. Dan keek hij geïnteresseerd naar het gekrioel onder hem. Niet zelden gebeurde dat hoofdschuddend, want Fred Blankemeijer had Puck van Heel, Kees Rijvers en Henk Schouten nog zien voetballen, dus hij was een kritisch mens.

Meestal stond hij erbij als een reiger langs de waterkant. Doodstil, loerend naar iets van zijn gading. Maar als je geluk had, leverde hij ook commentaar bij de beelden. Op een dag zag hij onder zich een groepje supporters met collectebussen langs het trainingsveld trekken. Omdat Feyenoord tot teleurstelling van de eigen fans niet bereid bleek de door heimwee gekwelde József Kiprich terug te kopen van Apoel Nicosia, probeerden ze het transferbedrag nu zelf maar bij elkaar te bedelen. ‘Haal József terug uit Cyprus,’ stond er in bloedserieuze letters op hun geldbussen. Ze rinkelden ermee met een urgentie die deed vermoeden dat de voetballer werd gegijzeld door de Rode Brigades.

'Ik heb veel meegemaakt,' zei Fred Blankemeijer toen op verbaasde toon vanachter zijn vensterbank, 'maar een collecte voor een miljonair, dat is nieuw voor mij.'

Een andere keer zag hij looptrainer Toine van de Goolberg voor de ochtendsessie met hartslagmeters, laptops en andere elektronica het gras op stappen. Toen zette de senior manager gelijk zijn koffie neer om het allemaal eens met een extra spottende blik te bestuderen. Zelf kwam hij nog uit de tijd dat een medicinbal al als een verregaande vorm van aanstellerij werd beschouwd, dus het duurde niet lang voordat zijn wenkbrauwen omhoog schoten.

-'Gebeurt er iets bijzonders, Ome Fred?'

'Nou, ik geloof dat ze hier straks de Space Shuttle gaan lanceren, jochie.'

Er hingen mooie vaantjes in zijn kamer. De meeste herinnerden aan de gouden jaren zestig en zeventig. Hij had het allemaal met eigen ogen gezien, want Fred Blankemeijer was oud. Charles Lindbergh moest de Oceaan nog over vliegen toen hij al was geboren, een opvallend lang kind met een broos gestel dat het desondanks tot het eerste van Feyenoord zou schoppen.

Blankemeijer was dertien jaar toen hij een uitnodiging kreeg om op Varkenoord te komen voetballen. Hij zou de club tot aan zijn dood in 2010 altijd trouw blijven. In het eerste elftal speelde hij 28 maal in de verdediging. Op de sporadische momenten dat hij over zijn eigen voetballoopbaan sprak, schetste hij het beeld van een technisch verdediger met een goed inzicht, maar met weinig kracht en de handicap dat zijn arm regelmatig uit de kom schoot. Dat was lastig, vooral bij ingooien. Zijn specialiteit was de sliding. Op zijn beste momenten leek het wel of Fred Blankemeijer uitschuifbare benen had.

Op de sporadische foto's van de voetballer Fred Blankemeijer is het niet moeilijk hem tussen zijn ploeggenoten te herkennen. Hij is in alle elftallen verreweg de langste. Het shirt dat hij draagt, en dat in die tijd nog als een overhemd wordt dichtgeknoopt, wappert op elke foto als een vlag om zijn smalle lijf. 'Ik was zo dun als een panharing,' vatte hij zijn fysiek zelf eens treffend samen. Wanneer de cartoontekenaars hem in de kranten op de korrel namen, beelden ze hem altijd af als een voetballende stopnaald.

Later, toen hij Feyenoord in allerlei andere gedaantes diende, maakte zijn lengte hem tot in de verste uithoeken van Europa tot een bekendheid. Long Tall Fred, zo werd hij van Turijn tot München en van Londen tot Madrid genoemd. Overal in de Europese bestuurskamers kenden ze hem als een joviale en ietwat ondeugende man, die opvallend goed zijn talen sprak. Iedereen wist dat hij, ondanks het feit dat hij bestuurslid was, kijk op voetbal had. En dat hij behoorlijk bijgelovig was.

Dat laatste openbaarde zich vooral bij lotingen voor de grote Europese toernooien. In Zwitserland moest hij niet alleen altijd op een bepaalde vaste stoel in de zaal zitten, hij moest ook op een vaststaand moment naar de delegatie van Ajax of PSV of welke andere Nederlandse club dan ook zwaaien. In de binnenzak van zijn clubkostuum – de enige met de maat XXL – zat dan al de hele dag een potje Israëlische honing (souvenir van een allang afgefloten ontmoeting met Hapoel Petach Tikva) dat volgens hem magische krachten in zich droeg en van het grootste belang was om zijn Feyenoord aan een gunstige loting te helpen.

Ik prijs me gelukkig dat ik jarenlang een paar keer per week naar het ijle stemgeluid van Fred Blankemeijer heb mogen luisteren. Als hij in vorm was, en zijn lange lijf hem niet te veel kwelde, diepte hij de mooiste verhalen op uit zijn geheugen. Achter een bureau vol medicijnen sprak hij dan over mensen en gebeurtenissen die anderen allang waren vergeten, maar die hij nog zó voor zich zag. Dan vertelde hij over de pogingen om Johan Cruijff al in 1973 naar Feyenoord te halen. Over 'die dondersteen van een Constant Vanden Stock' en hoe de voorzitter van Anderlecht spits Jan Mulder voor de neus van

Feyenoord wegkaapte en hoe het zat met het gerucht dat manager Guus Brox de grote Pelé naar De Kuip wilde halen, over het café van Jan Linssen, de snoeiharde kopballen van Adriaan Koonings en die keer dat hij in een ondeugende bui tijdens het officiële diner voor de wedstrijd FC Porto-Feyenoord aan de vrouw naast zich vroeg of ze toevallig wist hoe laat het neuken precies begon en dat dit helaas de vrouw van de voorzitter bleek te zijn.

Soms zong hij erbij. Zoals het lied over Manus Vrauwdeunt, een speler die niemand zich meer herinnerde, maar hij wel. Hij wist alles nog. Waar Manus vroeger woonde. Wat zijn vader voor de kost deed. Dat hij zo van vissen hield en met 1,59 meter de kleinste speler was die ooit voor Oranje heeft gespeeld, en nog honderdduizend andere details. Dan deed hij zijn stropdas wat losser en barste hij uit in een hoog gezang.

Haal op!
Haal op, Manus!
Haal op!
Als je dobbertje schijnt en verdwijnt
en je simmetje schiet in het riet
Haal op!
Haal op, Manus!
Haal op!

Toen hij was uitgezongen, begon hij weer over de geringe lengte van Vrauwdeunt. 'Nog kleiner dan onze Simon!' en meteen ging hij dan met zijn benige pianistenvingers in één van zijn bureauladen rommelen. Hij moest nog ergens een foto hebben van hem en Tahamata. Niemand kon daarnaar kijken zonder in de lach te schieten, want de voetballer verdween ergens onder zijn oksel.

Soms vroeg ik me af waar hij het eigenlijk allemaal nog voor deed. Vooral als het slecht ging met de club en zijn beenderen van ellende nog krommer leken te trekken dan normaal. Maar wat de senior manager ook voortdreef, ijdelheid of een ongezonde zucht naar sympathie was het in elk geval niet.

Sympathie bestond niet volgens Fred Blankemeijer.

'Alleen in het Engelse woordenboek kun je het vinden,' zei hij eens, 'het staat tussen shit en syfilis.'

Soms trof ik hem ook op andere plekken in het stadion aan. Bijvoorbeeld in de fitnessruimte van de selectie. Voordat Edwin Zoetebier en Jon Dahl Tomasson en Bonaventure Kalou binnendruppelden voor de ochtendtraining, trapte hij dan in slow motion wat meters weg op een van de hometrainers. Moest van de dokter. Hij deed het gewoon in zijn pak, met zijn stropdas nog om. De spelers konden altijd zien wanneer hij geweest was, want op een van de fietsen stond het zadel dan op de hoogste stand.

Zijn lichaam wilde de laatste jaren niet meer. Lopen was schuifelen geworden, maar nog dagelijks trok hij voetje voor voetje door de gangen van De Kuip. 'Als ik te snel voor je ga, hoor ik het wel,' zei Fred Blankemeijer dan, want zelfspot is altijd zijn grootste wapen geweest.

De enige keer dat hij serieus werd, was op de sporadische momenten dat hij vertelde over de oorlog. Zijn vader was getorpedeerd door de Duitsers en omgekomen op zee. Fred Blankemeijer moest toen nog volwassen worden. Het had hem een levenslange afkeer van Duitsland opgeleverd, die naarmate hij ouder werd wel afnam maar nooit helemaal verdween. De oorlog bleef altijd een gevoelige plek. Het 'Hand in Hand Kameraden' kon hij – de oer-Feyenoorder – om die reden ook bijna niet verdragen. Hij vond het te veel klinken als 'een moffenlied'.

Fred Blankemeijer was een mysterieuze man die veel mensen de indruk gaf dat hij een allemansvriend was, maar die in werkelijkheid juist tegenovergesteld in elkaar zat. Blankemeijer was kritisch. Op anderen, op Feyenoord, maar gelukkig ook op zichzelf.

Ergens kort na de eeuwwisseling, toen zijn lange lijf weer eens herstellende was van de zoveelste ziekenhuisopname, drong Feyenoord-directeur Sjaak Troost eropaan Fred Blankemeijer aan een uitgebreid interview te onderwerpen. De immense kennis over de club die hij bij zich droeg moest worden overgedragen aan de volgende generatie. Het was een nobel plan, maar bij voorbaat tot mislukken gedoemd.

Fred Blankemeijer hield niet van interviews. Het paste niet bij zijn karakter om zichzelf aan een groot publiek bloot te geven. De senior manager voelde zich senang in de schaduw van de spotlights, nooit in de spotlights zelf.

Eén keer hebben we een serieuze poging gedaan. Dat was ergens halverwege de jaren negentig. Het werd een totaal mislukt avontuur, waar ik desondanks met veel meer plezier aan terugdenk dan aan de meeste interviews met anderen die wél lukten.

Het ging ongeveer zo:

Op het afgesproken tijdstip zie ik hem vanuit de deuropening zitten, het lange lijf gevouwen om zijn bureaustoel, een extra kussentje onder de billen om meer ruimte te maken voor zijn uitschuifbare benen.

-'Hallo Ome Fred.'

In slow motion, bijna krakend en piepend van ouderdom, draait het lange lijf van de senior manager zich naar de deuropening. Het duurt even. Hij was net zijn neus aan het snuiten. Maar nu is er dan oogcontact. Gelijk begint hij als Fats Domino met zijn zakdoek te zwaaien. Zijn sopraanstem zingt door de kamer.

'Hallóóó, hondje!'

Hij veegt de laatste druppel van zijn neus.

'Alles goed, jochie? Hé, blijf daar nou niet zo staan joh, met die gemene muil van je. Kom even zitten.'

Hij wijst naar de stoel tegenover zich.

-'We hebben een afspraak hè?' zeg ik.

'Een afspraak?'

-'Ja, ik kom voor een interview.'

'Ach, God-in-de-hemel! Nee toch? Nee ! Het is toch niet waar, hè?'

-'Jawel.'

'Jezus-Christus-te-paard, daar ben ik lekker mee, zeg.'

-'Tsja. Het is niet anders.'

'Godskolere. Nou ja, ga dan eerst maar even koffie voor ons halen, jong.'

Even later ben ik vragen op hem aan het afvuren. We beginnen bij het begin. 'Ik ben van 13 augustus 1926. Vrijdag de dertiende. En 26 gedeeld door twee is ook dertien, dus ongelukkiger kun je het niet hebben.'

Hij vertelt over het Rotterdam van voor de oorlog, over huizen en straten en mensen die er allang niet meer zijn, over de haven en zijn fascinatie voor alles wat vaart, over Feyenoord natuurlijk en over het hardnekkige misverstand dat dit altijd een ploeg van harde werkers is geweest. 'Flauwekul. In de jaren dertig speelde Feyenoord het fijnste voetbal dat je ooit gezien hebt. Jan Linssen! God-sta-me-bij, wat een voetballer was dat. Weet je hoe ze dat noemden, dat voetbal van ons? Schuifie-schuifie. En wat dacht je van voetballers als Moulijn, en die dondersteen van een Schouten? Zijn dat harde werkers geweest? Nou dan.'

Zijn toon is nooit sentimenteel of weemoedig, maar altijd luchtig, relativerend. Fred Blankemeijer is een groot raconteur. Zijn verhalen zijn op precies de juiste manier gekruid met een mengeling van originele vloeken, vooroorlogse uitdrukkingen en spontane lachbuien.

'Hoe vind je dié?' roept hij vaak na een geslaagde anekdote.

Of: 'Is dat niet om te gieren dan?'

Vroeger was Fred Blankemeijer onder meer scout en prominent lid van de transfercommissie. In die hoedanigheid heeft hij een grote rol gespeeld in de komst van Ove Kindvall en verdient hij alleen al om die reden een standbeeld. Maar ook het talent van om de hoek ontkwam zelden aan zijn timmermansoog. Het verhaal gaat dat amateurclubs hun talentjes direct naar de kant haalden zodra ze zijn rijzige gestalte aan de horizon zagen opdoemen. Toch ging het ook weleens fout. Toen Rob Jacobs in Roemenië eens tegen een dijk van een talent opliep, belde hij gelijk naar het kantoor van Blankemeijer.

'Ome Fred, ik heb me nou toch een speler gezien... Die moet Feyenoord kostte wat het kost aantrekken.'

'O ja joh?' zei Blankemeijer, 'en hoe heet dat jong dan?'

'Hagi,' zei Jacobs.

'Hatsjie? Ben je zo verkouden Rob? Nou, beterschap dan maar hoor!' en daarna hing hij op.

Helaas groeide diezelfde Hagi later uit tot een van de beste spelers uit de geschiedenis van het Roemeense voetbal en speelde hij voor zowel Real Madrid als FC Barcelona, in plaats van voor Feyenoord.

Later kreeg Blankemeijer de portefeuille veiligheid. Dat was in de jaren tachtig, de hoogtijdagen van het hooliganisme in Nederland. Blankemeijer – 1,98 meter – stond op het veld toen supporters woedend richting dug out trokken om trainer Rinus Israël deelgenoot te maken van hun teleurstelling.

Daarover zei hij ooit in de *Feyenoord Krant*: 'Ik kon van alles krijgen, van kanker tot stenen naar mijn kop. Maar ik dacht: ik blijf staan. Ik ga niet opzij. Ik ben ook niet bang. Waarom zou ik? Ik ben een Feyenoorder. Zij zijn Feyenoorders. Dat weten we van elkaar. Het enige verschil is dat ik bereid ben me te gedragen.'

Het was een van de sporadische momenten dat hij in het openbaar terugkeek op zijn leven. 'Vroeger beet ik van me af. Ik was heel scherp. Te scherp soms. Ik zat ook niet op sympathie te wachten. Maar je zult zien, als je zo oud mag worden als ik: een mens verandert. Dat gaat automatisch. Ik kijk weleens naar onze voorzitter. Jorien vliegt er nog in. Zo was ik ook toen ik vijftig was. Maar als je de zestig gepasseerd bent, wordt het al-le-maal anders. En anders hoeft echt niet per se saai te zijn. Ik beleef het voetbal nog heel intens. En als er gevoetbald wordt erger ik me altijd, en ik erger me ook nog aan andere mensen, aan de tegenwoordige mentaliteit maar – en nu komt het – ik erger me ook aan mezelf. Dat is de grootste winst als je ouder wordt. Je leert jezelf niet meer te overschatten.'

Blankemeijer had 38 trainers meegemaakt, van Richard Dombi en Ernst Happel tot Gertjan Verbeek en Mario Been, en ontelbare binnen- en buitenlandse spelers zien voetballen. Hij was erbij toen Feyenoord zich in San Siro tot ieders verbazing kroonde tot beste van Europa, maar heeft ook vaak genoeg voor het voortbestaan van de club gevreesd. Hij was de vertrouwensman van Jorien van den Herik, die hem bij zijn eigen entree eerst ontsloeg en daarna gelijk weer aannam. Allemaal op dezelfde middag, maar dan nu met de zelfbedachte titel senior manager en met voor het eerst een salaris, dat tot aan zijn dood zou worden doorbetaald als dank voor wat hij allemaal voor de club had betekend.

Voor Van den Herik vormde Blankemeijer het geweten van de club. Sommigen van zijn voorgangers waren zo dom zich te laten bedriegen door Blankemeijers gebrek aan opschepperij, of waren bang voor zijn tong, die inderdaad zo scherp als een scheermes kon zijn. Van den Herik niet. Hij onderkende dat niemand de club zo door en door kende als Blankemeijer. Hij wist hoe erudiet hij op bepaalde gebieden was. Hij had het besef dat niemand de stad en de mentaliteit beter kende, dat er weinig Rotterdammers bestonden die zo Rotterdams waren als hij, een jongen van Zuid, die bovendien in het voetbal vrijwel alles al eens eerder had meegemaakt en een netwerk bezat dat liep van Buenos Aires tot Bratislava en weer terug.

Van den Herik benoemde hem ter plekke ook tot perschef. Even leek het toen alsof Fred Blankemeijer op slag tien jaar jonger was geworden.

In een functie die doorgaans wordt bekleed door kleurloze slippendragers, groeide hij als perschef uit tot een legendarische figuur.

Een die boven de partijen stond en bovendien was gezegend met een zeldzame eigenschap binnen de beroepsgroep: humor. Hij had de leeftijd, de lengte en de status om elke trainer ter wereld – of het nou Van Gaal of Ferguson of Mourinho was – aan te kondigen met de zin:

'Nou, brand maar los, jochie.'

Dat de perszaal in De Kuip na zijn dood juist naar hem werd vernoemd was dan ook niet meer dan vanzelfsprekend. Het was een van de weinige beslissingen van het Feyenoord-bestuur waar niet één journalist ooit kritiek op heeft geleverd.

Maar zelf vond hij het allemaal wel meevallen met zijn eigen verdiensten. En erover pochen, dat zag hij helemaal niet zitten. Vandaar dat hij al ver voor het einde van ons interview in zijn handen klapte, even achterover leunde in zijn stoel, me daarna een dropje aanbood tegen de aanstaande schrik en toen zei:

'Nou hondje, de rest verzin je er zelf maar bij. We kappen er lekker mee.'

-**'Hoe bedoel je?'**

'Ik heb geen zin meer. Maak er maar wat moois van. Je mag alles over me schrijven wat je wilt, zelfs als het niet waar is. Als je maar niet vergeet te vermelden dat ik een kolerehekel aan die moffen heb. Dat vind ik wel belangrijk. En de rest zoek je zelf maar lekker uit. Doe je straks wel de deur achter je dicht, hondje? Met die gemene muil van je? Anders zit ik op de tocht. En ik wil zondag wel gewoon bij de wedstrijd zijn. Ik denk niet dat we winnen trouwens. Jij wel? Ja joh? Echt waar? Ha! Nou, reken maar nergens op hoor, dan kan het alleen maar meevallen. Al zou een overwinning wel een keer lekker zijn. We pleuren bijna uit de krant, zo laag staan we op de ranglijst. Maar het komt allemaal wel goed hoor, jochie. Maak je maar niet te veel zorgen. Het komt altijd weer goed met Feyenoord. Altijd.'

Wandelen met Johan Cruijff

(Als je niet ken lopen, wil niet zeggen dat je nergens ken komen)

(2010)

Het is warm in Amsterdam. Terwijl op het veld van het Olympisch Stadion de tiende Open Dag van de Johan Cruyff Foundation in volle gang is, leunt de naamgever zelf in de schaduw van de oude tribune tegen een muurtje. Voor even afgeschermd van de massa praat hij op bezorgde toon over zijn grote liefde Ajax. 'Weet je wat het is,' zegt Johan Cruijff, 'je kunt als club wel de hele tijd excuses zoeken, maar ik zou zeggen: doe je ogen eens open.'

Johan Cruijff ziet er fit uit. Hij draagt witte Johan Cruyff-schoenen, een oranje Johan Cruyff Foundation-shirt en een bruine broek met diepe zakken. In die zakken zit iets waarmee je lekker kunt rammelen (kleingeld? sleutels?) en dat doet hij tijdens het praten dan ook voortdurend.

Het is 48 uur na de column waarmee hij Ajax heeft willen wakker schudden. Hij heeft niet zoveel zin meer zich nog langer diplomatiek uit te drukken. Hij zegt dingen als 'Bij het spel tegen Willem II sprongen de tranen in je ogen.' Hij vindt het een teken aan de wand dat er bij de club geen jonge buitenspelers meer doorbreken en vergelijkt de financiële situatie van Ajax met die van de gevallen grootmacht uit Rotterdam. 'Feyenoord zit in Categorie 1. En wij? Wij in 2. Zoveel verschil is dat dus niet.'

Wij. Hij zegt nog steeds wij als hij het over Ajax heeft. Zo gaat het nog een minuut of vijf door. Dan excuseert hij zich. Hij moet echt weg. Zijn assistente staat al aan hem te trekken, want Johan Cruijff is altijd druk. Het volgende programmapunt wacht alweer. Even later staat hij onder het afdak van een feesttent. Daar bezoekt hij een orkest van mensen met een verstandelijke beperking. Langdurig is hij in gesprek met een meneer achter een xylofoon. De andere orkestleden lachen de hele tijd naar Cruijff, sommigen zwaaien erbij. Een enkeling staat op uit zijn stoel om hem even aan te raken.

Zo gaat het de hele dag. Bijna iedereen die de kans krijgt, wil een tijdje in zijn buurt verkeren. Het is alsof ze daar een heilzame werking van vermoeden. Voor Cruijff lijkt het allemaal geen opgave. Hij glimlacht naar iedereen. Met deze mensen heeft hij honderd keer meer geduld dan met het bestuur van Ajax.

Grote delen van de dag begeeft hij zich onder het publiek, altijd begeleid door iemand van zijn Foundation. Hij speelt een partijtje rolstoelbasketbal en zet zijn handtekening op shirts, petjes, foto's, papiertjes, armen, benen en buiken. Veel mensen willen een hand van hem. Amsterdammers van middelbare leeftijd vinden het leuk om 'Ha, Johan!' tegen hem te zeggen, op een toon alsof ze vroeger met elkaar op straat hebben gevoetbald. Halverwege de middag leunt een vrouw over een dranghek en drukt spontaan haar lippen op zijn wang.

Na een tijdje verdwijnt Cruijff achter het podium. Daar treden Nick en Simon op.

Voetballers zijn meestal slechte dansers. Johan Cruijff lijkt geen uitzondering. Hij klapt vaak mee op de verkeerde tel en zelfs tijdens de simpele meestampers uit Volendam lukt het hem niet om lang maat te houden. Hij maakt een praatje met Wim Jonk, schudt de hand van Michael Boogerd en heeft een onderonsje met de familie

Barend. Daarbij pakt Frits Barend hem bij zijn hand en zijn nek, trekt hem naar zich toe op een manier die doet vermoeden dat hij niet van plan is hem ooit nog los te laten en begint dan een verhaal in zijn oor te fluisteren. Ter afsluiting geeft Frits Barend een schouderklopje. De zwangere Barbara ontvangt twee zoenen van Johan Cruijff, die daarna een tijdje naar haar buik kijkt. Over zijn schouder kijkt Frits geïnteresseerd mee.

Het is een mooi gezicht.

Er volgt een kort gesprek, waarbij Frits Barend het meest aan het woord is. Dan aait Johan Cruijff ter afsluiting twee keer met zijn vlakke hand over de buik van Barbara Barend. Zachtjes, van boven naar beneden en weer terug.

De knuffels van Frits Barend, de Amsterdamse vrouw die hem even wilde zoenen, de kinderen die hem in de armen springen alsof hij niet met het vliegtuig uit Spanje is gekomen maar met de stoomboot... Het is duidelijk: op deze plek wordt Johan Cruijff nog steeds vereerd als een heilige.

Maar die avond, een stadion verderop in Amsterdam, is de stemming veel killer. In een vrijwel verlaten ArenA staat Martin Jol dan naast Barbara Barend op het veld. Hij aait haar niet over haar buik. Wel trekt hij een stoer gezicht, wanneer Barend jr. het gesprek op de kritiek van Johan Cruijff brengt. De trainer van Ajax ontkent op koele toon dat hij er wakker van heeft gelegen. Zijn lichaamshouding straalt nu nog maar één ding uit: onverschilligheid. Jol geeft toe dat de wedstrijd tegen Willem II dramatisch was. 'Maar als Cruijff wat vaker zou komen, zoals onze fans, dan zou hij zien dat het niet altijd zo is.' Hij suggereert daarmee dat Johan Cruijff minder loyaal aan de club is dan de supporters. Toch hangt er in dit stadion een groot spandoek dat zegt dat Johan Cruijff een echte Ajacied is. En de fans bevestigen dat ook minutenlang met spreekkoren. Massaal eren zij de man die Ajax transformeerde van een clubje tot een instituut. Maar uit alles blijkt dat er inmiddels ook mensen bestaan die het anders zien.

Diezelfde avond speelt Ajax het armzalige MVV van de mat. Een van de smaakmakers is Florian Jozefzoon. Hij is een jonge buitenspeler die door Ajax zelf werd opgeleid. Dat komt Martin Jol niet slecht uit. 'Het hoort er een beetje bij,' zegt Jol later nog over de kritiek van zijn beroemde voorganger. Het is eigenlijk de pijnlijkste opmerking van de hele avond. Het betekent dat de klokkenluider Johan Cruijff in de ArenA folklore is geworden.

De volgende morgen. Het optreden van Florian Jozefzoon is aan Johan Cruijff voorbijgegaan. Hij heeft gisteravond geen voetbal op tv gezien. Hij was laat thuis, het was een vermoeiende Open Dag geweest en bovendien moest hij vandaag ook alweer vroeg híér zijn, in de Voetbal Experience in Middelburg, om een tentoonstelling over zichzelf te openen.

De expositie is met smaak samengesteld. Wandelend tussen de panelen en vitrines zie je het voetbalicoon via de gekste relikwieën steeds iets ouder worden. Van Cruijffie naar Cruyff, in een paar stappen tijd. Alle spullen zijn afkomstig van Henk Davidse uit Middelburg. Hij verzamelt al zijn hele leven alles wat ook maar iets met Johan Cruijff te maken heeft, een ongevaarlijke tic die ooit zijn oorsprong vond op de ochtend dat hij de krant opensloeg en las dat zijn idool in financiële problemen was geraakt. 'Daar wilde ik meer van weten,' legt Henk uit. 'En van het een kwam toen het ander.'

Vandaar dat hij zich nu, 32 jaar later, de trotse bezitter mag noemen van hoogstwaarschijnlijk de grootste Cruijff-verzameling ter wereld. Zijn fascinatie voor de voetballer heeft hem de eigenaar gemaakt van een zolder vol Cruijff-memorabilia. Zó compleet, dat alleen de grote ster zelf er lijkt te ontbreken.

Henk Davidse uit Middelburg is in de loop der jaren ook een wandelende Cruijff-encyclopedie geworden. Daardoor ontstaan gesprekjes als dit:

'Johan Cruijff heeft ook nog bij DS'79 gespeeld. Wist je dat?'

-Ja, dat wist ik.

'En bij Paris Saint-Germain.'

-Nee toch?

'Jawel! Als gastspeler!'

-Dat zullen niet veel mensen weten.

'Nee, maar ik wel.'

Dat komt doordat Henk Davidse het grootste deel van zijn leven met Johan Cruijff bezig is. Toch is hij zijn idool nooit dicht genaderd. Hij heeft hem bijvoorbeeld nog nooit uitgebreid gesproken. 'Nee,' zegt Henk, 'en ik zou ook niet weten wat ik zou moeten zeggen. Ik heb zó'n ontzag voor die man. Ik zou met mijn mond vol tanden staan. Trouwens, wist je dat Johan Cruijff al eerder in Middelburg is geweest?'

-Euh...

'Als speler van Los Angeles Aztecs. Hij speelde hier toen een vriendschappelijke wedstrijd.'

-Goh.

'Dat was in 1979.'

-Aha.

'Ja. Op 6 oktober.'

Even later, op de eerste verdieping. Henk staat tussen de vitrines van zijn eigen tentoonstelling en probeert zich zo ontspannen mogelijk te gedragen. Toch kan hij niet verhinderen dat zijn blik constant richting de gang schiet. Daar geeft Johan Cruijff namelijk een seminar. Volgens het draaiboek zou hij daarna een blik op de verzameling komen werpen. Vandaar dat Henk nu de hele tijd van zijn ene Cruyff Classic-schoen op zijn andere staat te wippen. Hij is bloednerveus.

Niet veel later, om zeventien minuten over twaalf precies, zwaait aan het einde van de gang een deur open. Dan is het zover. Eén van de mooiste momenten in het leven van Henk Davidse uit Middelburg staat op het punt van aanbreken. Het is een voorrecht er bij te mogen zijn.

Eerst staart Henk zijn idool nog aan alsof hij een geest is, en slaat hij zijn ogen neer zodra Cruijff zijn blik beantwoordt. Hij is 32 jaar van zijn leven elke dag met deze man bezig geweest. Voor hem is het alsof een foto plotseling tot leven is gekomen. Maar daarna tilt hij zijn hoofd op en kijken de twee elkaar kort aan. Langzaam schuifelen Cruijff en zijn gevolg naderbij. Iemand legt de oud-voetballer uit hoe het zit. Een hand in zijn rug leidt hem met zachte drang richting Henk. Cruijff begrijpt de subtiele aanwijzing meteen. Hij loopt op Henk af en steekt vriendelijk zijn hand uit.

'Ongelooflijk,' zegt Johan Cruijff.

Even lijkt Henk te denken dat dit niet echt gebeurt. Hij doet zijn kaken van elkaar en wil blijkbaar iets gaan zeggen, maar vooralsnog weet hij niet meer geluid voort te brengen dan een lage, wat raspende bromtoon, die van ver achter zijn huig opborrelt. Gelukkig staat Johan Cruijff zo te zien elke dag tegenover een paar stamelende mensen. Hij redt de situatie in elk geval soepeltjes.

'Zoveel dingen waar je niet stil bij staat,' zegt hij, met een knik naar een vitrine waarin een bierglas uit 1968 staat ('Cruyffie-glazen, cadeau bij 5 beugelflessen heerlijk Breda Bier'). Het geeft Henk tijd om zijn keel te schrapen.

'Fantastisch,' weet hij uiteindelijk uit te brengen.

Ondanks alle drukte rond Cruijff ontstaat er even een gesprekje tussen fan en idool. Het gaat helaas grotendeels ten onder in het geroezemoes van de andere genodigden. De kroketten zijn namelijk gearriveerd. Dat zorgt altijd voor wat onrust.

'Jij bent eigenlijk mijn geheugen,' kun je Johan Cruijff nog wel horen zeggen vlak voordat ook hij richting het buffet gaat, waar Henk Davidse een mooie oude reclameposter heeft laten ophangen uit de tijd dat de stervoetballer even dringend geld nodig had. ('Johan Cruijff introduceert De Spaanse Wijnen bij Gall & Gall').

Niet veel later. Cruijff bijt in een broodje kroket. Henk Davidse niet. Die krijgt geen hap meer door zijn keel. 'God, man,' zegt hij, 'ik sta hier te trillen op mijn benen. Heel emotioneel dit, echt waar.' Hij is oprecht dolblij. 'Ja, hier doe je het allemaal voor. Hier ben je dan 32 jaar – dag in, dag uit – als verzamelaar voor bezig geweest, voor dít moment.'

Het is mooi om te zien hoe de anders zo rustige gemeenteambtenaar van het stadhuis te Domburg nu toch langzaam euforisch aan het raken is. 'Zag je die blik? Zag je het? Mooi hè?' Henk weet zeker dat er een bepaalde mate van herkenning in de blik van Johan Cruijff was te ontdekken, ook gezien de overtuiging waarmee hij met uitgestoken hand op juist hém was komen aflopen. Al zullen zijn Johan Cruyff-schoenen, zijn Johan Cruyff-polsbandje alsmede zijn Johan Cruyff-T-shirt met heel groot nummer 14 op de borst, ook iets hebben verraden. 'Die blik van herkenning,' zegt Henk, 'dat is de kroon op mijn hele werk.'

Even verderop zet Johan Cruijff een handtekening op zijn oude Oranje-shirt. Daarna op een baby-rompertje in Ajax-kleuren. 'Jordi' staat er op de achterkant.

Vervolgens gaat hij met Henk Davidse op de foto. Als de gemeenteambtenaar zijn idool voorzichtig bij zijn middel pakt, kun je zien hoe zijn handen trillen. Die van Cruijff niet. De beroemdste voetballer van Nederland heeft één hand nonchalant op de schouders van Henk, en de ander diep in zijn broekzak, waar hij er weer gezellig op los rammelt.

Er beweegt altijd wel iets aan Johan Cruijff. Hij zit deze dagen zelden stil. Johan Cruijff is ook nooit alleen. Altijd zijn er mensen in zijn buurt. Mensen die zeggen welke kant hij op moet, mensen die hem aanstaren, die iets van hem willen, of mensen die gewoon niet geloven dat hij het echt is.

'Vindt u het nog wel leuk?' vraagt een verslaggever van het maandblad *Elf*.

'Wat?' vraagt Cruijff. Hij heeft zijn broodje al op.

'Zo'n gekte als dit?'

Cruijff haalt zijn schouders op. Dat kan hij als geen ander, schouders ophalen.

'Ik zie het dus niet als gekte.'

Iemand geeft een sein voor vertrek. Er staat een wandeling naar het nieuwe Cruyff Court op het programma. Paraplu's zijn bij de uitgang voorradig. Het is een mooi gezelschap dat even later door de Middelburgse nieuwbouwwijk trekt, met onder anderen Wilfried de Jong, die straks op het Cruyff Court de opening aan elkaar zal praten. Burgemeester Koos Schouwenaar zal halverwege bij ons groepje aanhaken.

Het is fris. Toch draagt Johan Cruijff als enige geen jas. We passeren een school en een paar winkels. Voor de deur van De Fiets- en Scootershop zitten twee stratenmakers op hun knieën. Ze hebben niet in de gaten dat achter hun rug Johan Cruijff passeert.

'Je moet natuurlijk eerst die stenen eruit halen...,' zegt hij opeens, terwijl hij naar het wegdek wijst, 'precies andersom dus.'

De twee stratenmakers – een lange met een baard en een kleine met grijs haar – draaien zich gelijk om. Plotseling kijken ze recht in het gezicht van Johan Cruijff. Die haalt zijn schouders op. Nog geen drie dagen nadat hij zijn geliefde Ajax ongevraagd een paar gratis tips heeft gegeven, doet hij hetzelfde bij twee anonieme werklieden. De reacties zijn ongeveer even geruisloos. Geen van de twee stratenmakers weet iets terug te zeggen. Cruijff zelf loopt lachend door. 'Dat vind ik nou leuk, dat soort dingen,' zegt hij een paar stappen later. 'Mensen kijken je soms aan alsof je niet goed wijs bent.'

Even later, als we aan het einde van de Tromboneweg oversteken en een fietspad op wandelen, doet hij het weer. Er passeert een struise Zeeuwse op een damesfiets. Tussen haar vingers klemt ze een filtersigaret. 'Je moet niet roken op de fiets,' zegt Cruijff opeens, 'dat is niet gezond.' De vrouw lijkt niet alleen de stem direct te herkennen, maar ook het absurde van de hele situatie. Haar trapritme is op slag gebroken. Johan Cruijff is allang met heel andere zaken bezig, wanneer je haar aan het einde van het fietspad nog steeds kunt zien omkijken.

Cruijff: 'Hoe heet die man in die reclame ook alweer? Ik kan even niet op zijn naam komen.'

-Wie?

'Die schaatscoach. Van vroeger.'

-Euh...

'Kom, die schaatscoach van vroeger! Hij was er gisteren ook.'

-Henk Gemser?

'Ja! Natuurlijk: Henk Gemser. Die doet dat ook in die reclame.'

-Wat?

'Tegen mensen zeggen dat ze ongezond bezig zijn. Goede reclame vind ik dat. Fantastisch.'

Het voetbalmuseum is inmiddels allang uit het zicht verdwenen, want het is een fikse wandeling waar we aan bezig zijn. Onderweg gaat het over gemiste strafschoppen van Feyenoord tegen Roda JC (Cruijff: 'Op de training is een doel heel groot, maar in de wedstrijd is-ie heel klein'), het transferbeleid van clubs ('Als spelers niet willen bijtekenen, moet je ze direct op de tribune zetten') en natuurlijk over de collectie van Henk Davidse ('Die man heeft alles').

Op de vraag of hij eigenlijk zelf nog veel materiële herinneringen aan zijn spelerscarrière heeft, begint zijn hoofd te schudden. Ter verduidelijking volgt een onvervalste Cruijffiaanse uitspraak:

'Dat zeg ik: Hij heb alles, dus ik heb niks.'

Dan schuift opeens ook de burgemeester van Middelburg in beeld. Boven zijn gouden ambtsketting draagt hij een donkere honkbalpet. Johan Cruijff wordt nu, met het einddoel in zicht, verzocht de stoet te leiden. 'Moet ik voorop?' vraagt Cruijff. 'Dan wil ik wel mijn aanvoerdersband om.' Lachend verdwijnt hij daarna naar voren.

Niet veel later, op een loopbrug in een parkje, wordt Johan Cruijff toegezongen door een groepje kinderen, schudt hij hier een hand en geeft daar een aai over een kinderbol en bevindt hij zich voordat hij het weet op het zoveelste veldje dat zijn naam draagt. Hij zegt dat er tegenwoordig elke veertien dagen wel ergens een Cruyff Court wordt geopend en hij gooit ter bemoediging van alle mensen met een beperking nog een onvervalste wijsheid eruit.

'Als je niet ken lopen, wil niet zeggen dat je nergens ken komen.'

Daarna wordt er gevoetbald. Cruijff en twee kinderen van Stichting Arduin tegen de burgemeester en iemand van het ministerie van VWS. Cruijff wint. Hij heeft vier keer balcontact. Twee keer speelt hij met de buitenkant. Daarna worden er ballonnen opgelaten en begint Johan Cruijff aan de zoveelste signeersessie van deze korte trip. Nog een paar uur te gaan. Vanavond vliegt hij terug naar Spanje.

Johan Cruijff is nog steeds handtekeningen aan het uitdelen wanneer de twee stratenmakers van eerder die middag even uitblazen tussen hun stapel stenen. De man met de baard is van het zwijgzame soort. Als de naam Johan Cruijff valt, haalt hij zo nonchalant mogelijk zijn schouders op. 'Ik had hem niet eens herkend,' zegt hij over de onverwachte ontmoeting van eerder op de dag. Maar bij de kleinste van het duo is het anders. Hij heet Ben Visser, komt uit Rotterdam en is voetballiefhebber.

Ben Visser: 'Ik zag het gelijk. Johan Cruijff.'

-En?

'Ja, dat verwacht je natuurlijk niet.'

-Nee.

'Ik wist wel dat hij vandaag hier zo'n veldje zou openen, hoor. Ik heb vorig jaar zelf nog meegeholpen zo'n veldje aan te leggen in Vlissingen. Dat was leuk. Ik had gehoopt dat ik in Middelburg ook zou worden ingezet. Maar helaas. In plaats daarvan moesten we dit hier doen.'

-Maar nu heeft u wel Johan Cruijff gezien.

'Ja, leuk hè? Op vakantie ben ik ook weleens Pierre van Hooijdonk tegengekomen, met zijn vrouw. Op het vliegveld. Was óók heel leuk. Ze zaten toen maar een paar tafeltjes van ons vandaan. Hele gewone mensen eigenlijk. Die moesten natuurlijk ook op vakantie. Maar Johan Cruijff... Dat is toch iets anders, hè?'

-Zeker. En de tip die hij gaf, was die nog bruikbaar?

'Nee, dat niet.'

-Nee?

‘Nee. Het sloeg echt nergens op wat hij zei.’

-Echt niet?

‘Luister: Johan Cruijff was een geweldige voetballer, maar ik weet zeker dat hij nog nooit van zijn leven een straatje heeft gelegd.’

Laatste diepe buiging voor een grootheid

(2011)

In de schaduw van de Olympia-tribune klappen motoragenten hun helm dicht en geven voorzichtig gas. Het is kwart voor drie in de middag. De rouwstoet van Coen Moulijn komt langzaam in beweging.

Aan de andere kant van het stadion, op het dak van het Maasgebouw, hangt de vlag halfstok. Dat is al dagen zo, sinds de betreurde dinsdagmorgen waarop bekend werd dat Feyenoord zijn grootste icoon had verloren. Maar op het voorplein van De Kuip wappert het rood-wit nog onveranderd in top. De vlaggen zitten hier aan lange stokken en die worden driftig heen en weer gezwaaid door Feyenoord-supporters van alle leeftijden. Andere fans hebben één arm in de lucht, klaar om hun siervuur te ontsteken. Sommigen houden een foto van Coen Moulijn omhoog.

Ze zijn vanochtend met z'n honderden tegelijk naar deze plek getrokken. De man van wie bij leven al werd gezegd dat hij De Kuip kon vullen door er alleen maar te gaan zitten klaverjassen, blijkt zelfs na zijn overlijden in staat een enorme menigte op de been te brengen. Zo groot was de kleine Coen Moulijn in deze stad, dat hij bij zijn laatste gang wordt begeleid door drommen mensen die hij nooit heeft ontmoet, maar die zich toch allemaal persoonlijk met hem verbonden voelen.

De wagen met de kist glijdt het plein op, gevolgd door zeven donkere Mercedessen met naasten en zes grote bussen vol genodigden. Bij de eerste glimp van de stoet barst een ovationeel applaus los. Sommige mensen gooien de eerste bloemen van de dag op de auto, anderen proberen hem alleen maar even aan te raken. Lange tijd wordt De Kuip door vuurwerk aan het zicht onttrokken. Dikke wolken Bengaals vuur zetten alles in een rode gloed.

Dit is de nieuwe manier van nationale rouwverwerking. Het is even wennen. Niet langer wordt de dood exclusief in stilte aanvaard. Het sterven van een idool is een publieke happening geworden. Het wordt omgeven met nieuwe rituelen, met spandoeken, vuurwerk, spreekkoren, applaus en gezang. Het was ooit voor het eerst te zien na het ongeluk van prinses Diana, en daarna steeds vaker. Bij de moord op Pim Fortuyn en Theo van Gogh, de dood van Herman Brood en vooral André Hazes, en nu dus ook bij het verscheiden van Coen Moulijn.

Zittend vanachter het glas van bus drie is te zien hoe sommige mensen op het plein huilen. Een vrouw heeft thuis een vrij slecht portret van Coen Moulijn getekend en draagt de afbeelding nu ingelijst met zich mee. Bedankt Coen, staat er in dikke letters boven. En daaronder drie kruisjes. Ook bij haar lopen de tranen over de wangen.

De meeste mensen op dit plein zijn verzameld rond het standbeeld van de beweende speler. Direct na diens overlijden had het supporters aangetrokken. Ze kwamen uit alle delen van het land. Je zag er de afgelopen dagen jongemannen die liefdevol een Feyenoord-sjaal om de nek van hun verstilde idool kwamen knopen, alsof ze de bronzen Coen deze gure dagen voor een verkoudheid wilden behoeden. Veel vaders met hun zoontjes ook, en oudere voetballiefhebbers die alleen maar even in stilte wilden terugdenken aan de wonderdribbels van toen.

Vanuit de bus is goed te zien hoezeer het voorplein is uitgegroeid tot een bedevaartsoord. Het standbeeld van Coen Moulijn staat in een bloemenzee. Aan zijn voeten zijn rood-witte vlaggen gedrapeerd, om zijn polsen wapperen Feyenoord-sjaals. Een vrouw in een rolstoel blaast liefdevol een kushandje in zijn richting.

Lang geleden – ten tijde van de eerste Europa Cup-wedstrijden, in de vroege jaren zestig – zorgde Coen Moulijn er mede voor dat Feyenoord van een Rotterdamse topclub uitgroeide tot een Nederlandse topclub, een nationaal instituut met aanhangers door het hele land. De erfenis van die prestatie is een halve eeuw later terug te vinden onder deze mensen. Ze blijken uit alle windstreken afkomstig. De stickers achter op hun auto's verraden dat. Den Helder, staat er dan.

Of:

I love Nijmegen.

Breda.

Er gaat niets boven Groningen.

Je hoort het ook aan hun accent. Bijvoorbeeld wanneer ze bij het benzinestation een *boeketje bloem'n* komen kopen, om later aan Coens roerloze voeten te kunnen leggen. En je leest het op de briefjes en kaarten die ze er achterlaten of in het dikke condoleanceregister dat ze met een plechtig gezicht komen tekenen. Sommigen hebben er uren voor in de auto gezeten. Ze komen uit Ermelo, Deventer, Stadskanaal, Maaseik. Ze komen van overal. Er zitten zelfs Amsterdammers tussen.

Dat laatste maakt veel indruk in Rotterdam. De grootse manier waarop Amsterdam en Ajax de iconen van hun eeuwige rivaal erkennen en gedenken, raakt een gevoelige snaar. Dat was een paar maanden eerder al merkbaar toen Ajax-teamchef David Endt aan de baar van die andere oer-Feyenoorder, Fred Blankemeijer, een bevlogen rede hield. En dat is het vandaag, na de woorden van voormalig Ajax-voorzitter Michael van Praag tijdens de herdenkingsdienst, ook. Hij bracht in zijn functie van bondsvoorzitter Coen Moulijn namens alle Nederlandse voetballers een laatste saluut en onthulde dat hij vroeger, als kind op straat, in gedachten vaak Coen Moulijn was geweest. Het is jammer dat de dood er altijd voor aan te pas moet komen, maar heel even is op deze treurige zaterdagmiddag de rivaliteit tussen Ajax en Feyenoord weer teruggebracht tot menselijke proporties.

Meeuwen cirkelen nieuwsgierig boven De Kuip. Vanaf de trottoirs nemen mensen foto's van de stoet. Na een laatste blik op het standbeeld gaat het stapvoets linksaf, richting Laan op Zuid. Overal langs de kant staan nu plukjes mensen. Vaders wijzen naar de kist en praten hun kinderen bij. Op het fietspad rijden jongens op scooters en brommers langzaam mee. Sommigen dragen een Feyenoord-shirt, anderen houden de speciale Coen Moulijn-bijlage van het *Algemeen Dagblad* in de lucht. Overal hangen mensen over hun balkon. Ter hoogte van huidkliniek Aqua Mare staat een oude man te huilen.

Een paar uur daarvoor, binnen de muren van het stadion, had de voetbalwereld in stijl afscheid genomen van de oude linksbuiten. Dat gebeurde in zijn eigen Coen Moulijn-zaal. Burgemeester Aboutaleb stelde daar dat Rotterdam een zoon had verloren. Hij beloofde dat er een straat naar Moulijn zal worden vernoemd. Bondsvoorzitter Michael van Praag adviseerde datzelfde met het nieuwe Feyenoord-stadion te doen. Gerard Cox zong niet alleen naast de baar van zijn vriend, hij roemde ook de bescheidenheid van Moulijn. Hij deed dat met de mooiste zin van de middag: 'Ik vond het een voorrecht een vriend van Coen te mogen zijn, al gaf hij je in al zijn bescheidenheid altijd het gevoel dat het juist andersom was.'

Gerard Cox zit in een van de zeven volgwagens, wanneer de Erasmusbrug nadert. Ook hij moet nu zien dat daar dikke rookpluimen opstijgen. Rijen dik staan de Feyenoord-supporters boven de Maas te wachten op hun icoon. Eenmaal op de brug worden de auto's en bussen bijna ingesloten door de menigte. Mensen maken filmpjes, aaien de voertuigen die langskomen alsof ze daar een heilzame werking in vermoeden en begeleiden de treurige colonne de hele rit lang met applaus. Vlaggenstokken tikken vervaarlijk tegen het raam, wolken Bengaals vuur drijven langs. Op de brede rivier spuit een blusboot water richting de hemel, als laatste saluut aan de grootste voetballer die Feyenoord ooit zag.

Nu nadert de Coolsingel. Symbolische grond. Het staat er zwart van de mensen. Bijna 41 jaar geleden, op 7 mei 1970, klommen Feyenoord-supporters hier in lantaarnpalen om een glimp van de kleine man met de grote beker op te vangen. Nu staan ze er weer. Ouder geworden, grijzer soms en de gedachte aan een Europa Cup allang uit hun hoofd gezet, verzamelen ze zich hier opnieuw voor Coen Moulijn.

Er hangt op deze plek een geladen sfeer. Niemand ontkomt nu nog aan associaties met de moord op Pim Fortuyn. Ook toen vormden Feyenoord, de dood en de Coolsingel een wrange drie-eenheid. In de rij voor het condoleanceregister van de vermoorde politicus stonden destijds tientallen mannen en vrouwen in Feyenoord-shirts. Aan de hekken van zijn huis wapperden de Feyenoord-sjaals, op de grond lagen ze tussen de bloemstukken en op straat klonk het supportersrepertoire. '*You'll Never Walk Alone*' en 'Hand in hand kameraden, Leve Pim Fortuyn'. Later die week, tijdens de UEFA Cup-finale tussen Feyenoord en Borussia Dortmund, hoorde je dat terug in De Kuip. Daar hielden supporters niet alleen hun clubsjaals boven hun hoofd, maar ook het portret van Fortuyn. Zo kwam alles samen.

Het verschil tussen toen en nu is dat er destijds meer massahysterie leek te heersen. Er was rond de dood van Fortuyn veel kwaadheid op straat. Vandaag overheerst er iets heel anders. Een mengeling van verdriet en trots. Misschien zorgt dat er ook voor dat alles zo opvallend waardig en ordentelijk verloopt. De politie schat dat er langs de route van het stadion naar het crematorium vijftienduizend mensen op de been zijn, maar er is niet één dranghek nodig. Alsof heel Rotterdam in het geheim voor deze dag heeft gerepeteerd.

Ter hoogte van het stadhuis komt de stoet even tot stilstand. De ruitenwissers van de volgwagens gaan nu schuil onder een berg bloemen en voetbalsjaals. Vanaf zijn sokkel kijkt Hugo de Groot verbaasd toe. Aan het bordes dat al zo lang leeg is, hangt een spandoek. 'Coen, jij blijft de grootste', staat erop. Cameraploegen registreren er de wonderlijke gebeurtenissen die zich onder hen, op straat, afspelen. Daar klappen, fluiten en zingen mensen voor de betreurde linksbuiten en vormen ze een erehaag van vlees en bloed. Sommigen van hen hebben een keukentrap van huis meegenomen, om er zeker van te zijn dat ze Coen nog één keer kunnen zien. Op deze plek zijn het vooral de ouderen die rode ogen hebben. Bij velen komt dat door de vuurwerkwalm, maar er zijn er ook genoeg die nu even hun emoties niet meer de baas kunnen blijven. Het is zo te zien meer dan de dood van de linksbuiten die hier voor zoveel tranen zorgt. Het is kennelijk ook het langzaam groeiende besef dat een gouden tijdperk definitief aan het afbrokkelen is. Van de Europa Cup-winnaars was Theo Laseroms al overleden, Ernst Happel en Cor Veldhoen ook, en nu is zelfs Coen Moulijn er niet meer. Alles is anders aan het worden in Rotterdam.

De gedachte dat hier ooit nog een Europa Cup I vanaf het bordes aan de meute wordt getoond, is inmiddels potsierlijk. Er gelden nu andere verhoudingen. Dat was een paar dagen eerder al gebleken, op het steenkoude Kasteel. Daar hadden de jonkies van Mario Been het binnenslepen van De Zilveren Bal gevierd met een uitbundigheid die niet deed vermoeden dat ze zojuist in een onbeduidend vriendschappelijk wedstrijdje een Eerstedivisionist hadden verslagen, eerder dat ze de Champions League hadden gewonnen.

De stoet draait de Schieweg op. Nog meer vreemde taferelen. Een pizzabakker pakt het armpje van zijn kind en zwaait ermee naar de dode voetballer. In de huizen staan de mensen voor de ramen. Op de tweede verdieping is iemand niet thuis. Daarom heeft hij een Feyenoord-shirt aan een kleerhangertje voor zijn raam gehangen, met daaronder een A4'tje.

'I love Coen', staat erop.

Het verkeer stopt voor Moulijn. Ook de trams houden halt. Binnen staan de passagiers op uit hun stoeltjes. Op de trottoirs applaudisseren mensen in alle kleuren en leeftijden voor het Feyenoord-icoon. Jongens die allang in hun bed lagen toen Coen Moulijn tegen AC Milan de perfecte voorzet op het hoofd van Willem van Hanegem liet landen, staren nu diepbedroefd de stoet na. Coen Moulijn overstijgt generaties. Vandaag is hij van iedereen.

In een tijd dat voetbalclubs nog grotendeels bestonden bij de gratie van hun recette, maakte publiekstrekker Coen Moulijn Feyenoord tot een rijk instituut. En hoewel de club inmiddels vecht tegen de financiële ondergang, betaalt het zijn lievelingszoon daar nu ruimhartig voor terug. Iedereen die erbij wilde zijn, mocht er vandaag bij zijn om afscheid te nemen van Coen Moulijn. Aan de Olympiazijde van het stadion konden supporters de plechtigheid volgen op speciale grote schermen, in het Maasgebouw was plaats vrijgemaakt voor honderden intimi en oud-spelers. De meesten waren er ook. Kees Rijvers, met platte pet, was speciaal overgekomen uit Frankrijk. Cor van der Gijp, grotendeels dankzij de afgemeten voorzetten van Moulijn de clubtopscorer aller tijden, had zijn auto zonder twijfelen vanuit Zwitserland naar Nederland gestuurd. En ook Ernst Happel jr., de zoon van de legendarische trainer, was vanuit Wenen overgekomen. Lee Towers onderbrak zijn zojuist begonnen vakantie op Curaçao en vloog spoorslags terug naar Rotterdam om nog één keer voor Coen Moulijn te zingen. Voetballers uit alle generaties smolten die ochtend samen in de Coen Moulijn-zaal. Complete ESSO-elftalfoto's leken tot leven te zijn gekomen. Gerard Kerkum was er natuurlijk, een van de drijvende krachten achter het indrukwekkende eerbetoon, maar ook Henk Schouten, Pummy Bergholtz, Eddy Pieters Graafland, Eddy Treijtel, Beertje Kreijermaat, Frans Bouwmeester, Piet Romeijn, Thijs Libregts, Guus Haak, Rinus Israël, Wim Jansen, Henk Wery, Joop van Daele, Theo van Duivenbode, Willem van Hanegem, Dick Schneider, Peter Ressel, Sjaak Swart, Bennie Muller, Willy van der Kuijlen, Ben Wijnstekers, Sjaak Troost, Peter Houtman, Pierre van Hooijdonk, Paul Bosvelt, Rob van Dijk, Jon Dahl Tomasson en ontelbaar veel anderen. Allemaal bewezen ze Coen Moulijn de laatste eer.

En nu zitten ze in een bus die steeds stiller wordt naarmate de eindbestemming in zicht komt. Het loopt inmiddels tegen vieren. De laatste etappe van deze treurige reis voert langs de Stadhoudersweg, waar tennissers uit respect hun dubbelspel onderbreken en waar aan de rand van het park een zestiger met een geplastificeerde foto van

Coen Moulijn boven zijn hoofd onbedaarlijk staat te huilen. Daarna draait de colonne in slow motion de snelweg op. Een stukje A13 en dan de laatste afslag.

Daar, parallel aan de grote weg en vlak voordat de stoet een flauwe bocht naar links maakt, is er een laatste eerbetoon van de zoveelste anonieme bewonderaar – na het massale rouwbeklag van eerder die middag, is het in al zijn eenzaamheid misschien wel het indrukwekkendst van allemaal. Het komt van een dunne man in een regenjack. Hij heeft zijn bestelbus slordig op de vluchtstrook van de A13 geparkeerd, is eruit gesprongen en staart nu roerloos en met grote ogen vanachter de vangrail naar de voertuigen die stapvoets voorbij trekken. Helemaal alleen en met zijn handen samengevouwen, terwijl achter zijn rug het verkeer brullend voorbij raast en het opspattende water over zijn schoenen gutst, slaat hij uiteindelijk zijn blik neer en maakt een laatste, diepe buiging voor de kleine Feyenoorder Coen Moulijn, voor altijd de grootste van allemaal.

King

(2017)

Vijftien jaar na het winnen van de UEFA Cup, in een bescheiden en schaars gemeubileerde woning achter winkelcentrum Zuidplein, zit Chris Gyan zwijgend op een keukenstoel. Hij is flink aangekomen. Dat komt waarschijnlijk doordat hij tegenwoordig nog maar nauwelijks beweging krijgt. Het merendeel van de tijd zit hij thuis op de bank en volgt het voetbal op televisie. Welke wedstrijd maakt hem weinig uit, hij kijkt naar alles. Nu Anita niet langer wil hebben dat hij alleen naar buiten gaat, verstrijken er tegenwoordig dagen waarop hij nauwelijks méér frisse lucht krijgt dan het kleine beetje dat door het bovenraampje van zijn woning de kamer binnenwaait.

Tot voor kort zaten er hier nog kranten voor de ramen geplakt, maar inmiddels hangt er luxaflex. Hij woont pas sinds een paar maanden in dit huis, samen met vrouw, zijn dochter Shantel en zijn twee zonen Telly en Montell. De laatste is 15 jaar, praat gelukkig inmiddels, heeft ook geen slangetje meer in zijn buik en wordt elke ochtend door een busje opgehaald om naar een speciale school te gaan.

Omdat er voor de verhuizing geen budget was om professionals in te huren, heeft Gyan alles grotendeels in zijn eentje gedaan. Verbaasde omwonenden konden hem op een dag met een koelkast op zijn rug de steile trap zien beklimmen, maar inmiddels zou hij daar niet meer aan moeten denken. Steeds vaker voelt hij zich moe en wordt hij getroffen door vlagen van hevige hoofdpijn.

Vroeger voetbalde hij nog regelmatig met oud-Feyenoord. Ook speelde hij elke zaterdagmiddag met een grote groep Afrikanen op een veldje in de buurt. Zo kwam hij toch nog aan wat lichaamsbeweging. Maar dat is allemaal voorbij sinds die ene middag, nog niet zo lang geleden, toen het helemaal misging, en hij met gesloten ogen op het veld lag en iedereen een ogenblik dacht dat Chris Gyan dood was.

Dat was de laatste keer dat hij op een voetbalveld stond.

Niemand in het veld valt het die bewuste middag direct op, maar al bij het kiezen van de teams kun je Gyan met een bezorgd gezicht naar zijn rechtervoet zien kijken. Halverwege het wedstrijdje begint hij ook steeds vaker over zijn been te wrijven. Soms hinkt hij een tijdje of stampt even op de grond. Hij voelt tintelingen, op de gekste momenten en ook steeds nadrukkelijker.

In het begin helpt een beetje uitschudden wel, maar al snel worden de klachten erger. Eerst in zijn voet en bovenop zijn voet, later in zijn hele been. Lange tijd probeert hij er zo min mogelijk acht op te slaan. Gyan is als voetballer gehard in Afrika, waar hij zijn halve jeugd op blote voeten voetbalde op grindveldjes die alleen al bij het betreden pijn deden. Hij piept dus niet snel, zijn pijngrens ligt hoog. Maar even later doet hij toch iets wat hij vroeger in De Kuip nooit deed: hij gaat erbij liggen. Hij heeft pijn en kijkt bezorgd. Hij weet wat dit kan betekenen. Het is niet de eerste keer dat hij hier last van heeft. Hij heeft dit ook al een paar keer op zijn werk gehad.

Werken doet Gyan dan al jaren in de Rotterdamse Waalhaven. Elke ochtend staat hij om half zes op, pakt zijn broodtrommel en zijn racefiets en rijdt dan drie kwartier in het donker naar de Maas om daar containers te lossen, zwaar werk dat je eigenlijk na je veertigste niet meer zou moeten doen – als je tenminste bent gehecht aan je ruggenwervels – maar dat door hem desondanks met een grote glimlach en zonder klagen wordt uitgevoerd.

Zijn baan in de haven is het laatste station van een razendsnel vervaagde voetballoopbaan. Als hij in 2006 uit De Kuip vertrekt, volgt een korte en vrij onsuccesvolle tournee langs een rits obscure werkgevers in Europa, die ondanks al dat gereis nauwelijks speelminuten oplevert. Nadat hij een laatste ereronde heeft gelopen voor Het Legioen in De Kuip, voetbalt hij alleen nog sporadisch wat wedstrijden voor Excelsior en TPS Turku in Finland, maar al snel hoort nooit meer iemand iets van hem. Bij zijn volgende buitenlandse clubs komt hij al niet meer aan voetballen toe. Zowel bij Wrexham (League Two in Wales) als RoPS Rovaniemi (hoogste divisie Finland) blijft de teller steken op 0 wedstrijden. In Finland scheurt hij ook nog zijn binnenste kruisband en de meniscus van zijn rechterknie. Hij wordt er nog wel geopereerd, maar dat is tegen beter weten in.

De loopbaan is voorbij.

Het kan niet meer.

De laatste keer dat hij in georganiseerd verband speelt, is namens het Rotterdamse Leonidas in de anonimiteit van de Hoofdklasse A. Hij is dan inmiddels kaal en als je goed kijkt zie je bij elk balcontact boven zijn voetbalbroekje al gezellig een randje buik meedansen.

Landelijk nieuws wordt hij pas weer op het moment dat *Feyenoord Magazine* – de glossy opvolger van de *Feyenoord Krant* – aan het grote publiek onthult dat Gyan is getransformeerd van cultheld tot havenarbeider. Er is niet heel veel méér voor nodig om de gemiddelde Feyenoord-supporter diep te ontroeren, dus pakt het magazine uit met een grote reportage, inclusief foto's van een glimlachende Gyan met een fluorescerend vestje aan en een helm op zijn hoofd, waarmee hij als een moderne Lee Towers tussen de kranen van de Rotterdamse haven poseert. In het artikel wordt uitgebreid uit de doeken gedaan hoe de voormalig UEFA Cup-winnaar er tegenwoordig aan toe is. Dat hij noodgedwongen nog dagelijks hard moet werken, omdat er misbruik van zijn vertrouwen is gemaakt. Dat hij financieel nauwelijks het hoofd boven water kan houden en gebukt gaat onder een flinke schuld, vooral doordat hij een groot deel van zijn geld heeft weggegeven aan anderen. In het stuk staan een paar passages die door de landelijke kranten worden opgepikt en de volgende dag groot worden gebracht, zoals:

'Ik ben slachtoffer van mijn eigen goedheid. Mijn leven is kapot door de financiële problemen. Ik heb fouten met mijn geld gemaakt.'

en:

'Als mijn salaris binnenkomt, dan gaat het geld direct alle kanten op. Afbetalen, incassobureaus. Het is elke keer afwachten wat er over blijft voor op tafel. Dat doet pijn.'

en:

'Waarom zou dit geen werk voor mij zijn? Niemand is te groot voor de haven. Waarom zou ik dat wel zijn? Omdat ik profvoetballer was? Wat is dat dan, profvoetballer zijn? Dat is ook maar gewoon een baan.'

Het artikel valt niet erg in de smaak bij de familie. Ze vinden dat ze als verliezers worden afgeschilderd, terwijl ze zichzelf zo totaal niet beschouwen. Het is helemaal niet zo dat Chris Gyan zich slachtoffer voelt van zijn eigen goedheid.

Integendeel zelfs.

'Als er morgen iemand voor mijn deur staat die geholpen moet worden, dan help ik direct weer,' zegt hij. 'Zo ben ik. En zo ben ik ook opgevoed. Ik ben nu misschien al mijn geld kwijt, maar ik zou het allemaal zó weer doen.'

*

In de haven wordt Chris Gyan vanaf zijn eerste werkdag op een voetstuk geplaatst, hoewel hij daar zelf geen enkele aanleiding toe geeft. Hij eet tijdens de schaft in elk geval gewoon uit hetzelfde soort broodtrommeltje als de rest van de jongens in hun overalls, in dezelfde kantine waar hij ook dezelfde slechte koffie drinkt als zij, vrijwel altijd opgewekt en zonder klachten, want hij voelt zich in niets verheven boven de rest.

Andersom is het niet altijd zo, en wordt hij wel degelijk soms als een levend relikwie gezien, maar dat kan ook niet anders. ILS, het bedrijf waar hij werkt, is een Feyenoord-bolwerk, waar alle vlaggen halfstok gingen toen Coen Moulijn overleed en waarover Gerry Baks – een van de zonen van eigenaar Gerard Baks – ooit zei: 'Er werken hier ook wel een paar Spartanen, maar dat is omdat we daar van de gemeente Rotterdam subsidie op krijgen.'

De meeste mannen die hier werken zijn stuk voor stuk fanatieke supporters, veel van hen zelfs bloedfanatiek. Sommigen hebben gehuild als een kind toen Gyan vijftien jaar geleden de UEFA Cup voor hun club won. Dat schept een band voor het leven. Daardoor is hij de enige werknemer in de Waalhaven die telkens zijn werkzaamheden moet onderbreken om met een andere werknemer op de foto te gaan. Hij doet het gelukkig graag. Bovendien kon hij in het begin van zijn nieuwe loopbaan elke gelegenheid om even op adem te komen goed gebruiken.

De eerste drie maanden waren zwaar, vooral wanneer hij als sjorder werd ingezet en hij om drie uur 's nachts de ene lading containers na de andere moest lossen. De spierpijn na een UEFA Cup-finale was niets in vergelijking met wat hij ervaarde aan het einde van zijn eerste werkdag, toen zijn armen en schouders aanvoelden alsof hij een tijdje onder een stoomwals had gelegen. Hij doorstond uiteindelijk zijn proefperiode van drie maanden en kreeg een jaarcontract, maar dat kostte wel bloed, zweet en tranen. Anita vertelde eens hoe ze haar man jammerend en half huilend op de bank aantrof, kapot van zijn nachtelijke werkzaamheden op een van de Rotterdamse containerterminals, en hoe ze hem dan moed probeerde in te spreken. Ze is er trots op dat hij heeft doorgezet. 'Hij heeft zich toen een man getoond,' zei ze een keer op plechtige toon. 'Een man die weet dat hij voor zijn kinderen en zijn vrouw moet zorgen.'

'De drie maanden waarin ik moest bewijzen dat ik het kon volhouden, waren in het begin zwaar,' zegt Gyan. 'Maar ik was hard voor mezelf.' Hij toont zijn handpalmen. 'Ik had nog nooit met mijn handen gewerkt, alleen met mijn voeten. Anita zegt dat ik babyhandjes had toen ik de haven in ging. Op een gegeven moment wilde ik echt niet meer, ik dacht er zelfs over om naar Ghana te gaan. Maar toen zei ik tegen mezelf: Nee, mijn kinderen zitten hier op school. Ik moet zorgen dat ik geld verdien zodat ze hun school kunnen afmaken. En ik wilde ook niet vertrekken en een schuld achterlaten. Dus ik zette door. Mijn lichaam raakte gewend aan de tijden en het zware werk. Ik had veel goede vrienden op mijn werk. En Mister Baks, mijn baas, was ook tevreden en gaf me een jaarcontract. *Chris, you can do it*, zei hij. Dat maakte me zó trots. En na zes maanden vond ik het een heerlijke baan.'

Mister Baks is Gerard Baks, de werkgever van Gyan. Hij heeft hem, ook op verzoek van Leo Beenhakker, deze baan gegeven en is ook degene die hem heeft aangeraden een arts te raadplegen en de tintelingen in zijn voet en been serieus te laten onderzoeken.

*

Die middag op het voetbalveld, nadat hij erbij is gaan zitten, raakt het gezicht van Gyan steeds meer verwrongen van pijn. Zijn teamgenoten hebben door dat het ernstig is. Er zitten ervaren voetballers tussen, sommigen waren prof in Liberia of speelden voor het nationale team van Nigeria. Ze kennen Chris, ze weten dat hij zich nooit aanstelt.

Gyan wil gaan liggen, maar dat gaat moeizaam. Eenmaal gestrekt in het gras, verliest hij langzaam maar zeker de controle over zijn lichaam. Hij begint met zijn ogen te draaien, zijn ledematen maken schokkende bewegingen, er trekt een grimas over zijn gezicht. Ademen doet hij steeds dieper. Zijn spieren spannen zich aan, het lijkt wel of hij zich schrap zet voor iets. Hij hoort nog wel flarden van de geluiden om zich heen, maar zien doet hij niets meer. Hij krijgt zijn ogen niet meer open, maar merkt toch de paniek van de mensen om hem heen, voelt hoe ze water op zijn gezicht gooien en op zijn been, maar helpen doet het allemaal niet. Hij heeft heel veel pijn, zijn lichaam voelt aan alsof het wordt vermorzeld door iets heel zwaars.

'*O, the boy is going! O, the boy is going!*' jammert iemand.

Nog één keer verzamelt Gyan al zijn krachten, probeert overeind te komen, wat niet lukt, en doet dan zijn mond open. 'Jesus!' wil hij schreeuwen, maar dat lukt niet. Daarna is hij definitief van de wereld. Chris Gyan, blote voeten en Feyenoord-embleem op de rechterborst, ligt bewusteloos in het gras.

Binnen de kortste keren is de chaos om hem heen compleet. De meeste spelers beginnen te schreeuwen en door elkaar te rennen. Anderen wenden zich af en gaan luidkeels bidden. Iemand begint zo goed en zo kwaad als het gaat hartmassage te geven, anderen wapperen hem met een handdoek frisse lucht toe, roepen zijn naam of gooien nog meer water over zijn been. Een paar mannen huilen.

De enige die het hoofd echt koel houdt is Robert van Heusden, een televisieproducer van RTL die toevallig de hele wedstrijd al langs de kant heeft staan kijken.

Hij is ook de enige die zijn mobiele telefoon trekt.

'Welk adres?' vraagt de vrouw van 112.

'Jongens, wat is hier het adres?' schreeuwt Van Heusden naar de kluwen spelers.

Er is niemand die antwoord geeft want er is niemand die het weet. Iemand rent naar de kantine om het te gaan vragen.

'Oldegaarde!' roept hij even later. 'Oldegaarde 21!'

'Oldegaarde 21! Bij de voetbalclub!' roept Van Heusden.

'Oké. Ademt de patiënt nog?' vraagt de vrouwenstem.

'Ik geloof het wel.'

Binnen twee minuten zijn er van alle kanten sirenes te horen. De politie is er als eerste. Ze willen de weg vrij maken voor de naderende ambulance, maar het toegangshek blijkt op slot. Er wordt gezocht naar de sleutel. De brandweer komt erbij en knipt het slot open. Er is iemand met een defibrillator uit de kantine komen rennen. De ambulance trekt diepe sporen door het veld. Gyan ligt nog steeds buitenwesten langs de zijlijn. Iemand heeft hem in de stabiele zijligging gelegd. Ambulancepersoneel buigt over hem heen en stuurt de omstanders weg. Even later wordt hij op een brancard gehesen en afgevoerd, zwaar ademend, met de ogen nog steeds dicht. Zijn vrienden kijken hem na. Wanneer de ziekenwagen uit het zicht is, gaan ze in een kring staan, omarmen elkaar en beginnen te bidden, nog veel harder dan normaal.

Robert van Heusden niet. Die rijdt richting Ikazia Ziekenhuis. Daar treft hij Gyan aan in een bed, inmiddels weer bij kennis. Hij is bijgekomen in de ambulance. Aan het voeteneinde zit Anita, samen met Montell. Shantel en Telly zitten in de wachtkamer. Anita is geschrokken maar gedraagt zich opvallend kalm. Met een washandje dept ze het voorhoofd van haar man. Ze heeft een extra grote fles Sinas voor hem meegenomen, eentje van anderhalve liter.

*

In het Ikazia Ziekenhuis, waar hij langzaam maar zeker bijkomt van de gebeurtenissen en wordt onderworpen aan een serie onderzoeken, is de eerste conclusie er vrij snel: hij heeft een zware epileptische aanval gehad. Dat zijn ledematen gingen trillen en dat hij heeft geprobeerd zijn eigen tong af te bijten, zijn daar aanwijzingen voor. De volgende vraag is: wat heeft die aanval veroorzaakt?

In de tussentijd krijgt Gyan een medicijn mee, voor het geval hij een nieuwe aanval krijgt. Zodra hij zijn voeten weer voelt tintelen, dient hij een speciale spray te gebruiken. Eén keer via de neus flink inhaleren is al genoeg. Omdat een aanval veel energie van het lichaam vergt, zit er in het medicijn ook een spierverslapper en een middel dat ervoor zorgt dat de gebruiker snel moe wordt en in slaap valt, om zo het lichaam rust te geven.

Maar dat wist Chris Gyan allemaal niet.

Op een dag stond hij te strijken. Zijn voeten begonnen te tintelen en al heel snel zijn benen ook. 'Het medicijn!' riep hij naar Anita, 'waar is het medicijn?'

Anita hoorde hem in eerste instantie niet. Ze was in de slaapkamer.

'Medicijn! Geef me het medicijn!'

Zijn voet begon nu ook te trillen. Gyan wist: het is een kwestie van tijd voordat ik flauwval. Toen Anita eenmaal bij hem was, klaar om hem te bedienen, was hij al behoorlijk in paniek.

'*The first attack has put the fear in him,*' zegt Anita, wanneer ze terugdenkt aan die bewuste middag naast de strijkplank. 'Op het voetbalveld deed het zoveel pijn, dat wilde Chris per se nooit meer meemaken. Daarom riep hij de hele tijd '*Put it in! Put more in!*' Hij wilde zo veel mogelijk van dat spul, om de kans op een aanval te verkleinen. Maar al snel werd zijn armen zwaar, zijn ogen vielen dicht, hij kon bijna niet meer praten en toen viel hij in een diepe slaap. Ik kon hem nog net op de bank krijgen, maar het was onmogelijk hem nog wakker te maken of op te tillen. Hij was heel zwaar geworden en reageerde nergens op. Het leek wel of hij in coma was. *O my God*, dacht ik, *what can I do?* Ik heb iedereen gebeld: 112, de nooddokter, mijn huisarts, de ambulancedienst, iedereen. Toen er hulp onderweg was, kreeg ik over de telefoon instructies vanuit de ziekenwagen. Ik moest niet in paniek raken en hem rustig laten liggen, ze waren onderweg. Maar ik dacht dat hij dood was. Ik heb de hele dag gehuild en stopte pas toen hij een paar uur later voor het eerst weer zijn ogen opendeed.'

'Ik had een beetje te veel genomen,' zegt Gyan.

*

Een paar weken later. Gerard Baks aan de telefoon. Zijn stem klinkt anders dan normaal, veel gedeprimeerder vooral. Maar hij heeft dan ook een 'kloteweek' achter de rug. Om te beginnen is zijn hond overleden. Hij heeft 'm voor zijn eigen ogen zien verdrinken, zonder dat hij er iets aan kon doen. 'En dan heeft dat tering-Feyenoord ook nog van Sparta verloren,' zegt hij. Over Chris Gyan heeft hij helemáál slecht nieuws.

'Chris is bij de dokter geweest. Ze hadden de hersenscans bestudeerd. Het was niet helemaal goed. Helemaal niet goed, eigenlijk.'

Gerard Baks is geen man die snel bij de pakken neerzit, maar nu kun je hem aan de andere kant van de lijn toch diep horen zuchten. Hij vertelt wat er aan de hand is. Dat er iets in het hoofd van Gyan is gevonden dat er niet thuishoort. Dat de doktoren nog niet precies weten wat het is, maar dat een zware, risicovolle hersenoperatie niet uitgesloten is. En dat er nog een ander probleem is: dat hij door de epileptische aanvallen niet meer te handhaven is als werknemer. 'Stel dat hij weer zo'n aanval krijgt, zoals laatst op het voetbalveld, en er is niemand in de buurt om een ambulance te bellen? We kunnen gewoon het risico niet lopen dat er een bewusteloze man tussen de containers en de vorkheftrucks ligt. Die verantwoording wil ik niet dragen. Bovendien mag hij zich niet inspannen van de arts.'

Een nog groter probleem is dat hij ook geen mogelijkheid ziet om het aflopende contract van Gyan te verlengen. 'Als ik Chris bij ons wil houden, moet ik hem in vaste dienst nemen. Maar dat gaat natuurlijk niet onder deze omstandigheden. Het is onmogelijk om nu zijn contract te verlengen, hoeveel pijn me dat ook doet. Ik zal hem moeten laten gaan, er zit niets anders op.'

*

Anita: 'Het is nog niet helemaal zeker of het echt een tumor is of iets anders. De ene dokter zegt van wel, de andere twijfelt nog. Maar als het een tumor is en het groeit, dan moet de chirurg ingrijpen.'

Chris: 'Als-ie niet groeit hoeft het niet direct, maar dan blijven de epileptische aanvallen wel komen.'

Anita: 'Het zit naar omstandigheden op een goede plaats in de hersenen, het heeft vooral effect op de spieren en het geheugen.'

Chris: 'Ja.'

Anita: 'Je merkt het wel aan hem. Hij is soms vergeetachtig.'

Chris: 'Misschien moet ik toch worden geopereerd. Maar zelfs bij de kleinste tegenslag tijdens het opereren kan mijn rechterhelft verlamd raken.'

Anita: 'We zullen zien wat God voor ons in petto heeft.'

Chris: 'Ik voel dat ik iets heb, maar wat kan ik doen? Streng zijn voor mezelf, dat is het enige.'

Anita: 'Niemand wil dit. En als je het toch krijgt, moet je alles doen wat je kunt. En verder moet je je lot accepteren.'

Chris: 'Ja.'

Anita: 'Chris weet dat hij dit niet zelf heeft gedaan. Dat geeft hem rust.'

Chris: 'Ja.'

Anita: 'Sommigen mensen vragen zich af hoe het kan dat dit soort tegenslagen ons geloof in God niet aantast.'

Chris: 'Nederland-mensen geloven vaak niet eens in God, dat weet ik.'

Anita: 'Er was een tijd dat Chris twee levens had. Thuis en in de kerk gedroeg hij zich als christen, maar buitenshuis als profvoetballer, als je begrijpt wat ik bedoel. Die twee werelden verhielden zich niet goed met elkaar. Pas toen hij het juiste pad heeft gekozen, is Gods genade over hem gekomen.'

Chris: 'Ja.'

Anita: 'Wij krijgen onze wijsheid niet zomaar van God, je moet het afdwingen met je gedrag. Dat heeft Chris gedaan. Daarom heeft hij peace met zichzelf en de situatie.'

Chris: 'Ja.'

*

Er valt een stilte in de lege woonkamer. Voor het eerst sinds onze hernieuwde kennismaking kan er geen lach vanaf bij Gyan. Hij zegt dat hij *a really, really sad story* te vertellen heeft.

'Iedereen denkt dat ik steenrijk ben geweest als voetballer, maar de waarheid is dat ik lange tijd heb gespeeld voor een veredeld jeugdcontract.' Hij smakt met zijn lippen om zijn ongenoegen kenbaar te maken. 'Ik zeg het je: Feyenoord heeft mij acht jaar lang het salaris van een jeugdspeler gegeven. Maar ik heb desondanks mijn werk voor de club gedaan. Altijd. En ik ben altijd van Feyenoord blijven houden. Daaruit kun je opmaken dat ik a strong man ben.'

Dit is hoe Gyan het zich allemaal herinnert:

'Ik speelde bij Ghana onder 17 toen ik werd benaderd door een Belgische makelaar. Hij zei dat Patrick Allotey en ik met niemand moesten praten, omdat hij binnenkort iets voor ons had. Bayern München had destijds ook interesse in ons, maar die hebben we dus afgehouden. Zo kwamen we bij Feyenoord terecht. Ik was jong, wist niks. Ik had geen zaakwaarnemer. Ik had nog nooit van een zaakwaarnemer gehoord, geen idee wat dat was. Later bood Ger Lagendijk zich aan, Rodger Linse ook een paar keer. Ik herinner me dat ik toen eerst nog die Belgische man belde. "Ben jij nou eigenlijk mijn zaakwaarnemer?" vroeg ik. "Nee," zei hij. "Dat ben ik niet. Ik ben een makelaar." Maar daar had ik nog nooit van gehoord, van een makelaar. Toen ik tekende, deed ik dat in het bijzijn van Feyenoord-manager Hans Hagelstein en een Ghanese man die ik nog nooit had gezien. Hij was er namens de Ghanese bond, zei hij. De man die er eigenlijk moest zijn was ziek en daarom had hij hem, zijn broer, gestuurd. Het ontging mij volledig waarom hij erbij was. Ik was jong en naïef. Het enige wat ik wilde was voetballen. Dus tekende ik voor twee jaar. Althans, dat dacht ik.'

'Patrick en ik werden al snel uitgeleend aan Excelsior. Na zes maanden haalde Leo Beenhakker ons terug naar Feyenoord. In de tussentijd vertelde Patrick me dat hij het eigenlijk niet mocht zeggen van de club, maar dat ze hem naar het eerste zouden halen en hem een nieuw, verbeterd contract hadden aangeboden. Dat hij had getekend. Ik verwachtte dat ik ook binnenkort mijn 2-jarig contract moest verlengen, maar het bleef stil. Toen heb ik een zaakwaarnemer genomen – Rodger Linse, die toen net begon – en heb Feyenoord gevraagd om een gesprek. In eerste instantie werd dat verzoek afgewezen, want het management van Feyenoord erkende Rodger niet als zaakwaarnemer.

Toen ben ik naar de voorzitter gegaan, Jorien van den Herik, en hij heeft alsnog opdracht gegeven om met ons te praten. Maar op het moment dat mijn contract boven tafel kwam, bleek ik voor acht jaar te hebben getekend. Ik wist niet wat ik hoorde, ik geloofde het eerst niet. "Kijk maar," zei Hans Hagelstein. En inderdaad: daar stond mijn handtekening.'

'Ik vroeg aan Rodger wat ik kon doen. Dat was niet veel, ik had zelf getekend. Hij adviseerde me zo goed mogelijk te blijven trainen, en dan maar hopen dat er misschien een club interesse zou tonen. Maar er kwam helemaal geen andere club. Lange tijd hield ik mijn mond en deed mijn werk. Pas toen ik door Beenhakker naar de A-selectie werd gehaald, ben ik naar hem toe gegaan en heb hem verteld dat ik voor een jeugdcontract speelde. Mister Beenhakker zei meteen: "Bel nu je manager en zeg tegen hem dat hij direct hier naartoe komt." Rodger ging in gesprek met Hagelstein en toen kreeg ik er iets bij. Niet veel, maar wel iets.'

Linse heeft hij al jaren niet gesproken. Toen zijn laatste spelerscontract bij Feyenoord afliep, namen ze afscheid van elkaar. Linse probeerde Gyan nog wel aan een baan in De Kuip te helpen, maar ondanks herhaaldelijke verzoeken om hem tot materiaalman te benoemen – een ideale betrekking volgens hem, al was het alleen maar vanwege zijn arbeidsethos en het feit dat Gyan ooit in Afrika een kleermakersopleiding had gevolgd – liet Feyenoord hem in 2007 gaan.

Zijn contracten en andere officiële documenten die herinnerden aan zijn voetballoopbaan had zijn zaakwaarnemer ooit voor hem verzameld in één grote envelop, maar die heeft Gyan al lang geleden weggegooid. Hij heeft sowieso nauwelijks nog tastbare herinneringen aan zijn voetballoopbaan. De UEFA Cup-medaille uit 2002 ligt ergens in een huis in Ghana, zijn shirts en schoenen heeft hij allemaal weggegeven en verder is er niets meer. En wat er nog wél was is inmiddels grotendeels kwijtgeraakt onderweg, want hij is wel tien keer verhuisd binnen Rotterdam. De eerste keer was vooral vanwege een buurman met wie altijd problemen waren, al heeft de familie Gyan ook weleens het idee gehad dat het huis waarin ze woonden behekst was, ooit een reden om een landgenoot in te huren die de boze geesten kon verjagen. 'En die buurman stond een keer voor de deur met een natte schoenveter. Hij zei dat dit door een lekkage kwam die wij hadden veroorzaakt en hij eiste een schadevergoeding. Zo ging het elke keer. Al die mensen dachten dat ik een rijke voetballer was van wie je makkelijk geld kon krijgen. Maar ik had helemaal geen geld.'

Zijn contracten zijn verdwenen, maar de bedragen waar hij bij Feyenoord voor voetbalde, zegt hij nog wel te weten. 'De eerste twee contractjaren kreeg ik rond de 3000 gulden per maand. Later kreeg ik er iets bij. Iets, maar niet veel. Het stond in geen verhouding met de rest. Toen ik met Feyenoord de UEFA Cup won, kregen sommige spelers in het elftal 90.000 euro per maand. Ik kreeg 6.000 euro per maand. En dat bleef ook lange tijd zo. Er kwam nooit iets bij. Behalve op het eind van mijn loopbaan bij Feyenoord. Alleen de laatste twee jaar heb ik een goed salaris verdiend.'

Het is allemaal lang geleden. Bij veel van de betrokkenen heeft de tijd het merendeel van de details uit hun geheugen gewist. De één – voormalig zaakwaarnemer Rodger Linse – meent zich bijvoorbeeld vaag te herinneren dat Ger Lagendijk destijds betrokken was bij de komst van Gyan en Allotey, anderen – zoals manager Hans Hagelstein – weten zeker dat de Belg Karel Brokken een spil was in de transfer, die het zelf overigens weer heeft over zijn landgenoot Louis de Vries als architect van het geheel.

Jarenlang zweeg Gyan in alle talen over zijn financiële zorgen en deed hij alsof ze niet bestonden. Hij sprak er met niemand over, niet op de club, niet in de kerk, niet thuis, nergens. Zelfs Anita wist lange tijd niets van de zich opstapelende rekeningen, de ongeopende enveloppen met parkeerboetes en de onvermijdelijke aanmaningen, van de incassobureaus, de giften aan allerlei landgenoten en de andere financiële problemen. Zelf wijdt ze het aan hun traditionele Ghanese opvoeding, waarbij de vrouw zich op de achtergrond opstelt, zich nergens anders mee bemoeit dan het huishouden en de kinderen, en verder alles aan de man laat. Tot haar een jaar of drie na Gyans laatste wedstrijd iets begon te dagen: waarom woonden alle voetballers met wie haar echtgenoot had gespeeld inmiddels in huizen zo groot als paleizen en zij nog steeds in een klein flatje waarvan ze de huur niet eens op tijd konden betalen?

'God liet me op een dag inzien dat ik moest ingrijpen,' vertelt Anita. 'Ik begon Chris te ondervragen. Hoe kon dit allemaal? Toen kwam het hoge woord eruit. Dat er schulden waren. Dat hij een slecht contract bij Feyenoord had getekend. Ik schrok me kapot. De financiële problemen hadden ons bijna ons huwelijk gekost. We waren zo ver dat we elkaar nauwelijks nog konden aankijken. Ik begreep niet waarom Chris het zo ver had laten komen, zonder iets tegen mij te zeggen. Maar uiteindelijk zijn we weer tot elkaar gekomen. Chris heeft alles verteld. Dat hij jong was toen hij bij Feyenoord tekende en de taal niet sprak. Toen hebben we besloten om als team de problemen te lijf te gaan. Daar zijn we nu mee bezig. We zijn nog steeds niet uit de problemen. Het kleine beetje geld dat we hebben gaat naar een bewindvoerder. Die betaalt de vaste lasten als huur, verzekeringen, school voor de kinderen. Wat overblijft wordt gebruikt om schuldeisers terug te betalen. Dat willen we ook. Het staat in de Bijbel dat je je schulden moet terugbetalen, dus dat proberen we te doen. Wij leven van een paar tientjes in de week. Niet per persoon, maar voor het hele gezin. Dat is soms wel moeilijk. Niet zozeer voor mij en Chris. Zolang er nog elke avond eten op tafel komt, zijn wij tevreden. Maar voor de kinderen is het weleens zwaar. Ze zijn bijvoorbeeld al jaren niet met vakantie geweest, ook niet heel kort. Dat missen ze wel.'

Aan de andere kant van de tafel neemt Chris Gyan een grote slok water en lacht alweer.

'Weet je wat het is: toen ik dat contract tekende, was ik jong. Ik wilde gewoon voetballen. En toen ik nog voetbalde dacht ik nooit: morgen kan het anders zijn. Zo gaat het met geld. Als je het hebt, denk je dat het altijd zo blijft. Maar zo is het niet. Je realiseert je pas wat je hebt, wanneer je het kwijt bent. Gelukkig is geld niet alles.

Er zijn genoeg rijke mensen zonder joy and peace in hun leven. Ik heb allang geaccepteerd dat mijn geld weg is. Ik dank God dat ik nog leef, dat is veel belangrijker. Mijn problemen waren misschien te voorkomen geweest als ik ze eerder had gedeeld met anderen. Maar in het begin leefde ik tussen Afrikanen in Rotterdam, had bijna geen Nederlandse vrienden. En soms hadden we ook slechte ervaringen met Nederlandse mensen. Maar zo is het leven. Je moet eerst langs twintig mensen met slechte bedoelingen, om er eentje met goede bedoelingen tegen te komen. Zoals iemand die me af en toe vijftig euro gaf om wat kinderen voetbaltraining te geven. Zie je? *If one door closes, another opens*. Gerard Baks is ook zo iemand. Hij heeft weliswaar mijn contract niet verlengd, maar hij blijft voor altijd in mijn hart. He is a really good man. Hij kende mij alleen van televisie, wist dat ik geen diploma's had en toch nam hij me aan. Daar ben ik hem eeuwig dankbaar voor. Net als Leo Beenhakker is hij als een vader voor mij.'

*

Nu, een paar dagen voor de mogelijke kampioenswedstrijd van Feyenoord tegen Heracles, heeft Gyan in het Erasmus Medisch Centrum net met een chirurg gesproken. Hij heeft te horen gekregen dat zijn mogelijke tumor niet is gegroeid, maar dat hij misschien toch een operatie moet overwegen. Hoewel zo'n ingreep met veel risico op blijvend letsel gepaard gaat, had hij de boodschap verwerkt zoals altijd: uiterlijk vrijwel onbewogen.

In de spreekkamer was hem geadviseerd het volgende controlebezoek aan de arts nog even af te wachten. Als de situatie in zijn hersenen dan hetzelfde blijkt, overwegen de doktoren een hersenpunctie te doen, waarbij een gat in zijn schedel wordt gemaakt om een klein deel van de mogelijke tumor te verwijderen en te kunnen onderzoeken. Een vervolg daarop zou kunnen zijn dat er toch een zware hersenoperatie wordt uitgevoerd, bij voorkeur terwijl hij bij kennis is, wat het vooruitzicht bepaald niet aantrekkelijker maakt. Maar al op de gang van het ziekenhuis hebben Anita en Chris hun lot aan de regie van God overgegeven. Wel of niet opereren: ook het antwoord op die vraag verwachten ze binnen afzienbare tijd te vinden in de Bijbel, zoals bij alle levensvragen.

Robert van Heusden is mee geweest naar het gesprek met de arts en fungeert ook als chauffeur, want een auto heeft de familie Gyan niet meer, sinds Anita deze heeft afgestaan. Dit keer niet uit liefdadigheid, maar omdat de politie voor de deur stond vanwege een rits openstaande bekeuringen. Er was geen geld om die te betalen en toen heeft ze de autosleutels maar ter plekke overhandigd. De motor van de auto – volgens de Nederlandse man van wie ze 'm kochten splinternieuw – was er na zeven maanden toch al mee opgehouden.

Op de terugweg uit het ziekenhuis wordt er tot ver over de Erasmusbrug voornamelijk gezwegen. Anita wordt afgezet bij kennissen die een Afrikaans restaurant runnen en daarna gaat het naar hun woning, als Gyan in de bijrijdersstoel plotseling zijn keel schraapt en vraagt om te keren.

'*Please Robert,*' zegt hij, '*bring me to the stadium.*'

Even later parkeert Robert zijn auto op het voorplein van De Kuip. Het is dinsdagmiddag, iets na drieën. Gyan stapt direct uit en loopt naar het hek waar met grote witte letters STADION FEYENOORD staat. Daar begint hij heen en weer te drentelen, steeds driftiger, af en toe met gevouwen handen, af en toe theatraal met de armen in de lucht. Dik tien minuten is hij aan het bidden voor Feyenoord, nu zijn club in aanloop naar de allesbeslissende competitiedag elke vorm van hemelse hulp kan gebruiken. Op de achtergrond rookt Robert intussen een sigaret. En daarna nog maar een.

Het is best een gek gezicht om op een verloren dinsdagmiddag een voormalig UEFA Cup-winnaar aan de stadionpoort te zien bidden voor de titel van zijn oude club, zeker als die nog geen halfuur eerder van een chirurg te horen heeft gekregen dat die voornemens is binnenkort een gaatje in zijn schedel te boren, maar er is niemand om het te zien. Het is uitgestorven rond De Kuip. Er is zelfs geen verkeer, alleen een paar meeuwen laten zich horen. Nu Eddy Treijtel definitief gestopt is, durven ze zich hier weer te laten zien.

Die zondag nadert de Nederlandse voetbalcompetitie haar ontknoping. Feyenoord hoeft alleen nog maar even van Heracles te winnen en dan is het feest in de stad. Christian Gyan en zijn tijdgenoten worden daarmee automatisch onttroond als laatste kampioenen, na achttien lange jaren. Hij vindt het niet erg. Sterker nog: hij kan niet wachten tot het zover is.

Hoewel hij stiekem veel liever in De Kuip had willen zitten, kijkt hij de wedstrijd thuis, in de beslotenheid van zijn eigen woonkamer. Dat maakt het bedwingen van de zenuwen er niet gemakkelijker op. Nog voor de aftrap houdt hij het al niet meer, pakt zijn telefoon en vraagt een videogesprek aan met Robert, die wel in De Kuip is.

'Robert, film het stadion voor me!' roept hij, 'ik wil de Feyenoord-supporters zien. Ik wil ze horen zingen!'

Robert doet wat hem gevraagd wordt. Hij houdt zijn mobieltje hoog boven zijn hoofd en laat hem van de noordzijde, via de Maastribune naar de Willem van Hanegem-tribune gaan. Gyan geniet. Maar nog geen drie minuten later gaat de telefoon van Robert alweer.

'Robert, nog één keer. *Please, big man*. Film nog één keer het stadion voor me.'

Op het schermpje kun je Gyan breeduit zien lachen wanneer hij alle rood-witte spandoeken ziet hangen. Er is nog geen bal in zicht, zelfs de warming-up moet nog beginnen, maar thuis op de bank zit hij al te juichen van plezier.

Achter Robert hebben twee supporters door wat er aan de hand is.

'Is dat nou Gyan?' zegt een van hen. 'Nee man, dit geloof ik gewoon niet.'

Op het schermpje is Gyan inmiddels druk aan het gebaren. Het ontgaat Robert in alle commotie, maar hij steekt drie vingers in de lucht. Het is een van Gyans gebruikelijke voorspellingen. Zijn lach is nog breder dan anders.

Twee uur later is Feyenoord kampioen. De Rotterdammers winnen met 3-1.

*

In de zomer van 1996 rent hij tijdens Feyenoords Open Dag enigszins ongemakkelijk door een haag van cheerleaders De Kuip binnen: de streng gelovige Ghanese aanwinst Patrick Allotey, van wie direct wordt gefluisterd dat hij naar goed Afrikaans gebruik minstens vijf jaar ouder is dan in zijn paspoort staat vermeld.

Wanneer hij een paar jaar later weer uit De Kuip vertrekt, laat hij een bescheiden palmares achter in Nederland. Hij speelt tussen 1996 en 2000, ondanks een uitstekend linkerbeen waarmee hij een solide pass weet te verzenden, slechts vijf competitiewedstrijden voor Feyenoord.

Talent heeft hij, minstens zoveel als Gyan, maar hij mist de mentale rust om van zichzelf een succes te maken. Allotey heeft heimwee. Na de winterstop gaat het altijd iets beter dan daarvoor, omdat hij dan even heen en weer is kunnen gaan naar Ghana. Maar eenmaal terug in Rotterdam slaat de eenzaamheid vaak al snel weer toe. Zelfs de entree van Leo Beenhakker als trainer kan niets aan de situatie veranderen, hoewel deze toch een meester is in het bespelen van de buitenlandse geesten in zijn spelersgroep. Don Leo zucht, steunt, lult, aait, grapt en knuffelt zich een ongeluk op het trainingsveld, maar hij krijgt de oester toch niet open. Ook voor hem blijft Patrick Allotey grotendeels een mysterie.

Na zijn definitieve terugkeer hoort nooit meer iemand iets van Patrick Allotey. Een dag na zijn vertrek gaat Rotterdam gewoon weer over tot de orde van de dag en daarna hoor je zijn naam alleen nog bij obscure voetbalquizzen in het land. Hij wordt toegevoegd aan de toch al imposante berg vergeten Feyenoorders, waar hij mannen als Nam-Il Kim en Bjarki Gunnlaugsson gezelschap gaat houden.

Tot er op 27 juni 2007 een kort bericht op de officiële clubwebsite staat:

Patrick Allotey overleden

Feyenoord heeft woensdag met droefheid kennisgenomen van het overlijden van oud-speler Patrick Allotey. De Ghanese verdediger maakte tussen 1996 en 2001 deel uit van de selectie van Feyenoord. De Rotterdammers hadden hem gescout op de WK onder 17 in 1995, waar Ghana destijds goud won. Allotey die tegelijkertijd met de latere publiekslieveling Chris Gyan naar Nederland kwam, speelde ook een half seizoen op huurbasis voor Excelsior. Allotey overleed vanmorgen in de Ghanese hoofdstad Accra en werd slechts 29 jaar.

In de Ghanese media zijn al snel meer details te lezen. Op de Ghanese voetbalsite Joy Sports staat:

The Black Stars camp was thrown into a state of shock when former national player, Patrick Allotey, collapsed at the team's training session at the Baba Yara Stadium yesterday.

Joy Sports sources say Allotey who was at the training grounds to watch his former colleagues in action, was seen hailing at one of the players when he suddenly slumped to the ground.

Black Stars team doctor, Dr Engmann, told Joy Sports attempts to resuscitate the former national under-17 player proved futile.

Allotey was thus rushed to the North Suntreso hospital for treatment.

Though yet to ascertain the actual cause of the player's condition, Dr Engmann believes Allotey could be suffering from hypoglycemia, a condition caused by low blood sugar level.

*

Christian Gyan praat heel graag over Feyenoord. Vaak is het dan alleen nog een kwestie van tijd voordat hij zijn eigen spreekkoor aanheft, een slogan bestaande uit het diep poëtische mantra:

'Christian Gyan, olé, olé, Christian Gyan, Christian Gyan, Christian Gyan, olé, olé.'

Maar hoe graag hij ook over Feyenoord praat, het onderwerp 'Patrick Allotey' behoort niet tot zijn favoriete gespreksonderwerpen. Hij kiest dan zijn woorden ook met meer zorgvuldigheid dan anders.

'Ik sprak met Patrick in zijn dialect, dat vond hij fijn. Hij had weinig mensen om zich heen. Patrick was een stille jongen. Hij hield zijn emoties binnen, liet nooit zien hoe hij zich voelde. Hij wilde echt heel graag naar huis, naar Ghana. Dat Patrick zich hier niet lekker voelde, had ook met het voetbal te maken. Hij werd uit het eerste elftal gezet, terug naar het tweede. Daardoor raakte hij teleurgesteld en verloor zelfvertrouwen. Zo was hij nu eenmaal. Ikzelf denk nooit zo. Ik denk altijd: *if one door closes, another opens.*'

'Het is echt triest hoe het met Patrick is gegaan. Weet je wat het is? In deze wereld hebben mensen soms hulp nodig. Maar in Europa is het moeilijk hulp te krijgen. Hier denkt iedereen aan zichzelf. Als je in Afrika je buurman twee dagen niet ziet, ga je naar hem toe en vraag je of er soms iets aan de hand is en of je kunt helpen. Hier niet. Daar kon Patrick niet aan wennen. Toen zijn contract bij Feyenoord was beëindigd, heeft hij zijn spullen bij elkaar gepakt en is ook direct vertrokken. Daarna heb ik nooit meer iets van hem gehoord. Via-via heb ik berichten aan hem proberen over te brengen maar er kwam nooit reactie. Ik heb nooit meer iets uit Afrika gehoord, ik weet niet eens of hij mijn boodschappen wel gekregen heeft. Het is triest dat hij zo jong is overleden. Ik was erg verdrietig toen ik het hoorde. Ik vond het onvoorstelbaar. Zo jong. Ik weet niet precies waaraan hij is gestorven. Sommigen zeggen suikerziekte. Anderen hebben het over alcoholisme. Ik weet niet wat de waarheid is. Ik heb zijn familie proberen te bellen, maar hun nummer klopte niet meer. Hij had nooit terug moeten gaan. Hij had hier moeten blijven, net als ik. Dan was dit misschien allemaal niet gebeurd.'

Een paar journalisten hebben nog weleens geprobeerd leven en dood van Patrick Allotey te reconstrueren, maar erg ver kwamen ze niet. Allemaal liepen ze vast in een woud van sterke verhalen, geruchten en halve waarheden over alcoholmisbruik, suikerziekte en mentale problemen. Maar wat het ook precies is geweest dat zo'n vroeg einde maakte aan het leven van Allotey, het blijft een wrang lot dat de twee Ghanezen is beschoren.

Van alle Afrikaanse immigranten behoren juist de voetballers doorgaans tot de kleine categorie bij wie de kans op slagen groter is dan de kans op mislukken, al was het maar omdat ze niet per zelfgemaakte boot naar de kust hoeven te peddelen maar gewoon businessclass worden ingevlogen, razendsnel en veilig naar een land waar het geld in grote bergen ligt te wachten.

Sommigen van hen hebben nog meer geluk dan anderen. Salomon Kalou bijvoorbeeld, het jongetje dat vroeger altijd urenlang zat te gamen in het huis van zijn broer in Rotterdam, kwam in Londen op jonge leeftijd bij de geldfabriek Chelsea terecht. Hij was als tiener al multimiljonair.

Alleen bij Gyan en Allotey liep het anders.

Allotey stierf al op zijn negenentwintigste onder tragische omstandigheden in Ghana. Gyan is werkeloos en blut in Rotterdam en moet binnenkort weer naar de chirurg voor een gesprek over een mogelijke hersenoperatie.

*

Anita is naar de huldiging op de Coolsingel geweest. 'Wacht even,' zegt ze. 'Ik wil je iets heel moois laten zien.'

Ze verdwijnt naar de slaapkamer en keert even later trots terug met een papieren replica van de kampioensschaal. Er zijn er op straat duizenden van uitgedeeld door een sponsor. Chris Gyan stond zelf ooit op het bordes met de echte schaal te zwaaien, maar dit keer had hij de huldiging thuis bekeken op RTV Rijnmond. Toen zijn vrouw terugkeerde uit de feestende stad, had hij voor de lol de kartonnen schaal wel even juichend boven zijn hoofd gehouden in de huiskamer, want ondanks alles is zijn humeur meestal net als het weer in Tema: zonnig.

Zijn gezondheid houdt hem uiteraard wel bezig, al heeft hij ook hierbij de regie grotendeels overgegeven aan onze lieve Heer, maar de rest van zijn tegenslagen draagt hij als een man en zijn financiële problemen hebben nog wel de minste invloed op zijn gemoed.

Waar zijn geld gebleven is, weet niemand. De meeste mensen zeggen dat hij het heeft weggegeven. Anderen hebben het over foute zaakwaarnemers tijdens zijn buitenlandse avonturen in combinatie met overdreven grote donaties aan de kerk en aan allerlei landgenoten. Zelf zwijgt Gyan er liever over, ook omdat veel zaken voor hemzelf nét zo'n groot raadsel zijn. Hoe hoog het bedrag van zijn schuld precies is en hoe het nu exact zit met de sanering daarvan, dat zijn zaken waar Anita meer zicht op heeft dan hijzelf. Zelf wijt hij de oorsprong van zijn financiële malaise aan de eerste twee jaar na het afsluiten van zijn voetballoopbaan. Teruggekeerd in Nederland na avonturen in Wales en Finland, was er geen inkomen meer. Dat hij recht had op een uitkering en dat hij zich daarvoor had moeten melden bij het UWV, dat was hem volledig onbekend. In plaats daarvan leefde hij van zijn spaargeld. Na twee jaar was dat op. Toen begonnen de problemen. Wat ook niet hielp, was de onophoudelijke stroom bekeuringen die hij wel wilde maar niet kon betalen, waarbij hij al snel niet eens meer de moeite nam de enveloppen open te scheuren, zodoende een nog grotere stroom van verhogingen en aanmaningen creërend.

Maar geld, en kennelijk dus ook het gebrek daaraan, is niet iets dat hem erg lijkt te beïnvloeden. Als hij morgen opnieuw een kapitaal vergaart, geeft hij het overmorgen weer weg.

'Mijn Bijbel zegt dat ik nooit moet ophouden met helpen. Nooit. Het hoort bij het leven. Ik heb nu geen geld meer om het te doen, maar voorheen probeerde ik iedereen te helpen die ik kon. Sommigen van hen vertrokken met mijn geld, verbrasten het en kwamen weer terug bij me voor nieuw geld. Dat gaf ik dan aan ze. Sommigen waren niet eerlijk tegen me, maar dat is een logisch onderdeel van het leven. Maar ik zag ook mensen die dankzij mijn hulp weer een nieuw bestaan konden opbouwen. En voor dat soort mensen deed ik het.'

In de belevingswereld van Chris Gyan is geld er niet om te bezitten, maar om in te zetten voor een hoger doel. Om dat te onderstrepen zegt hij dingen als:

'Ik snap niks van geld. Ik snap niet dat er mensen zijn die hun geld liever op de bank hebben staan dan dat ze het gebruiken om een hongerig of ziek iemand op straat te helpen. De volgende keer dat je over straat loopt is die persoon misschien overleden. En het geld waarmee hij gered had kunnen worden, staat nog steeds op jouw bank. Wat heeft dat voor zin?'

of:

'We komen alleen en met lege handen op de wereld en gaan ook alleen en met lege handen weer weg. Dat moet je nooit vergeten. Of heb jij ooit iemand begraven zien worden met zijn dure auto? Of met zijn grote huis?'

of:

'Jij bent nu bij mij. Ik weet zeker dat als er iets ergs met me gebeurt, jij me te hulp schiet en 112 belt. Maar een zak geld kan niet bellen. Daar is toch echt een mens voor nodig. Daaraan zie je dat geld onbelangrijk is op de momenten dat het er echt op aankomt, en dat mensen altijd belangrijker zijn dan geld.'

of:

'Ik heb er geen moeite mee om mensen te helpen, zelfs niet als later blijkt dat ze oneerlijk tegen me zijn geweest. Het is hun keus om oneerlijk te leven, zoals ik ervoor gekozen heb om eerlijk te leven. Maar net als ik zullen ze straks worden beoordeeld door God. Ik laat oordelen daarom aan Hem over. Daardoor ben ik vrij in mijn hoofd.'

of:

'Sommige mensen liegen. Maakt niet uit. God weet dat. Niet iedereen is eerlijk in deze wereld. Sommige mensen kwamen naar mij voor mijn geld, sommigen voor mijzelf. Dat is normaal. Je bent Feyenoord-speler, dat trekt mensen aan. En als je geld op is, zijn ook die mensen weg. Maar sommige mensen komen ook wanneer je niets hebt. Ik ben dus niet teleurgesteld. Als ik jou help, betekent het niet automatisch dat jij mij ook moet helpen. Nee. Ik help mensen, Mister Baks helpt mij. Zo is het leven.'

of:

'Als iemand een probleem heeft en ik kan hem of haar niet helpen: dat is eigenlijk het enige dat ik erg vind.'

Toen de bankrekening nog niet geplunderd was, waren het niet alleen landgenoten die de weg naar huize Gyan wisten te vinden voor hulp, maar vaak wel. Doorgaans waren het Ghanese vluchtelingen die illegaal in Nederland verbleven, die vroeg of laat bij hem aanklopten. Voor iedereen ging de deur wagenwijd open, elke keer weer. 'Het waren vaak mensen zonder documenten die geld en hulp nodig hadden. Dus betaalde ik een paspoort voor ze. En ook voor hun gezin als dat nodig was. Of, als ze meer kans hadden in Spanje of Italië of een ander land, dan gaf ik ze geld voor de reis. Ik hielp iedereen die ik kon, en eigenlijk doe ik dat nog steeds. Nu ik zelf geen geld meer heb kan ik dat natuurlijk niet meer geven, maar ik probeer wel op een andere manier iets voor anderen te doen. Door advies te bieden, of steun, door voor ze te bidden of gewoon door met ze te praten. Zo ben ik. Als ik iemand zie die ongelukkig is, moet ik iets doen. Soms kom ik op straat een oude man of een oude vrouw tegen, zonder huis, zonder iets. Daar kan ik niet aan voorbijlopen. Dan ga ik naar zo iemand toe, probeer te helpen. Als ik geen geld of eten bij me heb om te geven, geef ik ze in elk geval aandacht en strong words. Ja toch? *Don't worry, my brother, everything will be allright! Things will be fine! Think positive, the Lord watches over you!*

'Toen ik nog bij Feyenoord speelde en Anita een tijdje in Afrika verbleef, had ik vier jongens bij me thuis wonen. Allemaal zonder paspoort, allemaal illegaal in Europa. Ze hadden geen huis, dus liet ik ze mijn huis gebruiken, ze hadden geen eten, dus kregen ze mijn eten. Ik deed alles voor ze. Ik gaf ze geld. Ik preekte voor ze.'

Hij begint weer hard te lachen.

'Ik kocht zelfs onderbroeken voor ze, als dat moest.'

*

Op een dag belde ook zijn beste jeugdvriend om hulp. Wisdom Eli Bor – Eli voor vrienden – geboren en getogen in Tema. Hij was op uitnodiging van Vitesse en met hoge verwachtingen naar Nederland gekomen, maar zijn stage hier was in een teleurstelling geëindigd. Ze konden Eli niet gebruiken in Arnhem. Hij was niet goed genoeg.

Terugkeren naar Ghana, waar het halve dorp hem had uitgezwaaid in de stille hoop dat hij als vrijgevige voetbalmiljonair zou terugkeren, was geen optie in zijn ogen, zoals bij zoveel Afrikaanse voetbaltalenten die eenmaal de welvaart in Europa met eigen ogen hadden gezien en zich de vernedering wilden besparen van een snelle terugkeer met lege handen. Eli dook onder in Nederland en kwam uiteindelijk terecht in Den Haag, waar hij op verschillende adressen verbleef, voordat hij uit nood kwam te wonen bij een andere Afrikaan die schaamteloos misbruik van hem maakte en hem langzaam maar zeker ontdeed van het laatste beetje geld dat hij had. Vandaar dat hij zich uiteindelijk telefonisch bij zijn oude jeugdvriend Chris Gyan meldde voor hulp.

Eli en Chris kenden elkaar al sinds hun vroegste jeugd toen ze, samen met onder anderen ex-Vitesse spits Matthew Amoah, in Tema samenspeelden. Ze leken ook op elkaar, Eli en Chris. Allebei gelovig, allebei rustig en bescheiden buiten het veld, maar bloedfanatiek erbinnen. Als illegaal in Nederland kon hij hier en daar zwartwerken, maar altijd werd zijn loon in beslag genomen door de man bij wie hij inwoonde. Zelf kreeg hij dan maar vijfentwintig gulden van zijn eigen salaris. Hij werkte hard en veel, meestal in de bouw. Eli had een grote maar arme familie in Ghana, en vrijwel elke gulden die hij hier verdiende en die niet door de huisbaas werd afgepakt, stuurde hij via Western Union naar huis. Na een tijdje was hij zo mager als een skelet van al het harde werken, van de stress en van het kleine beetje eten dat hij op de dag binnenkreeg.

Gyan probeerde hem te helpen. 'Ik gaf hem geld, kleding, eten, dat soort dingen. Alles wat ik kocht, kocht ik dubbel. Een trui voor mij? Dan ook een voor hem. Een paar schoenen voor mij? Ook een paar schoenen voor hem. Soms at hij vijf dagen in de week bij mij thuis. Tot ik Rodger Linse op een dag over Eli vertelde. Die heeft hem toen in huis genomen. Een tijd lang sliep Eli bij hem op een matras, gewoon in de huiskamer. Ik weet nog dat Rodger mij na de eerste dag met een verbaasde stem opbelde: "Mijn huis lijkt wel een paleis!" zei hij. Had Eli alles opgeruimd en schoongemaakt. Voor ons in Ghana is dat normaal, maar Rodger was heel verbaasd toen hij na een dag werken thuiskwam en alles blonk. Rodger regelde ook een verblijfsstatus voor hem en een baantje bij zijn bedrijf, en hij huurde na een tijdje een huis voor hem, kocht zelfs in Ghana een huis en een winkeltje voor de familie van Eli, zodat ze voor zichzelf konden zorgen en niet afhankelijk waren van hun zoon. Rodger, zijn familie en de mensen bij zijn bedrijf: ze hebben allemaal echt heel veel voor Eli gedaan. Het is triest dat het zo is afgelopen, want ieder van ons heeft zijn best gedaan voor hem. Maar weet je wat het is? *We all must die.* Kennelijk was het zijn tijd.'

*

'Ik kreeg op een avond een telefoontje van Eli, maar ik nam niet op,' zegt Rodger Linse – en als je goed luistert kun je ook 12 jaar na dato aan de andere kant van de lijn nog de pijn en spijt in zijn stem terughoren. 'Een dag later hoorde ik Eli op mijn voicemail met een schorre stem om hulp vragen. Maar toen ik terugbelde, was het al te laat.'

De laatste maanden van Eli en de tragische omstandigheden waaronder de jonge voetballer uiteindelijk stierf, zonder vrienden en familieleden om zich heen, anoniem en ondervoed in een Nederlands ziekenhuis, ver weg van Tema, heeft een litteken achtergelaten bij veel van de mensen die zich in ons land om zijn lot hebben bekommerd. Zoals Hannie Zwijgers, de rechterhand van Rodger Linse. 'Eli verbleef in Nederland veel in kringen van illegale Afrikanen. Dat is waarschijnlijk waar hij in contact is gekomen met iemand die niet ingeënt was, want hij heeft open tbc opgelopen. Dat is een ziekte waar je in Nederland absoluut niet aan hoeft te overlijden, behalve als je er helemaal niets aan doet. En Eli durfde niet naar de dokter, waarschijnlijk omdat hij bang was dat hij dan zijn papieren moest overleggen, dat er dan iets niet goed zou blijken te zijn en hij alsnog het land zou worden uitgezet. Het laatste wat hij wilde, was terugkeren naar Ghana, voornamelijk uit schaamte, vermoed ik. Ik sluit niet uit dat hij zijn familieleden nooit had verteld dat hij door Vitesse was afgetest, met als groot nadeel dat die daardoor een aandeel verwachtten van een loon dat er helemaal niet was. Dat zette hem onder druk. Zijn angst om zijn papieren te overleggen, hoewel die verder prima in orde waren, heb ik trouwens bij veel meer Afrikaanse voetballers gezien. Het valt me altijd op wanneer je met ze in de auto zit en er een politieauto passeert: bijna allemaal hebben ze dan de neiging om voor de zekerheid weg te duiken.'

De ochtend waarop het echt niet meer ging met Eli, belde hij een kennis van de familie Linse. Toen is er alarm geslagen en heeft John Linse er uiteindelijk voor gezorgd dat Eli bij zijn huisarts terecht kon. Maar het was al te laat. Hij is daar al in een coma geraakt. Hij is nog wel met een spoedtransport naar het toenmalige Dijkzigt Ziekenhuis in Rotterdam gebracht, maar Eli is nooit meer bijgekomen. Een week later was hij dood.'

'Eli was een schat van een jongen,' zegt Rodger Linse, wanneer hij terugdenkt aan de voetballer die hij na een tijdje als een broer was gaan beschouwen. 'Net als Chris later is overkomen, was Eli helemaal kaalgeplukt. Dat gebeurde met name nadat we op de zaak een baantje voor hem hadden verzonnen. Vanaf dat moment werd hij in de ogen van andere mensen in de Afrikaanse gemeenschap een succesvol persoon en werd van hem verwacht dat hij iedereen de helpende hand toestak. Dat is het probleem van veel Afrikanen in Europa: zodra ze dreigen te slagen, wordt de druk om hun succes met anderen te delen zó groot, dat het heel lastig is om daarmee om te gaan. Uiteindelijk gaan die mensen zo ver in het helpen van anderen, dat ze zichzelf tekortdoen. En als ze dan voor zichzelf moeten opkomen, hebben ze hun omgeving al zo vaak om hulp gevraagd voor anderen, dat ze het gevoel hebben dat hun krediet verspeeld is. Dan kruipen ze in zichzelf en leidt het tot dit. Eli was pas 25 jaar toen hij overleed. Nadat het gebeurd was, hebben we ervoor gezorgd dat het lichaam werd gerepatrieerd en hebben we de begrafenis zo goed mogelijk geregeld. Iedereen was erbij toen hij in Tema ter aarde werd besteld, Chris Gyan ook. Dat was het laatste dat we voor Eli konden doen.'

*

Chris: 'Voetbal is een harde wereld.'

Anita: 'Iedereen wil profiteren, iedereen wil iets.'

Chris: 'Geld verandert mensen.'

Anita: 'Ja. Er is veel jaloezie en hebberigheid rond geld.'

Chris: 'Wij hebben echt geld nodig, maar ik wil het alleen op een eerlijke en normale manier verdienen.'

Anita: 'Amen.'

Chris: 'Ik wil niemand oplichten om het te krijgen.'

Anita: 'Het is waar dat Chris veel van zijn geld heeft gebruikt om anderen te helpen.'

Chris: 'Ja, maar als je de kans hebt om iemand te helpen, waarom zou je dat dan niet doen?'

Anita: 'Maar het is helemaal niet zo dat Chris spijt heeft van zijn hulp, zelfs niet nu hij weet dat er ook mensen tussen zaten die niet eerlijk waren.'

Chris: 'Er zijn ook oneerlijke mensen op de wereld. Dat is nu eenmaal zo. Ik laat het aan God over om over hen te oordelen.'

Anita: 'Spijt heeft hij dus niet, maar hij had het wel op een slimmere manier kunnen doen.'

Chris: 'Ja. Ik zou het zo weer doen, maar ik hoop ook dat ik van de laatste keer heb geleerd.'

*

Het is woensdagmiddag. Buiten stormt en regent het, maar toch doet Chris Gyan open in een korte broek en een hemd. Binnen, in zijn huis, is het warm. Anita slaapt, Telly is aan het gamen, Montell zit op zijn kamer en Shantel is nog op school. Zelf is hij herstellende van een verkoudheid, dankzij een zelfgemaakt Afrikaanse medicijn waar vooral een wagonlading gember in is verwerkt. Anita, die keelproblemen had, heeft hem waarschijnlijk aangestoken.

Twee dagen geleden heeft hij zijn vader gesproken over de telefoon. Die is 86 jaar oud. Hij spreekt hem één keer per maand. Zijn moeder is overleden toen hij nog kleuter was en met de rest van zijn broers en zussen heeft hij maar sporadisch contact. Een van het woont in Londen, de ander aan de oostkust van de Verenigde Staten. 'Onze vader heeft ons altijd aangespoord om zo snel mogelijk zelfstandig te zijn en ons eigen pad te kiezen in het leven. Hij was er ook een voorstander van dat ik op jonge leeftijd naar Europa vertrok om een loopbaan als voetballer op te bouwen. Ik ben heel gedisciplineerd opgevoed. Mijn moeder overleed toen ik nog jong was, dus ik heb het meeste van mijn vader geleerd. Hij was een manager in de haven van Tema. Cargo handling. Hij was ook een kenner van geneeskundige kruiden. Een heel strikte man. Hij leerde ons wat belangrijk is in het leven: mensen helpen, bidden en je best doen, wat je ook doet.'

Hij klinkt altijd vrij zakelijk wanneer hij over zijn jeugd in Ghana spreekt. Er klinkt veel meer nostalgie in zijn stem door wanneer hij over Feyenoord praat. En dan vooral over zijn jaren op Varkenoord, het jeugdcomplex waar hij opgroeide als voetballer. 'Ik had nog nooit van Feyenoord gehoord toen ik voor het eerst in Rotterdam kwam. Van geen enkel Nederlands team trouwens,' zegt hij over zijn beginjaren. 'Maar ik voelde me er vrijwel gelijk thuis.' Hij speelde er met Robin Nelisse, Brian Pinas, Ellery Cairo en dat soort jongens. '*We were always happy.*' Hij herinnert zich zijn coach, Arno Pijpers, en hoe die zijn best deed om zijn twee Ghanese aanwinsten zich thuis te laten voelen in Rotterdam.

'Arno Pijpers is toen heel belangrijk voor ons geweest. Hij was de eerste die ons het gevoel gaf dat het mogelijk was om Feyenoord 1 te bereiken. Hij nam ons vaak mee naar zijn huis. Hij gaf ons vertrouwen in het veld en veel warmte daarbuiten. He is a good man. Ik weet nog dat Patrick en ik een keer in december bij hem en zijn gezin thuis waren. Er werd gezongen die avond, net als in Ghana. Opeens werd er hard op de deur gebonsd. Wij moesten per se opendoen van de familie. En toen bleek de stoep vol cadeaus en snoep te liggen, ook voor ons. We snapten er niets van. Chocolade, nieuwe voetbalschoenen, van alles. Dat was de eerste keer dat we van Sinterklaas hoorden.'

'Arno Pijpers is ons altijd bij blijven staan. Ook toen ik op een gegeven moment het gevoel kreeg dat Feyenoord alleen in Patrick Allotey geloofde en van mij af wilde. Ze zeiden toen dat ik een oogprobleem had dat zo groot was dat ik misschien niet meer geschikt was voor de Eredivisie. Het klopt dat ik een afwijking aan mijn oog heb, maar daar heb ik bij het voetballen nooit last van gehad. Toen heeft Arno mij meegenomen naar een opticien in Rotterdam. Daar bleek niets aan de hand. Ik vroeg nog of ik misschien zo'n speciale sportbril nodig had, zo eentje als Edgar Davids later had. Maar nee, dat was ook niet nodig. Mijn ogen waren verder prima.'

*

'Wat kan ik je te drinken aanbieden?' vraagt Chris Gyan, terwijl hij naar de keuken loopt. Op de achtergrond is gezang te horen. Dat is Anita in de slaapkamer. Met haar keel gaat het zo te horen al een stuk beter. Ze is in elk geval nogal luidruchtig aan het zingen en bidden.

Hij gaat aan tafel zitten en begint een tijdje voor zich uit te staren. 'Vroeger kon hij nog weleens stil zijn, in zichzelf gekeerd,' had Robert van Heusden vanochtend aan de telefoon gezegd. 'Dan maakte hij voor zijn doen een gedeprimeerde indruk. Maar de laatste tijd is hij veel vrolijker, veel levendiger. Ik geloof echt dat het kampioenschap van Feyenoord hem een enorme boost heeft gegeven.'

Maar vandaag is daar weinig van te merken. Gyan maakt een wat afwezige indruk. Af en toe doet hij tijdens het praten ook een hele poos zijn ogen dicht, alsof hij in slaap dreigt te vallen. Ik heb zijn gebed verstoord. Hij moet nog even uit zijn religieuze roes komen en terug op aarde landen.

Hij ziet er ook dorstig uit, zijn lippen zijn droog, maar zelf drinkt hij niks. Hij is aan het vasten. 'Niet zo lang hoor,' zegt hij, 'maar voor drie dagen.' Vasten doet hij al sinds zijn kindertijd. Het hoort bij zijn religieuze opvoeding. 'Toen we met Ghana onder 17 wereldkampioen werden, met coach Sam Arday, deden we ook al aan vasten. Soms zijn we streng en drinken we alleen maar water en eten niets, soms mogen we alleen om zes uur iets eten. Soms doen we het drie dagen, soms zeven, soms eenentwintig dagen of nog langer. Mijn langste periode van vasten was veertig dagen. Veertig dagen alleen water drinken. Dat was zwaar. Ook omdat ik toen nog in de haven werkte natuurlijk. Eigenlijk moet je er vrij voor nemen als je zo lang gaat vasten, maar dat ging niet.'

Hoeveel kilo Gyan had verloren toen zijn zelfopgelegde vastenperiode erop zat weet hij niet meer, wel dat hij God huilend dankte dat hij het had doorstaan en dat hij bij de eerste hap ineenkromp van de pijn. 'Ik had verschrikkelijk uitgezien naar mijn eerste bord rijst. Maar mijn maag was helemaal niet meer gewend aan eten. Na één eetlepel kromp ik in elkaar van de pijn. Pas toen dat over was, ben ik heel voorzichtig begonnen met hapjes yoghurt en zo. Het leek wel of ik opnieuw moest leren eten.'

Fysiek is het dus niet echt aan te raden, dat vasten, maar mentaal zorgt het volgens Gyan voor een grote geestelijke groei.

'*It gives you a lot of inner strength.*'

*

De zomer is definitief doorgebroken in Nederland, heel Rotterdam puft en zucht en steunt. Behalve Chris Gyan. Die zit thuis op zijn stoel in een korte broek, zijn dikke, beduimelde Bijbel op grijpafstand, en lacht zijn bezoek toe. Binnenkort moeten hij en Anita beslissen over wel of niet opereren, maar dat is aan zijn uiterlijk en gedrag niet te merken. Ook zijn financiële zorgen en andere zorgen brengen hem ogenschijnlijk niet aan het wankelen.

'Natuurlijk heeft de situatie invloed op mij. Maar we leven nog. Dat is het belangrijkste: leven. Vandaag zit het misschien tegen, maar niemand weet wat er morgen gebeurt. Het enige dat je kunt doen is proberen elke dag een goed mens te zijn. Dat is wat ik van mijn vader heb geleerd. Ik ben altijd hoopvol, ook nu. En ik heb daar ook een reden voor, want elke keer dat ik in mijn leven ergens in een nieuwe situatie kwam, bracht God me uiteindelijk in contact met de juiste mensen om me te helpen. Hoe diep ik ook in de shit zat, vroeg of laat verscheen er altijd iemand op mijn pad om me eruit te trekken. Ik weet nu dat als ik goed doe voor anderen, God ervoor zorgt dat anderen ook goed doen voor mij. Daar geloof ik in. En verder heb ik eigenlijk niets nodig. Ik hoef geen bergen geld of grote auto's. Als we straks doodgaan, moeten we toch alles achterlaten. Het enige dat ik wil is normaal leven. Meer ambities heb ik niet. Ik heb niet eens een huis nodig, ik zou vanuit een koffer kunnen leven. Je kan me op elke plek in de wereld neerzetten en ik pas me aan, je kunt me elk soort werk geven en ik zal het lachend uitvoeren. Zo ben ik van jongs af aan geweest. Daarom overleef ik. Altijd.'

De kinderen komen straks thuis van school. Het is tijd voor het afscheid. We staan op en lopen naar de gang. Als je goed luistert kun je vanuit de slaapkamer Afrikaans gezang horen.

'Anita is aan het bidden,' zegt Gyan.

Op de overloop omhelzen we elkaar. Net als vijftien jaar geleden, in het feestende en deinende Maasgebouw, komt zijn gezicht onbedoeld in mijn oksel terecht.

'Ik heb je mijn verhaal verteld omdat ik hoop dat jonge spelers ervan kunnen leren. Dat ze inzien dat ze verder moeten kijken dan alleen het voetbalveld. Dat hun tijd als voetballer niet eindeloos is en ze dat ze dus goede keuzes moeten maken, vooral voor hun toekomst. Dat ze hun uitgavenpatroon in de gaten moeten houden, de waarde van geld moeten onderkennen en dat ze advies moeten vragen bij zaken waar ze geen verstand van hebben. Dat had ik zelf ook allemaal moeten doen.'

Ik knik.

'Maar mijn boodschap is ook dat er altijd hoop is en dat je moet vechten voor je kansen. Dat je altijd moet blijven geloven in een goede afloop. Doe ik ook. Ik heb hoop, altijd. En daardoor kan niets mij omver krijgen. Begrijp je?'

Ik knik nog een keer en loop de trap af. Hij zwaait me na. Daarna keert hij terug in de stilte van zijn lege woonkamer en verdwijnt weer uit het zicht.

In het spoor van Louis van Gaal

(2019)

Jarenlang had ik de gewoonte Louis van Gaal te stalken.

Ik begon er ooit mee in Frankfurt. Ik was destijds verslaggever bij *Voetbal International*, een tamelijk onschuldig voetbaltijdschrift dat desondanks door Van Gaal werd beschouwd als een wekelijks verschijnend haatpamflet en dat door hem met een bijna religieus fanatisme in de ban was gedaan. Hij sprak al jaren niet meer met *VI* en volgens de meesten van mijn collega's was het ook zinloos te proberen daar ooit nog verandering in te krijgen. We stonden op zijn beruchte zwarte lijst en dat zou waarschijnlijk wel altijd zo blijven.

Omdat ik er als enige weinig bezwaar in zag dat Van Gaal niet wilde praten en het zeker niet als beletsel beschouwde om over hem te schrijven, startte ik op een dag mijn groene Skoda – een bedrijfsauto die zo lelijk was dat Johan Derksen me de sleutels ooit met een verontschuldigende glimlach en een bemoedigend schouderklopje had overhandigd – en reed op goed geluk naar Frankfurt, om daar op de grootste boekenbeurs van Europa te zien hoe Louis van Gaal de vertaling van zijn biografie aan het Duitse volk zou presenteren.

Het werd in alle opzichten een gedenkwaardige middag. Het was alleen al mooi om hem tussen de boekenwurmen door door de gangen te zien schrijden: kaarsrecht, borst vooruit, kin omhoog, de tred van een sergeant die zijn troepen komt inspecteren. Op een podium werd Van Gaal geïnterviewd door Sylvie van der Vaart. Ze deed dat op een toon zo dweperig, dat even het vermoeden bestond dat het werk dat ze in haar gemanicuurde handjes hield over de diepere lagen van de relativiteitstheorie handelde. Ik werkelijkheid was het de spelersloopbaan van Louis die werd besproken. Gevraagd naar een oordeel over de voetballer van vroeger noemde Van Gaal zichzelf 'een buitengewoon goede speler' en 'een soort Mark van Bommel, maar dan met iets meer inzicht'. Daarna kreeg hij een hoestbui en verslikte zich. Truus van Gaal klom op het podium om haar man een dropje aan te bieden. En passant onthulde ze dat ze het destijds thuis niet had durven vertellen, dat ze verliefd was geworden op Louis van Gaal. Haar vader was een fanatiek Feyenoord-supporter. 'Hij moest het uiteindelijk van de buurvrouw horen,' vertelde ze, 'die had het in een roddelblad gelezen.' Van Gaal hoorde het verhaal aan met een rood aangelopen hoofd, maar dat kwam van het hoesten, niet van gêne. Hij had vanaf zijn eerste dag in München al de gewoonte veel meer van zijn privéleven prijs te geven dan de likkebaardende Duitse boulevardpers gewend was, iets dat ooit begon met de ontboezeming op nationale televisie dat Truus en hij graag *löffeltje-löffeltje* sliepen.

Na afloop benaderde ik hem en zei dat ik namens *Voetbal International* kwam. 'Nou gefeliciteerd,' was het eerste dat hij tegen mij zei. Voor iemand die niet meer met verslaggevers van *VI* sprak, had Van Gaal vervolgens aardig wat praatjes. Om onverklaarbare redenen nodigde hij me zelfs uit mee te gaan naar zijn hotel, waar we koffie dronken in de lobby. Van het gesprek zelf herinner ik me weinig meer behalve dan dat hij voor de tweede keer die dag de discipline en omgangsvormen van het Duitse volk begon te roemen – te beginnen bij het *einordnen*, het voorsorteren op de weg – en dat hij de serveerster heel omslachtig ging uitleggen dat bij een espresso macchiato eerst de melk dient te worden ingeschonken en DAN PAS DE KOFFIE. Of andersom, dat ben ik vergeten.

Tevreden stuurde ik mijn Skoda terug naar Nederland. Een dag later zag ik Van Gaal terug bij *Das aktuelle Sportstudio* van de ZDF. Op het einde van de uitzending werd de Mark-van-Bommel-maar-dan-met-iets-meer-inzicht verzocht deel te nemen aan het fameuze

Torwandschiessen. Zijn tegenstander was een jongetje van een jaar of twaalf. Hij heette Lucas, droeg een spijkerbroek met Puma-shirt en kwam bij Van Gaal tot aan diens middel. Allebei mochten ze zes keer schieten. Op het einde had Lucas gewonnen.

Vanaf die dag besloot ik Louis van Gaal te gaan volgen.

Daarom zag ik hem bijvoorbeeld een keer in Eindhoven, waar hij om twee uur in de nacht het startschot zou lossen voor een groepje hardlopers dat door het donkere bos ging rennen voor het goede doel. Een ludieke bijeenkomst, die door hem desondanks bloedserieus en vol plichtsbesef werd benaderd.

Er was geen startpistool, iets dat Van Gaal *ongeloovelijk* vond, en dus hadden ze hem maar een ouderwetse stadiontoeter in de handen gedrukt. Het was midden in de nacht, er was geen batterij tv-camera's aanwezig zoals gebruikelijk wanneer hij ergens zijn opwachting maakte, noch waren er officiële reglementen uitgevaardigd waar hij zich aan diende te houden. Deze nacht was de sfeer ontspannen, het maakte allemaal niet zoveel uit. Behalve dan voor Van Gaal.

'Wie heeft hier de juiste tijd?' schreeuwde hij om acht minuten voor twee tegen het kleumende groepje lopers dat al een tijdje verlangend uitkeek naar het startschot. Eerst was het een tijdje stil, zoals wel vaker wanneer hij het woord had genomen. Daarna kwam de dapperste van het stel met de suggestie om gewoon even op zijn mobiele telefoon te kijken. 'Nee!' riep Van Gaal, 'die heeft geen secondewijzer! Dat kan dus niet. Het móet officieel.'

Van wie dat precies moest werd niet helemaal duidelijk, maar geen van de lopers durfde dat nu nog te vragen. Schoorvoetend stapte na enige tijd iemand naar voren en adviseerde internet te raadplegen voor de juiste tijd. Als hij het zoekwoord 'atoomklok' zou intoetsen, kwam het allemaal goed.

'Daar heb ik niks aan, aan een atoomklok!' riep Van Gaal terug, 'ik moet een secondewijzer hebben.' De sporters begonnen het steeds kouder te krijgen, hun warming-up was al even geleden.

'Kijk op Teletekst!' riep iemand.

Van Gaal schudde het hoofd. 'Dat werkt niet, Teletekst.'

Daarna ging hij zelf maar op onderzoek uit, schuifelend door de rij met nerveuze en inmiddels tot op het bot vernikkelde hardlopers, net zo lang tot hij een jongen had gevonden met een secondewijzer op zijn mobieltje. Die werd tot zijn eigen verbazing door Van Gaal bij de arm gepakt en meegenomen naar de plek waar hij het startschot moest geven. Als je niet beter wist, zou je denken dat het om een arrestatie ging.

'Nog vierrrrrrrrr minuten!' brulde Van Gaal door het bos.

'Ik heb het al drie minuten!' riep een kleine vrouw met een bril.

'Dat is niet de juiste tijd!'

'Dat is wél de juiste tijd,' riep de vrouw. 'Mijn horloge is net nieuw. Kruidvat. Tien euro.'

De lopers begonnen te lachen, maar Van Gaal deed net of hij het niet hoorde. Hij mompelde voor de zoveelste keer die avond *ongelooflijk*, wende toen zijn gezicht af, riep nog eens 'het móet officieel gaan!' wachtte nog een paar seconden voor het extra dramatisch effect en drukte toen om klokslag twee uur op zijn stadiontoeter. Veel te hard en veel te lang.

*

Als je er oog voor hebt heeft het profvoetbal veel grappige kanten, maar profvoetballers zélf zijn zelden komisch. International Wim Suurbier die tijdens de gezamenlijke spelerslunch in Zeist eerst zijn lul in de pan doopt alvorens de kippensoep aan het KNVB-bestuur te serveren: jarenlang gold het als de ultieme dijenkletser. In Nederland blijft voetbalhumor doorgaans beperkt tot de nogal platte practical joke. Scheerschuim in de moorkop, plassen in de shampoofles, Hans Kraay jr. die de auto van een ploeggenoot laat volstorten met hondenbrokken: dat werk.

Misschien ligt het aan de taal, of aan de cultuur, maar persoonlijk moet ik altijd veel meer lachen om Britse voetbalhumor. Zelfs als het heel politiek incorrect is, zoals die keer dat een international de BBC-televisiestudio binnenkomt voor een interview, merkt dat zijn gesprekspartner een vrouw is en vervolgens bij het handen schudden in haar oor fluistert: 'Niet te kort in de nek en de oren bedekt houden alsjeblieft, föhnen hoeft niet.'

Of het gesprekje dat een Britse verslaggever een paar jaar geleden had met een van de wereldkampioenen uit 1966, vlak na alweer een teleurstellende wedstrijd van hun nationale elftal.

'Als jullie met het elftal van 1966 tegen het Engeland van nu zouden spelen, wie zou er dan winnen?'

'Wij natuurlijk.'

'Ja? En met hoeveel?'

'Ik denk met 1-0.'

'1-0 maar?'

'Ja, maar je moet ook niet vergeten dat we inmiddels allemaal over de 70 zijn.'

Een van de redenen dat ik er al snel dol op was om Louis van Gaal te volgen, was dat er vroeg of laat altijd wel iets gebeurde waar je om kon lachen. Geen overbodige luxe in een wereld die er vooral in uitblinkt zichzelf zeer serieus te nemen. Daarom stond ik bijvoorbeeld een keer met veel genoegen op een tochtig Zeeuws voetbalveld, om te zien met hoeveel devotie hij de ballenjongens van het Nederlands Elftal instrueerde, of was ik er altijd graag bij wanneer hij ergens een boek in ontvangst nam of iets opende.

Ik ging in mijn zelfopgelegde missie tot ver over de landsgrenzen. In Jakarta zag ik hem eens op een bloedhete middag met rood aangelopen hoofd een gasttraining geven aan een stel verbouwereerde Indonesische kinderen, van wie er één spontaan ging huilen toen een bezwete Van Gaal het jongetje met iets te veel enthousiasme aangespoorde. Een andere keer, in Peking, hoorde ik hem tijdens een ontmoeting met de buitenlandse pers weer allerlei Nederlandse spreekwoorden en gezegdes letterlijk vertalen en daarna tevergeefs uitleggen, een hardnekkige gewoonte die ook nu weer alleen maar verwarring opleverde en die er ooit voor zorgde dat hij in zijn begindagen als trainer van *FC Barzzzzzelona* sprak over een *ballon de hospital*. Daarna ging hij ook nog uitleggen wat dat was, een ziekenhuisbal.

Het frappante aan al die ontmoetingen vond ik dat Louis van Gaal mij altijd te woord stond, niet één keer uitgezonderd, en me daarbij doorgaans opvallend hoffelijk behandelde. Ook was hij altijd bereid om over alle onderwerpen tamelijk openhartig te praten, zelfs over zijn vijand Johan Cruijff. En hij vroeg tot mijn verbazing nooit of hij mijn stukken van tevoren ter correctie zou mogen inzien, een voorwaarde die hij ooit zelf introduceerde in het Nederlandse voetbal, waarbij hij regelmatig de gewoonte had om met zijn rode pen niet alleen wijzigingen aan te brengen in de antwoorden die waren gegeven, maar ook in de vragen die waren gesteld.

Ook na publicatie kwam hij nooit terug op datgene wat ik over hem had geschreven, hoewel ik van insiders hoorde dat hij de tekst wel degelijk had gelezen. Ik was blij met die houding, daar niet van, maar ik verbaasde me er ook over. In momenten van zelfoverschatting dacht ik dat het zijn gebrekkige taalgevoel moest zijn die er voor zorgde dat hem de soms wat ironische toon in mijn reportages ontging. Maar dat was alleen maar ijdelheid. Waarschijnlijk was het iets heel anders. Waarschijnlijk was het de meest effectieve en minst vermoeiende revanche op mijn licht-obsessieve belangstelling voor zijn gedrag.

Hij deed alsof mijn stukken niet bestonden.

Hij deed alsof ik niet bestond.

*

Jaren later. Het was april 2019 en inmiddels leek het alsof Louis van Gaal zelf niet meer bestond. De sportpagina's werden gedomineerd door Erik ten Hag en de titelstrijd tussen Ajax en PSV, door Frenkie de Jong en Virgil van Dijk, door Cristiano Ronaldo en heel veel anderen, maar niet meer door Louis van Gaal. Hij was steeds meer op de zelfverkozen achtergrond getreden. De enige keer dat ik hem nog zag was bij een sporadische analyse op tv, waarbij de gebiedende wijs gelukkig nog wel ouderwets veel in zijn zinnen doorklonk.

Daarom was ik ook zo blij dat Louis van Gaal plotseling weer eens in het nieuws opdook, al was het dan maar in een filmpje op de regionale tv. De camera's van Omroep Brabant en het ANP hadden vastgelegd hoe hij een bezoek bracht aan het voetbalmuseum van Jos Lenssen.

Jos Lenssen is een vriendelijke man uit Mierlo met een obsessie voor voetbalparafernalia, waardoor de zolder van zijn huis jarenlang was volgestouwd met honderden gedragen wedstrijdshirts, gesigneerde voetbalschoenen, toegangskaartjes, voetbalsjaals, scheidsrechterfluitjes, oorkondes, medailles en andere curieuze objecten, van de gigantische keepershandschoenen van Hans van Breukelen tot aan de gedragen voetbalschoentjes van Romário (maat 36).

Een van de pronkstukken in zijn collectie was het inmiddels nogal ouderwets ogende clubkostuum dat Louis van Gaal droeg op die roemruchte avond in Wenen, toen hij zijn wereldberoemde Bruce Lee-imitatie deed en daarbij bijna uit zijn broek scheurde.

Ik kende dat pak goed. Het hing ooit een paar dagen in mijn eigen kledingkast. Gewoon, op een heel eenvoudig hangertje van Ikea, tussen mijn eigen overhemden. Het is best een vreemde sensatie om het beroemde pak van Louis van Gaal in je eigen kast te hebben en ik kon maar net de verleiding weerstaan het een keer voor de spiegel aan te trekken. Als redacteur van het televisieprogramma *Holland Sport* had ik het destijds voor een opname opgehaald bij Jos Lenssen, die vertelde hoe het in zijn bezit was gekomen. Hij had een brief naar de trainer geschreven met de vraag of hij het kostuum zou mogen toevoegen aan zijn almaar uitdijende collectie en binnen de kortste keren ontving hij een persoonlijke brief terug, waarin in enigszins deftig taalgebruik en op officieel Ajax-briefpapier stond dat dit bij hoge uitzondering akkoord was. En omdat Louis van Gaal een man van zijn woord is, reed Jos Lenssen een paar weken later bij Van Gaal in de auto van de ArenA naar Noordwijk om het pak bij de trainer thuis met een enigszins plechtig gebaar overhandigd te krijgen, een rit waarbij Van Gaal ongevraagd een rondleiding door het Amsterdam van zijn jeugd had gegeven en de man uit Mierlo onder meer op zijn geboortehuis had gewezen.

Het pak werd opgenomen in de Lenssen-collectie, die na 25 jaar verzamelen zo'n omvang had aangenomen dat het de zolder was ontgroeid. Er werd in het nabijgelegen sporthotel speciaal een bescheiden museum voor opgetuigd en er was natuurlijk maar één man die dat officieel kon openen.

Het was mooi om Van Gaal weer even terug te zien. Met een goedkeurende blik trok hij in Mierlo langs de vitrines. Truus was er ook bij. Lachend wees ze op iets achter het glas: de Lederhosen die haar man ooit droeg in München.

Niet alle stoffelijke resten van zijn imposante loopbaan waren bij Jos Lenssen terechtgekomen, de boedel was gelijkelijk verdeeld onder andere fanatieke verzamelaars. Het was ook niet de eerste keer dat Van Gaal een voetbalmuseum opende. Al eerder waren Truus en hij helemaal naar Braamt gereden, waar ene Fred Baars de trotse bezitter bleek van een schuur vol voetbalporno: van het shirt van Pelé tot alle boeken die er ooit over Ajax verschenen. Ook daar toonde zich Van Gaal zich opgewekt, bijna opgetogen. 'Deze man heeft mij over de hele wereld gevolgd, heeft ontelbaar veel trainingen van mij gezien,' zei hij als verklaring voor zijn komst naar Gelderland, 'dat wilde ik belonen.' Hij roemde de bevlogenheid die hij in de collectie terugzag. Hij oogde ontspannen en leverde goede quotes, zei dat het hij het mooi vond dat alle clubs – van AC Milan tot De Graafschap – in het museum waren vertegenwoordigd en dat hij het om die reden als een ode aan de verbroedering van de sport beschouwde en dat achter elk object een uniek verhaal zat dat het aanhoren waard was.

Ook in Mierlo roemde hij de professionele instelling van de

museumbeheerder. 'Ik vind het mooi als mensen iets met heel veel passie doen,' zei hij, 'ook daarom ben ik hier.' Vriendelijk en met engelengeduld stond hij de pers te woord. Toen iedereen aan de beurt was geweest, schreed hij weg zoals een kasteelheer zou hebben gedaan – rustige tred, handen op de rug – om verderop weer een tijdje bewonderend naar zijn eigen stropdas te gaan kijken. Een vitrine verderop lag de biografie die hij destijds in Frankfurt presenteerde.

Weer verbaasde en intrigeerde Louis van Gaal me.

Ik keek het filmpje nog een keer. En daarna nog een keer. Vervolgens riep ik mijn vriendin erbij en zei dat zij het ook moest zien.

Dat is vreemd gedrag, dat weet ik zelf ook wel, en er is eigenlijk maar één verklaring voor: ik had hem gemist.

Michel van Egmond

Michel van Egmond (Voorburg, 26 maart 1968) begon zijn journalistieke carrière op 17-jarige leeftijd als freelance medewerker van de Zoetermeersche Courant. In 1989 kwam hij in vaste dienst bij Sijthoff Pers, als onderdeel van de sportredactie van de Haagsche Courant, en begon fulltime over (voornamelijk) voetbal te schrijven.

Vanaf 1993 werkte Van Egmond als freelance journalist voor diverse Nederlandse kranten, tijdschriften en televisie-programma's. Hij publiceerde onder andere in Hard gras, Rails, Sport International, Esquire, Sportweek, Nieuwe Revu, Penthouse, Torpedo, Panorama, Elf, Voetbal Magazine, Veronica Magazine, Voetbal International en AD Magazine.

Hij werkte als (eind)redacteur bij televisieprogramma's als BNN (Veronica), Holland Sport (VPRO) en Voetbal International/Voetbal Inside (RTL). Van 2002 tot 2006 gaf Van Egmond redactionele leiding aan Feyenoords Media Afdeling, van 2008 tot 2015 was hij bij het weekblad Voetbal International van Johan Derksen werkzaam als columnist en adjunct-hoofdredacteur.

Als auteur debuteerde Van Egmond in 1999 met de verhalenbundel Nooit Meer Juichen. Zijn grote doorbraak kwam in 2012 met de verschijning van de biografische schets Gijp, over media-fenomeen René van der Gijp, dat met meer dan 350.000 verkochte exemplaren uitgroeide tot meest succesvolle voetbalboek aller tijden. Daarna volgden meer bestsellers waaronder Kieft, in 2014 het meest verkochte boek van het jaar, en het succesvolle tweede boek over René van der

Gijp: De wereld volgens Gijp, uit 2016. In totaal werden er inmiddels een miljoen van zijn boeken verkocht.

Van Egmond werd meermalen onderscheiden voor zijn werk. Hij is de enige Nederlandse auteur die de prestigieuze NS Publieksprijs driemaal won en ook de enige die dat ooit twee keer achter elkaar deed. In 2015 ontving hij bij de uitreiking van de Nico Scheepmaker beker voor het beste sportboek zowel de vakprijs als de juryprijs voor Kieft. Twee jaar later werd Topshow, het boek dat hij schreef met Jan Hillenius, bekroond met de Helden Sportboek van het Jaar-award.

Michel van Egmond woont in Rotterdam en heeft een LAT relatie met journaliste en schrijfster Antoinnette Scheulderman. Hij heeft twee dochters uit een eerdere relatie.

Boeken

1999	Nooit meer juichen (Arena)
2011	Wandelen met Cruijff (Voetbal International)
2012	Gijp (Voetbal International)
2012	Een avond met Paul Gascoigne (Voetbal International)
2013	Het pak van Louis van Gaal (Voetbal International)
2014	Balverliefd (Voetbal International)
2014	Kieft (Voetbal International)
2015	Topshow (Voetbal International, samen met Jan Hillenius)
2015	De Snor van József Kiprich (Voetbal International)
2016	De wereld volgens Gijp (Voetbal Inside)
2017	King, de vele wederopstandingen van Chris Gyan (Voetbal Inside)
2017	Deal (Voetbal Inside)
2018	Inside (Voetbal Inside, samen met Jan Hillenius)
2018	Wim Kieft, de terugkeer (Inside)

Boeken als co-auteur:

1996 De Kuip, thuishaven van Feyenoord (Waanders)
1998 Ali Bomayé (Arena)
2008 100 jaar Feyenoord (De Buitenspelers)
2008 Halve finale EK'88 (Carrera)
2008 Alias, sporters met een bijnaam (Nieuw Amsterdam)
2009 Coen Moulijn (De Buitenspelers)
2012 Bert van Marwijk (Voetbal International)

Opgenomen in bloemlezingen:

2007 Sport – de 141 beste Nederlandse en Vlaamse Sportverhalen van 1945 tot nu (Nieuw Amsterdam)
2010 Het beste uit 15 jaar Hard Gras (Nieuw Amsterdam)
2013 Sport – de 142 beste Nederlandse en Vlaamse Sportverhalen van 1880 tot nu (Nieuw Amsterdam)
2013 De Nederlandse Sportliteratuur in 80 en enige verhalen (Prometeus)
2015 Het beste uit 20 jaar Hard Gras (Nieuw Amsterdam)
2015 Vergeten Helden (Ambo Anthos)
2016 Feyenoord, de grootste (Kick Uitgevers)
2018 Aartsrivalen (Ambo Anthos)

Met dank aan: Marieke Derksen, Guya van Egmond, Nina van Egmond, Joke Jonkhoff, Theo Ruizenaar, Antoinnette Scheulderman en Henk Spaan.